教育心理学（第二版）

李晓东 主　编
赵　群 副主编

北京大学出版社

图书在版编目(CIP)数据

教育心理学/李晓东主编. —2 版. —北京：北京大学出版社，2020.5
(21 世纪教师教育系列教材)
ISBN 978-7-301-31214-8

Ⅰ.教… Ⅱ.①李… Ⅲ.①教育心理学—师范大学—教材 Ⅳ.①G44

中国版本图书馆 CIP 数据核字(2020)第 022834 号

书　　名	教育心理学（第二版） JIAOYUXINLIXUE（DI-ER BAN）
著作责任者	李晓东　主编　赵　群　副主编
责任编辑	陈　静　陆　静
标准书号	ISBN 978-7-301-31214-8
出版发行	北京大学出版社
地　　址	北京市海淀区成府路 205 号　100871
网　　址	http://www.pup.cn　新浪微博:@北京大学出版社
微信公众号	通识书苑（微信号：sartspku）
电子信箱	zyl@pup.pku.edu.cn
电　　话	邮购部 010-62752015　发行部 010-62750672　编辑部 010-62707542
印　刷　者	天津中印联印务有限公司
经　销　者	新华书店
	787 毫米×1092 毫米　16 开本　20.5 印张　372 千字 2008 年 6 月第 1 版 2020 年 5 月第 2 版　2023 年 6 月第 5 次印刷
定　　价	59.00 元

未经许可，不得以任何方式复制或抄袭本书之部分或全部内容。
版权所有，侵权必究
举报电话: 010-62752024　电子信箱: fd@pup.pku.edu.cn
图书如有印装质量问题，请与出版部联系，电话: 010-62756370

(4) Extend your marketing reach by scheduling meetings with potential and current _____.

(5) Ask for honest _____ from customers about the appeal of your trade show display exhibit.

(6) Meet with distributors or other contacts at the show who can help you _____ your products, reduce cost, and increase service levels to your customers.

3. Translate the following sentences into English.

(1)他们的目标是在全球，特别是在欧洲销售这种产品。

(2)展会后我们的订单翻了两倍。

(3)这看起来是个组织得不错的展会。

(4)我们的品牌得到了进一步的强化。

4. Role play the following situation in a group of 4.

Student A

You are the marketing manager in charge of attending a trade show. Report the results of the show held last month to the staff in other departments. Include the following points in your report.

General situation (organization, number of visitors, response from visitors, etc.)

Sales

Connections

Leads

Brand Awareness

Student B/C/D

You are the staff from other departments. Listen to student A's report on the result and ask further questions about the five points.

Practical Training Project 实训项目

Research an exhibition report on the Internet. Prepare an 8-minute presentation showing the success of the event on behalf of the event organizer.

参 考 文 献

[1] 沈金辉. 会展实用英语[M]. 北京：机械工业出版社，2012.
[2] 黄晨，柯淑萍. 会展实用英语[M]. 杭州：浙江大学出版社，2007.
[3] 沈银珍. 会展英语[M]. 北京：中国人民大学出版社，2010.
[4] 冯玮，杜昌国. 会展英语[M]. 武汉：武汉大学出版社，2009.
[5] 蔡龙文，黄冬梅. 会展实务英语[M]. 北京：对外经济贸易大学出版社，2011.
[6] 雷兵，杨晓梅. 会展英语[M]. 大连：东北财经大学出版社，2011.

主 编 简 介

　　李晓东，女，1965年出生，辽宁沈阳人。香港中文大学教育心理学博士，北京师范大学发展与教育心理学博士后。深圳大学心理学院三级教授，博士生导师。

　　广东省高校"千百十"人才第四批省级培养对象。深圳市首批教育科研专家工作室主持人。

　　中国心理学会教育心理学专业委员会专业委员；中国心理学会发展心理学专业委员会专业委员。中国心理学会认定心理学家。

　　主持国家社科基金等国家级课题6项，以及多项省级、校级和横向课题。在 *Journal of Experimental Child Psychology*，*Cognitive Development*，*Current Psychology*，*European Journal of Psychology of Education*，《心理学报》《心理科学》等国内外高水平学术期刊发表论文80余篇，主编著作4部、译著1部。研究成果获省哲学社会科学优秀成果三等奖2项，市哲学社会科学优秀成果三等奖1项。

本书提供配套课件,扫码可免费获取

本书参考文献电子版,扫码免费获取

第二版前言

距离本书的第一版,已经过去十二年了。在这十二年中,社会在进步,教育在发展,学校在变化,教师和学生也在成长。我个人在这十二年中也不断在教育心理学的教学、研究与实践中学习、反思和改进。我的教学对象主要是教育硕士研究生以及在职教师和高级研修班的学员,在与他们的交流中,我了解到对于教师来说,非常需要一本能够帮助他们了解学习与教学的理论与方法,从而提高教育教学效果的教育心理学教材。教师需要的是一本有充分的信息但又不艰深的教材;一本能帮助教师了解学生的认知、动机与行为从而有效制订教学方案的教材;一本有一些案例作为参考从而能够帮助教师更快上手的教材。因此,本书努力从上述三个方面去组织教材的内容。

第一,在保持第一版的通俗易懂、简明扼要的写作风格的基础上,结合国内外教育心理学的研究进展,以及中国学生发展核心素养的教育改革新趋势,在教材的内容方面做了一些充实和调整。例如,在第一章"学习理论"部分,对于经典学习理论,我们增加了图表及扩展知识,帮助读者理解和应用相关知识;增加了建构主义学习理论以及认知发展的知识,帮助读者明白教学必须按照学生的认知发展规律进行才能促进学生的学习与发展。第三章"问题解决与批判性思维",增加了影响问题解决的因素以及批判性思维与创造性的相关内容。第七章"学习动机"增加了自我决定的动机理论以及成长型思维教学模式的培养。第九章"教学目标与教学设计"增加了对布卢姆教育目标分类说的修订及应用的内容。

第二,提供了相应的应用案例。这些案例很多来自于我与中小学教师一起从事的教学研究以及相关的讨论交流中,在此对这些一线教师致以深深的谢意,你们的分享会帮助更多的教师!

第三,更新并增加了很多扩展知识,尽可能地把教师需要的知识呈现出来。

第四,除本书的章节目录外,还增加了一、二级标题目录,图表目录以及阅读栏目录,方便读者快速找到自己想看的内容。

第五,本书特别提供了配套的课件,方便各级教师参考。同时,我们将参考文献的电子版也一并呈现给读者。扫描文前二维码即可免费下载。

全书由李晓东负责设计、统稿和审定工作,具体执笔人为李晓东(第一、二、三、七、九、十

一、十二章),赵群(第四、五、六、八、十、十三章)。本书可用于师范生、教育硕士、应用心理硕士、心理学与教育学高级研修班及教师继续教育的教材或参考书。本书在编写的过程中参考和借鉴了国内外学者的大量研究成果,在此谨致谢忱!

  本书的完成,首先感谢一线的中小学教师们,通过教学,让我与你们相识;通过交流让我了解你们的困惑。因为你们,我深刻体会到教学相长的含义,让我更愿意走进学校、深入课堂,去研究课堂教学中的问题,我的教育心理学课也因此而生动鲜活起来。其次,我要感谢北京大学出版社的编辑陈静女士,以极大的耐心和鼓励,使我终于得以完成本书的更新。最后,感谢我的研究生吴文燕、陈爽、蔡梦婕、王颖、林斯琪、朱秋杰、苏丽娅、张振达、袁萌、卢菁宜和莫宗赵帮忙校对和整理文献以及制作课件。

李晓东

2020 年 3 月于深大荔园

目 录

第一章 学习理论 ... 1
第一节 行为主义的学习理论 ... 1
一、经典条件作用 ... 2
（一）巴甫洛夫的经典条件作用 ... 2
（二）华生的情绪研究 ... 3
二、操作性条件作用 ... 5
（一）桑代克关于学习的试误说 ... 5
（二）斯金纳的操作条件作用 ... 7
三、条件作用理论对于教育的意义 ... 9
第二节 社会认知学习理论 ... 11
一、观察学习 ... 12
二、示范 ... 12
三、自我调控 ... 13
四、自我效能 ... 14
五、社会认知学习理论的教育意义 ... 15
第三节 信息加工学习论 ... 16
一、信息加工阶段模型 ... 16
（一）感觉记忆（感觉登记） ... 17
（二）工作记忆 ... 17
（三）长时记忆 ... 18
二、加工水平理论 ... 20
第四节 建构主义学习论 ... 20
一、建构主义的学习观 ... 21
二、建构主义的核心原则 ... 23

第二章 知识与概念的学习 25
第一节 知识的分类与表征 25
一、知识的分类 25
二、知识的表征 27
（一）陈述性知识的表征 28
（二）程序性知识的表征 31
第二节 知识的获得 32
一、陈述性知识的获得 33
（一）已知命题的提取 33
（二）新命题的获得 33
（三）图式的获得 34
（四）图式的教学 34
二、程序性知识的获得 35
（一）特殊领域的程序性学习 35
（二）促进程序性知识自动化的教学策略 37
（三）一般领域的程序性知识学习 37
第三节 概念的学习 38
一、概念的定义和种类 38
二、概念形成与概念的获得 39
三、概念性知识的评价 43

第三章 问题解决与批判性思维 45
第一节 问题解决概述 45
一、什么是问题及问题解决 45
（一）问题 45
（二）问题解决 46
二、问题的类型 46
（一）界定良好问题与界定不良问题 46
（二）归纳结构问题、转换问题和排列问题 47
第二节 问题解决的过程与方法 47
一、问题的识别与界定 47
二、问题的表征与呈现 48
三、策略形成与选择 48
（一）算法 50

　　　　（二）启发式 …………………………………………………………… 50
　　　四、评价与反思 ………………………………………………………………… 51
　　　五、妨碍问题解决的因素 ……………………………………………………… 52
　　　　（一）功能固着 …………………………………………………………… 52
　　　　（二）反应定势 …………………………………………………………… 53
　　　　（三）启发式偏差 ………………………………………………………… 53
　第三节　知识与问题解决 ……………………………………………………………… 54
　　　一、专家与新手的研究范式 …………………………………………………… 54
　　　二、专家与新手的差异 ………………………………………………………… 55
　　　三、由新手成为专家的成长阶段 ……………………………………………… 56
　第四节　教科书问题解决 ……………………………………………………………… 57
　　　一、教科书问题解决的过程 …………………………………………………… 57
　　　　（一）理解问题 …………………………………………………………… 57
　　　　（二）建立表征 …………………………………………………………… 57
　　　　（三）解决问题 …………………………………………………………… 58
　　　　（四）检验答案 …………………………………………………………… 58
　　　二、促进教科书问题的呈现 …………………………………………………… 59
　　　　（一）例题的作用 ………………………………………………………… 59
　　　　（二）图表的作用 ………………………………………………………… 60
　　　　（三）克服直觉或启发式的误导 ………………………………………… 61
　第五节　批判性思维与创造性 ………………………………………………………… 62
　　　一、什么是批判性思维 ………………………………………………………… 62
　　　二、批判性思维的培养与评价 ………………………………………………… 62
　　　三、创造性 ……………………………………………………………………… 63

第四章　学习策略 …………………………………………………………………………… 66
　第一节　学习策略概述 ………………………………………………………………… 66
　　　一、学习策略的界定 …………………………………………………………… 66
　　　二、学习策略的类型和结构 …………………………………………………… 67
　　　三、认知策略与学习策略 ……………………………………………………… 67
　　　四、元认知与学习策略 ………………………………………………………… 68
　　　五、学习方法与学习策略 ……………………………………………………… 69
　第二节　几种主要的学习策略 ………………………………………………………… 70
　　　一、认知策略 …………………………………………………………………… 70

　　　　（一）复述策略 ··· 70
　　　　（二）精细加工策略 ··· 70
　　　　（三）组织策略 ··· 71
　　二、元认知策略 ··· 72
　　　　（一）计划策略 ··· 73
　　　　（二）监察策略 ··· 73
　　　　（三）调控策略 ··· 74
　　三、资源管理策略 ·· 75
　　　　（一）时间管理策略 ··· 75
　　　　（二）学业求助策略 ··· 76
　第三节　学习策略的教学 ·· 77
　　一、学习策略的教学内容 ·· 78
　　二、学习策略的教学过程 ·· 78
　　三、学习策略教学的基本原则 ·· 80
　　　　（一）遵循特定性原则，确保教学的学习策略具有针对性和有效性 ······ 80
　　　　（二）遵循具体化、操作化原则，制定一套外显的、可以操作的训练程序 ···· 80
　　　　（三）遵循效能性原则，引导学生体会到策略的效力，激发学习的
　　　　　　　内在动机 ··· 81
　　　　（四）遵循程序性知识的学习原则，进行大量的反复练习 ·················· 81
　　　　（五）遵循少而精的原则，每次只教少量的策略 ···························· 82
　　　　（六）遵循学习策略的监控原则，指导学生监控策略的使用 ················ 82
　　　　（七）遵循学科渗透式教学模式，在具体情境中教授学习策略 ············· 83
　　　　（八）遵循长期性原则，长期系统地进行学习策略的教学 ·················· 83

第五章　学习迁移 ·· 86
　第一节　迁移的概述 ·· 86
　　一、学习迁移的概念 ··· 86
　　二、迁移的类型 ··· 87
　　　　（一）按迁移的内容，可分为认知迁移、态度迁移和技能迁移 ············· 87
　　　　（二）按迁移的顺序，可分为顺向迁移和逆向迁移 ························ 87
　　　　（三）按迁移的效果，可分为正迁移、负迁移和零迁移 ···················· 88
　　　　（四）按迁移发生的水平，可分为横向迁移与纵向迁移 ···················· 88
　　　　（五）按迁移影响的领域，可分为特殊性迁移与一般性迁移 ··············· 88
　　　　（六）按迁移情境的相似性，可分为近迁移和远迁移 ······················ 89

（七）按迁移中的意识参与程度,可分为低路迁移和高路迁移 …… 90
　三、学习迁移与教育 …… 90
第二节　迁移的理论 …… 91
　一、形式训练说 …… 91
　二、共同要素说 …… 92
　三、概括说 …… 92
　四、格式塔关系转换说 …… 93
　五、学习定势说 …… 93
　六、奥斯古德的三维迁移模式 …… 93
　七、认知结构迁移理论 …… 94
　八、产生式迁移理论 …… 96
第三节　迁移的指导 …… 96
　一、影响学习迁移的因素 …… 97
　二、促进学习迁移的教学策略 …… 98
　　（一）确立合理的教学目标 …… 98
　　（二）科学精选教学材料 …… 98
　　（三）合理编排教材体系 …… 98
　　（四）有效设计教学程序 …… 98
　　（五）学习策略的传授与训练 …… 99
　　（六）帮助学生形成关于学习和学校的积极态度 …… 99

第六章　品德形成与培养 …… 101
第一节　品德心理概述 …… 101
　一、品德的概念 …… 101
　二、品德的心理结构 …… 102
　　（一）道德认识 …… 102
　　（二）道德情感 …… 102
　　（三）道德意志 …… 102
　　（四）道德行为 …… 102
第二节　品德形成的理论 …… 103
　一、皮亚杰的儿童道德发展理论 …… 103
　　（一）儿童规则意识的发展 …… 103
　　（二）儿童对行为责任的道德判断的发展 …… 104
　　（三）儿童对公正观念的发展 …… 105

　　　　（四）儿童对惩罚观念的发展 ………………………………………… 105
　　　　（五）儿童道德发展阶段：从他律道德水平到自律道德水平 ………… 106
　　　　（六）儿童道德发展的机制 …………………………………………… 107
　　二、科尔伯格的道德发展理论 …………………………………………… 107
　　　　（一）道德发展的阶段模型 …………………………………………… 107
　　　　（二）公正团体策略 …………………………………………………… 111
　第三节　品德形成的心理过程与条件 ……………………………………… 113
　　一、道德认识的形成 ……………………………………………………… 113
　　　　（一）道德认识的形成过程 …………………………………………… 113
　　　　（二）道德认识的培养策略 …………………………………………… 115
　　二、道德情感的培养 ……………………………………………………… 117
　　　　（一）移情及发展 ……………………………………………………… 117
　　　　（二）移情训练 ………………………………………………………… 119
　　三、道德行为的锻炼 ……………………………………………………… 120
　　　　（一）道德行为的形成过程 …………………………………………… 120
　　　　（二）道德行为的训练 ………………………………………………… 123

第七章　学习动机 …………………………………………………………… 128
　第一节　学习动机的一般概述 ……………………………………………… 128
　　一、动机与学习动机 ……………………………………………………… 128
　　二、学习动机与学习效果的关系 ………………………………………… 129
　　三、学习动机的评价指标 ………………………………………………… 131
　第二节　学习动机的理论 …………………………………………………… 132
　　一、期望价值理论 ………………………………………………………… 132
　　二、归因理论 ……………………………………………………………… 135
　　三、目标取向理论 ………………………………………………………… 139
　　四、自我决定理论 ………………………………………………………… 142
　第三节　学习动机的培养与激发 …………………………………………… 143
　　一、TARGET 教学模式 …………………………………………………… 143
　　　　（一）任务 ……………………………………………………………… 143
　　　　（二）权责 ……………………………………………………………… 146
　　　　（三）认可 ……………………………………………………………… 146
　　　　（四）分组 ……………………………………………………………… 147
　　　　（五）评价 ……………………………………………………………… 148

（六）时间 …………………………………………………………………… 148
　二、成长型思维教学模式 ………………………………………………………… 148

第八章　个别差异 …………………………………………………………………… 151
第一节　学习风格 ……………………………………………………………………… 151
　一、学习风格概述 ………………………………………………………………… 151
　二、认知风格的差异 ……………………………………………………………… 152
　　（一）场依存型和场独立型 …………………………………………………… 152
　　（二）沉思型和冲动型 ………………………………………………………… 155
　　（三）整体型和系列型 ………………………………………………………… 156
　　（四）认知风格的整体—分析和言语—表象风格维度 ……………………… 157
　三、有关学习风格的争议及对教学的启示 ……………………………………… 159
第二节　智力差异 ……………………………………………………………………… 159
　一、智力概述 ……………………………………………………………………… 159
　　（一）智力与智力测验 ………………………………………………………… 159
　　（二）智力的个别差异 ………………………………………………………… 160
　二、加德纳的多元智力理论 ……………………………………………………… 161
　三、智力差异与学业成就 ………………………………………………………… 163
　四、智力差异与能力分组 ………………………………………………………… 164
第三节　特殊学习者 …………………………………………………………………… 167
　一、智力障碍 ……………………………………………………………………… 168
　二、特异性学习障碍 ……………………………………………………………… 170
　三、注意力缺陷多动障碍 ………………………………………………………… 171
　四、天才学生 ……………………………………………………………………… 173

第九章　教学目标与教学设计 ……………………………………………………… 176
第一节　教学目标的一般概述 ………………………………………………………… 176
　一、教学目标及其在教学过程中的作用 ………………………………………… 176
　　（一）教学目标 ………………………………………………………………… 176
　　（二）教学目标的作用 ………………………………………………………… 177
　二、教学目标的分类系统 ………………………………………………………… 177
　　（一）布卢姆的教育目标分类说 ……………………………………………… 177
　　（二）布卢姆教育目标分类说的修订版 ……………………………………… 179
　　（三）加涅的目标分类说 ……………………………………………………… 181
第二节　教学目标的陈述 ……………………………………………………………… 189

一、行为目标陈述法 ·· 189
　　二、五成分目标法 ·· 190
　　　（一）执行任务的情境 ···································· 190
　　　（二）习得的能力类型 ···································· 190
　　　（三）对象 ·· 190
　　　（四）完成任务时采取的行动 ······························ 191
　　　（五）工具、限制和特殊条件 ······························ 191
　　三、一般与具体相结合的目标陈述法 ·························· 191
　　　（一）陈述一般的教学目标 ································ 191
　　　（二）陈述具体的学习成果 ································ 191
第三节　教学设计 ·· 192
　　一、鉴别教学目的 ·· 192
　　二、进行教学分析 ·· 192
　　三、鉴别起点行为与学生特征 ································ 193
　　四、陈述作业目标 ·· 193
　　五、发展标准参照测试题 ···································· 193
　　六、发展教学策略 ·· 193
　　七、发展与选择教学媒体 ···································· 193
　　八、设计与开展形成性评价 ·································· 194
　　九、设计与开展总结性评价 ·································· 194

第十章　课堂教学 ·· 196
第一节　教学事件 ·· 196
　　一、加涅的九大教学事件 ···································· 196
　　二、教学事件和学习过程的关系 ······························ 201
第二节　以教师为中心的教学 ···································· 201
　　一、讲解式教学 ·· 202
　　二、直接教学 ·· 203
第三节　以学生为中心的教学 ···································· 207
　　一、发现学习 ·· 207
　　二、合作学习 ·· 209
　　　（一）合作学习的基本要素 ································ 210
　　　（二）合作学习的教学设计 ································ 211
　　三、交互式教学 ·· 215

  四、教学策略的选择 …………………………………………… 217
 第四节 有效教学 ……………………………………………………… 218
  一、卡罗尔的学校学习模式 …………………………………… 218
  二、QAIT 模式 ………………………………………………… 219

第十一章 课堂管理 ……………………………………………………… 222
 第一节 课堂管理的目标与内容 ……………………………………… 222
  一、课堂管理的目标 …………………………………………… 223
   （一）让学生专注于课堂活动 ……………………………… 223
   （二）让学生自我管理 ……………………………………… 223
   （三）建立和谐的课堂气氛,促进学生的社会化 ………… 224
  二、课堂管理的内容 …………………………………………… 224
   （一）建立课堂常规 ………………………………………… 224
   （二）维持课堂秩序 ………………………………………… 225
   （三）处理课堂中的问题行为 ……………………………… 228
  三、制订有效的课堂管理计划 ………………………………… 228
 第二节 课堂问题行为的类型与成因 ………………………………… 230
  一、课堂问题行为的类型 ……………………………………… 230
   （一）破坏行为 ……………………………………………… 230
   （二）不顺从行为 …………………………………………… 230
   （三）冲动行为 ……………………………………………… 231
   （四）注意缺失与多动 ……………………………………… 231
   （五）攻击行为 ……………………………………………… 231
  二、课堂问题行为的成因 ……………………………………… 232
   （一）学生方面的原因 ……………………………………… 232
   （二）教师方面的原因 ……………………………………… 235
 第三节 课堂问题行为的处理 ………………………………………… 236
  一、课堂管理的行为分析方法 ………………………………… 236
   （一）应用行为分析方法的原则与程序 …………………… 237
   （二）两种常用的行为管理策略 …………………………… 238
  二、课堂管理的人本主义取向 ………………………………… 240
   （一）和谐沟通 ……………………………………………… 240
   （二）合作学习或现实疗法 ………………………………… 241
   （三）师生沟通的"双赢策略" …………………………… 242

第十二章　教学评价 … 244
第一节　教学评价的概述 … 244
一、什么是教学评价 … 244
二、教学评价的功能 … 245
（一）教学评价可以为教师提供教学是否有效的反馈 … 245
（二）教学评价可以为学生的学习情况提供反馈 … 245
（三）教学评价可以为家长和公众提供教育效果方面的信息 … 245
三、教学评价的一般原则 … 246
（一）根据教学目标确立评价内容 … 246
（二）根据评价内容的特点选择评价方法 … 247
（三）充分认识各种评价方法的局限性，避免对评价结果做出错误的解释 … 247
（四）正确看待评价的作用 … 247
四、教学评价的类型 … 249
（一）形成性评价和总结性评价 … 249
（二）最佳表现评价和典型表现评价 … 250
（三）客观题测验和复杂表现性评价 … 250
（四）安置性评价和诊断性评价 … 251
（五）常模参照评价和标准参照评价 … 251
第二节　教学评价的方法与技术 … 252
一、成就测验的基本原则 … 252
二、成就测验的基本类型及编制技术 … 253
（一）客观性测验 … 253
（二）主观性测验 … 257
三、情感评价 … 262
（一）情感评价的主要内容 … 262
（二）情感评价的方法 … 263

第十三章　教师心理 … 266
第一节　教师的角色与威信 … 266
一、教师的角色 … 266
（一）角色与角色期待 … 266
（二）对教师的角色期待 … 267
二、教师威信的形成与发展 … 268

　　　　（一）教师威信的概念与作用 ……………………………………………… 268
　　　　（二）教师威信的形成、维持与发展 ………………………………………… 269
　第二节　教师的心理品质 ……………………………………………………… 271
　　一、教师的知识结构 ………………………………………………………… 272
　　二、教师的教学能力 ………………………………………………………… 273
　　　　（一）组织教学的能力 …………………………………………………… 273
　　　　（二）言语表达能力 ……………………………………………………… 274
　　　　（三）教育机智 …………………………………………………………… 275
　　　　（四）教学监控能力 ……………………………………………………… 276
　　三、人格特征 ………………………………………………………………… 278
　　四、教学效能感 ……………………………………………………………… 281
　第三节　有效教师的教学行为 ………………………………………………… 284
　　一、清晰授课 ………………………………………………………………… 284
　　二、多样化教学 ……………………………………………………………… 285
　　三、任务导向 ………………………………………………………………… 285
　　四、引导学生投入学习过程 ………………………………………………… 285
　　五、确保学生成功率 ………………………………………………………… 285
　第四节　教师专业发展 ………………………………………………………… 287
　　一、教师专业发展概述 ……………………………………………………… 287
　　二、教师专业发展阶段研究 ………………………………………………… 288
　　三、教师专业发展的途径 …………………………………………………… 290
　　　　（一）理论学习 …………………………………………………………… 291
　　　　（二）研究其他教师的经验 ……………………………………………… 291
　　　　（三）行动研究 …………………………………………………………… 291
　　　　（四）教学反思 …………………………………………………………… 291

参考文献 …………………………………………………………………………… 293

表格目录

表 2-1	教师处理不专心学生的产生式系统	31
表 2-2	数学领域中概念性知识评价方式举例	43
表 3-1	如何用三个水罐量出特定量的水？	53
表 4-1	学习策略的类型和结构	67
表 4-2	对复述策略、精细加工策略和组织策略的初步总结	72
表 5-1	不同类型知识的迁移	87
表 5-2	近迁移和远迁移的区分	89
表 5-3	影响迁移的基本因素及措施	97
表 6-1	他律道德和自律道德的区别	107
表 6-2	科尔伯格的道德发展阶段模型	109
表 6-3	道德发展理论的比较	123
表 7-1	韦纳的成就归因模型	135
表 7-2	成就情境中归因及与各维度的关系	136
表 7-3	Dweck 的目标取向模式	140
表 7-4	目标取向与学业情绪	141
表 7-5	成就目标四分法	141
表 7-6	合作学习小组中的学生角色	147
表 7-7	固定型思维模式与成长型思维模式的特征	149
表 7-8	改变思维方式的"自说自话"	150
表 8-1	整体型和系列型与学习方式	157
表 8-2	智力等级的分布	160
表 8-3	加德纳提出的多元智力	162
表 8-4	2600 个初中一年级学生的教育发展之预测	163
表 8-5	完成各级学业所需的最低智商	164

表 8-6	能力分组的类型	165
表 8-7	符合《障碍个体教育促进法》条件的6~21岁学生的数量	167
表 8-8	有学习障碍学生的特征	170
表 8-9	天才教育的充实制和加速制	175
表 9-1	教育目标分类	179
表 9-2	一般与具体相结合教学目标陈述法举例	191
表 10-1	一节教授规则课的教学事件实例	200
表 10-2	教学事件与学习过程的关系	201
表 10-3	合作学习的基本要素及教学技巧	211
表 10-4	四种合作学习教学的教学过程	214
表 11-1	以教师为中心和以学生为中心的课堂管理特征	224
表 11-2	制订课堂常规的指南	225
表 11-3	对违反课堂常规的学生的处罚方式	225
表 11-4	课堂捣乱	231
表 11-5	会破坏课堂氛围的教师行为	236
表 12-1	某中学地理课"天气"单元的细目	252
表 13-1	高效能与低效能教师的态度特点	283
表 13-2	有效教师教学的关键行为举例	286
表 13-3	教师职业生涯周期模型	289

图目录

图 1-1　经典条件作用形成示意图 …………………………………………………… 2
图 1-2　恐惧形成实验 …………………………………………………………………… 4
图 1-3　桑代克的迷箱实验 …………………………………………………………… 6
图 1-4　斯金纳和他的"斯金纳箱" …………………………………………………… 7
图 1-5　学习的信息加工模型 ………………………………………………………… 17
图 1-6　加工水平模型 ………………………………………………………………… 20
图 1-7　以学生为中心、教师指导相结合的建构主义教学示意图 ……………… 22
图 2-1　命题网络层级结构模型 ……………………………………………………… 28
图 2-2　命题与表象两种表征形式的比较 …………………………………………… 29
图 2-3　不专心儿童的产生式中的目标—子目标层级 …………………………… 32
图 2-4　在陈述性知识网络中激活的传播 …………………………………………… 33
图 3-1　邓克尔蜡烛测试 ……………………………………………………………… 53
图 3-2　运用直方图表征数学应用题 ………………………………………………… 60
图 3-3　运用线段图表征数学应用题 ………………………………………………… 61
图 3-4　一名二年级学生的创造性作品 ……………………………………………… 64
图 4-1　有关认知心理学知识的关系图 ……………………………………………… 72
图 5-1　奥斯古德的三维迁移曲面模型 ……………………………………………… 94
图 7-1　耶克斯-多德逊定律 ………………………………………………………… 130
图 7-2　人类动机的分类 …………………………………………………………… 143
图 9-1　狄克和凯里的教学设计模型 ……………………………………………… 192
图 10-1　有效教学 QAIT 模式 ……………………………………………………… 219
图 11-1　制订有效的课堂管理计划 ………………………………………………… 228

阅读栏目录

阅读栏 1-1	关于经典条件作用的扩展知识	4
阅读栏 1-2	用强化原理改变学生——陶行知先生的"四颗糖"	9
阅读栏 1-3	普雷马克原理：为了想做的事，去做不想做的事	10
阅读栏 1-4	教学的示范（instructional model）	13
阅读栏 1-5	谁能成为榜样？	16
阅读栏 1-6	注意在教学中的作用	19
阅读栏 1-7	皮亚杰认知发展阶段论	22
阅读栏 2-1	自动化程序性知识的特点及重要性	27
阅读栏 2-2	心理旋转	29
阅读栏 2-3	指导小学生获得程序性知识的案例	36
阅读栏 2-4	程序性知识的测量案例	38
阅读栏 2-5	概念获得模式体系	39
阅读栏 2-6	通过发现来教授概念和通过解释来教授概念	40
阅读栏 2-7	原型：典型性特征	41
阅读栏 2-8	概念结构：上位，基本，下位	42
阅读栏 2-9	分类与文化适应	42
阅读栏 3-1	界定良好问题与界定不良问题举例	46
阅读栏 3-2	归纳结构问题、转换问题、排列问题举例	47
阅读栏 3-3	比较问题的表征	49
阅读栏 3-4	河内塔问题的解决路径	50
阅读栏 3-5	和尚登山问题	52
阅读栏 3-6	数学问题解决的四个阶段	58
阅读栏 4-1	元认知包括如下知识和技能	68
阅读栏 4-2	精细加工策略举例	70
阅读栏 4-3	计划策略的运用实例	73

阅读栏 4-4	阅读文章时的自我提问技术	74
阅读栏 4-5	阅读时的监察与调控	75
阅读栏 4-6	有效的时间管理策略	75
阅读栏 4-7	学业求助的过程	77
阅读栏 4-8	学习策略教学具体化的建议	81
阅读栏 4-9	帮助学生进行自我监控和自我评价的建议	82
阅读栏 4-10	策略教学的8个指导方针	83
阅读栏 4-11	自我调节的学习	84
阅读栏 5-1	迁移的信息加工视角：信息提取的重要性	95
阅读栏 5-2	动机与类比迁移	100
阅读栏 6-1	对偶故事举例	104
阅读栏 6-2	有关惩罚的故事举例	106
阅读栏 6-3	道德两难故事——海因兹偷药救妻	108
阅读栏 6-4	科尔伯格的公正团体策略运作实例	111
阅读栏 6-5	理解他人与道德发展	116
阅读栏 6-6	移情与侵犯行为的实验	118
阅读栏 6-7	"移情训练程序"简介	119
阅读栏 6-8	促进道德发展的课堂建议	124
阅读栏 6-9	一位教师处理有偷窃行为学生的案例	126
阅读栏 7-1	让数学学困生体验到成功	131
阅读栏 7-2	习得性无助感	137
阅读栏 7-3	自我妨碍与学业自我妨碍	138
阅读栏 7-4	学业延迟满足	141
阅读栏 7-5	激发学生学习兴趣的教学实例	144
阅读栏 7-6	增强小学生中文写作学习动机的策略	148
阅读栏 8-1	鉴别场依存型和场独立型的测验	152
阅读栏 8-2	学习的结构要求与教学措施	154
阅读栏 8-3	沉思型与冲动型的测量	156
阅读栏 8-4	对四类认知风格特征的描述	158
阅读栏 8-5	多元智力理论在课堂教学的应用	162
阅读栏 8-6	减少能力分组负面影响的建议	166
阅读栏 8-7	对智力障碍儿童进行教学	169
阅读栏 8-8	对学习障碍儿童的教学	171

阅读栏 8-9	ADHD 的指标：注意力缺陷多动障碍	171
阅读栏 8-10	如何指导 ADHD 学生	172
阅读栏 9-1	教育目标二维分类表在小学数学教学中的应用案例	180
阅读栏 9-2	一元一次方程和它的解法教学目标层次分类表	182
阅读栏 9-3	与教育目标相关的研究发现	186
阅读栏 9-4	一位初中教师的课堂教学目标设计及反思	187
阅读栏 9-4	认知领域教学目标的行为动词	190
阅读栏 9-5	五成分目标法举例	194
阅读栏 10-1	吸引学生注意的提问举例	197
阅读栏 10-2	先行组织者的教学实例	203
阅读栏 10-3	应用发现法的理科课程：话题/问题案例	207
阅读栏 10-4	改进发现学习的建议	208
阅读栏 10-5	合作学习的优点	209
阅读栏 10-6	学生小组-成就分组法（STAD）教学实例	215
阅读栏 10-7	交互式教学举例——阅读策略：预测、总结和提问	216
阅读栏 11-1	课堂常规举例：广州真光中学课堂常规	226
阅读栏 11-2	转换教学活动中常犯的两个错误：急动与滞留	227
阅读栏 11-3	创设整洁的课堂环境案例——教师的示范	229
阅读栏 11-4	因家庭关系失调而导致行为问题的学生辅导案例	233
阅读栏 11-5	用尊重与关爱改变问题学生的案例	234
阅读栏 11-6	用代币制改变小学生问题行为的案例	239
阅读栏 11-7	相倚契约的样例	240
阅读栏 12-1	高利害测验	246
阅读栏 12-2	小学数学教师自主命题训练案例	247
阅读栏 12-3	公平的评价：让学生有平等的机会来证明自己的学习	249
阅读栏 12-4	直接提问式和不完整陈述式的选择题举例	253
阅读栏 12-5	考查复杂能力举例	255
阅读栏 12-6	比较常见的联系	256
阅读栏 12-7	好的填空题和差的填空题举例	257
阅读栏 12-8	评价细则举例，适用于十年级	258
阅读栏 12-9	一个开放式小学科学任务案例	259
阅读栏 12-10	改进后的选择题举例	260
阅读栏 12-11	成长记录袋举例	261

阅读栏 12-12　有效等级评定的原则 …………………………………………………… 262

阅读栏 12-13　轶事记录法举例 ………………………………………………………… 263

阅读栏 12-14　自陈式量表举例 ………………………………………………………… 264

阅读栏 13-1　教师应具备的知识 ………………………………………………………… 273

阅读栏 13-2　教育机智案例欣赏 ………………………………………………………… 275

阅读栏 13-3　教师教学监控能力的发展阶段 …………………………………………… 276

阅读栏 13-4　教师的人格特征：理解别人、与别人相处和了解自己 ………………… 279

阅读栏 13-5　教师教学效能感量表 ……………………………………………………… 281

阅读栏 13-6　正确应对教师职业发展中的"高原期" ………………………………… 290

第一章 学习理论

本章导读

学习理论是心理学中最古老、最核心也是发展最成熟的领域之一。学习理论的研究试图解释学习是如何发生的,它有哪些规律,它是一个什么样的过程,如何才能进行有效的学习。但由于各人的观点、学科背景及其研究方法有所不同,因而形成了不同的学习理论流派。

本章共有四节,分别介绍了学习理论四大流派的观点。第一节主要介绍了桑代克、巴甫洛夫、华生和斯金纳的行为主义学习理论,强调学习是因环境而导致的行为改变。第二节重点介绍了班杜拉的社会认知学习理论,该理论主张社会反应主要是通过观察和模仿别人的行为而习得的。第三节着重介绍信息加工学习论的观点,认为学习的本质就是获得对信息的心理表征。第四节简要介绍建构主义学习论,强调以学习者为中心。

学习是指个体通过经验而在行为、知识、能力或态度等方面发生的相对持久的变化,且这些变化不能归因于疾病、受伤以及成熟的结果。首先,学习必须是一种相对持久的变化,这就排除了由于疲劳、生病或者情感挫折导致的短暂变化。其次,这种变化必须是通过经验产生的,那些由于脑损伤或疾病而产生的可观测的行为变化不是学习。最后,由成熟带来的生长变化不是学习,比如婴儿不是通过学习才会爬行与行走的,而是由生物体内所储存的发育时间表决定的。

第一节 行为主义的学习理论

由美国心理学家华生(J. B. Watson,1878—1958)所创立的行为主义是20世纪最有影响的心理学流派之一,对西方心理学产生了深远的影响,被称为西方心理学第一势力(first force)。行为主义最有影响的两位大师华生和斯金纳(B. F. Skinner,1904—1990)都对学习理论做出了巨大贡献,而另外两位杰出人物,美国心理学家桑代克(E. L. Thorndike,1874—1949)和俄国生理学家巴甫洛夫(I. P. Pavlov,1849—1936)虽然不属于行为主义学派,后者严格来说并不是一位心理学家,但他们的研究对行为主义学习理论的形成有重要影响。尽管他们研究的侧重点有所不同,但都认为学习必然导致行为的变化,行为的产生源于环境中的经历。总体来讲,巴甫洛夫与华生的研究属于经典条件作用,而桑代克与斯金纳的研究属于操作性条件作用。本节将对以上四位学者关于学习的理论和研究加以介绍。

一、经典条件作用

经典条件作用是将不随意的行为(如生理反应或情绪反应)与不能引起自动反应的刺激建立起联结,这种学习其实对学习者来说只是一种被动的反应。

(一)巴甫洛夫的经典条件作用

俄国生理学家巴甫洛夫堪称现代学习心理学之父,他通过对动物的条件作用形成过程的研究为学习理论奠定了科学的基础。

巴甫洛夫的经典条件作用实验是把一条狗放在一间黑暗的屋子里,打开灯,30秒后把食物放在狗的嘴里,诱导其分泌唾液的反射。"开灯并提供食物"的程序重复几次后,"灯光"这个原本与分泌唾液无关的刺激,单独出现时也会引起唾液的分泌。巴甫洛夫把食物叫作无条件刺激,而灯光是条件刺激,因食物引起分泌唾液的过程叫作无条件反射,灯光引起分泌唾液的过程叫作条件反射,整个过程叫作条件作用。除了灯光,其他刺激如铃声、音乐等也可以作为条件刺激,详见图1-1。

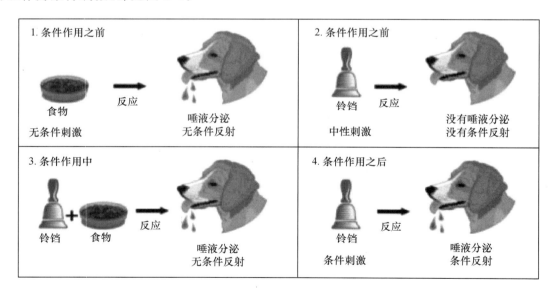

图1-1 经典条件作用形成示意图

经过实验研究,巴甫洛夫提出了条件作用的几个原则。① 条件刺激的呈现应在无条件刺激之前,如先开灯后给食物。巴甫洛夫及其学生发现,如果条件刺激在无条件刺激之后呈现,很难对动物形成条件作用。其他的研究还发现,条件刺激在无条件刺激呈现之前的1.5秒呈现,最易形成条件作用。② 消退。条件作用的形成并不是一劳永逸的。如果只呈现条件刺激,而不伴随无条件刺激,几次以后,动物将不会再做出条件反应,即反应消退了。③ 自然恢复。已经消退了的条件反射,经过一段时间的休息之后,当条件刺激又重新单独出现时,条件反射也会重新出现,因此我们说条件反射在消退后又自然恢复了。④ 刺激的泛化。条件作用的形成往往是针对某一特定刺激的,但是动物有能力对与条件刺激相似的一些刺激也产生条件反射。如狗被训练对某一声调的铃声产生条件反射后,它也会对其他不同声调的铃声做出反应。这种现象叫作泛化。⑤ 分化。泛化最终会让位给分化的过程。如果继续呈现不同音调的铃声而不伴随食物,狗就开始更有选择性地做出反应,只对与最初的条件刺激最相似的刺激做出反应,这叫作刺激的分化。⑥ 高级条件作用。当条件作用形成后,可单独用条件刺激与另一中性刺激建立起联结。如巴甫洛夫的学生曾用铃声建立起狗的条件作用,然后在铃声出现时伴随着一个黑色方块,几次以后,当黑色方块独自出现也可以引起狗分泌唾液。这种情况叫作二级条件作用,巴甫洛夫发现有时甚至可建立三级条件作用。

(二)华生的情绪研究

华生是行为主义的创始人,他坚持心理学应该成为一门纯粹客观的自然科学,奉行科学、客观、控制、预测的研究取向。当他读到巴甫洛夫的研究成果后,认为这正是心理学应该学习的研究范式,经典条件作用的原则不仅适用于动物,人类的大部分行为也服从经典条件作用原理。华生将条件作用的原理应用到情绪研究。

华生认为婴儿出生时只有三种情绪反应:恐惧、愤怒和爱。引起这些情绪的无条件刺激一般只有一两种。但是对于年长的儿童,很多刺激可以使他们产生这些情感反应,因此对这些刺激所产生的反应一定是习得的。例如,华生认为对婴儿来说只有两种无条件刺激可以引起恐惧,一种是突然的声响,一种是突然失去支撑物(如从高空落下),但年长的儿童对很多事物:陌生人、猫、狗、黑暗等都会感到恐惧。因此,年长的儿童对这些事物的恐惧一定是习得的。如一个小孩对蛇的恐惧是因为当他看到蛇时听到了尖叫声,蛇因而成为了一种条件刺激。华生和雷诺以一个11个月大的小男孩为被试,看能否通过条件作用让他对小白鼠产生恐惧(如图1-2)。实验之初,小孩对小白鼠并不害怕,但经条件作用后,小孩发生了很大变化。实验过程如下:在小白鼠出现在小孩面前的同时,在小孩的背后用力击打一个物体发出巨响,引起孩子的惊吓反应。反复几次后,当只有小白鼠出现时,小孩也表现出害怕、逃避的反应。几天后,小孩对所有带毛的物体如狗、皮毛大衣等都感到害怕,可见,他的恐惧已经泛化。

华生的研究在实践上的主要应用是发展了一套对恐惧进行去条件作用的方法。这种方法在当代来说即是一种行为矫正,也称为系统脱敏法。这项研究是针对一个叫皮特的三岁

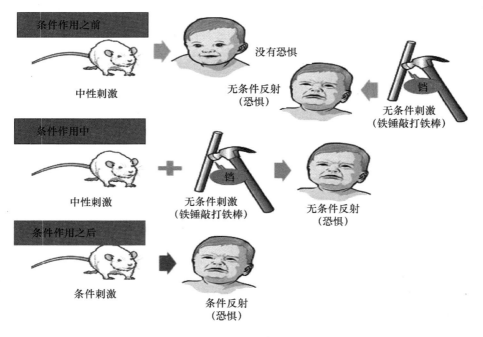

图 1-2 恐惧形成实验

小男孩进行的。皮特是一个健康活泼的孩子,但对兔子等动物感到害怕。华生和琼斯为消除其恐惧采用了如下实验:首先,在皮特喝下午茶时,将关在笼子里的兔子放在距离皮特较远且不会对他产生威胁的地方。第二天,将兔子拿到较近的距离,直到皮特感到一丝不安。接下来的每一天,兔子都被移近一点儿,但在实验者的关照下,并不会给皮特带来太多的麻烦。终于皮特可以做到一边吃东西一边与兔子一起玩。用同样的方法,琼斯消除了皮特对其他物体的恐惧。

> **阅读栏 1-1 关于经典条件作用的扩展知识**
>
> 1. 中性刺激与无条件刺激的配对出现并不能自动产生条件作用,中性刺激必须能够可靠地预测无条件刺激才能产生条件作用。瑞斯克拉(Rescorla,1967,1968,1988)将老鼠分为两组,第一组中声音总是与电击配对出现,共 20 次;第二组除了 20 次的声音与电击配对出现外,另外还接受了没有声音与之配对的 20 次电击。结果发现,只有第一组形成了对声音的条件反射,因为它能预测电击。第二组中声音出现与不出现都有电击,无法起到信号的作用,因此不能形成条件反射。

2. 刺激物的生物属性对能否形成条件作用有很大影响。比如人们容易对蛇、狼等动物形成恐惧反应,但对于花、草就不容易产生恐惧反应。这可能是与人类进化过程中形成的生存机制有关。

3. 环境线索往往也会形成条件作用。戒毒者最好避开那些与他们以往吸毒经历有关的线索,包括朋友、地点和物品,这些线索往往成为难以抗拒的诱惑导致他们去寻找毒品。

4. 无法形成经典条件作用可能是阿尔兹海默症(老年痴呆症)的第一个信号,先于记忆丧失。

(引自 Wood,Wood,& Boyd,2005)

二、操作性条件作用

人们的学习不总是被动的,事实上很多时候个体会主动积极地作用于环境,获得新的行为。

(一) 桑代克关于学习的试误说

桑代克不仅是教育心理学体系和联结主义心理学的创始人,还是心理学史上第一个用实验来研究动物心理的人。受达尔文进化论思想的影响,桑代克认为人和动物的心理具有连续性,在对动物学习的实验研究基础上,提出了联结主义学习论。为表彰他对教育心理学的卓越贡献,美国心理学会教育心理学分会设立了"桑代克奖",这个奖项是授予教育心理学家的最高荣誉。

桑代克认为学习是联结的形成和巩固。所谓联结即是刺激与反应之间建立起的稳固的联系,而联结的建立则是通过尝试错误的方式形成的。这种学说来自于他那著名的迷箱实验。在迷箱实验中,桑代克把一只饥饿的猫关进一个有机关的迷箱里,并在箱外放一条鱼。为了吃到鱼,猫就会乱蹦乱跳,企图逃出迷箱。在做出许多无效的动作后,猫偶然触动了机关,打开了箱门,跑到外面吃到了鱼。然后再将猫重新关进迷箱,会发现,猫经过几次尝试后,逃出的时间变得越来越短,如图1-3。也就是说,猫在反复尝试后,逐渐抛弃了不成功的反应,将成功的反应保留下来。由此桑代克认为动物的学习是一个盲目尝试、不断减少错误的过程,即试误的过程。猫通过试误建立起刺激与反应的联结,从而获得正确的解决问题的方式,这个过程是不需要思维和推理的。桑代克认为,尽管人类的学习更为复杂,也存在其他形式的学习,但人类学习与动物学习具有相似性,其本质也是形成联结的过程。

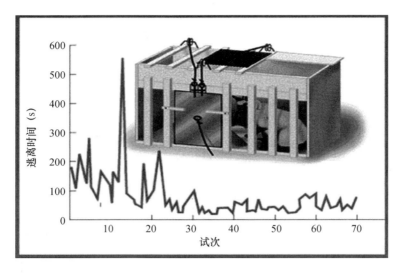

图 1-3　桑代克的迷箱实验

在动物实验的基础上,桑代克提出了三条学习定律:准备律、效果律和练习律。

(1) 准备律,学习者是否会对刺激做出反应,取决于他是否做好了准备。例如在迷箱实验中,猫只有在饥饿状态下,才会进行学习活动;如果猫吃饱了,就只会蜷缩在那里睡觉,不会有任何试图逃出迷箱的行为。这条定律实际上说明学习是需要由动机唤起的。

(2) 效果律,如果一个反应带来的结果是令人满意的,那么学习就会发生;如果反应的结果是令人烦恼的,那么学习就不会发生。满意的程度越高,刺激与反应之间的联结就越强。

(3) 练习律,分为应用律和失用律。应用律指一个已形成的可变联结,若加以应用就会变强;失用律指一个已形成的可变联结,若久不应用,就会变弱。

1930年以后,桑代克对学习定律进行了修改。首先,他抛弃了练习律,他认为练习本身并不是一种很有效的学习方式。例如在一项实验中,让被试闭上眼睛画出长度为 2、4、6、8 英寸(1 英寸=2.54 厘米)的线段,虽然重复了上百次,但如果不对他们画线的结果给予反馈的话,被试最后一次画线的成绩同先前的成绩相比并无提高。可见,不知道结果的练习不可能有助于学习。其次,他修改了效果律,最初他认为奖励和惩罚的效力是相当的,作用的性质是相反的。但后来的研究表明奖励可以加强联结,但惩罚却不一定减弱联结。在一项实验中,主试给被试念一些常见的单词,并告诉被试,每个单词都与一个号码相连,要求被试猜测。主试对被试讲出的号码大多不给予反馈,只是偶尔说"对"(奖励)或"不对"(惩罚)。念完所有单词后,立即进行保持测验,结果发现,没有得到任何反馈的单词号码保持率为 10%;得到强化的保持率为 20%;受到惩罚的保持率为 15%~16%(施良方,1992)。可见,惩罚不但没有令联结减弱,反而令其增强了。

(二)斯金纳的操作条件作用

从学习理论的观点看,经典条件作用似乎只限于对某些反射或先天的反应进行条件作用。对于人们是如何学习复杂的技能及进行主动的学习,经典条件作用很难进行解释,于是心理学家开始研究其他形式的条件作用。斯金纳就是其中最有影响的一位。同华生一样,他也是一位行为主义心理学家,但他研究的条件作用并不是巴甫洛夫式的。在斯金纳看来,巴甫洛夫所研究的反应其实是一种应答行为,是由刺激自动引起的,大多数这样的应答行为都是简单的反射。斯金纳感兴趣的是操作性的行为,是对环境的主动操作。个体在环境中可能有多种反应,哪些行为保留下来或更可能再次发生,取决于行为发生之后所得到的强化。

斯金纳将桑代克效果率的思想进一步深化为ABC学习理论,A是行为B的前因,C是行为B导致的结果。行为的结果既可以增加也可以减少日后行为发生的频率。强化与惩罚都是行为的结果。例如,一个小朋友看中了另一个小朋友的玩具,于是去抢过来玩,被老师看到后受到批评。这里玩具就是行为的原因A,抢玩具就是行为B,老师批评就是行为B导致的结果C。由于抢玩具的行为受到了老师的批评即受到了惩罚,那么该儿童这种行为应该减少。

为了研究操作性条件作用,斯金纳发明了一种仪器,叫作"斯金纳箱"(如图1-4)。动物在里面可以自由活动,当它无意中压到杠杆时,会得到食物作为奖励。之后,动物就会更经常地挤压杠杆。反应的比率作为测量学习的指标,当反应受到强化时,它发生的比率也会增加。

斯金纳认为,操作性行为在人类生活中比应答性行为扮演着更为重要的角色。如读书并不是由某一具体刺激引起的,而在于读书曾给我们带来的结果。如果读书得到的是奖励,如好成绩,人们就更可能投入这种行为。因此,行为是由其结果决定的。

操作性行为的保持和去除均与强化有直接关系,因此如何对行为进行强化就显得至关重要。形成操作性条件作用应注意以下原则。

1. 强化与消退

可充当强化的事物有很多,有些强化,如食物或去除痛苦叫作一级强化,它们跟直接的生理需求相关,本身就带有强化的属性。有些强化,如成人的微笑、表扬或注意则是条件性强化,它们本身并没有强化的性质,其效能取决于与一级强化的联结频率。当行为得不到强化时,就会渐渐消退。如有些孩子的讨厌行为仅仅是为了得到成人的注意,如果对这些行为

图1-4 斯金纳和他的"斯金纳箱"

不予注意,这些不受欢迎的行为就会逐渐消失。

2. 及时强化

对反应及时给予强化,它才会保留下来。这一点对教育孩子有特别重要的意义。对好的行为及时表扬,这种行为再次发生的可能性就高,如果强化延迟了,行为将得不到加强。

3. 操作性行为的获得并不是按照"全或无"的法则进行的,通常是逐步学会的

儿童的行为获得也是如此。当儿童的行为向正确的方向发展时,就给予强化、肯定,并对他提出进一步要求,使其每取得一定的进步都会得到强化,通过这种方式,儿童最终掌握了完全正确的行为。

4. 强化的时间安排

人们的日常行为很少受到连续强化,大多都是间歇强化。如并不是每次看电影都会感到赏心悦目。间歇强化的不同安排会有不同的效果。一种安排叫固定间隔式,即每隔一定时间给予一次强化,这种安排下的反应速度是相当低的。另一种安排是固定比率式,即反应每达到一定的次数,即会获得奖励,这种安排能带来较高的反应速度。但这两种安排在有机体得到强化后都会表现出一个反应安静期,仿佛他们知道距下一次强化还远着呢!这种安静期可以通过不定期强化或不定比率强化得以避免。前者是将奖励的时间间隔进行灵活变动,后者是将能够得到奖励的反应次数设为可变的。在这两种情况下反应的速度都相当快,之所以能保持快速反应是因为奖励随时都可能到来。间歇强化形成的行为要比连续强化获得的行为更不易消退。当我们希望教会学生一个好的行为时,最好由连续强化开始,但是要想使行为保持下去,最好使用间歇强化。

5. 负强化和惩罚

前面提到的强化都是正强化,强化意味着提高了反应的速度或可能性。正强化是通过给予一些正面的结果,如食物、表扬、注意等方式加强了行为;负强化是通过去掉某些不好的、不愉快的刺激令反应得到增强。如学生为了避免受到老师的批评而认真学习,老师的批评就是负强化。负强化与惩罚不同。惩罚不是为了增强而是试图去掉某些行为反应。当发生了某些不好的行为后,给予不愉快的刺激,这就是惩罚。但是惩罚往往不一定有效并会带来一定的负面结果。第一,惩罚往往是将不良行为压抑下去,但并没有教导出新的行为。儿童并没有因惩罚而学会更有建设性的行为。第二,惩罚易使人产生怀恨心理,对惩罚者心怀不满,并常常表现出攻击行为。第三,在成人眼里是惩罚,在儿童眼里可能变成奖励。如儿童做出不良行为,可能就是为了吸引成人的注意,成人加以惩罚,正是对儿童的注意,儿童不但不会改变行为,反而会变本加厉。第四,惩罚尤其是当众的惩罚,会令儿童失去自尊,心灵受到伤害。

斯金纳的操作条件理论在实践中主要应用于行为矫正和程序教学。在行为矫正方面，对不良行为给予惩罚或不予注意，对好的行为给予奖励，坏的行为就会逐渐消退，而好的行为就会渐渐保留。程序教学允许学生选择短文，回答问题，然后再按按钮看是否正确。它遵循几个原则：第一，小步子原则，行为的获得是循序渐进的；第二，学习者是主动的，这是有机体的自然条件；第三，要及时反馈。

过去，科学家倾向于认为操作性条件作用仅限于塑造人和动物的外显行为，对机体内部的反应，如心跳、脑电波的活动是无能为力的。但是生物反馈设备的出现，可以对内部生理过程的微小变化进行感知和监控，并将其放大和转换成可视或可听的信号。这样，人们就可以感知自己生理内部的过程，并通过练习来控制它们。生物反馈可以用来调节心率、控制偏头痛和紧张性头痛、胃肠紊乱、哮喘、焦虑、紧张等（Wood, Wood, & Boyd, 2005）。

三、条件作用理论对于教育的意义

尽管人们对行为主义的学习理论有诸多批评，但不能不承认，时至今日，强化与惩罚仍是课堂环境中老师用来控制学生行为的重要手段。作为教师，掌握强化的作用和原则将有助于塑造学生良好的行为习惯和矫正学生的不良行为。当学生表现出好的行为时要及时给予强化加以肯定，但要注意，强化应以表扬、微笑等精神性奖励为主，少用物质性奖励，以免使学生养成为了获得外在奖赏而学习的习惯，因为心理学的研究表明，外在奖赏可能会降低学生的学习兴趣和内在动机。注意了解学生行为的真正目的，避免将对学生行为的惩罚变成对其行为的强化，使学生的不良行为得以继续保持。鉴于惩罚的负面作用，要谨慎使用。有人提出了四种替代惩罚的方法（Schunk, 2003）。第一是改变能引起消极行为的刺激。如两个同桌学生上课总是说话，可将他们分开。第二是允许不希望的行为继续出现直到行动者满足为止。如一个学生在应该坐着的时候站着，那么让他站着好了，他累的时候自然会坐下。第三是对小的违纪行为不予理会，这样这种行为会因为得不到强化而消除。第四是只对好的行为给予强化，如当调皮的学生表现出良好行为时予以表扬，这种方式能让学生知道什么是正确的行为。

> **阅读栏 1-2　用强化原理改变学生——陶行知先生的"四颗糖"**
>
> 　　大教育家陶行知先生当校长的时候，有一天看到一个男生用砖头扔另一个男生，十分危险。便将其制止，并叫他下午三点到校长办公室。没到三点，男孩就到校长室门口等候，眼神迷离无光，情绪起伏不定，内心有能量在暗暗涌动。没发泄

完的愤怒、错误行为的自责、面对校长责问的恐惧、同学们即将看笑话的羞愧、还有可能找家长的担忧,这些能量包围着男孩,不停旋转,形成强大的黑洞般的引力波。对于一个孩子来说,这情景堪比宇宙大爆炸!但是,这引力波发出的信号,被远隔千米的陶校长测量到了,他去小卖铺买了一包糖果,人类历史上最伟大的教育即将发生。

陶校长准时回到办公室,发现男孩已经等在那里。陶校长笑着掏出一颗糖说:"这颗糖是给你的,因为你很守信,没迟到还提前到。"眼前的这颗糖像一颗炮弹把男孩打晕了,完全没明白咋回事。接着校长又掏出一颗糖,说:"这也是给你的,我让你住手,你就立即住手了,说明你很尊重校长,尊重别人是最重要的品质啊!"男孩被这第二颗糖彻底击晕了,随着那个卑微的自我的倒下,之前的那些情绪能量失去了中心点,四处飞散。陶先生又说道:"据我了解,你拿砖头扔同学是因为他欺负女生,这说明你很有正义感,我再奖励你一颗。"这时,几股奇妙的新的能量开始围绕着男孩旋转,越来越靠近中心点,良知之光越来越亮。男孩说:"校长,我错了,同学再不对,我也不能采取这种方式。"陶先生在孩子开口前就收到了新的引力波信号,心花怒放地又掏出一颗糖:"你知错认错,实在难得,不得不再奖励你一颗。我的糖发完了,我们的谈话也结束了,回去吧!"

(引自 http://wemedia.ifeng.com/41284983/wemedia.shtml,2019 年 7 月 19 日)

阅读栏 1-3　普雷马克原理:为了想做的事,去做不想做的事

强化最初被认为是一些特殊的刺激物,能够增强工具性行为。但是普雷马克(David Premack,1965)认为强化物往往是高可能性的活动,而工具性行为往往是低可能性的活动。因此反应的可能性是强化的关键因素。吃东西之所以会强化按踏板的行为,是因为吃东西比按踏板是更可能发生的行为。为证明自己的理论,普雷马克做了个实验,如图 1-5 所示。给幼儿两种选择:吃糖或玩弹球机。测量孩子的偏好,有些爱吃糖,有些爱玩弹球机。设置两种实验条件:① 先玩弹球才能吃糖;② 先吃糖才能玩弹球。结果发现,在条件①,只有爱吃糖的孩子玩弹球机的行为频率增加了,说明吃糖行为强化了玩弹球的行为;在条件②,则只有爱玩弹球的孩子吃糖的行为频率增加了,说明玩弹球行为强化了吃糖的行为。

> 普雷马克原理(Premack Principle)是指用高可能性的活动去强化低可能性的活动。简单地说,用孩子喜欢干的事情作为一种强化手段,去刺激孩子做出他们本身不喜欢但父母或老师希望他们做出的行为。运用普雷马克原理塑造儿童行为时,可采用"如果/那么"(if/then)的句式,例如,家长可以对孩子说"如果你想要玩游戏,那么你必须先把作业写完"。注意,先说强化物是很重要的,这样可以把儿童的注意力集中到他们将要获得的奖励而不是要付出的代价上,这样更容易被儿童接受。如果先说儿童必须做的事情,听起来是一种命令、是一种强迫,不容易让儿童遵从。
>
>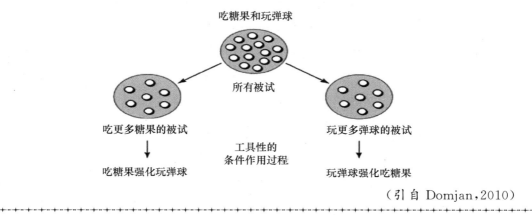
>
> (引自 Domjan,2010)

第二节　社会认知学习理论

班杜拉(Bandura,1925—)认为个体的很多行为与反应并不是通过条件作用获得的,而是通过在环境中观察他人的行为及其结果产生的,他的理论因此被称为社会认知学习理论。

社会认知学习理论认为学习的产生并非取决于条件作用理论所强调的强化,而是行动者对行为结果的认知。行为的结果如果是奖赏(比如告诉个体他们做对了),那么他们再次做出该行为的可能性就很大;如果行为的结果失败了或是受到了惩罚,个体就知道他们的行为是错误的,就会设法修正自己的行为。社会认知学习理论认为如果个体只依靠自身的直接经验进行学习会遭受许多无谓的失败与痛苦,浪费大量的时间与资源,幸运的是,大多数人类的行为是通过观察学习与模仿获得的。

一、观察学习

斯金纳认为学习是一个渐进的过程,在这个过程中,有机体必须主动学习。但班杜拉认为在社会情境下,人们仅通过观察别人的行为就可迅速地进行学习。观察学习也称替代学习,即通过观察别人的行为或经验而获得了新行为、新经验。

在一个经典研究中,班杜拉(1965)让4岁儿童单独观看一部电影。在电影中一个成年男子对充气娃娃表现出踢、打等攻击行为。影片有三种结尾。将孩子分为三组,使其分别看到结尾不同的影片;奖励攻击组的儿童看到的是在影片结尾时,进来一个成人对主人公进行表扬和奖励;惩罚攻击组的儿童看到另一成人对主人公进行责骂;控制组的儿童看到进来的成人对主人公既没奖励,也没惩罚。看完电影后,将儿童立即带到一间与电影中有同样的充气娃娃的游戏室里,实验者透过单向镜对儿童进行观察。

结果发现,看到榜样(主人公)受到惩罚的孩子表现出的攻击行为明显少于另外两组,而另外两组则没有差别。在实验的第二阶段,让孩子回到房间,告诉他们如果能将榜样的行为模仿出来,就可得到桔子水和一张精美的图片。结果,三组孩子,包括惩罚攻击组的孩子模仿出的内容是一样的。说明替代性惩罚抑制的仅仅是对新反应的表现,而不是获得。即儿童已学习了攻击的行为,只不过看到榜样受罚,而没有表现出来而已。

班杜拉认为观察学习包括四个部分:① 注意过程。如果没有对榜样行为的注意,就不可能去模仿他们的行为。而能够引起人们注意的榜样常常具有一定的优势,如更有权力,更成功等。② 保持过程。人们往往是在观察榜样的行为一段时间后,才模仿他们。要想在榜样不再示范时能够重复他们的行为,就必须将榜样的行为记住。因此需要将榜样的行为以符号表征的形式储存在记忆中。③ 动作再生过程。观察者只有将榜样的行为从头脑中的符号形式转换成动作以后,才表示已模仿行为。要准确地模仿榜样的行为,还需要必要的动作技能,有些复杂的行为,个体如不具备必要的技能是难以模仿的。④ 强化和动机过程。班杜拉认为学习和表现是不同的。人们并不是把学到的每件事都表现出来。是否表现出来,取决于观察者对行为结果的预期。如果预期结果好,他就愿意表现出来;如果预期将会受到惩罚,就不会将学习的结果表现出来。因此,观察学习主要是一种认知活动。而观察者因看到榜样的行为受到强化而自己也倾向于做出这种行为时,我们说观察者受到了替代性强化。

二、示范

观察学习历程离不开榜样的示范作用,榜样示范的一项重要功能是向观察者传递如何将各种行为技能综合成新的行为反应模式的信息。在这之前,无论观察者的动机和认知能力怎样都不可能表现出该行为模式。

示范的第二个功能是抑制或去抑制,抑制是约束个体表现他已学会的某种行为方式,而去抑制是解除抑制,打破禁忌,表现以前一直处于抑制状态的行为。观察榜样可以加强或减弱对已获得行为的抑制。当一个学生看到榜样作弊受到惩罚,他就会控制自己作弊的冲动,这就是抑制;当一个学生看到榜样作弊而未受惩罚时,自己也会做出这种行为,这就是去抑制。示范对个体行为的约束的效应取决于以下三个因素:观察者对自己是否具有执行示范行为的能力的判断;观察者对示范行为的奖惩结果的感知;观察者对自己执行示范行为是否会导致与榜样执行该行为所产生的结果相一致的推理。

示范的第三个功能是反应促进功能,是指榜样的行为将观察者先前习得的、有能力做却没有做的行为诱发出来,这种现象既不同于观察学习也不同于去抑制。因为它所诱发的行为对观察者来说并非新行为,也不是受社会排斥从而需要约束抑制的行为。

阅读栏 1-4　教学的示范(instructional model)

教学本身也含有演示的含义。示范是一种有效的教学方法。基于观察学习的示范教学,应该多角度多情境地给学生呈现一个概念,以便于学生抽象出概念原则。一个新手老师常常只呈现概念的一个样例,这样是不利于学生进行抽象和迁移的,因为与任务无关的情境特征没进行系统性的变化。研究表明,教师在演示证明的时候加以讲解可以显著增强学生的概念学习。

教师对复杂或困难的任务进行分解是很重要的,特别是当子技能是新的时候,有必要进行任务分析和系列演示。在解决问题过程中通过不懈努力并逐渐取得成功的应对型榜样(coping model)比一帆风顺的掌握型榜样(mastery model)更容易获得学生的模仿。应对型示范通过知觉到的相似性让学生产生了高水平效能感。

(引自 Zimmerman & Schunk,2003)

三、自我调控

随着社会化程度的不断加深,人们对外部奖励与惩罚的依赖越来越少。更多的是依靠自己的内在标准对自己的行为进行奖励和惩罚,即对行为进行自我调控。自我调控包括自我观察、自我评价和自我强化三种成分。人们进行自我评价的标准是怎样获得的呢?班杜拉认为一方面是奖励与惩罚的产物,另一方面是榜样影响的结果。例如,如果父母只在孩子取得高分时才予以表扬,很快孩子就会把这种高标准变为自己的标准。同样,如果榜样为自己设立高标准,受其影响,儿童也会为自己设立高标准。然而,在现实生活中,存在大量的榜样,其中有些人为自己设定的是高标准,但为自己设定低标准的也不乏其人。那么,儿童会采纳谁的标准呢?班杜拉认为儿童更愿意采纳同伴而不是成人的标准,因为相对而言,同伴的低标准更容易达到。要使儿童为自己设定高标准,班杜拉建议说,可让儿童接触那些为自己设定高成就标准的同伴,或为儿童提供因高标准而得到回报的例子。

为自己制定高标准的人通常都是勤奋努力的人,努力也会带来成就。但同时,要达到高标准也是相当困难的。为自己设立高目标的人,更容易体验到失望、挫折和抑郁。为避免抑郁,班杜拉建议把长远目标分成若干子目标。这些子目标应该是现实的、可实现的,当达成子目标时,即对自己进行奖励。

四、自我效能

外在奖赏及榜样对高标准的设定和维持有重要影响是毫无疑问的。班杜拉认为,自我控制和坚持严格的成就标准的原始动机来自于个体的内心,而非外在的环境。当人们实现了追求的目标时,就会觉得有能力,就会感到自豪、骄傲;如果无法达到目标时就会感到焦虑、羞愧,会觉得没有能力。这种从成功的经验中衍生出来的关于能力的信念叫作自我效能(self-efficacy)。自我效能影响人们对任务的选择、遇到困难时的坚持性及努力的程度。例如,一个学生认为自己擅长数学,就会选择具有挑战性的数学问题。当面临困难时,由于对自己的能力有信心就会坚持不懈、付出更大的努力。而对自己的能力缺乏信心的学生,可能就会选择较为简单的任务,这些任务并不能使他的能力进一步提高。在遇到困难时,也更容易放弃,结果阻碍了能力的发展。自我效能信念不仅影响了我们选择什么样的活动,也决定了我们是什么样的人,以及将成为什么样的人。

个体的效能信念主要受到四个方面的影响。

第一,掌握的经验,这是形成高效能信念的最有效途径。成功有助于建立较高的效能信念,失败则会降低效能信念,尤其是个体稳定的效能信念尚未建立起来时,失败对效能的负面影响就更大。通过掌握的经验来发展自我效能,并不是运用已经形成的习惯来完成任务从而获得成功的体验,而是要运用认知的、行为的以及自我调控的工具来管理不断变化的生活环境。如果人们只体验到简单的成功,就会急功近利,并很容易因失败而气馁。真正的能经受住失败考验的效能信念,必须是经过持久的努力最终克服困难取得成功的体验。

第二,通过观察榜样得到的替代性体验(vicarious experiences)也能影响个体的效能信念。看见与自己相似的人通过不懈的努力而取得成功,会令人们相信自己也具有掌握该活动的能力。同样,观察到别人通过高努力而失败也会降低自己的效能信念并降低动机水平。榜样对个人效能信念的影响主要取决于个体与榜样之间的相似程度。相似性越大,榜样成功与失败的事例越具说服力;如果榜样与个体很不同的话,个体的效能信念就不会受到榜样的强烈影响。

第三,社会说服(social persuasion)也是增强个体取得成功信念的重要因素。用语言说服人们相信自己具有掌握给定任务的能力,会使个体在遇到困难时付出更大的努力。但是,社会说服不仅会提升个体的效能信念,而且也会降低效能信念。不现实地提升效能信念很快会被令人失望的结果所粉碎,使个体放弃努力。所以,成功地建立效能信念不只是要传递正面的效能信息,而且要建构带来成功、避免失败的情境,并鼓励个体根据自己的进步来衡量成功,而不是与他人进行比较。

第四,效能信念还部分依赖于进行能力判断时的生理和情绪状态。人们把自己的紧张反应和紧张程度作为表现不佳的信号。正面的情绪能增强自我效能知觉,负面的情绪状态会降低自我效能,所以,可以通过增强身体状态减少紧张和负面的情绪倾向,以及纠正对身体状态的错误解释来改变效能信念(Bandura,2001)。

五、社会认知学习理论的教育意义

社会认知学习理论认为儿童不需要强化,仅通过观察榜样的行为就可获得学习。因此,榜样对儿童有重要影响。对儿童来说,不仅老师、父母、同伴是重要的榜样,大众传媒也是重要的榜样。这就要求老师和父母不仅要以身作则,为儿童树立正面的榜样,同时还要注意儿童与哪些人交往,阅读的书籍,观看的电影、电视、录像是否健康等。

儿童的行为由外塑而渐内发,这既是个体逐渐成熟的结果,更是教育引导的结果。不仅要用各种标准来规范儿童的行为,更重要的是引导学生认同、采纳这些标准,并对自己的行为进行调节,成长为具有自我调控能力的人。

自我效能是一种期望结构,具有动机的性质。学生自我效能的高低,影响他对任务的选择、投入、努力的大小及遇到困难时的坚持性。教师应帮助学生保持相对准确但却是较高水平的期望和效能,避免让学生产生无能的错觉。要培养学生具有"能力是可变的"这一信念,减少相对能力即社会比较方面的信息。通过给学生布置有相当挑战性但难度又合理的任务,让他们在这些任务上取得成功来提升其自我效能信念,这样往往比说教更有说服力。

> **阅读栏 1-5　谁能成为榜样？**
>
> 榜样的行为既是可观察的,也是可模仿的。榜样既可以是现实中的人,也可以是影视媒体、书籍中的人物。前者叫真实榜样,后者叫象征性榜样。他们之所以能成为观察者的榜样,是因为他们具备了以下特征：
>
> （1）相似性。榜样与观察者有相似性,如兴趣爱好、年龄、性别、种族、社会经济地位等相似或一致。
>
> （2）能力。榜样的能力必须得到观察者的认可,如爱打篮球的孩子会以篮球打得好的同学为榜样。
>
> （3）地位高。榜样是具有较高的影响力的人物。包括家庭地位高（如父母兄姐）、同伴地位高（权威人物如老师、校长、公众人物如明星）和特殊文化里地位高（如政治或宗教人物）。
>
> （4）性别合宜行为。观察者较易模仿那些与自己性别一致的榜样行为。
>
> （引自博林,德温,里斯-韦伯,2012）

第三节　信息加工学习论

伴随着20世纪50年代以来的计算机科学的蓬勃发展,心理学家重拾对内部心理过程进行研究的信心。他们把人类的心理活动类比为计算机,认为人的心理活动就是对信息进行加工的过程,学习的本质就是获得对信息的心理表征。与行为主义认为学习是获得新的行为的观点不同,信息加工学习论认为学习是获得知识与策略。与其他学习理论不同,信息加工学习论既不是单个理论的名称,也不是以某位学者的主要研究为特征,而是从信息加工的观点来研究认知过程的各种理论总括。

一、信息加工阶段模型

信息加工阶段模型主要是关于记忆的一种理论模型。它把学习看作是获得、保持与提取信息的过程。换句话说,学习即是获得、记忆和应用知识的过程。在早期,信息加工阶段模型把记忆分为感觉记忆、短时记忆和长时记忆三个阶段。随着研究的深入,该模型也得到了修正,例如工作记忆取代了短时记忆,系统也不再是单向的,而是强调要素之间的相互作用,如图1-5。

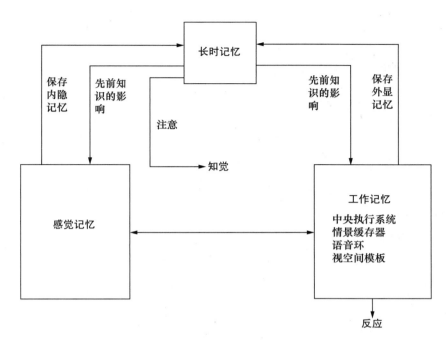

图 1-5　学习的信息加工模型(引自伍尔福克,2015)

(一)感觉记忆(感觉登记)

感觉记忆也称瞬时记忆、感觉登记。它与能量转换有关,人类每天接收的信息有各种类型,如声、光、电等,但大脑只能理解与电能有关的信号。身体有特殊的感觉、负责将外界的能量转换成大脑能够理解的信号,这种转换过程会产生记忆。感觉记忆的储存时间极为短暂,图像信息不超过 1 秒,声像信息不超过 4 秒。感觉记忆具有通道特异性,即每种感觉通道都有自己的登记器,如视觉的、听觉的。每天作用于我们感官的信息众多,但并不是每个信息都被登记在瞬时记忆中,因此感觉登记是有选择性的,至于哪些信息会被登记,一方面与个体的需要、兴趣、动机等主观因素有关,另一方面也与客观刺激物本身的特点有关。瞬时记忆中的信息是原汁原味未经任何处理的,在登记器中保持着原始状态,等待大脑对其作进一步的加工和处理。如果感觉记忆中的信息受到注意,就会进入信息加工的第二个环节工作记忆,否则就会因衰退而消失。

(二)工作记忆

1. 工作记忆的特征与结构

记忆的早期信息加工模型认为,得到注意的信息会进入短时记忆,信息在短时记忆中大约能保持 30 秒左右,这些信息如果得到复述就可以进入长时记忆,否则就会被遗忘。例如,别人告诉你一个电话号码,如果你来不及复述或记录下号码就忙别的事情去了,回头再想这个号码时可能怎么也想不起来了。短时记忆的另一个特征是容量有限,大约为7±2个信息单位。如给你呈现一组由12个数字构成的数列:"1,4,9,2,1,7,7,6,1,9,4,1",对于一般人来说在提取时大概可以回忆出5~9个数字,但是对于美国人来说提取全部12个数字可能一点儿也不困难,因为将它们分成3组,每组包含4个数字,恰好分别代表着美国历史上重要事件发生的年代。由此可见,短时记忆的信息是以有意义的项目为单位,这些有意义的项目被称为组块(chunk)。短时记忆的容量存在个体差异,由于个体知识经验和对信息进行组织加工的水平不同,组块的大小就不同,因而短时记忆的容量也不一样。将几个较低水平的组块加工组织成一个较高水平的更大组块的过程,叫作组块化(chunking)。

近期的信息加工模型用工作记忆取代了短时记忆,工作记忆的概念相当于操作系统的工作平台,它既要对新信息进行短暂的储存,又要对新信息进行加工并与已有知识进行整合,因而与只具有储存功能的短时记忆相比,工作记忆的容量更加有限。工作记忆包括语音环、视空间画板和中央执行系统三个成分。语音环用来处理与声音或语词有关的信息,如阅读或复述词组;视空间模板用来处理无法言说的信息,如空间信息;中央执行系统则负责监控、计划、集中注意、任务之间的转换以及抑制短时储存中的信息干扰等。

2. 工作记忆与认知负荷

工作记忆容量是有限的,如果完成一项任务所需要的认知资源过多,就会影响任务的表现。完成一项任务所需要的心理资源的总量叫认知负荷(cognitive load)。如果教学材料的复杂性没有得到合理的控制,就可能造成学习者的负荷超载,从而影响其学习并损害表现。认知负荷可以分为三种。第一种是内在负荷(intrinsic load),受任务的复杂性和学习者在该领域的熟练程度影响。内在负荷的大小取决于要学习的材料或任务中各要素之间的交互作用程度。内在负荷是由任务本身的特征决定的,并不是教学设计带来的。要想减少内在负荷,唯一可行的办法是将交互作用的要素组合成图式。将知识组成图式可以有效地降低对工作记忆的要求,因为一个图式只占一个工作记忆单位。第二种是外在负荷(extraneous load),是一种不必要的、对学习无益的负荷。它是由教学设计者在组织和呈现信息时带来的。如果内在负荷高,就需要考虑减少外在负荷,因为负荷是累加的;如果内在负荷低,外在负荷的影响就不太重要。但是教学设计者还是应该尽量减少给学习者带来过多的认知负荷。第三种是关联负荷(germane load),是在学习过程中要付出努力来处理内在认知负荷的产生,这个过程需要利用工作记忆中自由的容量部分(free capacity)把长时记忆里或者学习环境中与学习有关的元素加入到工作记忆里。当然认知负荷的管理受学习者经验的影响,针对新手的教学设计应该与有经验的学习者不同(de Bruin & van Merriënboer,2017)。

(三) 长时记忆

长时记忆是记忆系统中最大的信息储存库,其特点是容量大,保持时间长,有些信息甚至可以保持终生。长时记忆储存的是个体经历过的事件和习得的知识,它为个体的心理活动和行为提供了信息基础。

按照是否意识到,长时记忆可分为外显记忆和内隐记忆。外显记忆是能够被回忆、有意识思考的知识。内隐记忆是我们不能有意识回忆的知识,但这些知识却无意识地影响我们的行为或思考(伍尔福克,2015)。

按储存的信息类型,长时记忆可以分为两类:一类为情节记忆,一类为语义记忆。情节记忆是关于个体经历的记忆,是按照时间、地点来组织信息的,在头脑里以表象的形式存储的。如回忆起去西藏参观布达拉宫的情形,当时的情景、所见所闻就会浮现在脑海里,仿佛再次经历一般,这就是情节记忆。语义记忆与情节记忆是相对的,包括对关于世界和语言的一般性的、百科全书式的知识。语义记忆中的信息是以语义代码的形式储存的,通常是按照类别、属性或总括等抽象规则对信息进行组织的。我们对数学定理、公式,物理概念等知识的记忆都属于语义记忆。长时记忆中信息能否得到有效的保持和提取,取决于个体在学习的过程中学习的程度以及对信息的加工水平。

阅读栏1-6 注意在教学中的作用

在信息处理的整个过程中,如果个体对感觉器官收录来的刺激信息未加注意,那么这些信息将在极短的时间内就被遗忘。因为眼睛的功能不同于照相机,耳朵的功能不同于录音机,"视而不见"与"听而不闻"的事例经常发生。知识教学的基本目的,是使学生能对知识长期记忆;只有长期记忆的知识,才能用来学习新知识或解决问题。因此,在教学历程开始时,如何引起学生注意,自然成为教师首先考虑的问题。[①]

使学生集中和保持注意力的几点建议:[②]

手段	实 施
信号	开始上课或者要改变活动时给学生一些信号。
走动	给全班学生看教学材料时教师应该走动。学生在座位上做作业时教师也应该在教室里走动。
变化	使用不同的教学材料和教具,应用各种手势,不要平铺直叙。
兴趣	把一些令学生感到兴奋的教学内容引入课堂。在教学过程中要经常激发学生的兴趣。
提问	让学生用自己的话解释某个观点,强调他们要对自己的学习负责。

① 引自张春兴,1998
② 引自 Schunk,2003

二、加工水平理论

加工水平理论不是从信息加工的位置来定义记忆,即该理论不认为记忆包含诸如感觉登记、工作记忆和长时记忆这些不同的存储装置,而是认为信息存储水平取决于加工的深度。加工水平理论认为存在三种加工水平:物理的、语音的和语义的加工。其中物理加工是最表层的,语义加工是最深层的,语音加工居中,见图1-6加工水平模型。信息被加工的水平越深,记忆效果就越好,它被提取出来的可能性就越大。比如,你出门看到一辆车,并没有引起你特别的注意,你记住它的可能性很小,这是最低水平的表层加工。如果你给它命名——"这是捷达车",这是第二水平的加工,你就可能记住它。如果你进一步地赋予这辆车意义,如"这是一部出租车,我乘坐它去上班,路上遇到交通事故"等,就会给你留下深刻印象,很难忘怀,这就是最高水平的加工。但是也有例外,假如学生在较深层的水平上对信息进行了加工(如对意义的理解),但考试却只考肤浅的东西(如时间、地点),学生的真实水平可能不能体现,考试成绩可能不理想。

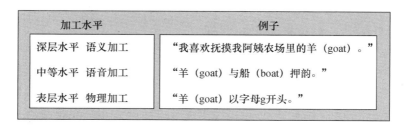

图1-6 加工水平模型(Sternberg,Williams,2003)

加工水平理论得到一些实验研究的支持。如克雷克(Craik)和塔尔文(Tulving)做了一个实验。他们向被试出示一些字词,并要求其回答问题,这些问题是经过精心设计的,目的是诱导出某个水平的加工。如希望被试做表层加工,就问:"这个词是大写的吗?"如希望被试做语音水平的加工,就问:"这个词和某词押韵吗?"如希望被试做语义加工,就问:"这个词能否用在'他在街上遇见了____'这句话中?"最后做回忆测验。结果发现,语义水平的加工成绩最好,其次是语音水平的加工,表层加工成绩最差(Schunk,2003)。

第四节 建构主义学习论

建构主义是当代最有影响的学习理论,融合了很多理论或学者的思想,但是目前还没有一个被广泛接受的定义。不过关于建构主义的学习观,存在两点共识:一是认为学习是个体透过个人的经验建构其意义的过程,学习者利用原有知识建构新的理解。二是学习不是被动的,而是一个主动的过程,是学习者利用已有知识与当前情境协商的过程,当原有经验与当前情境不一致时,他们要改变自己的知识结构去顺应当下的情境,这个过程无法被动实现(Aminch & Asl,2015)。建构主义学习论大致可以分为两大阵营:认知建构主义和社会建构主义。认知建构主义主要关注个体的认知过程,强调学习者的个人经验对理解新知识、新情境的作用;社会建构主义则强调群体以及社会互动在知识建构中的作用。

一、建构主义的学习观

认知建构主义也叫心理的或者个体的建构主义,主张学习是通过新的知识或经验在心理上组织或重新组织实现的,这种组织就是把新旧知识联系起来。认知建构主义认为我们天生就被赋予了一种对世界进行建构个人知识的能力,在与世界的相互作用过程中不断地修正知识系统。这意味着教学从来都不是零起点的,教师需要激活学生的已有知识来帮助学生建构新知识。如果学生没有受到必要的指导,其新知识就可能会建立在不完全、不正确或无关的已有知识之上(Taber,2011)。

瑞士发展心理学家皮亚杰(Piaget,1896—1980)是认知建构主义的代表人物。他认为学习是通过同化与顺应两种过程实现的。同化就是用原有的概念或图式来解释新经验、新信息的过程,顺应则是当原有的概念与新经验、新信息冲突时,对原有的概念或图式进行修正的过程。例如,幼儿早已知道鸟的概念,他可能把一切会飞的动物包括苍蝇、蚊子都叫作鸟。这个过程就是同化,类似于条件作用中的泛化,但幼儿最终会修正鸟的概念,知道鸟是一类特定的会飞的物体,与其他会飞的昆虫或飞机等飞行器是不同的。个体通过同化与顺应的方式达到认知平衡,这种认知平衡是个体对先前信息的依赖性和对新信息的开放性之间的平衡。皮亚杰将个体从出生到青少年的认知发展分为四个阶段,见阅读栏1-7。认为即使在同一个班级学习的儿童,其认知发展水平和知识都有所不同,因此应基于学生的认知发展水平进行教学,既不应让学生感到内容过于简单而厌烦,也不应让学生感到过于困难而放弃。无论学生的认知发展水平如何,都应让学生积极参与学习过程,从而建构自己的知识体系。皮亚杰认为,与教师、同学的互动对于学生的学习是非常重要的,从中可以观察别人的思维方式,获得与自己看法相反的反馈、听取不同人的意见会打破认知平衡,从而促进学生对知识进行重新建构(伍尔福克,2015)。

社会建构主义认为学习者与更有知识和能力的个体之间的关系与互动是非常重要的。布鲁纳(Bruner,1915—2016)认为学生如果得到适当的资源与帮助将会学习得更好。他提出教学支架(instructional scaffolding)的概念,认为在教学中为学生提供适当的支架,可以让学生变得更有能力、更聪明,从而学的更多。维果斯基(Lev Vygotsky,1896—1934)强调学习的社会属性,认为儿童可以在与成人及更有能力的同伴的互动中获得学习。他提出最近发展区的概念。儿童独立解决问题能够达到的水平和在更有能力的成人或同伴帮助下可以达到的水平之间的距离就是最近发展区,这其实反映了儿童的潜在水平,因此为了让儿童的潜能得到更好地发展,教育应走在发展的前面。最近发展区是一个动态的区域,只有在这个区域里进行教学,才有可能成功。最近发展区的概念对于建构主义教学最重要的启示有两点。一是有意义的学习在最近发展区内才能发生,教学应超越学生目前的知识与理解,但又应在他们可能掌握和理解的范围之内。二是不同的学习者学习起点不同,因此他们能够达到的最高学习程度也是不同的(Taber,2011)。

建构主义学习理论认为有效的教学需要以学生为中心并与教师指导相结合,如图 1-7 所示。

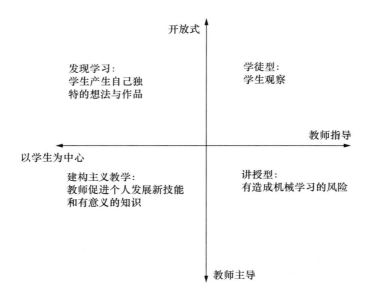

图 1-7 以学生为中心、教师指导相结合的
建构主义教学示意图(引自 Taber,2011)

> **阅读栏 1-7 皮亚杰认知发展阶段论**
>
> 皮亚杰认为个体从出生至青少年期,认知发展可分为四个阶段。
>
> 1. 感知运动阶段(出生~2岁),个体靠感觉与动作认识世界,还可以进一步分为 6 个子阶段。

2. 前运算阶段(2~7岁),儿童不再依赖感知或动作进行思考,而是拥有了符号功能,开始用语言或表象来表征事件与物体。对儿童来说,延迟模仿、绘画、象征性游戏都是运用符号功能的范例。之所以称为前运算,是因为在皮亚杰看来,这一阶段的儿童尚未获得可以让他们进行逻辑思维的运算图式。皮亚杰对前运算儿童思维特点的描述也主要集中在其思维的局限与不足上。

3. 具体运算阶段(7~11、12岁)

这一阶段的儿童可以运用内部的心理运算解决问题。所谓运算是一种心理动作,儿童在心里进行可逆或补偿的动作,并不需要实际动手操作。具体运算是指儿童只能对于具体的事物或情境按照逻辑法则进行推理。

4. 形式运算阶段(11、12~14、15岁),能在头脑中把形式和内容分开,使思维超出所感知的具体事物或形象,进行抽象的逻辑思维和命题运算。

(引自 李晓东,2013)

二、建构主义的核心原则

秦恩(Chinn,2011)从学习者、学习环境和他人三个方面,总结了应用建构主义学习理论的8个原则。

(1) 学习者主动建构对世界的理解。建构主义的首要原则是让学习者主动建构对世界的理解,这种理解是基于他们过去的知识与经验的。每个人的知识与经验都是独特的,这会影响学生如何形成自己的思想与见解。教师应该承认学生的差异并引导他们探索而不是被动接受知识。

(2) 知识建构是受问题和挑战驱动的过程。应该设计鼓励学生迎接挑战的学习环境。挑战可以是来自新信息与原有认知的冲突,也可以是在小组讨论中了解到他人不同的体验,还可以是意识到现有知识不足以解决问题。这些挑战都会促进学生对知识进行再建构。

(3) 学生通过探究获得最有效的学习。为了得出结论或做出决定,学生需要对信息进行分析与评价。他们通常需要自己收集信息,运用高阶思维进行分析、评价、形成论点,整合观点等,这些过程会促进新知识的建构。

(4) 学习环境应能促进学生进行探究和运用高阶思维。应该以学生要解决的问题为核心,课程应围绕问题进行设计,学生能够获得与解决问题有关的一切信息。

(5) 学习环境应以学习者的选择和学习目标为中心。学生愿意探究感兴趣的课题,因此应该允许学生选择学习内容。在达成教学目标的大前提下,允许学生选择想要学习或探究的内容。

（6）学习者应投入到真实的、相关的任务中。让学习者投入到与现实生活相类似的任务中，由于现实生活过于复杂，学习环境不可能完全复制生活，因此适当简化是必要的。

（7）学生在学习上可以相互促进。社会建构主义认为通过互动，学生可以了解彼此不同的想法从而获得学习，也可以挑战彼此的思想，使得他们可以思考和产生新想法。

（8）教师是学生学习的促进者和指导者。教师通过认真策划活动来促进学生的思考，提供资源帮助学生有效地利用它们。教师为学生提供必要的帮助，但不提供答案。

思考与练习

1．请选择一种学习理论来阐述其对我国教育改革的启示。

2．请思考学生的认知发展与教学之间的关系。

3．请分析阅读栏1-2中陶行知先生是如何运用强化原理处理学生的问题行为的？

4．回顾自己的学习经历，列举对你的成长发生重大影响的事件或行为，并用理论解释。

5．观察、记录一位老师的课堂教学过程（或者观看录像课），用所学的学习理论对老师的教学行为进行阐释（如教学行为是什么，预期达到的目标是什么、效果如何，运用了哪种学习理论的什么学习措施等）。

第二章　知识与概念的学习

> **本章导读**
>
> 　　在这一章里,我们将会了解到什么是知识,知识的分类、表征以及不同类型知识的获得方式,并对知识的基本单元——概念,做一简单介绍,帮助大家了解和掌握概念。
>
> 　　本章共有三节。第一节提出了知识的分类与表征问题,这是知识学习与教学的基础。根据认知心理学家安德森的分类法,将知识分为陈述性知识和程序性知识两类。陈述性知识是关于"是什么"的知识,通过命题网络、表象和图式三种主要方式进行表征;程序性知识是关于"如何做"的知识,主要通过产生式进行表征。由于在知识获得的过程中,个体对知识进行了加工与重组,使得人们在知识的存储与提取方面都存在差异。第二节着重介绍了陈述性知识和程序性知识的获得方式。陈述性知识的获得主要通过已知命题的提取、新命题的获得和图式的获得等方式;程序性知识的获得,实际上是技能自动化的过程,需要经过认知、联系和自动化三个阶段。第三节介绍了概念的定义、分类以及概念的形成与获得,以帮助学生在掌握概念的基础上建构自己的知识体系。

　　传授知识是教师的基本职责,学习知识则是学生的基本任务。理解知识的本质及其在人脑中的存在方式对于培养学生的学习能力、改善教学效果具有十分重要的意义。

第一节　知识的分类与表征

　　在教学过程中教师会采用不同的方法教授不同学科的知识,教学方法的选择应该与知识的分类和表征相适应。

一、知识的分类

　　传统上人们对知识的分类有两种:一种是按学科领域将知识分为数学知识、语文知识、物理知识、化学知识等;另一种是按知识的性质将其分为知识(狭义)和技能。这两种知识的分类都是基于知识客体化的特征的。

　　现代认知心理学认为,知识是个体与其环境相互作用后而获得的信息与组织。储存在个体内的是个体的知识,储存于个体外的是人类的知识。按照知识在人脑中形成、表征、储存和激活的方式,认知心理学家安德森(Anderson,1983)将知识分为两类:陈述性知识(declarative knowledge)和程序性知识(procedural knowledge)。

陈述性知识是关于"是什么"的知识,包括各种事实、概念、原则和理论等一切可以用语言清晰表达的知识。例如,你知道"中国的首都是北京",这就是陈述性知识。陈述性知识可以分为两类。一是情境性知识,关于时间、地点、人物等情节的记忆。可以通过准确性进行测量。二是语义知识,是关于世界的知识,如事实、词义等。

程序性知识是关于"如何做"的知识,包括从事并完成某种活动所需要的动作技能、认知技能和认知策略。例如,你知道如何驾驶汽车,知道怎样编写一个程序等。按照程序性知识涉及的领域可以将其分为一般领域的程序性知识和特殊领域的程序性知识。一般领域的程序性知识是指适用于广泛的领域且不与任何特殊领域有密切关系的程序性知识。如计划、探究、尝试错误,这些方法既可以用于解决应用题,也可以用于企业的产品攻关。特殊领域的程序性知识与解决特殊问题有关。特殊领域的专家应用这类特殊的知识来解决自己专业领域的问题。如钢琴调琴师能够让一架年久失修的钢琴重新发出美妙的声音。按照程序性知识的自动化程度可将其分为自动化的程序性知识和有控制的程序性知识。有时,人们解决问题时并未清晰地意识到解决问题的步骤,如开车、写字对很多人来说都是非常熟练的,这些程序性知识就是自动化的。而需要意识参与的程序性知识就是有控制的,如监控思维过程。

陈述性知识与程序性知识的区别主要表现在三个方面。第一,陈述性知识是静态的,是对事物的状况及其联系的反映;程序性知识是动态的,它通过对信息产生某种作用而使信息发生改变。第二,从获得速度看,人们获得陈述性知识的速度相对来说较快,而获得程序性知识则较慢。如儿童初次看到一辆自行车时,很容易记住这是一辆自行车,并能再认与回忆。但是要学会如何骑自行车,则需要很多次练习。第三,改变难易程度不同。对陈述性知识进行修正和改变相对容易,而程序性知识在获得之初改变还比较容易,一旦定型成为自动化的技能,改变起来就相当困难。

在教育心理学尤其是数学认知研究中,较多使用陈述性知识和程序性知识的分类。陈述性知识是某领域的核心概念以及它们之间的相互关系(即"知道是什么"),以语义网络、层次以及心理模型等结构为特征。程序性知识是"知道怎样"或者实现目标的步骤方面的知识,以技能、策略、产生式、内化的动作等结构为特征(Byrnes & Wasik,1991)。虽然在很多领域程序性知识可以自动化并难以言说,但至少在数学问题解决时,人们对程序性知识的了解和运用常常没有自动化,他们需要有意识地选择、反思并按步骤解决问题,这些知识也是

> **阅读栏 2-1　自动化程序性知识的特点及重要性**
>
> 自动化的程序性知识具有四个重要特点：
>
> 第一，动作速度极快，对它们的启用，人们几乎毫无意识。例如，下面这个英文句子：The soldier drew his weapon and prepared to charge. 句中 charge 有两个意思，一个是"冲锋"，一个是"赊账"。对于英文阅读水平较高的人来说，理解起来毫不困难，根本没有意识到启用了程序性知识中对具有多重含义的词的选择作用。
>
> 第二，自动化的程序性知识非常准确，几乎总是产生正确的预期行为。
>
> 第三，对于自动化的知识，人们不能做出有意的影响。当我们阅读时，一个词具有多重含义，但在特定的语境下，我们自动激活知识并选择适当的词义，根本没有意识到这个选择过程，因而也无法进行控制。
>
> 第四，自动化的程序性知识一般是不能用言语进行清晰描述的。在阅读时，我们往往是看完整个句子就明白了它的意思，但是究竟怎样明白的，是如何对信息进行加工的，却无法说清楚。
>
> 通过学习和训练，将程序性知识发展成为自动化的知识，对于完成需要复杂思维技能的任务是非常重要的。在人类的信息加工系统中，工作记忆具有极为重要的作用，它不仅具有保持信息的功能，更重要的是它具有加工信息的功能。然而工作记忆本身是个能量有限的系统。如果一个任务需要占用很多认知资源，就会消耗大量的工作记忆能量，那么，工作记忆就没有足够的能量分配给其他的任务了，因此就不能实现多项任务同时并举。但是，如果在需要同时完成的任务中，有一些任务的完成仅需要执行自动化的程序，不需要认知努力与注意力的参与，则工作记忆能量可以全部或大部分放在需要缜密思考的活动上。
>
> （引自陈琦，刘儒德，2007）

可以用语言表达的。陈述性知识与程序性知识是相互促进的，一种知识的发展会促进另一种知识的发展。陈述性知识有助于建构、选择和恰当地执行问题解决的程序。与此同时，不断练习解题程序有助于学生发展和深化对概念的理解（Rittle Johnson & Schneider，2015）。

二、知识的表征

知识的表征是指知识在头脑中的存储或组织形式。陈述性知识和程序性知识的表征是不同的。

(一) 陈述性知识的表征

在人的认知系统中,主要存在三种陈述性知识的表征:命题网络、表象和图式。命题网络以事物的抽象意义为基础,不必保留外部对象的知觉信息;表象是建立在对外部事物的知觉基础上的,必须保留事物的某些知觉特征;而整块的、系统的知识则由图式来表征。

1. 命题表征

认知心理学家认为命题是陈述性知识的最基本单位,它由一个关系和一个以上的论题构成。论题是命题谈及的主题,多为名词或代词;关系是对论题的限制,是命题中含信息最丰富的成分,多为动词、形容词和副词。如"小张打算去上海"这一命题中,"小张"和"上海"都是论题,而"打算去"是关系。命题相当于观念,一个观念就是一个命题。命题通常用句子表示,但命题与句子并不等同,一个句子中可能包含几个命题,如"大个子姚明投进了一个漂亮的球"这句话含有三个命题:① 姚明投进了球;② 姚明是大个子;③ 这个球投得漂亮。多个句子也可能只含有一个观念,表达一个命题。

心理学家认为,信息是以命题而非句子的形式储存在头脑里的,命题代表的是观念,句子则是反映观念的形式。人们记住的是观念而非其表达形式。长时记忆中大量的信息并不是孤立存在的,而是以命题网络的方式储存的。图2-1是科林斯和奎林恩(Collins,Quillian,1969)提出的一个命题网络层级结构模型。

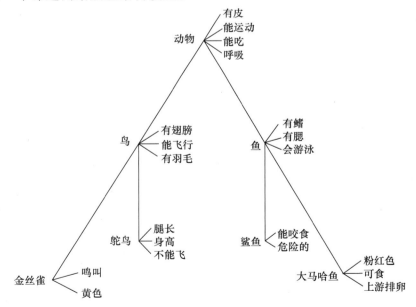

图2-1 命题网络层级结构模型(Collins,Quillian,1969,转引自张大均,2004)

2. 表象

有些知识既可以用命题的形式表征,也可以用表象的形式表征。如"杯子放在桌子上"这一事实可以用命题表征,也可以用表象表征,见图 2-2。有些知识则需要以表象形式表征。如"从体育馆到大剧院怎么走?""红树林是什么样的?"这样的问题都需要依靠表象来回答。空间信息或视觉信息往往以表象的形式储存。

注：S代表主体,O代表客体,它们都是论题,R代表关系

图 2-2 命题与表象两种表征形式的比较

阅读栏 2-2　心理旋转

在过去的二十多年里,认知心理学家对表象的性质做了大量研究,大多数研究涉及人对空间表象进行的各种心理操作。

在对表象所做的研究中,最有影响的要数谢波德(A. Shepard,1923—1998)及其同事有关心理旋转的实验(1971)。该实验要求被试观察成对出现的、用二维图片表现出来的三维几何图形。如下图所示,这些图形要么在平面上、要么在纵面上(如图中 A、B 部分)进行 0 度到 180 度的旋转。此外,还向被试呈现能使之分心的图形,这些图形并非原刺激的旋转图形(如图中 C 部分)。实验中的被试报告说,为了确定成对呈现的两个图形是否匹配,他们须将其中一个图形在内心做不同的旋转,以发现它与另一图形是否一致。被试在对图中的 A 类与 B 类图形做不同的心理旋转(对 A 类图形做水平旋转,对 B 类图形做深度旋转)之后发现,它们是相同的,而对 C 类图形无论做何种旋转均无法使它们相同。

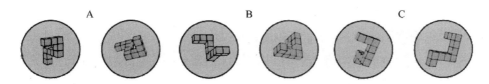

谢波德从被试的反应时研究中发现,被试的反应时是呈现给他们的两个图形的角度差异的函数,随着图形旋转度数的增加,反应时也相应增加。 这种角度差异

恰好代表了被试对其中某个图形在心理上进行旋转以求与另外一个方向的图形相匹配的心理操作量。这些实验表明：第一，当人在处理以空间信息或视觉信息为主的任务时，往往要使用心理表象；第二，在人对心理表象作处置时，似乎经历了类似于对实物做实际处置的过程，即被试进行心理操作（这里为心理旋转）所需的时间，随类似的实际操作所需时间的增加而相应的增加。

（引自 Sternberg，2006）

3. 图式

图式是指人脑中有组织的知识结构，是对某一范畴的事物的典型特征及其关系的抽象。它代表的是一般事物而非特殊事物的主要含义。图式所反映的规律性既可以是命题性质的，也可以是知觉性质的。例如，安德森列出了一个关于"房子"的图式：

房子

上位集合：建筑物

组成部分：房间

材　　料：木头、砖块、石头

功　　能：供人居住

形　　状：直线形或三角形

面　　积：100～10000平方英尺

在这个例子中，诸如"供人居住"这样的特征属于命题性的，而"直线形或三角形"则属于知觉性的。这些特征是所有房子共有的基本特征，而非某一所房子的专有特征。图式具有四个基本特征。

第一，图式中含有变化。如汽车都有发动机、轮胎等典型特征，但不同的汽车仍有很大的不同。如轿车和公共汽车不同；即使都是轿车，也因品牌不同，在外形和配置等方面有所区别。

第二，大的图式可以包括小的图式。如在"办公室"的图式中，包括"文件柜""文具""职员""书籍"等许多小的图式。

第三，图式可以按层级组织起来，也可以嵌入到另一个图式当中。如在"房子"这一图式中，"墙""房间"属于房子的下位图式，而房子又可以嵌入到高一级的图式"建筑物"当中。

第四，图式具有抽象性，能够促进推论。我们可以根据上位图式推论其下位图式也具有相同的特征。

(二)程序性知识的表征

程序性知识的特点是能够用动作或步骤表示出来,却不容易用语言加以描述。程序性知识是以产生式进行表征的。

产生式是关于"条件—行动"的规则,包括条件项"如果"和动作项"那么"两个部分。"如果"部分规定了要执行一系列特定行动所必须满足的条件,"那么"部分则列出了条件满足时将执行的行为。有些技能比较简单,可能只需要一条产生式规则就可以完成,例如:

  如果 明天下雨

  那么 运动会改期

有些技能比较复杂,需要多个产生式规则才能完成,这些产生式构成了产生式系统。表2-1是一个教师处理不专心学生的产生式系统。

表 2-1　教师处理不专心学生的产生式系统

目标	条件—行动	
P1	如果	目的为使儿童专心,但不知何物可强化儿童
	那么	建立了解何物能强化儿童的子目标
		且建立只要儿童专心就予以强化的子目标
P2	如果	子目标是了解如何强化儿童
	那么	建立考察儿童在何种条件下会表现出不专心的子目标
P3	如果	子目标是考察儿童在何种条件下会表现出不专心
		且儿童在我注意他时会有专心的表现
		且儿童在我忽略他时有不专心的表现
	那么	建立"儿童可以用我的注意来强化"这一命题
P4	如果	子目标是考察儿童在何种条件下会表现出不专心
		且儿童在别的孩子注意他时会有专心的表现
		且儿童在别的孩子忽略他时有不专心的表现
	那么	建立"儿童可以用同伴的注意来强化"这一命题
P5	如果	子目标是在儿童专心时强化他
		且儿童可用我的注意来强化
		且儿童已表现出比平时更加注意的行为
	那么	我便给该儿童以我的注意
P6	如果	子目标是在儿童专心时强化他
		且儿童可用同伴的注意来强化
		且儿童已表现出比平时更加注意的行为
	那么	我便让儿童与他喜欢的同伴待在一起

(Gagne,1993,转引自吴庆麟,2000)

现在,我们按照先后的顺序来考察表2-1的实例。在这一实例中,P1将一个目标列为自己的条件,其行动则设定了为实现这一目标所需的两个子目标;P2以P1设定的一个子目标为条件,而其行动又设定了另一子目标;P3 和 P4 又以 P2 设定的子目标作为自己的一个条件;同样,P5 和 P6 也各自含有 P1 所设定的另一子目标,并以这一子目标作为自己的一个条件。我们可以看到,表中的每一产生式均含有一个目标和子目标,并以此作为自己的一个条件;这些目标和子目标能使所有的产生式联结成一个有组织的目标层级的整体。

我们用图 2-3 表示表 2-1 这一实例中的目标层级。图中的框面代表了表 2-1 中的总目标和三个子目标,含有所谓的箭头表明各子目标间的相互关系,以及各子目标与总目标之间的联系。箭头上的称谓表示由哪些产生式负责这些联系。

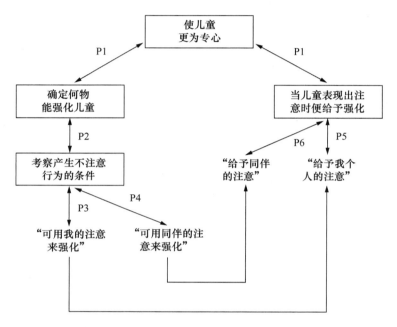

图 2-3　不专心儿童的产生式中的目标—子目标层级(Gagne,1993)

第二节　知识的获得

现代认知心理学认为,知识是个体主动对信息进行加工与存储的结果。课堂中教师传授的知识必须经过学生的消化与理解,才能加以掌握并运用。从这个角度讲,个体的知识是主动建构的结果。不仅如此,随着个体掌握的知识不断增加,有些知识会被修改或修正,个体的知识体系通过重新组织和加工,不断进行重构并趋向精致化。

知识在头脑里的存在方式并非是信息的堆积或简单的联结,而是以某种方式进行组织的体系。由于在知识获得的过程中,个体对知识进行了加工与重组,使得人们在知识的存储与提取方面都存在差异,正是这种差异造成了人们在学习水平上的差异。

一、陈述性知识的获得

(一) 已知命题的提取

陈述性知识在长时记忆中都是以网络结构的形式存在的,不同的记忆单位彼此依靠结点相连。每个结点都从属于其他一些结点,决定其类别成员,如金丝雀是一种鸟,也是一种动物。每个结点都具有一个或多个特征。如金丝雀会唱歌,是黄色的。

网络结构中的结点处于不同的活动水平。在任何特定的时候,网络结构中大部分的结点处于静息状态,相当于长时记忆中储存的结构化了的陈述性知识,只有少部分结点处于活动状态,相当于工作记忆中被想到或正在被运用的既有陈述性知识。这些少部分结点代表的是被激活的知识,但这种激活会进一步传递,将与之有关的观念激活,此时原来处于激活状态的结点转为静息状态,而新被激活的结点则处于活跃状态。图 2-4 呈现的是在不同时间内所激活的命题及其传播方式。

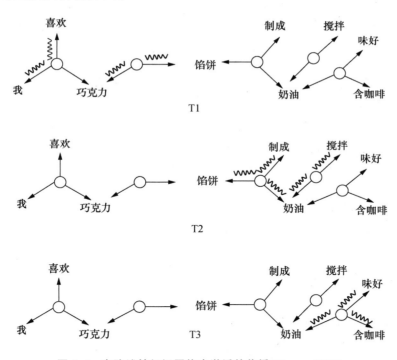

图 2-4　在陈述性知识网络中激活的传播(Gagne,1993)

(二) 新命题的获得

上面是人们想到某一已有观念时,激活在记忆网络中的传播。人是如何学习新命题并将意义储存于记忆网络的呢?认知心理学家认为新命题的意义是通过激活网络结构中与之有关的原有命题并通过这些命题推论而来的,学习的最终结果是将新命题与网络结构中相关命题储存在一起。例如,教师向学生呈现一个新命题"维生素C能增进白细胞的形成",学生首先将教师的话转化为命题并储存在工作记忆中,同时会在记忆中搜索与之相关的知识,并激活两个已有命题"维生素能预防感冒"和"病毒能杀死白细胞",这两个命题又进一步地激活了"病毒会引起感冒"这一命题,进而学生利用推理的思维过程推导出"维生素之所以能预防感冒是因为它能增进白细胞的形成"。

(三) 图式的获得

图式虽然是一种较高层级的陈述性知识,但图式的获得却需要一系列的产生式活动。图式的建立实际上是对不同实体进行比较、归纳,最后抽取出其典型特征的过程。例如,孩子们看到过不同样式的锯子,正在形成关于锯子的图式。锯子图式的形成过程是怎样的呢?以两把锯子为例,产生式活动如下:第一个子目标是确定相同的成分,两把不同样式的锯子有哪些共同之处?第二个子目标是分别描述两把锯子的属性,如锯子1有锯条,锯条很长,锯子2也有锯条,但它的锯条是短的,等等;第三个子目标是在完成这些命题式描述后,依据这些命题建立两个锯子的表象;第四个子目标是对属性进行比较,建立起关于两把锯子相同和不同的属性命题,如"它们的功能相同",但"锯条的长短不同"等;第五个子目标是对两个锯子的表象进行比较,概括出关于这两把锯子表象的一般趋势;最后是建立图式。

(四) 图式的教学

图式可以帮助人们识别相同范畴的事例以及顺利地解决同类的问题。因此帮助学生形成正确的图式是陈述性知识教学中重要的一环。认知心理学家认为以下教学措施对图式的形成与改进有益。

第一,减少图式形成过程中对工作记忆造成的负担。在图式形成的过程中,至少要对两个实体进行比较,这意味着在工作记忆中要对两个实体的相似之处进行存储与编码,这对资源有限的工作记忆系统来说是一个不小的负荷。为尽量减轻工作记忆的负荷,教师可以尝试以下做法:当学生尚未掌握比较的技能时,应提醒学生注意实体之间的相似之处,并让学生将这些相似点通过口头或书面形式表达出来。当学生已经学会了比较,教师在呈现有关图式的实例时,应尽量选择同时呈现以便于学生对实体进行反复观察与比较。如果要形成在时间上相继性的图式(如历史事件),可以利用反复阅读和重复播放的方式,强化学生对实体相似性的注意和比较。

第二,选择适当的实例。认知心理学家认为在教学中如果只呈现关于事物的抽象定义,学生掌握的知识就是"死的",无法进行有效的迁移以解决实际问题,必须通过呈现具体实例才能帮助学生进行识别,从而获得正确的图式。在实例的选择方面,要注意选择在无关特征方面变化广泛的例子。图式形成的过程是寻找相同特征的过程,如果样例的无关特征都相同,就会被作为图式的一部分保留下来,从而形成不正确的图式。例如,呈现护士的样例如果均为女性,那么学生关于护士的图式很可能就会加入女性这个无关特征。因此在呈现护士的样例时,应包含不同性别、不同年龄、不同肤色等许多无关的特征。另外,在呈现样例时,不仅要呈现正例,同时也要选择适当的反例。正反例同时出现在学生的工作记忆中,有助于学生识别两种情况的关键区别,有助于图式的精致化。

第三,鼓励学生自己提出样例。为帮助学生学会学习,对自己的认知过程有清晰的认知,教师可以通过让学生自己提出样例,这样,可以有效地让学生主动地参与到学习过程中来,也有助于学生养成自己发现或提出新样例的习惯,从而促进图式的形成。

二、程序性知识的获得

知识学习最重要的是获得运用知识的能力,也即能够运用已有知识去解决所面临的问题。前面讲到程序性知识有不同的种类,虽然在获得这些知识时都需要不断的练习,但不同种类的知识在获得时仍有重要的差异。

(一)特殊领域的程序性学习

研究表明,专家与新手的差别在于:第一,在自己领域范围内,专家掌握的技能是自动化的,他们可以熟练地执行这些技能;第二,在自己领域范围内,专家具有熟练的决策行为,他们对自己的行为可以做周密而全面的考虑并在适当的时候做出恰当的行为。也就是说技能的自动化是专家优于新手的制胜法宝。

从新手成长为专家,实际上是技能自动化的过程。那么自动化的基本技能是怎样获得的呢?安德森认为这个过程需要经过认知、联系和自动化三个阶段。

认知阶段是个体了解或知道某种技能的相关知识阶段。主要是应用已有的一般产生式对新输入的陈述性知识做出解释,形成问题表征,提出解决问题的办法。这一阶段的特点是个体对每一解决问题的步骤都有清醒的认识,以便在出现错误时进行纠正。例如,当学生看到一道四则运算题时,能够认识到解决四则运算的基本规则是"先乘除后加减,先算括号内,后算括号外",并运用这些规则对计算过程和结果进行检验。认知阶段需要个体付出极大的心理努力,对工作记忆造成了相当大的负荷,此时个体的认知技能是谈不上自动化的。

联系阶段主要是经过练习来了解产生式规则,并将各个步骤联合起来。这时知识可能发生两种变化:一是最初对技能所做的陈述性表征逐渐转化为特殊领域的程序性知识;二是产生式系统中各个产生式间的联结得到增强。在联系阶段,个体逐渐摆脱对陈述性知识的提示依赖,不再需要有意识地停下来思考下一步应怎样做,对下一步的执行策略的搜索被自动的匹配过程所取代。例如,个体在进行四则运算时,不再需要对规则进行有意识提取,也不必对每个运算步骤进行命题性表征,只需要将每个中间环节的运算结果结合起来就可以了。个体对有意识的努力依赖越来越少。

当个体对产生式规则的运用达到熟练、几乎不需要意识的参与就可以完成时,即为自动化阶段。在这一阶段,个体将变得越来越善于识别各种条件以及它们之间的细微差别,从而使行动变得越发适宜和精确。

> **阅读栏2-3　指导小学生获得程序性知识的案例**
>
> 婷婷有一道题不会做,向家长求助。题目是一幅图,画着一筐梨,标明是40千克,问题是4吨有多少筐?婷婷能将4吨化为4000千克,但是无法算出4000千克÷40千克的结果是多少。
>
> 以下是家长帮助孩子获得问题解决的程序性知识的过程:
>
> (1) 掌握计算原理
>
> 先让她算1000千克÷10千克,她得出答案是100。然后她马上告诉我上面那个答案是400。我听到这个答案心里说:"糟了!这个启发锚定错了。上面三个都是1开头,她进行类比之后,认为下面的式子应该都是4开头,锚定的是形式,而不是原理。"
>
> 于是,我再举例:1000千克÷50千克=? 这样就没有相同的开头数字了。她算出是20。我再出题:2000千克÷40千克=? 她算出是50,接着我还出了一道题进行巩固。经过三道题的计算,她掌握了计算原理。
>
> (2) 采用变式促进迁移
>
> 首先给孩子出了这样一道题:一辆车上有3吨苹果,每筐50千克,有多少筐?
>
> 她能将3吨化为3000千克,但在计算3000千克÷50千克=? 这个算式上还是磕磕碰碰,尽管了她列了除法竖式,仍难以确定是60还是600,最后还是确定了60。我告诉她,做这样的除法式子,可以将除数和被除数后边的0抵消,如果是乘法式子,就将乘数和被乘数后边的0放到一起,接着示范了一下。
>
> 然后又出了一道更难的题:一艘船载了300吨电视机,一台电视机20千克,有多少台电视机?
>
> 她将300吨化为300000千克,然后计算300000千克÷20千克=? 结果,她开始得出的答案是10500。她问我是不是,我说:"你验算一下嘛。"她验算了一下,发现不对,再做,算出了是15000。

（3）获得问题解决的程序性知识

让孩子总结做这样的题有哪几个步骤。她说："第一,要将单位化统一;第二要计算;第三,要进行验算。"

(二)促进程序性知识自动化的教学策略

程序性知识的自动化大大减轻了工作记忆的负荷,使有限的认知资源可以用在需要复杂思考技能的地方,无疑对提高问题解决的效率是有重要意义的。程序性知识的自动化需要大量的时间进行练习才能实现,教师怎样才能帮助学生实现程序性知识的自动化呢?

第一,应帮助学生实现子技能或前提技能的自动化。复杂的认知技能要实现自动化并不容易,但是如果我们可以把复杂技能分解成子技能或分析出要获得这些复杂技能必须首先获得哪些前提技能的话,事情便会变得相对容易一些。教师可以先训练学生掌握这些子技能或前提技能,等这些技能达到运用自如的程度后,把它们联合起来综合运用就会容易得多。

第二,通过练习和反馈促进技能的组合。不断的练习给子技能的合成提供了机会,使它们在工作记忆中的联结更加紧密,从而有更多被同时激活的机会。一般来说,间隔练习比集中练习的效果更好。及时进行反馈,有助于学生及时纠正错误,避免将错误的技能变为自动化。

第三,提供综合运用复杂技能的机会,促进程序性知识的全面自动化。有时,学生已经熟练掌握了各项子技能或前提技能,但是对于这些技能之间的关系以及在具体情况下应该如何运用却缺乏了解。因此,教师必须为学生提供运用这些复杂技能的机会,使得学生能够正确识别不同技能适用的不同情境。

(三)一般领域的程序性知识学习

一般领域的程序性知识涉及不同的领域,因此具有广泛的适用性。它构成了我们在不同领域的学习能力,如思考能力,推理能力等。目前学术界对一般领域的程序性知识持两种相反的观点,很多教育者认为一般领域的程序性知识与其他知识一样都是可以通过学习获得的,而另外一些学者对此却不抱乐观态度。大多数研究发现这类知识比较难以获得和改进,尽管可以教会学生一些一般性的策略知识,但学生却不能自动地将学习的策略迁移至新情境和新问题上。也就是说,事实上,学生掌握的仍然是特殊领域的策略性知识。

阅读栏2-4　程序性知识的测量案例

5个女孩平均分一个披萨，每个女孩分到多少？请用分数表示出来并写在方框中。

（引自 Hallett, Nunes & Bryant, 2010）

第三节　概念的学习

概念是人类知识的基本单元，是人类进行一切认知活动的基础，是抽象逻辑思维的细胞。教育的重要目标就是帮助学生形成和掌握概念，并在此基础上构建起自己的知识体系。

一、概念的定义和种类

概念是人脑对一类事物的共同属性的反映，具有抽象性和概括性的特征。如"农民"泛指一切从事农业生产劳动的人，既可以是男人，也可以是女人；既可以是年轻人，也可以是老年人。它是抽象的，不是特指某一位具体的农民。概念通常用词来表示，但概念与词并不一一对应。同一概念可以用不同的词表示，如"西红柿"与"番茄"；同一词汇也可以表达不同的概念，如"风暴"既可以表示"天气状况"，也可以表示"急剧的变化"。

客观事件具有不同的属性，属性是指事物可辨认的基本性质或特征，规则是指将概念的属性联系起来的陈述。概念是依据事物的本质属性以及将属性联系起来的规则定义的。例如，"书桌"的概念包括两种本质属性，桌子和用来看书写字，这两种属性缺一不可，这种规则叫作合取规则。至于桌子的高矮、材料、颜色和形状都是无关属性。

按照属性的数量和把属性联系起来的规则，可以将概念分成单一概念、合取概念、析取概念、关系概念等。单一概念是指只有一种属性构成的概念，如"红"的概念就属于单一概念。所有属于"红"这个概念的实例都是它的"肯定型例证",不属于这个概念的实例为"否定型例证"。合取概念是指必须同时具有两种或两种以上属性的概念,如"黑皮鞋"的概念必须同时具有黑色、用皮制成、鞋三种属性。析取概念是指只要具备了部分属性就可以的概念。如"好人"的概念有多种属性,没有绝对的标准,例如,奉公守法的人是好人,脾气好、待人和气的人也是好人。还有一些概念是建立在示例与其他事物的关系上,如没有子女也就无所谓家长,没有老师和学生的机构也称不上学校。

加涅将概念分为具体概念与定义性概念。具体概念指个体通过与环境相互作用而直接获得的概念。如儿童在小区里、公园中、电视上看到过很多小狗的形象从而形成了"狗"的概念,这就是具体概念。定义性概念是指必须通过语言对其做出界定的概念,如"公正""民主""自由"这些抽象概念是无法通过直接观察而获得的。即使像"阿姨"这样的概念,也不是仅凭观察就能明白的,必须按照定义中的辈分关系才能理解。

二、概念形成与概念的获得

概念形成就是获得事物的本质属性及属性之间结合的规则。概念形成包括三个阶段:① 确定和列举与主题相关的资料;② 将这些资料分成具有共同特征的类别;③ 为各类别命名。比如要让学生明白超市由场所、设备、商品和服务构成,可以让学生去超市观察并记录,然后让学生对他们记录的资料进行分类,也许学生会将资料分为"超市中卖的东西"和"超市老板做的事情"。这些概念最终会被命名为"商品"和"服务"。

概念形成主要是让个体获得分类的依据,而概念获得则是找出类别的特征,主要通过比较包含概念特征的示例和不包含这类特征的示例来实现。比如学习"三角形"这一概念,可以通过每次呈现两个图形,一个是三角形,一个不是三角形;呈现多次后,学生通过对三角形肯定型例证和否定型例证的比较最终获得三角形的概念。在概念教学时为什么不只呈现肯定型例证呢?否定型例证的重要作用在于它限定了概念的范围。通过对包含和不包含某种特征的例子进行比较,学生才可能把握概念的特征。

阅读栏 2-5　概念获得模式体系

第一阶段:资料呈现和概念确认;
　　　　教师呈现标明为肯定型或否定型的例子;
　　　　学生比较肯定型和否定型例子的特征;
　　　　学生概括并检测假设;

　　　　　学生根据例子的基本特征表达定义。

　　第二阶段：检验概念的获得；

　　　　　学生将新呈现的未标明类型的例子确定为肯定或否定型；

　　　　　教师根据概念的基本特征来确认假设，给出概念的名称并表达定义；

　　　　　学生举例。

　　第三阶段：分析思维步骤；

　　　　　学生描述自己的各种想法；

　　　　　学生讨论假设和特征的作用；

　　　　　学生讨论假设的类型和数量。

（引自 Joyce，Weil & Calhoun，2002）

阅读栏 2-6　通过发现来教授概念和通过解释来教授概念

　　通过发现来教授概念（teaching concepts through discovery）为美国教育心理学家布鲁纳（Bruner）所倡导。布鲁纳的研究强调理解客体结构的重要性、积极学习的必要性以及归纳推理的价值。布鲁纳认为，客体的结构指该客体范畴内的基本观念、联系或者模式，即客体的核心价值，如果学生关注于理解客体的结构，则他们的学习将更有意义，更具效用，并更能为学生所记住。为了全面掌握信息的结构，学生必须积极主动地学习，也就是说，他们必须自己确认关键信息而不能简单地接受教师的解释，这一过程称为发现学习。在发现学习过程中，教师呈现样例，学生对这些样例进行分析直到发现样例的内部关系，即客体的结构。也就是说，通过特殊的样例推论出一般的规则。

　　通过解释来教授概念（teaching concepts through exposition）是基于奥苏贝尔（Ausubel）的学习理论。与布鲁纳的概念学习理论相反，奥苏贝尔认为，人们获得知识主要以接受而非发现为途径。所呈现的概念、原理及观念，是被理解而非被发现的。奥苏贝尔强调有意义语言学习的重要性，即强调言语信息、观念以及观念间的联系应当联结在一起。在他看来，机械学习不是有意义的学习，通过死记硬背获得的信息并不能与已有信息相联结。在此理论基础上，奥苏贝尔提出解释性教学（expository teaching）模型以促进有意义学习，避免机械接受学习。使用解释法进行概念教学主要有三个步骤：① 呈现先行组织者，所谓先行组织者是对关系或上位概念所做的介绍性的描述，这种描述通常较为宽泛，包括了即将学到的所有信息；② 依据新旧信息的相似或差异之处以样例方式呈现内容，避免新旧材料之间的干扰；③ 将内容和先行组织者联系起来。

（引自吴庆麟，2003）

阅读栏 2-7　原型：典型性特征

在水平维度上，概念的层次是相同的，具有近似的外延和概括程度。概念之间的差别除了表现在内涵上，即概念所具有的本质属性外，还表现在概念的典型性上。在一个自然概念的家族中，不同概念的典型性是不一样的。有些概念能够较好地代表一个家族，有些概念就显得差些。原型也就是最典型的概念或概念家族中最典型的成员。

自然概念或范畴具有自己的内部结构。每个自然范畴的中心是它的原型，原型的周围是其他的范畴成员。原型在同一范畴成员中具有最多的共同属性，而在不同的范畴间具有最少的共同属性。在很多情况下，人们不是通过定义性特征，而是通过原型来掌握和记忆概念的。比如，一提起"水果"这个概念，人们首先想到的不是"可以吃的含水分较多的植物"这一定义，而是苹果、梨、桃等具体的水果形象。

一个学习者形成了对某个特定概念的原型，那么他们就会把新的事物与原型进行对比。与原型相似的事物很容易就会被认为是这个概念的肯定例证。而与原型不同的事物有时候就会被错误地认为是这个概念的否定例证。

在某些情况下，一个单独的"最好例子"便能相当准确地代表一个概念。在这种情况下，把这个例子呈现给学生，帮助他们建构这个概念的心理原型就显得很有意义。然而我们也必须确定学生知道这个概念的定义特征，以便他们能够识别任何与原型不是很相似的肯定例证——这样他们才能把鸵鸟识别为一只鸟，把正方形看作是矩形，等等。

（引自彭聃龄，张必隐，2004）

阅读栏 2-8 概念结构：上位，基本，下位

在垂直维度上，概念可以分为不同的层次。层次的高低依赖于概念的外延，即概念的适用范围。概念的外延越大，概括的程度越高，它在概念结构中的层次也越高。

Roach 等人(1976)将概念的层次分为三个：处于第一层次上的概念最具有概括性，被称为上位概念；处于第二层次的概念具有中等的概括性，被称为基本概念；处于第三层次上的概念，则具有最具体的特点，被称为下位概念。以"家具"这个概念家族为例，"家具"是上位概念；"桌""椅"是基本概念；"餐桌""课桌""餐椅"等是下位概念。

概念层次的高低不是静止、固定不变的。它可能随着人的经验而出现变化。Palmer(1989)等人通过比较音乐家和非音乐家对乐器的知觉发现，音乐家对个别乐器的描述比非音乐家要细致得多。这说明，随着经验的积累，人们对个别物体的知觉变得越来越分化。对非音乐家来说可能是下位概念，对音乐家来说，就可能是基本概念了。

Roach 的一项实验研究表明基本概念具有较多的属性，是最易激活的结点。这说明基本概念是很重要的。如果说上位概念可能过于概括，而下位概念可能过于分化，那么基本概念就正好适得其中。因为基本概念既具体又有一定代表性，因此，学生最先掌握的也就是这些基本概念。

(引自彭聃龄，张必隐，2004)

阅读栏 2-9 分类与文化适应

概念的分类会因为文化环境的不同而有所差异。

纽约市州立大学的心理学家格利克(Joseph Glick)曾经测量一个非洲部落 Kpelle 土著人的认知能力。他请这些土著做分类测验。例如人们应该把"狗""猫"等动物的名字放在一起，把树的名字"枫树""橡树"放在一起，把交通工具如"公共汽车""自行车"放在一起。这个分类理论背后的理念是，在认知上发展比较好的人会依类别来归类动物的、植物的，等等，然后他们会依阶层的高低再来分类，把动物和植物再归到更高的"生物"类别下。相反的，认知发展比较低弱的人会依照东西的功能来分类，例如他们会把"公共汽车"和"汽油"放在一起，因为公共汽车靠汽油

才会动,或把"自行车"和"骑"放在一起,因为人骑自行车。Kpelle 土著人是依功能来分类的,也就是说像西方社会中智能比较低的人或一般智力程度的小孩子所做的分类。格利克试了许多种方法来诱使他们依类别来分类都没成功。最后,当实验做完,预备收拾东西打道回府时,他问一个 Kpelle 土著人,他们认为一个呆子会如何分类,结果那位土著毫不犹豫地说出类别的分类法。对他们来说依类别分是愚蠢的。为什么呢?因为在日常生活中我们想的是功能,例如我们想到吃苹果,我们不会去想苹果是"水果"这个类别中的一员,而"水果"又是属于"食物"这个类别中的一员。

(引自 Sternberg,1999)

三、概念性知识的评价

考查学生对概念性知识的掌握程度,可以采取内隐和外显两种方式来测量。概念性知识的内隐性评价任务有选择类别(如判断一个程序或答案的样例是否正确)或者质量评定(如评价一个样例程序属于"非常聪明""聪明"或者"不太聪明")。还可以对两种表征形式进行转换(如将分数的符号表征转换为饼形图)以及对数量进行比较。对概念性知识的外显测量主要通过提供定义和解释完成。例如,概念与术语定义的形成与选择,解释为什么一种程序起了作用,或者画概念图。这些任务既可以用纸笔测验,也可以通过标准化或临床访谈形式口头作答(Rittle Johnson & Schneider,2015)。概念性知识的内隐测量与外显测量例子见表 2-2。

表 2-2 数学领域中概念性知识评价方式举例

	内隐测量		外显测量
评价不熟悉的程序	如判断一个玩偶数数时是否可以跳过某些项目	解释判断	对选择做出正确的解释,如 29+35 与 35+29 含有相同的数,所以答案一样都是 64
评价概念的样例	如判断 3=3 是否有意义。45+39=84,玩偶需要数数得出结果吗?	对概念形成或选择定义	如定义等号
评价他人的答案	根据错误的性质评价其掌握的程度,它们是否与算术的法则一致	解释为什么程序起作用	如解释为什么做减法时可以借位

续表

	内隐测量		外显测量
在表征系统之间进行转换	如用图表示数;在数字线上标出数	画概念图	如把统计入门中的主要概念画在一张图中,能够表明概念之间彼此的关系
比较量的大小	如指出哪个整数或分数大		
基于简便算法发明规则	如对于12+7-7这样的问题能够不进行计算就得出答案为第1个数		
解码关键特征	对从记忆中提取的样例(如方程)成功地进行重构		
把样例进行分类	如基于更匹配的原则对12个统计问题进行分类		

(引自 Rittle Johnson & Schneider,2015)

思考与练习

1. 什么是陈述性知识和程序性知识,二者有什么区别?
2. 陈述性知识和程序性知识是怎么表征的?
3. 自动化的程序性知识具有哪些特点?
4. 简述概念形成和概念获得之间的联系与不同点。
5. 尝试用内隐与外显测量方法来评价学生的概念性知识掌握程度。

第三章　问题解决与批判性思维

> **本章导读**

　　本章共有五节。第一节讲述什么是问题及问题解决,并介绍了问题的类型。第二节介绍了问题解决的过程与方法,并详细说明了问题解决包含的几个连续阶段:即问题的识别与界定、问题的表征与呈现、策略形成与选择、评价与反思、妨碍问题解决的因素。在第三节中介绍了专家与新手的研究范式及专家与新手的差异,并讲述了由新手成为专家的成长阶段。第四节介绍了教科书问题解决的过程及教科书问题的呈现。第五节介绍了批判性思维与创造性。

　　在日常生活中,人们总会遇到各种各样的问题。如学习中遇到不会的问题该如何解决?快要大学毕业了,是找工作还是考研究生?与同事相处得不太愉快,该怎样处理?人生就是一个不断面对问题和解决问题的过程,因此,教育的重要目标就是培养学生解决问题的能力。

第一节　问题解决概述

　　要想培养学生的问题解决能力,我们首先要了解什么是问题,问题包括哪些基本成分以及问题的类型,并要知道问题解决的过程与方法。

一、什么是问题及问题解决

(一) 问题

　　何谓问题?问题实际上是一种疑难,当你想达到某个目标,却又不知道如何实现这个目标时,你就遇到了一个问题。一个问题是否是一个"真"问题,关键在于个体是否已经知道如何达到目标的行动程序。例如,你想做一个飞机模型,但是你缺乏相关的知识,这时你遇到了一个真正的问题。你可能需要向人请教或阅读书籍、根据获得的信息进行尝试最终实现你的目标。如果你是个航模专家,应邀为朋友做一个与你曾经做过的飞机模型同样的模型,这对你来说就不是一个真正的问题,因为你已经知道解决问题的方法和步骤。

　　任何问题都包含三个基本成分:第一,已知条件,指的是构成一个问题的初始状态的有关元素及其之间的关系；第二，目标，是指希望得到的结果或答案；第三，障碍，是指在解决问题的过程中，个体在对问题的初始状态向目标状态进行转换时需要克服的各种因素。

（二）问题解决

问题解决是指经过一系列复杂的认知操作完成某种思维任务。问题解决中的"解决"有两种含义：一是找到了问题的最终答案；二是找到了解决问题的方法或步骤。问题解决包括三种成分：① 问题初始状态，是关于问题已知条件及相关信息的表征；② 问题目标状态，是关于所期待的结果的表征；③ 问题中间状态，是对介于初始状态与目标状态之间的中间环节的表征。问题解决的这三种状态构成了问题空间。问题解决的过程，就是在问题空间中进行搜索直至找到解决问题路径的过程。

二、问题的类型

（一）界定良好问题与界定不良问题

雷特曼（Reitman,1965）按照问题的明确程度将问题分为界定良好问题（well-defined problems）和界定不良问题（ill-defined problems）。界定良好问题指具有完整的初始状态、目标状态和转换手段的问题，一般教科书上呈现的问题都属于这类问题。界定不良问题是指那些在许多方面都没有明确说明的情景，人们在日常生活中面临的问题较多地属于这类问题。如怎样才能生活得更幸福，就是一个界定不良问题。对不同的人来说，幸福的标准千差万别，有的人觉得一家人平平安安就是幸福，有的人则觉得必须取得超人的成就才算幸福。而达到幸福的手段或途径也可以有很大差别，有的人通过自己的努力获得幸福，有的人则需要借助他人的力量甚至运气获得幸福。任何一个问题，只要在初始状态、目标状态和转换手段三个条件中有一个方面界定不明确，就属于界定不良问题。

阅读栏 3-1　界定良好问题与界定不良问题举例

界定良好问题：

（1）下车的时候，你发现汽车车门锁不上，想找出原因。

（2）下象棋的时候，你想打败对手。

（3）找到一个之前没去过的餐厅。

界定不良问题：

（1）如何获得幸福？

（2）怎样才能写好一篇作文？

（3）怎样才能取得成功？

(二)归纳结构问题、转换问题和排列问题

格林诺(Greeno,1978)按照解决问题的方式将问题分成归纳结构问题、转换问题和排列问题。归纳结构问题要求人们根据已知的条件,找出隐含在条件中的关系进而推导出问题的答案,如类推问题。转换问题,即给出一个初始状态,问题解决者需要进行一系列的认知操作,达成一个个子目标,最终实现大目标,如牧师与野人过河问题。排列问题要求问题解决者必须以一定的方式将呈现给他的信息重新排列,使其结果满足某一要求,如字谜游戏问题。

> **阅读栏3-2　归纳结构问题、转换问题、排列问题举例**
>
> 归纳结构问题:
> (1) 2:4::6:12::8:?
> (2) 热:冷::干燥:?
>
> 转换问题:
> 河岸上有三位牧师和三个野人,他们要渡河到对岸。有一只小船可以载他们过去,但是这只船最多只能载两个人。假如,当野人比牧师多时,野人就会把牧师吃掉。请问有没有什么方法可以把这六个人安全地渡过彼岸?
>
> 排列问题:
> 用d,s,u,l,o,h组成一个单词。
>
> (引自Sternberg,1999)

第二节　问题解决的过程与方法

问题解决的过程就是从初始状态到目标状态的转换过程,这个过程需要一系列复杂的认知操作方能实现。心理学家认为问题解决包含了几个连续的阶段:问题的识别与界定、问题的表征与呈现、策略的形成与选择、方案的实施与落实、结果的监控与评估。

一、问题的识别与界定

问题的识别也就是我们常说的发现问题,这是问题解决的首要环节。如果人们根本没有意识到自己正面临一个问题,也就谈不上去解决问题。科学史上很多重要发现与发明都是因为科学家发现了别人没有注意到的问题,缺乏对问题的敏感意识是不可能有创造性的

成果的。试想如果牛顿也像一般人一样认为树上的苹果掉在地上是天经地义的事,他就不会发现万有引力定律。但是仅仅意识到问题的存在还不够,还必须能够正确界定问题。例如,田纳西工业技术大学一个研究小组要研究汽车的安全系统如何保护乘客在撞车时不受到伤害。他们的问题是,在冲撞时如何防止乘客在汽车内移动而撞到车子的钢铁架子,结果一直未找到有效的解决办法。后来他们将问题重新界定为如何设计车子的内部,使车祸发生时,人比较不会受到伤害。结果他们想到了一个非常有创意的方法解决了问题(Sternberg,1999)。

二、问题的表征与呈现

表征问题就是分析和理解问题,并在头脑里把问题以某种方式呈现出来。把问题的要求与条件搞清楚是正确解决问题的关键,很多时候,人们之所以不能正确解决问题,就是因为没有真正地理解问题,也就是说没有建立起对问题的正确表征。例如,小学生在解决"小明有3个苹果,小明比小刚少5个,问小刚有多少个苹果?"这样的问题时常会出现错误,他们往往看见"少"的字样就觉得应该用减法,之所以会出现这些错误是因为他们使用了错误的表征策略,具体见阅读栏3-3。

问题在头脑中表征的方式有很多,如命题、符号、意象等。个体在表征方式上是有差异的,有的人擅长空间表征,以意象的方式呈现信息;有的人擅长语言表征,以句子或命题的方式呈现信息;有研究者用"句子-图形"任务研究被试的问题表征策略。实验要求被试对看到的句子和呈现的图形进行比较,如果二者不一致,就要判断为错。例如,句子为"星星在十字的下面",然后看到的图形为"※",则要反应为"错误"。结果发现所有被试都有两种策略来完成这个任务:一种是把句子用语言表征呈现在脑海里,把句子转化为命题,如"星星上面是十字"(plus above star);另一种策略是把句子化为空间图形或意象,将其与呈现的图形直接进行对比。究竟采取哪种策略与被试的能力有关系,语言能力强的被试倾向于用语言表征策略,而空间能力强的倾向于采用空间表征策略。

三、策略形成与选择

在问题得到界定和表征之后,人们就需要运用一定的策略或方法来解决问题。在问题解决过程中有两大类基本策略:算法(Algorithm)和启发式(Heuristics)。

阅读栏 3-3　比较问题的表征

比较问题由已知条件、关系和问题三个要件组成。在已知条件句中给出一个变量的值，关系句是根据一个变量来定义另一个变量，问题是求另一个变量的值。如在"小明有 3 个苹果，小刚比小明多 5 个，问小刚有多少个苹果？"这道题中，第一句是已知条件，第二句是关系句，第三句是问题。根据文字表达和数量关系是否一致可将比较问题分为两类：一致问题和不一致问题。在一致问题中，未知数是关系句的主语，变量关系的文字表达（如比……多）与所需要的算术运算是一致的（如用加法），上面的例子就是一道一致问题。在不一致问题中，未知数是关系句的宾语，变量关系的文字表达（如比……少）与所需要的算术运算相冲突（如用加法），如将上题中关系句"小刚比小明多 5 个"改为"小明比小刚少 5 个"，这道题就成为一道不一致问题。

Hegarty 等人通过分析大学生解决比较问题所犯的错误，提出成功的解题者和不成功的解题者在表征比较问题时可能运用了不同策略。不成功的解题者在表征变量之间的关系时，运用的是直译策略（direct translation strategy），即根据关键词来决定采取何种运算，如看见"多或贵"就用加法，看见"少或便宜"就用减法。这种策略在一致问题上即关系词的表述与所需运算一致时能够导致正确的答案，但在关系陈述与所需要的运算相冲突的不一致问题上则会导致错误的答案。成功的解题者则运用问题模式策略（problem model strategy），他们根据变量之间的关系建立数学表征并确定采取何种运算，因而能够正确地解决问题。

李晓东等人（2002）的研究发现，小学三年级学优生与学困生解决比较问题的成绩差异显著。学优生的成绩好于学困生，这种差异在不一致问题上表现尤为突出。这与学优生和学困生表征问题的策略不同有关。学优生在解决比较问题时由于运用问题模式策略来表征变量之间的关系，因而在一致问题和不一致问题上都取得了好成绩。学困生在表征数量关系时由于采用的是直译策略，即不是根据变量之间关系的实质而仅仅依据应用题中的某些关键词来建立心理表征，这种表征在一致问题上因关键词与变量之间的关系一致而得出了正确答案，但在不一致问题上就会导致错误答案。

（引自李晓东等，2002）

（一）算法

算法是指解题的一套规则，它精确地指明解题的步骤。如果一个问题有算法，那么只要按照其规则进行操作，就一定能解决问题。算法一般用于解决界定良好的问题，而不适合用来解决界定不良的问题。但是如果问题解决的步骤过于复杂，超出工作记忆负荷时，也很难用算法策略解决。由于采用算法策略时要一一尝试所有可能的解决方法，虽然最终会解决问题，但费时费力，效率不是很高。例如，在字谜游戏中，给你6个字母将它们组成一个单词，6个字母的所有组合达720种，如果将这些组合全部列出来将会耗费很多时间。因此，人们通常并不是严格按算法去解决问题，而是尝试去寻找更为简捷的方法。

（二）启发式

启发式是个体凭借已有知识经验对问题解决途径进行搜索的方法，它虽然不能保证问题一定获得解决，但运用这种方法解决问题总体上比较节省时间和精力，效率也很高。常见的启发式策略有手段—目的分析、逆向搜索和类比。

1. 手段—目的分析

手段—目的分析是人们在解决问题时常用的一种策略，通过采用一定的手段或方法缩小当前状态与目标状态的差异，最终达到目标状态。用手段—目的分析策略解决问题，通常要先对目标状态进行分析，将其分解为若干个子目标，通过实现一个个子目标而最终实现总目标。

> **阅读栏3-4　河内塔问题的解决路径**
>
> 河内塔问题的初始状态有三根柱子，在第一根柱子上有中间带孔从大到小由下到上重叠像"塔"一样的若干圆盘。目标状态是将"塔"移到最后一根柱子上，中间的柱子作为过渡。规则是每次只能移动最上面的一个圆盘，大圆盘不能压在小圆盘上。要求探索从初始状态到目标状态的通路，最终解决问题，达到目标状态。
>
>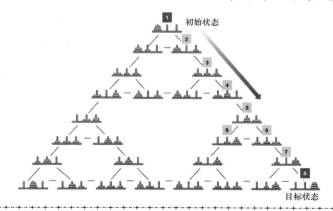

2. 逆向搜索

逆向搜索是指从问题的目标状态开始搜索,直至找到返回初始状态的路径或方法。这种方法非常适用于数学问题解决。例如对于这样一个问题:"在夏天开始的时候,水塘里有一棵莲花,这莲花每 24 小时增加一倍,在第六十天时,这个水塘充满了莲花。问哪一天这个水塘的莲花是半满的?"这个问题如果从条件开始入手去解决会很困难,但是如果从目标状态开始,则变得很简单。答案是"第五十九天",因为莲花是每 24 小时增加一倍,水塘在第六十天是全满的,那么在第六十天的前一天也就是第五十九天一定是半满的。

3. 类比

类比就是从已有的知识经验中提取一个问题,然后把这一问题应用到一个新的问题上去。它是利用以往的事例与当前问题的相似性而找到问题解决途径的方法。能否顺利地运用类比方法解决问题,取决于个体能否发现或找到新问题与旧问题之间的相似之处。每个问题都有表面特征和结构特征两个属性,两个问题的结构特征差异越大,两个问题的差异性也越大;如果两个问题的表面特征和结构特征相同,则它们属于同一个问题。如果个体可以发现不同问题之间在结构特征上是相似的,那么将有助于问题解决;但是如果问题之间仅表面特征相同或相似,而结构特征不同的话,运用类比策略则可能导致错误的解答。例如:

问题一:在一次心理测验中,某人在一份计分为 0~300 分的量表中,得分为 150 分;如果在一份计分为 0~240 分的量表中,他的得分应该是多少?

问题二:在一次身体检查中,某人站在一台刻度为 0~300 磅的磅秤上,称得的体重为 150 磅;如果他站在一台刻度为 0~240 磅的磅秤上,称得的体重应该是多少?

这两个问题的表面特征看起来很相似,但实际上是两个不同的问题。磅秤测得的是人的体重绝对数值,不会因磅秤不同,测得的结果就发生变化。但心理测验测得的是心理品质的相对数值,不同量表测得的结果很可能有差异(彭聃玲,张必隐,2004)。

四、评价与反思

问题解决的最后一个步骤是策略实施并将结果与问题的要求进行对照,如果符合问题的要求,说明问题解决策略得当;如果不符合问题的要求,就要对解决方案重新审查,反思解决问题的各个环节,找到症结所在,重新制定问题解决的方案并实施,直到问题得到解决。

阅读栏 3-5　和尚登山问题

意象表征有助于问题解决,我们可以用和尚爬山的问题来说明。

一天早晨,当太阳刚升起的时候,一个和尚开始攀登一座高山。山路很窄,只有一只脚宽。和尚向着山顶灿烂生辉的庙宇盘旋而上,速度时快时慢。一路上,他曾多次休息、吃带去的水果,快日落时他到了山顶的庙中。经过几天斋戒、打坐,他又沿同一山路下山。就像原来一样,路上多次休息,速度时快时慢,比上山时自然要快些。当他下山时,已是日落黄昏了。现在问,和尚在往返的路上是否可能在同一天的同一时刻在同一地点通过。

这个问题初看起来使人困惑,不知怎样解答。但如果解题者在头脑中想象有两个和尚,同一天内一个上山,一个下山,那么两个和尚相遇的地方,肯定就是同一时间同一地点了。在这种情况下,用想象代替语言描述,可以帮助人们较快地找到问题的答案。当然这个问题也可用图解的方式来表征(如下图)。解题者可用一条线表示和尚第一天上山的路线(用向上的箭头表示),用另一条线表示他下山的路线(用向下的箭头表示)。两条线的交点就是这个问题所要求的答案。比较起来,图解法似乎占有相对的优势。

(引自吴庆麟,2003)

五、妨碍问题解决的因素

在问题解决的过程中,受制于一些认识局限和情境因素,人们常常不能顺利地解决问题。常见的有以下几种情形。

(一) 功能固着

物体往往有一些固定的或常规的用途,如笔是用来写字的,锤子是用来钉钉子的。人们的思维受制于这些常规用途的限制,而不能认识到其实这些物体还可以有别的功能,从而妨碍了问题解决,这种现象就是功能固着(functional fixedness)。邓克尔(Duncker,1945)做了一个经典的实验(如图3-1),他将一支蜡烛、一盒火柴和一盒图钉放在桌上,要求被试将一根点燃的蜡烛固定在墙壁上,而不让蜡油滴在桌面。结果很多被试都不能在规定的时间内解决问题。因为他们没有想到,图钉盒可以当成一个固定蜡烛的平台,而不只是容器。

(二)反应定势

反应定势是指受先前经验的影响,倾向于用特定的方法解决问题,而缺少变通,其本质也是一种固着现象。例如,表3-1的陆钦斯的水罐问题(Luchins,1942)。除第8题外,所有问题均可以用B-2C-a的方法解决。1~5题用这种方法是最简单的。7和9题最简方法是a+C。第8

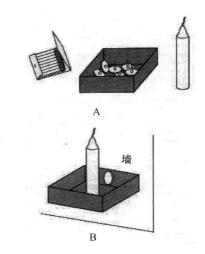

图3-1 邓克尔蜡烛测试

(注:图A为测试材料,图B为测试答案)

题无法用B-2C-a的方法解决,但可以用a-C的方法解决。第6题和第10题的简单方法是a-C。研究发现,按顺序解题的被试中有83%的被试用B-2C-a的方法解决第6和第7题,64%的被试无法解决第8题,79%的被试用B-2C-a的方法解决第9题和第10题。只解决最后5题的被试,用B-2C-a的方法解决问题的不到1%,只有5%的人没有解出第8题。

表3-1 如何用三个水罐量出特定量的水?(请从第1题开始做)

问题	水罐a	水罐B	水罐C	需要量出的量
1	21	127	3	100
2	14	163	25	99
3	18	43	10	5
4	9	42	6	21
5	20	59	4	31
6	23	49	3	20
7	15	39	3	18
8	28	76	3	25
9	18	48	4	22
10	14	36	8	6

(三)启发式偏差

人们在解决问题时往往受直觉或启发式的影响,如认为重的物体先落地,面积大的图形周长也长,这种与逻辑或理性不符的认知偏差就是启发式偏差(heuristic bias)或者叫非理性偏差。比较著名的一个直觉法则叫作 more a－more B 法则,即如果两个物体在一个确定的明显的变量 a 上不同且 a1＞a2,当要求比较两个物体在另一个变量 B 上的大小时,被试往往会认为 B1＞B2(李晓东,付馨晨,鲁成,2016)。在这类问题上,个体往往受问题的较为突出的外部特征影响而做出 more a－more B 的判断,虽然在一些情境下是正确的,但并不总是适用。例如,在皮亚杰的数量守恒任务中,儿童常受"长即多"的启发式策略的误导;在液体守恒任务中,儿童常出现"高即多"的启发式偏差。这些都是基于直觉法则所出现的反应。

除了直觉,一些过度学习的知识也会成为启发式策略,从而妨碍问题解决。例如,在比较分数的大小时,学生常常出现的错误是整数偏差,即把自然数的属性错误地用到分数比较中,如认为 $\frac{1}{5} > \frac{1}{4}$,因为 5＞4(Ni & Zhou, 2005; Van Dooren, Van Hoof, Lijnen & Verschaffel, 2012)。这种错误并不是因为学生没有掌握相关的知识,而是基于启发式的快速反应(Vamvakoussi & Vosniadou, 2010)。

第三节 知识与问题解决

以往问题解决研究中所设置的问题都属于知识含量低(knowledge-lean)的任务,这类问题的主要特点是问题解决者不需要具有专业知识,个体问题解决的效果往往与问题的类型与使用策略有关。近年来,心理学家开始关注人们在特定领域里的问题解决能力,并推测专家与新手在专门领域里的问题解决能力上的差异是由于其知识组织方式上的不同造成的。于是开展了专家与新手的研究。

一、专家与新手的研究范式

在特定领域的多年学习与实践使人们成为该领域的专家。有人认为在某个专门领域有 10 年以上的经验方可称为专家。也有人认为专家与新手是相对的概念,如住院医生相对于医学院的学生而言是专家,而相对于有多年临床经验的医生则是新手。相对于新手而言,专家总是能更好地解决专业领域的问题,造成这种差异的机制究竟是什么呢?为了回答这个问题,一些心理学家进行了专家与新手的对比研究。这类研究的基本范式是以某个领域中相对的专家和相对的新手为被试,给予相同的任务,对他们完成任务的情况进行比较。德格鲁特(De Groot,1965)曾做了一项堪称经典的专家与新手的比较研究。他让参加实验的象棋大师和普通棋手注视真实的棋局 5 秒钟,然后打乱棋子,让他们重新恢复看过的棋局。结果象棋大师能正确恢复棋子的数量为 20~25 个,而普通棋手只能恢复 6 个。但是如果棋子是随机排列的,则象棋大师和普通棋手正确恢复棋子的数量没有差别,都是6个。这个现象该如何解释呢?蔡斯和西蒙(Chase & Simon,1973)提出象棋大师和普通棋手对棋局记忆的组块大小不同。因为象棋大师经验丰富,头脑里储存了大量相关知识,因此可以把几个棋子编码成有意义的组块,以组块为单位去记忆棋子的位置,极大地扩大了记忆的容量。而普通棋手相关知识贫乏,只能以单个棋子为单位去记忆,因而能够记住的棋子数量有限。但是对于随机排列的棋局来说,象棋大师和普通棋手都没有相关经验,只好以单个棋子为单位进行识记,因此他们的复盘成绩没有差别。

二、专家与新手的差异

有关专家与新手的对比研究表明,专家之所以在专业领域问题解决中比新手取得更好的成绩,主要是因为他们在知识组织方式上存在差异。这些差异主要表现在以下五个方面。

第一,知识组织的层次结构不同。专家的专业知识建立在多年的经验基础之上,这些知识高度联结并从属于一个概括性程度更高的类别,而这些类别又从属于一个概括性更高的知识类别,因而专家的知识结构呈现出一种层级组织形式。而新手由于经验贫乏,其知识结构主要由一些相对来说较小的、分离的单元构成,主要以一种"线性"方式排列,层级较少。埃隆(Eylon,1979)曾做过一项研究,他将有关浮力的知识内容整理成两种形式分别呈现给刚开始学习物理的学生。一种形式是类似于物理课本的传统组织形式;另一种形式是根据专家对有关浮力知识的分析结果以层次方式呈现相应的内容。结果表明,与使用传统教材的被试相比,使用层次性教材的被试在对材料的保持以及解决问题的成绩上分别表现出了40%和25%的提高。

第二,对陈述性知识和程序性知识的依赖程度不同。专家在解决问题中更多地运用程序性知识,而新手则较多地依赖陈述性知识。安德森(1982)做过一项关于几何问题的研究证明了这一点。他首先让学生学习两条证明三角形全等的定理,然后给学生一个题目,要求他们应用定理进行解答并在解答的过程中出声思考。结果发现学生在解题的过程中非常依赖陈述性知识,他们不断地对定理进行复述、回忆,对定理的每个成分分别加以确认,一步一步地使用所学的原理。然后在经过另外四个问题的练习后,面对一个新的问题时,学生使用定理的速度明显加快,他们不再需要回忆和复述定理,而是立即判断出应该应用哪条定理。安德森认为这是因为学生经过练习以后在头脑里已经形成了解决问题的产生式规则,此时在解决问题时主要依赖的是程序性知识。

第三,对问题表征的深度与抽象程度不同。在表征问题时,专家根据的是原理,并能很快在表面特征与原理之间建立起联系,而新手易受事物表面特征的迷惑,从而影响解决问题的速度与准确性。在一项研究中,先把被试的专门知识分为三个水平,其中专家是物理学研究生,中间水平的被试是物理学专业的四年级本科生,新手则是只学习过一门物理学入门课程的学生。要求他们对40道物理题进行分类。结果发现,新手以表面特征作为分类依据,而专家则不受问题表面相似性的影响,而是根据问题的抽象组织规则进行分类,因此他们会将表面特征完全不同的问题归入同一类别。

蔡茨(Zeitz,1997)认为专家的知识是在中等抽象水平上进行表征的,既不过于抽象也不过于具体的知识表征有利于提取和操作,抽象的知识表征过于稳定,不利于灵活地解决问题,而具体的知识表征增加工作记忆负担,而且要对大量的个别问题进行表征也很不经济。

第四,在决策方面,专家存储了大量可利用的图式,因而可以综合利用这些图式更有效地解决问题,而新手一般只会用某种特定的方式解决问题,面对需要综合运用概念与原理的问题时就会感到困难。研究发现,在几何学与物理学领域,新手向专家的转化过程中经历了逆向推理至向前推理的转变(Anderson,Farrell & Sauers,1984);而在计算机编程领域,虽然新手和专家都采取的是逆向推理,但专家解决问题是先通盘考虑全局,新手则注意局部的纵深。尽管领域不同,决策的方式也有所变化,但专家总是能比新手更好地发现与该领域最为适宜的策略。

第五,专家与新手相比在记忆上也有优势。在擅长的领域,专家比新手拥有的记忆组块多,而且记忆组块也大。蔡斯和西蒙对比了象棋大师与新手在回忆棋盘时的表现。他们发现被试往往是先回忆出一组棋子,停顿一下,再回忆出另一组棋子,如此循环直到回忆不出为止。停顿的时间可以作为划分记忆组块的边界,从而可以查明被试的记忆组块的大小。实验结果表明,大师的记忆组块平均为3.8个棋子,新手的记忆组块平均为2.4个棋子;大师在每一棋盘上平均可回忆出7.7个大组块,而新手只能回忆出5.3个小组块。

三、由新手成为专家的成长阶段

每个专家都是由新手成长起来的,有人提出从新手到专家要历经五个阶段:新手、高级初学者、胜任者、能手和专家(Dreyfus,1997)。也有人提出从新手到专家要经过外界支持期(external support)、过渡期(transitional)和自我调控期(self-regulatory)三个阶段(Glaser,1996)。尽管对新手到专家的成长阶段看法不一,但有研究证明中间者效应(the intermediate effect)是新手成为专家的必经阶段。所谓中间者效应是指处于这一阶段的个体,他们拥有比新手更多的经验,但在完成任务时成绩突然下降甚至不如新手的现象。例如,莱斯戈尔德(Lesgold,1984)发现具有三四年经验的临床医生诊断X光照片的表现比具有一两年经验的临床医生要差。为什么会出现这种现象呢?可能是因为中间者拥有的知识量虽然较大,但却缺乏有效的组织,因而导致他们难以对当前信息进行编码或从长时记忆中提取相关信息。专家头脑里的知识是按层级组织的,这种知识表征方式有利于专家提取出相关信息而忽略无关信息。专家在解决问题时可以综合考虑问题的背景与问题的实质,新手虽然无法判断哪些知识是相关内容,但他们可以抓住情境的表面特征(它们往往也是内在特征的表现)解决问题。中间者试图像专家那样解决问题,却功力不足,因此导致成绩下降。

第四节 教科书问题解决

对于学生来说,每天要应付的问题大多来自书本,更确切地说是来自教科书。教科书问题解决的基本过程是怎样的呢?教科书中的问题如何呈现才能有利于学生更好地理解和解决问题呢?

一、教科书问题解决的过程

(一) 理解问题

教科书中的问题通常都是以文字形式呈现的,学生要解决问题,首先得理解这些文字的含义,建立起以文本为基础的陈述性表征。但是仅仅理解这些单词和句子的含义是不够的,我们常常会面临一种尴尬的境遇,即明白问题的字面意思,但并不理解问题的本质。例如,看了半天计算机操作手册,每个字都认识,也明白其意思,但还是不知道如何进行操作。

罗斯(1985)研究发现,学生不能正确理解科学问题,是因为他们在阅读时犯了以下错误。① 过分相信原有知识的充分性。在阅读时学生把新学习的材料与原先学习的材料不加分析地联系起来,以为当前学习的文章仅仅是对原先学习的简单重复,从而对当前学习造成误解。② 过分相信课文中的词汇。对于一些新词汇,学生并没有真正理解,而是简单记住,就以为自己已经掌握。③ 过分相信事实性的知识。把学习看成是获得事实,因而对知识的回忆相当准确,但是因为没有将知识整合到有意义的图式中去,因而很难将知识应用到问题解决中去。④ 过分相信原有观念。每个学生都有一些朴素的观念,这些观念往往是不完整、不准确的,但学生往往忽视了这一点,在利用原有知识来理解新知识时就造成困难。

(二) 建立表征

学生在理解的基础上对阅读材料建立起文字表征以后,还需要进一步对问题的情境进行表征。这不仅涉及阅读理解能力,还涉及个体的数理逻辑能力。在这个过程中需要建立两种表征,问题模型和情境模型(李晓东,付馨晨,鲁成,2016)。情境模型表征的是语言和现实世界的知识,是用来帮助理解的;问题模型表征的是数理逻辑知识,是用来解决问题的

(Coquin-Viennot & Moreau,2003)。情境既可能促进问题解决,也可能妨碍问题解决。如,研究发现,对于"有5只小鸟,3只虫子,小鸟比虫子多几只?"这样的问题,只有25%的幼儿能正确回答;但是如果把上面的问题改为"小鸟比赛捉虫子,每只小鸟都能捉到虫子吗?有几只小鸟捉不到虫子?"则96%的幼儿都能正确回答(Hudson,1983)。Coquin-Viennot和Moreau(2007)在研究中将问题分为两种,一种是情境模型与问题模型一致,如"Jean站在体重计上称体重。Remi比Jean高,他比Jean重6千克。Remi体重为58千克,问Jean体重是多少?",一种是情境模型与问题模型不一致,如上面的问题改为Remi比Jean矮,其他不变。结果发现,小学生在不一致版本的问题上出现了更多的错误。说明问题图式并不是自动激活的,情境模型起到了中间表征的作用,当情境模型与问题模型不匹配时会妨碍问题解决。

(三)解决问题

对问题做出正确的表征后,接下来就可以进入问题解决的实施阶段,主要是学生尝试选择并运用各种策略去解决问题,如前面提到的手段—目的分析、逆向搜索和类比等。

(四)检验答案

检验答案的合理性是问题解决的最后一步,这个过程可以帮助学生对自己的思维过程进行监控,保证答案正确并有意义。在检验阶段,有时要注意避免冲动。例如,学生在验算数学问题时,有时会得出不同的答案,这时注意不要立即用第二个答案替换原来的答案,因为第二个答案有可能是错误的。

阅读栏3-6 数学问题解决的四个阶段

著名数学家波利亚(Polya)是问题解决研究的先驱,他致力于数学启发法的研究,提出数学问题解决包括弄清问题、制订计划、实现计划和回顾四个阶段,这些解题步骤有助于解题者发现好的或正确的解题方法并解答。

第一,弄清问题。

未知数是什么?已知数据是什么?条件是什么?满足条件是否可能?要确定未知数,条件是否充分?或者它是否不充分?或者是多余的?或者是矛盾的?

画张图。引入适当的符号。

把条件的各个部分分开。你能否把它们写下来?

第二,制订计划。

你以前见过它吗?你是否见过相同的问题而形式稍有不同?

你是否知道与此有关的问题？你是否知道一个可能用得上的定理？

看着未知数！试想出一个具有相同未知数或相似未知数的熟悉的问题。

这里有一个与你现在的问题有关且早已解决的问题。

你能不能利用它？你能利用它的结果吗？你能利用它的方法吗？为了能利用它，你是否应该引入某些辅助元素？

你能不能重新叙述这个问题？你能不能用不同的方法重新叙述它？

回到定义去。

如果你不能解决所提出的问题，可先解决一个与此相关的问题。你能不能想出一个更容易着手的有关问题？一个更普遍的问题？一个更特殊的问题？一个类比的问题？你能否解决这个问题的一部分？仅仅保持条件的一部分而舍去其余部分的，这样对于未知数能确定到什么程度？它会怎样变化？你能不能从已知数据导出某些有用的东西？能不能想出适于确定未知数的其他数据？如果需要的话，你能不能改变未知数或数据，或者二者都改变，以使新未知数和新数据彼此更接近？

你是否利用了所有的已知数据？是否利用了整个条件？是否考虑了包含在问题中的所有必要的概念？

第三，实施计划。

实现你的求解计划，检验每一步骤。

你能否清楚地看出这一步骤是正确的？你能否证明这一步骤是正确的？

第四，回顾。

你能否检验这个论证？你能否用别的方法导出这个结果？能不能一下子看出它来？

你能不能把这结果或方法用于其他的问题？

（引自郑毓信，1994）

二、促进教科书问题的呈现

（一）例题的作用

要让学生尽快地理解和掌握教科书中的问题，最好的办法可能就是示范。很多研究表明例题对于问题解决是相当重要的，当学生面对一个新的题目时，最常用的方法是要从例题中获得启发，通过寻找两者的相似性达到解决问题的目的。为什么要有例题呢？难道教科书中的文字描述不够清晰和具体吗？

罗斯(Ross,1989)认为要直接将以文字形式呈现的原理或规则应用于问题解决,这对于初学者来说困难重重。首先,初学者对于原理或规则中的概念可能感到不解。其次,学生虽然记住了原理或规则,但却不知道如何应用它,而例题则可以为学生提供一个如何将原理应用到实际问题的典型范例。通过学习例题,学生可以学会特定的操作步骤和程序。当学生能够识别出新的问题与例题之间的相似性后,他就可以将例题的解题程序迁移到新的问题中去,从而提高了学生对教科书中问题的解题效率。

例题就是样例,主要由教师示范讲解,学生观察学习。在教学中,也可以通过精心设计样例,让学生通过自主探索解决问题,即进行样例学习。样例学习是一种通过对样例的观察和思考习得知识的过程。样例学习是获取认知技能的重要手段,样例把问题的初始状态、中间状态、目标状态以及如果从一种状态转换到另一种状态的方法与步骤均呈现给学生,学生可以从中抽象出问题解决的规则,从而获取认知技能(林洪新,于洋,2013)。样例学习之所以会发生,主要是通过发现目标问题与样例之间的结构相似性,以及对解题过程进行自我解释实现的。在教学过程中,不仅要呈现正确的样例,也应该适当呈现错误样例。很多研究表明,错误样例可以作为一种学习资源。学生不仅要解释为什么答案是正确的,也要解释答案为什么是错误的。对错误的诊断与解释能够改善学生对知识的理解与运用,增加正确的概念性与陈述性知识,促进迁移(王蒙,杨宗凯,刘三妍,郑年亨,刘智,2015)。

(二) 图表的作用

理解问题是解决问题的第一步,为帮助学生更好地理解教科书中的问题,应该增加一些视觉表征如图形和表格,以使问题变得具体和容易理解。例如,对于"小强比小刚长得高,小明比小刚长得矮,谁最矮?"这样一个推理问题,如果我们画三个直方图分别代表三个人的高度,答案就一目了然了,如图3-2。

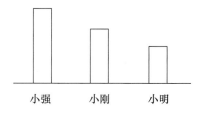

图 3-2 运用直方图表征数学应用题

在中国的数学教学中,常常使用线段图来帮助学生理解和分析应用题中的已知量和未知量的关系。例如,某小学三年级有 4 个班,每班 40 人;四年级有 3 个班,每班 38 人。问三年级和四年级一共有多少人？可以画出线段图帮助解决问题，如图 3-3 所示。

图 3-3　运用线段图表征数学应用题

（三）克服直觉或启发式的误导

在第三节中我们提到，人们在解决问题时常常受到直觉或启发式的误导，从而未能正确解决问题，这种现象在学习中经常发生。例如：对于"Ellen 和 Kim 在同一个跑道上跑步，他们跑步的速度相同，但是 Ellen 比 Kim 后起跑，当 Ellen 跑了 5 圈时，Kim 跑了 15 圈。当 Ellen 跑到 30 圈的时候，Kim 跑了多少圈？"这种本应使用加法解决的问题，很多中小学生都给出比例答案 30×3＝90，而不是加法答案 30＋10＝40。研究表明这种在加法问题上错误地使用比例推理的现象非常普遍（李晓东，江荣焕，钱玉娟，2014；Jiang, Li, Fernández, & Fu, 2017）。

在本来应更为简单的加法问题上，中小学生的表现却不尽人意，成绩均低于比例问题。为什么会出现这种成绩逆转的情况呢？可能是由问题的呈现形式造成的。学生在学习解决比例问题时，问题往往以缺值形式呈现，已知三个数量，求第四个量，数量之间存在比例关系。学生在学习这类问题时，将问题的呈现形式作为一种提示题型的线索储存在大脑中，遇到同类问题时就会激活比例问题的解决策略，因而会促进比例问题的解决。但是，当学生遇到表面相似而实则不同的加法问题时，激活的比例问题策略反而会导致错误的解答。要正确解决缺值形式的加法问题需要抑制比例策略的干扰（江荣焕，李晓东，2017）。

双加工理论认为无论是成人还是儿童，都存在两种解决问题的方式，一种是启发式系统（系统 1），一种是数理逻辑算法或分析式系统（系统 2）。前者是基于直觉的，其特点是快速、基于整体或全局的，无须努力。在很多情况下，这种策略是有效的，但有时也会产生误导；后者则是缓慢的、费力的以及分析的策略，它在任何情境下都可以导向正确的答案（Kahneman, 2011）。一般来说，儿童和成人都会偏向自动运用快速的启发式策略。个体在已具备相关知识与概念时，在解决问题时仍然失败，是因为无法抑制启发式策略的干扰。抑制控制能力在人的一生中都持续发挥作用，成人也要学会抑制直觉或启发式偏差（Houdé & Borst, 2015；付馨晨，李晓东，2017）。

第五节 批判性思维与创造性

进入 21 世纪,各国教育改革均以培养学生的核心素养为重点,其中批判性思维作为一种核心素养显得尤为重要。在信息爆炸的时代,人们必须学会对信息进行鉴别、筛选,才能避免盲从和受到误导。批判性思维强调独立思考、追求和探究真理的能力,是创造的基础。

一、什么是批判性思维

批判性思维(critical thinking)是一种理性的、反省的思维,它用于分析各种争论、识别各种谬误和偏见,根据证据做出结论,并且做出明确的判断(陈振华,2014)。虽然哲学家、心理学家和教育家对批判性思维的定义各有不同,但大都同意批判性思维应该包括以下技能:① 分析论断、声明或证据的能力;② 运用演绎或归纳推理做出推断的能力;③ 判断或评价的能力;④ 做出决策或解决问题的能力。批判性思维同时也是一种人格特质,包括开放和公平的心理,好奇心,灵活性,一种寻找原因的倾向,获得完整信息的愿望,以及对不同观点的包容和尊重(Lai,2011)。简单而言,批判性思维就是分析和论证信息的有效性和可靠性的相关技能。拥有批判性思维,并不意味着对他人、对世界总是持有一种负面态度,时刻去批评他人或事物,而是努力保持思维的敏锐,客观地、符合逻辑地去分析问题、得出结论。

有学者认为批判性思维是一种领域一般的能力,也有学者认为批判性思维是领域特殊的,但是都同意具有一定的背景知识是批判性思维的必要而不充分条件。没有相关知识,就无从分析和判断。虽然批判性思维在具体领域需要的技能可能有所不同,但背后核心成分还是一致的。

二、批判性思维的培养与评价

批判性思维是一种有价值的高阶思维技能,应该在学校教育中重点发展。有些学者主张要专门开设批判性思维的课程,让学生学会批判性思维的方法与策略;有些学者主张在学科教学中不仅要学习专门知识,也应该强调在特定领域中发展批判性思维。

批判性思维在幼儿阶段就有所表现,如,他们知道汽车出问题时请修理工检查比请医生更靠谱。对不同年龄的学生,批判性思维的培养重点有所不同。柏林等人(Bailin, et al., 1999)指出,在小学阶段,批判性思维的培养应注重以下几点:① 强调理性与真理的价值;

② 在讨论中尊重他人；③ 开放的心态；④ 乐于从他人视角看问题；⑤ 知晓定义与经验表达的差别；⑥ 运用认知策略，如不明白时要求举例；⑦ 运用批判性思维的原则，如做决定之前考虑一下其他的选择。

批判性教学必须通过外显教学才能发展。在教学中，教师可以尝试用下列四种方法培养学生的批判性思维。① 对话法。教师提出问题，引起学生的好奇心，激发他们探究，得出结论并进行检验。同时，考虑其他解释或解决问题的方法。② 自由提问法。鼓励学生自由提问，这些问题常常是由书本或讲课过程激发出来但并未提供答案的问题。③ 辩论法。辩论可以鼓励学生从不同角度看问题，对每种视角的答案进行讨论和批判。④ 自我评价作业法。在自我评价作业时，学生不仅要思考和检讨课程内容，而且要检讨自己的努力程度，会使用更多的诸如认为、发现、相信等认知词汇，促进分析与评价技能的发展（陈振华，2014）。研究者认为合作学习是一种有利于发展批判性思维的教学模式，尽管教师的讲授没有问题，但很多时候学生的错误概念干扰了他们学习新知识的能力，而通过小组讨论让学生有机会了解分歧和错误，从而改正。

如何考评学生的批判性思维？除了使用一些批判性思维工具外，教师可以采取以下评价方式，在学科教学中实施。第一，开放式问题比传统的多项选择题更适合评价批判性思维，因为这类题目能更好地检测批判性思维认知与人格特质，能够让学生展示思维过程。第二，应使用"真实性"问题，尽量与现实生活中的问题与议题接近。第三，还可以使用结构不良问题，促使学生超越给定信息进行推论与评价。第四，问题最好有不同的解决方法，并包含有足够的信息或证据，让学生能够支持多元视角。此外，教师在评价学生的批判性思维能力时，不要看答案是否"正确"，而应该关注学生在其所站的立场上，论证的质量如何（Lai，2011）。

三、创造性

创造性是指人们应用新颖、独特的方式解决问题，并能产生新的、有社会价值的产品的心理过程。发散思维是创造性思维的主要成分，是提出许多不同观点或答案的能力。吉尔福特认为可以从流畅性、变通性和独特性三个方面考查发散性思维。流畅性是指答案的数量，如给一些圆圈，你画出的物体越多，流畅性越好。变通性是指答案的种类，如果你画出的物体分属很多不同的类别，则变通性强。独特性是指答案与众不同，不为一般人所具有。当然，并不是任何新奇的东西都是创造性的产品，它必须是有意设计并且是有社会价值的。

斯腾伯格（Sternberg，2006）认为创造性需要六种不同但又有一定联系的资源。

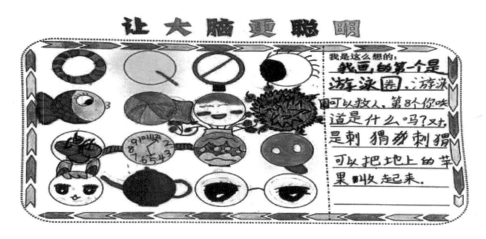

图 3-4　一名二年级学生的创造性作品

（1）智力。有一种智力技能对创造性特别重要。① 用新的方式看问题以及避免受传统思维束缚的综合能力。② 具有识别哪些想法值得、哪些不值得进一步探究的分析能力。③ 实践技能，懂得如何说服他人，能把自己有价值的思想"出售"给他人。三种技能的融合也非常重要。只有分析技能而缺少另外两种能力时，会产生强有力的批判性思维而非创造性思维。只有综合能力而没有另外两种能力时，能够产生新想法，但是这些想法没有受到严格的审查，导致无法改进并变成现实。具有实践技能但缺少另外两种能力，可能导致这些想法被社会接受是因为表达得好，而不是这些想法本身好。

（2）知识。知识既可能有益于创造也可能妨碍创造。如果没有相应的知识，即如果不知道目前发展状况，也就难以向前推进。但人也可能受已有知识的束缚，形成封闭和根深蒂固的观念，导致总是用过去陈旧的方式看待问题。

（3）思维风格。即个体偏向运用思维技能的方式，决定怎么配置已有的技能。其中立法型风格(legislative style)对创造性来说是最重要的，这种风格偏爱用新的方式进行思考和决策，但又不是创造性思维能力本身。如果一个人在思考时既能考虑大局，又能注意细节；能够分辨清楚哪些问题重要，哪些不重要，那么，立法型思维风格就能促进一个人成为有创意思考的人。

（4）人格。很多研究表明，有创造性的人往往具备一些人格特征。如愿意克服困难，有冒险精神，能够容忍模糊性，提高自我效能，不愿因循守旧等。

（5）动机。内在的、任务取向的动机对创造性来说是非常关键的。研究表明，除非人们热爱所做的工作，专注于工作本身而不是报酬，否则是无法真正做出创造性的工作来的。

（6）环境。有一个支持和奖励创造性的环境也很重要。不然，一个人虽然具备了创造性思维的各种内在资源,但是缺少环境支持,他的创造性也无法展现出来。当然,要得到环境的完全支持也是很难的,关键是如何应对负面的反馈,有些人会被击倒而放弃了自己的独特想法,有些人则不会,他们会坚持到底。

思考与练习

1. 什么是问题解决?问题解决的难度由什么决定?
2. 什么是启发式?如何避免启发式偏差?
3. 专家与新手在问题解决中的差异有哪些?
4. 什么是批判性思维?如何在学科教学中培养学生的批判性思维?
5. 什么是创造性?培养学生的创造性可以采用哪些措施?

第四章　学习策略

> **本章导读**
>
> 学生在学习过程中除了要掌握知识外,更重要的是要学会如何学习。近几十年来,国内外一些学者开始关注并积极探索这个问题,有关学习策略、元认知的研究也构成了教育心理学研究的一个新领域。
>
> 本章共分为三节:第一节界定了学习策略的概念、类型和结构,介绍了学习策略与相关概念的关系;第二节介绍了几种主要的学习策略;第三节探讨了学习策略的教学内容、过程及基本原则问题。

让学生学会学习已成为教育学家和心理学家的共识,因而对学习策略的探讨已成为当前研究关注的焦点问题。自从 1956 年美国认知心理学家布鲁纳(Bruner)在人工概念研究中首次提出"认知策略"的概念后,学习策略的研究迅速展开,在教育心理学的研究中占有重要的地位。

第一节　学习策略概述

一、学习策略的界定

学习策略作为一个明确的概念被提出已有几十年了,但什么是学习策略?其构成是什么?国内外专家众说纷纭,迄今尚无统一的意见。归纳起来,大致可以分为三类。第一类,是把学习策略看作是具体的学习方法、技能或程序。如梅耶(Mayer,1992)认为学习策略是学习者为影响其如何加工信息所做的各种行为——包括划线法、概述、复述等方法的使用。第二类,是把学习策略看作是对学习的调节和控制的技能,持这种观点的学者认为,学习策略不包括具体的学习方法或技能,学习策略是执行控制加工活动的过程,是选择、排列、评价、修正或放弃这些方法的手段。第三类,把学习策略看作是学习方法与学习监控的结合,如斯腾伯格(Sternberg,1983)认为学习中的策略(他称为智力技能)是由执行的技能和非执行的技能构成的,其中,前者指学习的调控技能,后者指一般的学法技能。他指出,要达到高质量的学习活动,这两种技能都是必不可少的。

专家们对学习策略的看法各有侧重之处,从不同角度、不同侧面揭示了学习策略的特征,都具有其相对的合理性。本章所论述的学习策略,主要指学习者在学习过程中采取的具体的学习方法或技能以及对自己学习活动进行监控以提高学习活动水平的技能。

二、学习策略的类型和结构

尽管不同的学者对学习策略的划分存在差异,但都一致认为学习策略是多成分、多水平的有机系统,是学习认知方式与情感策略和元认知、计划、监控策略等几个基本因素的有机统一。其中,由迈克卡(Mckeachie,et al.,1990)提出的学习策略的分类影响较大,他认为学习策略包括认知策略、元认知策略和资源管理策略三部分(见表4-1)。

表4-1 学习策略的类型和结构

学习策略	认知策略	复述策略:如重复、抄写、作记录、画线等
		精细加工策略:如释义、口述、总结、做笔记、类比、举例、提问等
		组织策略:如组块编码、选择要点、列提纲、制作关系图等
	元认知策略	计划策略:如设置目标、浏览、设疑等
		监察策略:如自我测查、集中注意、监视领会状态等
		调控策略:如调整阅读速度、重新阅读、复查、使用应试策略等
	资源管理策略	时间管理策略:如建立时间表、设置进度目标等
		学习环境管理策略:如寻找固定地方、安静地方、有组织的地点等
		努力管理策略:如将成败归因于努力、调整心境、自我强化等
		寻求支持管理策略:如寻求教师/伙伴帮助、获得个别辅导等

三、认知策略与学习策略

"认知策略"术语最早是由美国认知心理学家布鲁纳(Bruner,1956)在人工概念的研究中提出的。布鲁纳发现,不同的被试在发现概念的过程中会采取不同的策略:聚焦策略和逐一审视策略。布鲁纳认为这种鉴别新颖问题并将已知规则转化为能用于解决问题的形式代表了运用认知策略的能力。柯尔比(T. R. Kirby)认为"认知策略是指与认知运算的控制过程有关的过程"。美国认知心理学家加涅(Gagne)指出"认知策略是学习者用以支配自己的心智加工过程的内部组织的技能"。由此可见,认知策略是处理内部世界的能力,是用于信息加工的方法和技术,包括记忆策略、组织策略、精加工策略、思维策略等。

学习策略是指在学习过程中用以提高学习质量、学习效率的所有活动。因此,学习策略不仅包括信息加工过程中的认知活动的操作或方法,还包括对学习的计划、管理,对学习资源的有限利用等与提高学习效率有关的所有活动。

所以,学习策略所涉及的范围远大于认知策略,学习策略的含义包含了认知策略。但学习策略的核心部分是认知策略,因此认知策略的获得会直接导致学习策略的提高。

四、元认知与学习策略

元认知(metacognition)是弗拉维尔(Flavel)于1976提出的一个概念,指个体对自己的认知过程和结果的意识(对认知的认知)以及调控这些过程的能力。元认知主要包括元认知知识和元认知控制,元认知的核心是元认知控制。

1. 元认知知识

元认知知识是关于影响自己的认识过程与结果的各种因素及其影响方式的知识。

(1) 关于认知主体的知识。即对于自己的兴趣、爱好、能力、学习方式以及自己在学习特定内容时的局限的认识和了解。如"我擅长记忆材料"或"我不擅长理解课本内容"。

(2) 关于认知对象的知识——关于认知材料、认知任务以及认知活动的认知。

这方面的知识包括对于认知材料的特点的认识和了解,如材料的性质是有意义还是无意义材料、材料的结构的特点以及以何种方式呈现等。还包括知道和了解教学活动、任务的不同类型(如解决数学问题、猜谜、阅读以及听课),明确不同的认知任务有不同的目的要求,并知道要完成这些教学活动和任务所需要的条件和资源。如"这是一个有关英语不规则动词的复习"或"考试中选择题需要对信息进行再认,简答题需要对信息进行回忆"。

(3) 关于学习策略的知识。即知道可用于特定学习活动的策略有哪些,它们各有什么优缺点以及具体运用某种策略需要什么条件等。如"在重要的句子下划线有助于记忆"或"这段文字很长,要分几次才可以背下来"。

2. 元认知控制

元认知控制指根据元认知的知识、体验,积极地对学习活动进行计划、监控、调节的过程,是元认知的核心。

元认知的控制主要体现在四方面:(1)学习者面临学习任务之前和实际的学习活动展开期间,激活和维持注意与情绪状况;(2)分析学习情境,提出与学习有关的问题和制订学习计划;(3)在具体的学习活动展开期间,监控学习的过程,维持或修正学习的行为;(4)在学习活动结束以后,总结性地评价学习的效果,其中包括对学习方法的评价。

> ■ 阅读栏4-1　元认知包括如下知识和技能
>
> (1) 知道什么是学习与记忆能力,知道人可以实际地完成什么学习任务(如,知

道在一个晚上要记住教科书中的 200 页是不可能的)。

（2）知道哪些学习策略是有效的、哪些是无效的(例如,认识到有意义学习比死记硬背更有效)。

（3）计划可行的完成新任务的方法(例如,找一个安静地方学习)。

（4）使用不同学习策略以适应不同学习情境(例如,当记忆课堂内容有困难时,做详细的笔记)。

（5）监控当前呈现的知识状态(例如,确认信息是否已经被成功利用)。

（6）知道提取储存信息的有效策略(例如,思考某个信息可能在哪个情境中被学习过)。

(Ormrod E.,2015)

由上可知,元认知是对认知的认知,涉及一些非常复杂的、抽象的观念与过程。学生获得元认知知识与技能是一个非常缓慢的过程,只有在经历了许多具有挑战性的学习经验之后,才逐渐获得这些知识与技能。

五、学习方法与学习策略

人们通常认为学习方法与学习策略是一回事,把两者等同。实际上两者之间还是有一定区别的。学习方法是指学习者在学习过程中使用的具体的操作或技能,如做笔记、画线以及各种记忆术等。学习策略不仅包括具体操作、技能的掌握,还包括了解不同操作适用的条件或情境以及监控操作的执行情况,并根据具体情况控制与调节操作的选用。

因此,学习策略与学习方法的关系好比军事上"战略"与"战术"的关系。战术是指在实际的交战中,用来达到某个战争目标的具体技能和方法；战略是比战术更高级、更一般的对战术具有统摄和控制作用的作战方案与计划。战术为战略服务,战术中包含和体现着战略的意图,战略通过各种战术而实现和表现。学习方法使用在学习策略的实施过程中,为实现策略性的学习服务；学习策略执行着对学习方法的选择与使用的调控。

从学习策略的角度出发,不存在最优的学习方法。对一个学习者来说可能是"最优"的方法,对另一个学习者来说则未必适用；在一种场合下为有效的方法,在另外的场合又可能失去它的效用。许多被教师认为行之有效的方法,常不能为多数儿童所掌握或灵活运用。原因在于学生缺少元认知的能力,许多学生对于为什么使用某种方法、方法的适用范围与适用条件、使用效果受哪些因素影响等问题并不清楚。

第二节　几种主要的学习策略

学习策略的种类很多，本节主要介绍学习活动中经常使用的几种策略。

一、认知策略

认知策略（cognitive strategies）是用于信息加工的一些方法和技术，包括复述策略、精细加工策略和组织策略。

（一）复述策略

复述策略指的是通过对信息的不断积极地重复而记住信息的策略。重复、抄写、画线等都属于复述策略。

对于简单的学习任务，如记数字或记日期，复述策略主要是不断地重复，如不断地大声重复，来回反复地阅读或抄写等，通过重复来提高对记忆材料的熟悉程度和增强记忆的牢固性。有时还会应用一些记忆术，比如让句子变得有节奏、押韵，或是配合图画来记忆，如用唱儿歌的形式重复记忆字母表中的字母。

对于复杂的学习任务，如记住教材内容或记课堂笔记时，需要将重要的信息挑选出来并进行重复，如重复阅读关键信息，有选择地记笔记，将课文中的某些部分画线以及抄写材料等。

复述策略可以帮助学生选择和获得重要信息，但是如果需要将新信息和已有信息整合起来，或者将正在学习的各种信息联系起来，复述策略的作用就不大了，需要采取更高级的认知策略，即精细加工策略。

（二）精细加工策略

精细加工策略是以有意义的方式将新旧知识组织和整合起来，使新信息变得更容易理解、记忆和提取的策略。阅读课文时分段、说出大意、总结、建立类比、用自己的话做笔记、补充细节、解释、提问及回答问题等，以及编歌诀、谐音联想、位置法等记忆术都属于精细加工策略。

> **阅读栏 4-2　精细加工策略举例**
>
> ① 解释和总结
>
> 例：算术老师说："做分数除法，先颠倒除数，然后相乘。"
>
> 小强想：这又是一个做分数运算题的原则，在分数乘法里，不颠倒乘数，相乘就行。

② 类比

例： 物理老师说："分子在气体中比在液体中相隔更远,所以气体比液体轻。"

小明想： 这好像编织疏松的毛织物要比同样毛线编织紧密的衣物来得轻。

③ 谐音法

例： 记住学校总机的电话号码:43664494。

想象： 两位学生打电话。A学生问:"是三六(436)班吗?"B学生回答:"是是,就是(4494)。"

④ 逻辑连续性补充＋表象法

例： 要求记住句子:一个头发花白的人拿着一只瓶子。

补充并产生视觉表象： 一个头发花白的人,拿着一只装有染发剂的瓶子。

⑤ 概括法（缩句法）

例： 要求区别与记忆:三角形的外心、内心及重心。

加工成： "外心三边垂,内心三角分,重心三边中。"

⑥ 实例法

例： 要求理解: $-(-x)=x$。

加工成： 收入为正,支出为负,那么减少支出（为负）,就相当于增加收入（为正）。

⑦ 综合应用各种精细加工策略

例： 记住世界三大河流:第一是非洲的尼罗河,第二是南美洲的亚马逊河,第三是中国的长江。

加工成： 非骡（罗）、南马、过长江。（谐音法＋缩句法）

（主要引自:杜晓新,冯震著. 元认知与学习策略[M]. 北京:人民教育出版社,1999,32—69.）

（三）组织策略

组织策略是指对信息进行归类整理,使信息之间建立类别、层次或结构关系,以便加强与提高对材料的记忆、理解与表述的策略。组织策略的实质,就是用某种结构将学习内容组织起来。群集策略、列提纲、画关系图、流程图等都属于组织策略。

实际上,组织策略是精细加工策略的一种特殊表现形式。但是,由于组织策略无论是在使用频率上还是在所起的作用上,都要胜过一般的精细加工策略,所以大部分人在对学习策略进行分类时都将组织策略单独列为一列。

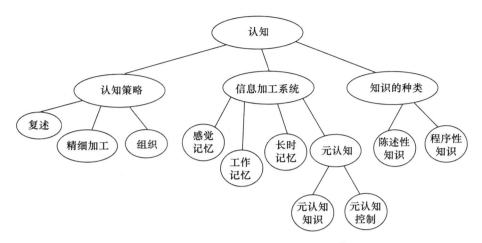

图 4-1 有关认知心理学知识的关系图①

人们在学习的时候,通常并不是只用上述策略中的某一种,而是将这些策略结合起来使用。策略型学习者具有自我调节的能力,为了达到学习目标,他们会选择和整合适合的认知策略。

表 4-2 对复述策略、精细加工策略和组织策略的初步总结

为了促进知识的记忆	为了促进有意义的学习	
复述策略	精细加工策略	组织策略
运用记忆术 重复阅读材料 重复抄写材料 大声重复关键词 用记忆卡 一字不落地记笔记 一遍遍地背诵材料	将新材料纳入已有的知识体系中(同化) 使用新概念将新的材料组织起来(顺应) 解释 总结 类比 对材料提出问题并回答 将材料教给他人 将知识应用到新情境中去	列提纲 画图表 分类 归纳 找出相似点和不同点 确定等级和层次关系 从细节中找出主要内容和中心思想

(引自 Weinstein,2003)

二、元认知策略

元认知策略(meta-cognitive strategies)指学习者对学习过程进行计划、监控和调节的策略。为了达到最佳的学习效果,学习者在学习的过程中必须使用一些策略来安排自己的学习计划,监控自己的学习过程,并且根据学习的效果随时调整自己的学习计划和方法。元认知策略主要包括计划策略、监察策略和调控策略。

---

① 陈琦,刘儒德主编.当代教育心理学[M].北京:北京师范大学出版社,1997,195.

（一）计划策略

计划策略包括设置学习目标、浏览学习材料、产生待回答的问题以及分析如何完成学习任务等。成功的学习者的学习绝不是盲目的，学习前首先要对学习情境进行分析与思考。如学习材料的特点、学习任务的难易、学习时间的长短、自己的学习目标要求、学习特点及不足等进行分析与思考，了解学什么、为什么学、如何学、有多少时间学等影响学习的因素，在此基础上制订学习计划，包括确定学习的步骤，安排学习时间表，确立学习的具体方法等。

> **阅读栏 4-3　计划策略的运用实例**
>
> 鲁比是一个对科学感兴趣的八年级学生，上课铃响的时候她已经坐到了自己的位置上。早在前天晚上她就读过了所有内容，还温习了昨天的笔记，知道今天要做一个关于电流的实验。她在日记上标明了日期，并写上"电流/电"，然后翻到有关这些内容的那一章。这样老师开始讲课的时候，鲁比已经做好了一切准备。
>
> ……
>
> 放学后，鲁比将她的笔记和课本做了对照，她发现，在她的笔记里面，一个连接器标着"正极"，而课本上则标着"负极"。她用一个大大的问号作了标志，以提醒自己第二天问老师。第二天上课前，老师就这个问题给她做了明确的解释。
>
> （引自 Weinstein，2003）

（二）监察策略

监察策略指对学习的过程和效果的监视的策略。如学习时监视自己有没有走神，对注意状况进行监视和管理；考试时监视自己的速度和时间；阅读时对阅读材料进行自我提问，监视自己有没有领会、理解材料的意思；自我检查学习计划的执行效果，监视计划的完成情况；做习题时监视所采取的解题策略是否有效等。

有效学习的学生通常会对学习进行理解监控，以确定自己对学习的内容是否真的理解和记住了。不幸的是，在每个年龄段，都有许多学生不能正确监控自己的理解，常常不清楚自己知道了什么或者不知道什么，甚至误认为已经理解了但实际没有理解，出现了知识错觉（illusion of knowing）。存在知识错觉的学生往往会过早地停止学习，因此，当他们在考试或作业方面表现不好时会更为困惑。

自我记录、自我提问以及做图表等技术可以帮助学生监控自己的学习过程和效果。

自我记录是指学习者在学习活动完成之后对自己的学习行为进行记录，记录的内容可以包括在某一时间内某些学习行为发生的次数，某种学习行为发生及持续的时间、发生的程度等。自我提问是指在学习之前或学习的过程中为自己构建一些问题，以引导学习过程或检查自己的学习质量。

（三）调控策略

调控策略指根据学习的效果对学习计划和方法的调整的策略。如，当学习者发现不能理解某一章节时，他们就会放慢阅读的速度，或退回去阅读，或反复阅读；考试时发现时间不够时跳过难题，先做简单的题目；解题时发现原来的解题方法无效时改用其他方法；发现按原计划学习无法完成学习任务时调整学习计划等。

由此可见，调控策略的有效运用离不开计划策略和监察策略，计划策略和监察策略是调控学习的基础和依据。在具体的学习过程中，计划——监察——调控这三个环节是循环出现，相辅相成的。成功的学习者在学习过程中会自始至终采用元认知策略以便学习达到最佳效果。

阅读栏 4-4　阅读文章时的自我提问技术

教师通过鼓励学生不断地向自己提以下问题，可以增强他们对阅读的自我监控：

解释为什么/如何……

……的主要观点是什么？

如何用……来做……

说明这一观点的例子是……

如果……你认为会发生什么事？

……和……之间的差异是什么？

……和……之间的相似之处是什么？

……如何影响……

……的优点和不足是什么？

……与……是一种什么样的关系？

……的理由是……

（引自庞维国，2003）

> **阅读栏 4-5　阅读时的监察与调控**
>
> 德维(Devine,1987)建议学习者通过练习以下策略来提高他们的领会和监控能力。
>
> • 变化阅读的速度。以适应对不同课文领会能力的差异。对于比较容易的章节读快点,抓住作者的整体观点;对于较难的章节,则要放慢速度。
>
> • 中止判断。如果某些事不太明白,继续读下去。作者可能会在后面填补这一空隙、增加更多的信息,或在后文中会有明确说明。
>
> • 猜测。当所读的某些事不明白时,养成猜测的习惯。猜测那些不清楚段落的含义,并且读下去,看看自己的猜测是否正确。
>
> • 重读较难的段落。重新阅读较难的段落,尤其是当信息仿佛自相矛盾或模棱两可时。
>
> （引自 Devine,1987;转引自陈琦,2005）

三、资源管理策略

资源管理策略(resource management strategies)指辅助学生管理可用的环境和资源的策略。主要包括时间管理策略、学业求助策略等。成功地使用这些策略可以帮助学生有效利用学习资源以适应自己的学习需要,从而使学习达到最佳效果。

（一）时间管理策略

时间是极其重要的学习资源,有效的时间管理可以促进学习,并增强自我效能感;无效的时间利用会降低学习效率,并降低信心。许多研究已显示出时间管理在学习中的重要地位。成功的学习者会指明自己每天的学习时间,也会意识到不同活动发生的具体时间量,并且把更多的时间花费在学习有难度的内容上。

> **阅读栏 4-6　有效的时间管理策略**
>
> 下面列出了一些常用的计划与管理时间的策略。
>
> 1. 确立有规律的学习时段。每天只要预留固定的几小时来学习,那么学习就不需要每天重新计划,而会成为一种习惯化的活动。
>
> 2. 确立切合实际的目标。很多学生倾向于低估完成一个学习任务所需的时

间,因此他们应该稍微高估所需的时间,直到具有比较精确的估计能力为止。

　　3. 使用固定的学习区域。当学生在一个采光良好、远离噪声、没有分心因素、能够集中注意力的地方学习时,他们的时间利用会更有效。有些学生发现图书馆是学习的好地方,而有些学生则在家里营造一个高效读书的空间。

　　4. 分清任务的轻重缓急。当学生有很多事情需要做时,应分清事情的轻重缓急,先完成相对重要的事情。通常先解决困难的科目,然后完成相对容易的科目,因为人们的注意力往往是在开始的时候更为专注。

　　5. 学会对分心事物说"不"。当朋友、兄弟姐妹或者其他人想和你聊天而不是学习,或者想完全摆脱学习时,必须准备好以一种并不冒犯的方式对他们说"不"。

　　6. 自我奖励学习上的成功。学生可以把完成学习任务后就可以做自己喜欢的其他活动作为条件,来提高自己的注意力。喜欢的其他活动包括食物奖励、看电视、拜访朋友或者与朋友聊天等。但关键要保证各种奖励是在学习目标实现之后才可以得到的。

(引自 Zimmerman,2001)

(二)学业求助策略

学业求助策略(academic help-seeking strategies)是指学生在学习过程中遇到困难时,向他人请求帮助的行为。学业求助策略是一种重要的社会支持管理策略。

学生寻求他人学业帮助的动机是不同的。奈尔森—黎高(Nelson-Le Gall,1985)按求助者的目的将求助划分为执行性求助与工具性求助两类。执行性求助(executive help-seeking)也称非适应性求助,指儿童在面对本应自己解决的问题时,不经努力就直接向老师或同学询问正确答案或要求帮助者代替自己完成任务。工具性求助(instrumental help-seeking)也称适应性求助,指学生向帮助者询问有关问题解决的一些信息,期望利用这些信息、借助他人的力量以达到自己解决问题或实现目标的目的。掌握了工具性求助技能的儿童,在自己能独立解决问题时会拒绝帮助,在需要帮助时又能得到帮助。因此工具性求助代表的是能力,是一种解难行为,它能帮助儿童解决问题、实现目标以及适应环境。除了这两种求助类型,还有一种回避求助(avoidance of help-seeking),是指学生虽然需要帮助却不主动求助。在这三类行为中,只有工具性求助才是有益于学习的自我调控的学习策略。研究表明,自尊心、归因倾向、学习的目标定向、内外动机、自我效能、价值和课堂环境及学习成绩是影响学生求助行为的重要因素(李晓东,1999)。

> **阅读栏 4-7　学业求助的过程**
>
> 奈尔森—黎高认为求助过程包括以下几个阶段。[①]
>
> 1. 意识到有求助的需要。即个体不仅认识到任务的复杂与困难,同时亦发现仅仅靠自己本身的资源是不能实现目标的。
>
> 2. 决定求助。仅仅意识到自己知识和技能的缺乏还不足以激发个体求助的动机。学习者往往还要对求助的利弊加以权衡才能决定是否求助。如求助固然有利于问题的解决,但也要承认自己在技能上的不足,也许还会欠帮助者的人情等。
>
> 3. 识别和选择潜在的帮助者。在做出求助的决定后,就需要决定向谁求助。帮助者的能力、是否友好和乐于帮忙等特征是儿童选择帮助者的主要标准。
>
> 4. 取得他人的帮助。一旦决定向谁求助后,就要想办法得到帮助。取得他人帮助的策略有两类:一类是非言语的,如视线接触,困惑的表情等;一类是言语的,即直接开口求助。如果学习者发现从某人那里得到的帮助不完全成功的话,他可以继续向他求助,也可以另向别人求助。在策略方面既可以连续运用同一个策略,也可以改用其他策略。
>
> 5. 评价反应。求助者最后还要对求助的努力进行监控并评价结果。这包括根据帮助者的反应评价求助尝试的成功与失败,得到的帮助对于问题解决来说是否足够,求助策略是否有效,他人对求助的反应怎样,等等。
>
> （引自李晓东,1999）

第三节　学习策略的教学

学习策略的教学,是指系统地教授学习策略,使学生最终学会学习的教学活动。早在20世纪50年代,研究者就发现在解决问题的过程中学生们各自体现出某种独特的风格,采取各自习惯的思维方式和学习态度。有能力的学生拥有更多的策略,并且在将策略付诸实施时更为熟练。可见,学习策略在学习活动中具有重要意义。学生在日常的学习中已自觉不自觉地形成了某些学习策略,这些策略的特点及其有效性直接影响到学习能力的大小、学习效率的高低。如果教学能够引导学生自觉地掌握和运用尽可能多的有效的学习策略,便可

---

① 李晓东. 关于学业求助的研究综述[J]. 心理学动态,1999,1:60—64.

以极大地促进学生学习,这一点已得到了广泛的承认。

一、学习策略的教学内容

学习策略的掌握和使用是一种程序性知识的习得和运用过程,是一种技能。因此,每种学习策略的教学内容不仅仅是将具体的方法内容告诉学习者,而应包含多种成分。总的说来,学习策略的教学涉及三方面的知识:策略的陈述性知识、程序性知识和条件性知识。学习策略的陈述性知识,即关于各种不同的策略的含义、特点及作用的知识。如:什么是精细加工策略?存在哪些精细加工策略?

学习策略的程序性知识,即关于怎样使用某种策略的知识。如:怎样进行精细加工?如何应用与操作阅读技能?研究表明,在学习和应用学习策略时,应先讲授少量的陈述性知识,然后教师应尽快示范,并用语言明确地告诉学生使用该种策略的步骤,最后让学生进行大量的使用策略的练习和实践。在学生进行练习时,教师要进行适时的帮助和反馈,直到学生能够独立、熟练地使用该策略。

学习策略的条件性知识,即关于何时何地应用何种策略最为有效的知识。例如:告诉学生在读一篇文章中很难或很重要的部分时可以使用图表法,但在阅读报纸时就不必使用这种方法。学习策略的教学不仅仅是让学生记住策略操作的步骤和机械地执行这些策略,还应使学生认识到运用策略的目的、策略怎样和为什么这样起作用,明确指出何时何地运用策略才会有效。讲解策略使用的条件与范围能减少学生提取策略的搜索范围,缩短盲目尝试过程,有助于学生迅速提取正确的策略,尤其是中等生受益最大。

一个特定的学习策略的教学应涉及这三方面的知识。缺少前两种知识会导致运用策略的可用性缺陷(availability deficiency),指不了解相应的学习策略因而不会使用该策略。只具有前两种知识而缺少条件性知识,会导致产生性缺陷(production deficiency),指个体已经了解相应的策略,但不知道在何种条件下使用该策略,因而不能独立、自发地使用策略。学生只会在被教授的情境中使用策略,在所教情境之外的合适情境中,不能很好地继续使用策略或根据情境主动调整策略以适应学习任务。

二、学习策略的教学过程

如何进行学习策略的训练,学习策略的教学要经历哪些阶段,这也是研究者十分关心的问题。众多学者提出了各自的观点,包括奥克斯福特(Oxford,1990)的八阶段论、布朗(Brown,1986)的三阶段论、刘电芝(2003)策略教学的四阶段论以及认知性语言学习方法(Malley & Chamot,1987)的五步模式。各阶段观强调的侧重点各有不同,而认知性语言学习方法的五步模式比较完整,包含了准备、展示、操作、评价和扩展整个过程。

认知性语言学习方法(the Cognitive Academic Language Learning Approach),简称CALLA,是专门设计的语言学习策略教学程序。该程序展示了语言学习策略的引入、传授、操作、评价和运用等循环往复的五个阶段。依照这种程序设计,对学习策略运用于学习过程先要有个明确的指导,然后逐渐降低指导力度,这样培养学生肩负起自己选择恰当学习策略的责任。CALLA 程序设计的学习策略教学包括以下五阶段[①]。

(1)准备阶段——搜集策略。本阶段的目的是搜集、确认学生使用的各种各样的有效策略。对策略的搜集可以包括:讨论能够用于当前学习任务的策略;对特定的个人或群体进行面对面的谈话,以了解策略的使用;开展小组活动让学生们描述他们各自在执行一项任务时的思维过程;也可以运用问卷调查等手段收集使用过的学习策略和关于个人对使用的学习方法记录的日记等。

(2)展示阶段。本阶段集中解释说明学习策略。向学生讲述即将教授的学习策略的特征、有用性和运用。也许最有效的方法莫过于向学生讲一下老师自己对学习策略的运用。比如说,老师可以一边读投影仪播放的一段文章一边讲述:如何依据题目做出预测;如何来回忆先前的知识;如何有选择性地注意题目和粗体文本;怎样确定不熟悉的词汇;怎样根据前后文对生词进行预测;最后评价在阅读时取得的成功。要求学生回想是如何运用那些策略的。老师也可以深入描绘各种策略,给每个策略一个具体的名字,并且解释清楚何时怎样才能最有效地运用这些策略以及运用这些策略的价值。这种展示可以让学生们想象他们自己遇到类似的任务时也能取得成功。

(3)操作阶段。本阶段学生们有机会在真正的学习任务中实践一下那些学习策略。操作活动常常是在与同学们合作中进行的。如面对新问题,一群学生讨论最适合采用哪个策略以及原因;又如,读一段资料,讨论遇到的生词,并通过上下文推断它们的含义,运用概括的方法轮流概述文章的要点。

(4)评价阶段。本阶段的目的是给学生提供机会评价他们在运用学习策略过程中取得的成功,增强他们对自己学习过程的元认知意识。培养学生自我评价能力的活动包括:学生在操作后向别人请教或传授的情况,研究学生对有关策略运用的记载,或通过开放性问题或封闭式的问卷材料,让学生们表达他们对某些学习策略的有效性评价。

(5)扩展阶段。本阶段学生自己决定自己认为最有效的学习策略,把这些策略运用于本门学科或其他课程中去,实现自己对策略的综合运用并提出对这些策略的个人理解。通过

---

① 刘电芝,傅玉蓉. 课堂教学中的学习策略指导[J]. 西南大学学报(社会科学版),2003,29(6):36—39.

本阶段,学习策略指导过程就完成了,因为学生已经能够独立地制定策略,反思且调整自己的学习。

三、学习策略教学的基本原则

学习策略的教学有其独有的特征。20世纪90年代以来,有关学习策略的教学取得了长足的进展,许多研究者都提出了一些学习策略的教学原理。根据国内外有关研究成果,我们把学习策略教学需要遵循的基本原则概括为如下8条。

(一)遵循特定性原则,确保教学的学习策略具有针对性和有效性

选择合适的学习策略内容是策略教学的第一步,也是非常关键的一步。每种学习策略都有自己的适用范围,每个学习者的年龄特征、智力水平和元认知发展水平决定了他对学习策略的掌握和运用的水平。选择教学的学习策略应符合特定学生的发展水平,确保所教授的是学生可以接受并掌握的策略。

除此以外,选择策略时还要注意以下几点。

(1)有效性与可教性相结合。教学的学习策略应是学习中的重要策略、常用策略,并且策略的结构能够进行分析,能确定其心理成分及其联系与顺序,从而使策略教学的步骤能具体化、操作化,便于教学。

(2)具体性与一般性相结合。所选择的策略既要有针对性、具体性,可用于具体的学科、特定的学习材料,又要有较广阔的适用性。这类策略不仅要促进专业学科的学习,也便于迁移。

(3)实用性与理论性相结合。选择的策略,既要考虑这些策略的潜在作用及训练它们所需要花费的努力程度,又要有理论依据说明它们为何起作用和怎样起作用。

(二)遵循具体化、操作化原则,制定一套外显的、可以操作的训练程序

学习策略尤其是认知策略、元认知策略是个体对自己的内在过程的内隐的调控活动,但是可以从他的学习行为中反映出来。例如,通过观察学生勾画出的重要内容、做的笔记等,我们可以推测他使用了精细加工策略。反过来,如果把内隐的学习策略具体外化为一系列操作程序,使学生能感受到、体验到,将有助于学生的学习掌握。

例如,许多学生都存在各种阅读障碍,这和学生的不良阅读策略或阅读习惯有密切的关系。国内外研究者开发了多种技术来帮助提高学生的阅读理解能力,其中一项得到广泛研究的技术为SQ3R。根据该策略的要求,学生在阅读中应采用如下步骤:① 浏览(Survey),即略读全文,把握大意;② 提问(Question),就学习材料的关键部分提出问题;③ 阅读(Read),带着问题阅读课文;④ 背诵(Recite),尝试回忆已阅读过的材料;⑤ 复习(Review),

试着用自己的话来回答每一问题。SQ3R阅读策略具有具体的、可操作性极强的步骤,因此便于教学和学生掌握。

> **阅读栏 4-8　学习策略教学具体化的建议**
>
> 关于策略教学的具体化,国外学者曾提出过如下建议:
>
> ① 给每一个策略命名,并一贯使用确定的名称。命名要尽可能简短、新颖并体现策略的实质。
>
> ② 解释这些策略的意图,告知何时使用,即教给学生策略使用的条件性知识。
>
> ③ 张贴一份上述清单,并附上所有策略的定义。或者把这些策略书写在一打卡片上,而卡片又可以张贴在班里的公告牌上。当传授并且操作这些策略的时候,要以这些已经公布了的策略为参考。
>
> ④ 准备好学生需用的材料,包括即将操作的学习策略的名称以及一份关于如何运用该策略的简短说明。
>
> （引自刘电芝,2003）

(三) 遵循效能性原则,引导学生体会到策略的效力,激发学习的内在动机

学习和使用策略是艰巨的学习过程。陈述性知识必须通过大量的练习才能转化为程序性知识并迁移到与原先的学习任务不同的新任务中去。进行这样的学习,若学生没有强烈的要求改进自己学习的愿望(即学习动机),是难以奏效的。只有当学生明确地意识到策略的有效性,外在指导的策略才会内化为学生自己的策略,他们才会倾向于经常使用学得的策略,迁移才可能发生。

因此,在教学过程中,教师要注意通过演示、讲解、讨论等教学方法,突出所教的学习策略在学习和解决问题中的作用和价值,使学生认识到学习策略对学习具有改善作用。另外,教师还可以让学生比较、评价自己使用策略和不使用策略条件下的学习成绩,从而看到策略应用所带来的效力,增强对策略有效性的认识,增加其运用的自觉性。

(四) 遵循程序性知识的学习原则,进行大量的反复练习

学习策略由一系列操作步骤构成,本质上是一种程序性知识,因此其教学程序应符合程序性知识的学习规则。除了应让学生掌握策略的陈述性知识,更重要的是通过在各种学习任务和不同的情境中进行大量的策略练习,促使学习策略从陈述性阶段向程序性阶段转化。这些练习必须有连续性,通过一系列彼此联系的练习,帮助学生完成知识的转化。此外,练习还必须有变化,只有经过在变化的情境中练习,策略才能获得迁移,才能灵活运用。

练习的初期,教师应给予监督、反馈、纠正,不断提醒学生策略适用的条件(教授条件性知识);练习的后期,教师的监督、指导应逐渐减少,逐步让学生独立地运用所学的策略。一旦学生表现出他们已经学会了某种策略,教学活动应转移到新的情境中,让学生在新的情境中使用策略,即策略的迁移应用。

练习和反馈需要一定的时间保证,因为只有这样,学生才有机会进一步丰富和巩固自己的程序性和条件性的策略知识,最终达到流畅、灵活、不需要额外思考而能程序化地使用策略。

(五)遵循少而精的原则,每次只教少量的策略

由于学习策略的掌握遵循程序性知识的学习规律,掌握一项学习策略需要大量的练习和时间。因此,策略训练不宜密集进行,每次不能教得太多。比较有效的方法是:① 适当地延长训练内容的间隔,以使学习者有充分的消化、理解的时间;② 策略的学习是一个过程,需长期进行,学习者在一定程度上掌握策略后,训练仍不能停止,还要通过一些变式的练习,巩固所学的策略;③ 每次训练只能围绕一个中心进行,切忌贪多。

(六)遵循学习策略的监控原则,指导学生监控策略的使用

学习策略是学习者在学习过程中采取的具体的学习方法或技能以及对自身的学习活动进行监控以提高学习活动水平的技能,监控是学习策略的最重要的特征。因此,学生对策略运用过程做出主动的监控非常重要。所以,在学习策略的教学过程中,必须进行策略使用的监控训练。训练的方法很多,例如,教师提醒法、学生相互提醒监督法、学生自检法,但最常使用的方法是学生"自我提问法"。

首先,制定一个体现策略有效使用程序的"问题单"。例如,针对"SQ3R阅读法",拟定一个包含5个问题的问题单元(每个问题针对SQ3R中的一个步骤);其次,要花一段时间经常训练学生使用"问题单"来监控自己的思维过程。开始时,要强迫学生对问题逐一进行相应的思考。待学生形成了策略监控的技能后,则可取消"问题单"的使用。但为防止旧习惯的复辟,隔一段时间之后又要进行一两次自我提问的训练,直到策略的使用已转化为一种稳定的能力和习惯时为止。

> **阅读栏4-9 帮助学生进行自我监控和自我评价的建议**
>
> 除了教给学生自我提问这个促进理解监控的策略外,研究者提供了几个教师帮助学生进行自我监控和自我评价的建议:

- 明确学习欲达到的结果,如明确如何评估自己的学习。
- 请学生为学习建立具体的目标,然后描述与每个目标相关的结果。
- 要求学生对行为表现做持续的记录,并以书面作业、日记或作品集的形式来反映自己的学习成果。
- 向学生提供用于评判的标准,包括已经拥有评判标准的学生。
- 给学生提供能够用于评价课程材料理解程度的自我测验。
- 在某些情况下,教师可以实施延迟反馈,为学生创造进行先行评价的机会。
- 鼓励学生实事求是地评价自己的表现,且对其进行强化。

(引自 Ormrod,2015)

(七)遵循学科渗透式教学模式,在具体情境中教授学习策略

学习策略的教学模式主要有两种:专门的学习策略的教学和学科渗透式的学习策略教学。专门的学习策略教学指不涉及特定的知识领域,脱离各种教学内容的单纯的学习策略训练,学习一般的学习规则、方法、技巧及调控方式,如信息选择策略、信息组织策略。学科渗透式的学习策略的教学,指将学习策略教学与学科内容结合起来,通过学科教材内容进行迂回的策略教学。

近年来的研究表明,学习策略一般不宜作为一门独立的课程来教,而应该作为学生面临的实际学习任务的一部分,渗透在学科教学中进行教学。例如,在课堂教学中,教师可以讲授一些做笔记的策略,教学生一些记忆方法,引导学生对所学内容进行总结。不同的学科所教授的策略应该有所偏重。例如,语文教学中重点传授阅读理解策略;数学教学中重点传授分析、归纳、推理策略;历史课上着重传授知识的编码、记忆策略等。

(八)遵循长期性原则,长期系统地进行学习策略的教学

学习策略所包括的策略种类繁多,而且重要的学习任务,往往需要综合运用一系列的学习策略。这些策略的结合被称为策略系统。研究表明,学生要掌握某种策略系统,必须对该系统中每种具体策略都进行充分的练习(Lenz,1992;转引自庞维国,2003)。因此,学习策略的教学不可能立竿见影,需要长期的、坚持不懈的努力。

> **阅读栏 4-10　策略教学的 8 个指导方针**
>
> ① 一次教少数几个策略,在课程教学时可以分散或集中进行。
> ② 示范和解释新的策略。

③ 如果学生不理解策略的某些部分,那么就对那些在策略使用中容易产生混淆或误解的方面再次进行示范和解释。

④ 向学生解释在什么地方以及何时使用策略。

⑤ 提供大量的练习,尽可能多地让学生在恰当的任务中使用策略。

⑥ 鼓励学生监控他们是如何做的以及什么时候使用策略的。

⑦ 通过提高学生的意识来增强学生使用策略的动机,即让学生意识到他们正在获得有价值的技能——这些技能是胜任学习的核心。

⑧ 强调反思性加工而不是快速加工;尽可能地采取策略来消除学生的高度焦虑;鼓励学生不要分心,将注意力集中到学习任务上。

(引自 Woolfolk A.,2012)

阅读栏 4-11　自我调节的学习

学习时选择和使用有效的学习策略,这种学习摆脱了对老师的依赖,是自我引导的学习,又称为自我调节的学习。自我调节学习的能力是区分学生的一个重要特征。大多数学业成功者都是自我调节的学习者:他们能分析学习任务、设置学习目标并制订如何达成目标的计划,必要时能寻求帮助并持续地监控上述所有过程。

进行自我调节的学习涉及哪些方面呢？菲·温(Phi Winne)和阿利森·哈德温(Allyson Hadwin)认为自我调节的学习主要包括 4 个主要阶段的循环过程:分析任务、设置目标和制订计划、投入学习过程以及调整学习方法。

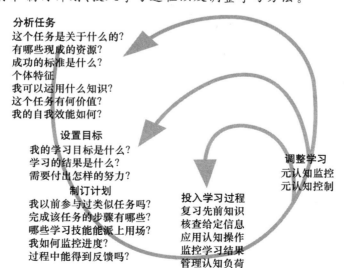

> 影响自我调节学习的因素主要有三个：知识、动机以及意志力。首先学生需要具备有关自己、所学科目、学习任务、学习策略以及所学知识的用途等知识。简单来说，自我调节的学习者知道如何才能学得更好。其次，自我调节的学习者具有强烈的学习动机，知道自己为什么而学，学习行为和选择是自我决定的，而不是受他人控制的。最后，自我调节的学习者还需要意志，能抵制诱惑以及克服学习中的困难。
>
> （引自 Woolfolk A.，2012）

 思考与练习

1. 什么是学习策略？学习策略的类型有哪些？
2. 你如何看待学习策略与学习方法的区别与联系？
3. 元认知的结构是什么？具体包括哪几种元认知策略？
4. 有哪几种具体的精细加工策略？请举例说明。
5. 你如何理解学习策略的教学原则？
6. 举例说明如何对学生进行学习策略的训练。

第五章 学习迁移

本章导读

迁移是人类学习的普遍特征。迁移可以帮助个体迅速适应新情境、解决新问题。学校不可能将所有的知识技能都传授给学生,但可以使学生具有迁移的能力,这样,当学生面临新情境、新问题时就有能力从容地迎接挑战。因此"为迁移而教"历来被视为最重要的教育目标,迁移也成为教育心理学经久不衰的研究主题。

本章共分三节:第一节阐明了学习迁移的概念和类型;第二节介绍了有关迁移的各种传统理论和现代理论;第三节阐明了影响学习迁移的有关因素,并提出了促进学习迁移的教学策略。

学校教学通常以这样的假设为前提,即学生能够用他们在学校中所习得的知识、技能以及态度、行为方式等去解决今后在生活和工作中所遇到的问题。这一假设涉及学习的迁移问题。在学校教学中,迁移现象所涉及的范围是十分广泛的,除了知识、技能的迁移外,兴趣、动机、情感、意志、行为方式等都可以产生迁移。

第一节 迁移的概述

一、学习迁移的概念

心理学中把学习迁移(transfer of learning)界定为一种学习对另一种学习的影响。当你在一种情境下学习到的某种知识影响到你在另一种情境下的学习或表现时,迁移就发生了。我们日常所说的"举一反三""触类旁通""由此及彼"等都属于学习迁移现象。

迁移现象在日常生活中是普遍存在的。例如,学会骑自行车,有助于学习驾驶摩托车;掌握英文的人再学法文就比较容易;儿童在语文练习时养成工整书写的习惯,他们在完成其他作业时也容易形成工整书写的习惯。由此可以看出,动作技能、知识、情感和态度都可以迁移。迁移现象之所以普遍存在,主要是由于客观事物之间是相互联系、相互制约而不是彼此孤立存在的。人在学习新知识、解决新问题时总是受到各种先前经验的影响。

二、迁移的类型

迁移在学习中的影响有不同表现形式,可根据不同维度对学习的迁移现象进行分类。

(一) 按迁移的内容,可分为认知迁移、态度迁移和技能迁移

认知迁移——指在人脑的知识结构中发生的迁移。如学习了数学的基础知识,有助于对物理学和化学中的一些数量关系和方程式的理解。

态度迁移——指一种态度对另一种态度的影响。如一个不喜欢数学的学生,在多次得到数学教师无微不至的关心和帮助后,不仅对数学教师产生了好感,而且喜欢上数学这门课。

技能迁移——可分为认知技能迁移和动作技能迁移。如一个掌握数学中因式分解技巧的学生,解任何因式分解题都显得游刃有余,这是认知技能的迁移。棒球选手打高尔夫球也会打出高水平,这是动作技能的迁移。

现代认知心理学将知识分为陈述性知识和程序性知识。在陈述性知识和程序性知识各自的内部,以及陈述性知识和程序性知识两者之间,都会产生迁移现象(见表5-1)。

表 5-1　不同类型知识的迁移[①]

后一学习		前一学习		
		陈述性知识	程序性知识	
			自动化基本技能	认知策略
陈述性知识		例:近代历史知识的学习,对古代历史知识学习的影响	例:英文打字技能的熟练,影响对五笔输入法规则的学习	例:学会总结文章段落大意,对理解学科内原理或观点的影响
程序性知识	自动化基本技能	例:语法知识的学习,对语言表达能力的影响	例:学会仰泳对学习蝶泳的影响	例:学会制订计划,将有助于修理电视机
	认知策略	例:理解乒乓球大小对球速的影响,有助于采用合适的发球方法	例:开车技能的自动化,有助于预测各种驾驶情景	例:编写程序的方法(如流程图),有助于更好地安排学习活动

(二) 按迁移的顺序,可分为顺向迁移和逆向迁移

顺向迁移(forward transfer)指先前的学习对后继学习的影响;逆向迁移(backward transfer)指后继的学习对先前学习的影响。例如,小学生先学汉语拼音后学英语,先学的汉语拼音对学习英语的 26 个字母会有影响,这是顺向迁移;后学的 26 个英文字母对汉语拼音

---

① 吴庆麟主编. 教育心理学[M]. 上海:华东师范大学出版社,2003,258.

的巩固也有影响,这是逆向迁移。

(三)按迁移的效果,可分为正迁移、负迁移和零迁移

正迁移(positive transfer)也称为助长性迁移,指一种学习对另一种学习的促进作用。表现为已有的知识、技能在学习新知识和解决新问题的过程中,能够很好地得到利用,从而产生触类旁通、举一反三的学习效果。如语文学习对学习历史或外语,棒球选手打高尔夫球等。英语与法语、德语和西班牙语,在文法结构和语根上相似,具有可能发生迁移的作用。可是中文在文法、词汇和语法上不同于其他外国语,所以,中文水平很高的人也未必能很快掌握印欧语系的语言。

负迁移(negative transfer)也称为抑制性迁移,指一种学习对另一种学习的阻碍作用。常常表现为学生新旧概念相互混淆,因而产生干扰现象。比如,不正确的书写方式形成习惯后就难以纠正,这是旧技能对形成正确书写技能的干扰;过分迷恋于课外某方面兴趣的学生,往往难以形成对课业的学习兴趣,这是学习态度间的干扰现象;方言对念外语单词的干扰等。一个德国孩子在中国待上几年,并且习得一口流利的汉语,慢慢地他的父母会发现,当孩子试图讲德语的时候,他在德语中会夹杂汉语的单词和语法结构,汉语的学习甚至会破坏他对德语的记忆。当然,负迁移是暂时的,经过学习和练习可以克服。

在实际的学习活动中,正迁移和负迁移经常会交错出现,如汉字对掌握日语既有促进作用又有阻碍作用。

零迁移也称为不肯定迁移,指先前的学习与后继的学习之间没有必然的影响。如果先后两项学习之间的刺激不同,则不论它们之间的反应相同还是不同,都不会产生必然的影响,所以该迁移量为零或不肯定。

(四)按迁移发生的水平,可分为横向迁移与纵向迁移

横向迁移(lateral transfer)又称为水平迁移,是指难度和复杂程度基本属于同一水平的学习之间的迁移。例如,直角、锐角、钝角等概念,它们的逻辑关系是并列的,抽象性与概括性处于同一水平、同一层次,它们之间的相互影响就是横向迁移。

纵向迁移(vertical transfer)又称为垂直迁移,是指难度和复杂程度不一致的两种学习之间的迁移。分为自下而上的迁移(bottom-up transfer)和自上而下的迁移(top-down transfer)。前者指抽象概括水平较低、较容易的学习对较抽象、难度较高的学习的影响,如加、减法运算规则的学习对乘、除法运算规则学习的影响;学会了单句表达,有助于复杂句的学习。后者指抽象概括水平较高的学习对较具体的学习的影响,如掌握了"角"这一概念后对学习"钝角""直角"等概念的影响。

(五)按迁移影响的领域,可分为特殊性迁移与一般性迁移

特殊性迁移(specific transfer),指某一领域的学习对另一领域学习有直接的、特殊的适应

性。例如,对一个兽医专业的学生来说,学习人体解剖学对学习狗的解剖有帮助,因为这两个物种具有一些相似的解剖结构特征;一个懂西班牙语的学生很容易学会葡萄牙语,因为这两种语言具有相似的词汇与语法;毛笔字写得好的儿童,一般来说钢笔字也不差;绘画好的儿童,一般来说数学作图也不差。

一般性迁移(general transfer),也称为普遍迁移或非特殊性迁移,指原理、概念和态度的迁移。例如,一个象棋专家,在以后学习数学可能会更容易些,因为象棋和数学都需要逻辑,这种情形下发生了一般性迁移。又如,学生在物理课上获得的学习习惯有助于对社会学的学习,这也是一般性迁移在起作用。这种迁移从本质上说,是原理、能力和态度的迁移,是将已获得的原理、能力和态度,应用到和原任务有广泛不同的其他的学习情境中。

特殊性迁移比一般性迁移更常见。事实上,关于一般迁移是否发生这一问题的争论已经持续了许多年。

(六)按迁移情境的相似性,可分为近迁移和远迁移

近迁移(near transfer)是指前后两种学习的情境存在大量的重叠,初始情境与迁移情境高度相似的迁移。如掌握了分数技能后,利用该技能完成数学题的解答。

远迁移(far transfer)是指前后两种学习情境之间几乎不存在重叠且不相似的迁移。如学生掌握了分数技能后,不明确地告诉学生需要运用该技能,而让他们解决与学习情境全然不同的现实生活中的某个问题,如分蛋糕。

巴奈特和塞西(Barnett & Ceci,2002,转引自 Bohlin,2012)指出,学习情境和迁移情境的不同可体现在六个方面:知识领域、物理环境、时间线索、社会性线索、功能性线索和形式。我们很容易产生情境相似的近迁移,但不大可能产生远迁移(见表5-2)。

表5-2 近迁移和远迁移的区分

领域	描述	近迁移例子	远迁移例子
学科问题	知识可以迁移到知识领域相似的或不同的主题事件中	把课堂上微积分的知识用来解决物理课堂的等式	使用科学方法知识对辩论写作任务(英语课上)的帮助
物理情境	学习迁移发生在相似或不同的物理情境中,如学校、实验室及家庭等	使用关于液体度量的知识来解决学校中的数学的应用题,两者都是课堂任务	使用关于液体度量的知识在家烘焙蛋糕
功能情境	出于一个目的而学到的知识可以迁移到一个相似的或不同的目的中	使用数学课堂上的百分数知识来解决应用题(二者都是理论上的目的)	使用百分数的知识(理论)来算出棒球选手的击球率(娱乐的)
时间情境	近迁移和远迁移可以通过学习和迁移之间的时间长度来区分	经过一段短暂的时间(同一天或第二天)后就迁移知识	经过更长的一段时间后(几个星期、几个月或几年之后)才迁移知识

续表

领域	描述	近迁移例子	远迁移例子
社会情境	学习情境是单独进行还是在集体中进行的	在学习和迁移情境中都是一个人独立工作	使用团体活动中学到的知识来进行独立研究
形式	指任务呈现的方式：是视觉或听觉，书面的或口头的，言语或操作，是多项选择形式还是问答形式等	听了关于幼猪解剖的讲座，然后可以向朋友描述这个过程（都是言语形式）	听了关于幼猪解剖的讲座，然后动手操作（一个是言语的，一个是操作的）

(Barnett & Ceci,2002,转引自 Bohlin,2012)

（七）按迁移中的意识参与程度，可分为低路迁移和高路迁移

低路迁移（low-road transfer）是指高度熟练的技能自动地进行迁移，迁移时不需要或很少需要思维的参与。例如，学会驾驶汽车后，可以驾驶很多不同牌子的汽车。低路迁移是一种技能在各种情境下广泛训练直到变得灵活并发展成自动化的结果，产生低路迁移的关键是要在各种情境和条件下过度学习直到自动化。阅读和算术就是自动化技能的实例，它们自动化地迁移到校内外的其他许多的情境中，因为它们已经在不同情境中得到了广泛的训练。

高路迁移（high-road transfer）是有目的、有意识地进行迁移，是有意识地把在一个情境中学到的抽象知识、策略或原理应用到不同的情境。例如，应用 SQ3R 策略来阅读课文；高中生在木工课建造鸟窝时主动应用相关的几何课知识等。产生高路迁移的关键是有意提取出被用于许多情境中的原理、主要观点或原则。

三、学习迁移与教育

人类对其所学的东西，不仅要能重复应用，而且还要能触类旁通、推广类化，以利于学习更多的东西。所以，教育的重要任务之一，就是要有计划地教学生如何应用及推广所学的东西，以期在最短的时间内获得最多的知识和技能，并在将来的社会实践中，将其所学的东西积极地加以应用。所以，人们常说，教育的目的不仅要给学生传授知识，而且要在传授知识的同时，培养能力、发展智力。学习迁移是教育的目的得以实现的重要手段。教育之所以有存在的实际意义，就在于人的学习是可以迁移的，可以举一反三。

由于迁移在学习和教学中如此重要，历来各种学习理论都要涉及迁移的问题，教育家和教师也十分关心迁移问题。学习迁移的机制、条件和因素是什么？什么样的教学内容或教学方法最有助于迁移？各种迁移理论都试图解答这些问题。

第二节　迁移的理论

迁移现象早已为人们所注意，但有关这方面的研究却只是近一百年的事。美国心理学家詹姆斯（W. James，1842—1910）在1890年第一次进行了有关迁移的实验，开创了迁移研究的先河。自此之后，迁移现象引起了越来越多研究者的兴趣，深入探讨迁移现象的规律，形成了不同的学习迁移理论。

一、形式训练说

形式训练说（formal discipline theory）是最古老的有关迁移的理论，该理论认为，迁移是由于官能得到训练后提高的过程。

形式训练说的心理学基础是官能心理学（faculty psychology）。官能心理学认为，人的心（mind）是由"意志""记忆""思维""推理"等官能组成的，心的各种官能是各自分开的实体，分别从事不同的活动。如利用记忆官能进行记忆和回忆；利用思维官能从事思维活动。各种官能可以像肌肉一样，通过练习来增强能力，同时，一种官能的能力改造，也无形中加强了其他所有官能的能力。

因此，形式训练说认为，教学的重要目标是训练和改进"心"的各种官能，如注意力、记忆力、推理力、想象力等，以自动实现学习的迁移，并且，训练的项目越困难，官能得到的训练就越多。它认为学习的内容并不重要，重要的是所学对象的难度及其训练价值。强调学习要取得最大的迁移效果，就要经历一个"痛苦的"过程。强调某些学科具有训练官能的价值。如古典语言可以有助于意志的忍耐能力的形成，数学有助于逻辑推理能力的形成，历史能提高记忆力，自然科学中的难题，是训练"心"的最好材料。

形式训练说在欧美盛行了200多年，强调了一般性迁移的重要性和可能性。其观点认为，无论两种情境多么不同，一种情境里的学习都会改善另一种情境里的学习和表现。19世纪末和20世纪初，心理学家开始借助实验来检验形式训练理论。詹姆斯（1890）的背诵长诗《森林女神》的记忆实验表明，经过训练后，大多数人的成诵时间没有减少，个别人表现出记忆的改善，但原因不是记忆官能的提高而是方法的改善。近现代的许多心理实验研究都对形式训练说提出了挑战，认为一般迁移很少或者几乎不会发生。但也有些研究表明，某些类型的智力训练会带来广泛的好处。例如，当孩子们使用计算机控杆在屏幕中快速移动卡通猫之后，增强的注意技巧会迁移到其他很不相同的情境中，这可能表明他们的中央执行能力得到了增强（Bohlin，2012）

二、共同要素说

共同要素说(identical elements theory)是桑代克以一系列的知觉实验为基础提出的。在1901年的实验中,他以大学生为被试,训练他们判断不同大小和形状的图形的面积。首先,让被试估计127个矩形、三角形、圆和不规则图形的面积,测量其判断成绩,作为评估被试预测面积能力的指标。然后用90个10～100平方厘米的平行四边形对被试进行充分训练。最后对被试进行两个测验:测验一是判断13个长方形的面积;测验二是判断27个三角形、圆和不规则图形的面积。结果表明:与训练图形相似的长方形面积判断成绩提高了,但其他图形判断成绩没有提高。

桑代克根据这一系列的实验提出,经过训练后可以普遍迁移的注意力、记忆力是不存在的。从一种学习情境到另一种学习情境的迁移,只是由于这两个学习情境存在相同的成分,迁移是非常具体而有限的。桑代克所谓的"共同元素"实质就是两次学习在刺激反应联结上的相同要素。

三、概括说

贾德(C. H. Judd)强调原理、原则的概括对迁移的意义。他提出,先期学习A中所获得的东西之所以能迁移到后期学习B中,是因为在学习A中获得了一般原理,这种一般原理可以部分或全部运用于A、B之中。根据概括说,两个学习活动之间存在共同成分,只是产生迁移的必要前提,而产生迁移的关键是学习者在两种活动中概括出它们之间的共同原理,即在于主体所获得的经验类化。迁移的不是共同成分,而是概括了的经验。学习者的概括水平越高,则迁移的可能性越大。

概括说的经典实验是贾德于1908年所做的"水中击靶"实验。实验将小学五、六年级的学生分为能力相等的甲乙两组,让他们射击置于水中的靶子。甲组在打靶前学习了光学折射原理,乙组则不学。最初让两组学生都投掷位于水面下30厘米的靶子时,结果两组成绩基本相同;接着,让两组学生射击位于水下10厘米的靶子,结果甲组学生无论在准确性还是速度上都远远超过乙组学生。对于甲组学生的成绩提高,贾德认为是由于经过训练的儿童对不同深度的目标可以做出更适当的调整,将折射原理概括化,并运用到特殊情境中去。

概括说理论主张,教学时不仅要讲解概括化的原理知识,而且要结合实际讲解原理。因此,教育内容和手段同样受到重视。到目前为止,在所有已提出的原理中,概括说理论是最有发展前途的理论。

四、格式塔关系转换说

关系转换说(transposition theory)是对概括说的补充。该理论认为,顿悟两种学习间的关系是学习迁移的决定因素。迁移不是由两个学习情境具有共同成分、原理而自动产生的某种东西,而是学习者突然发现两个学习经验之间存在的关系的结果。

德国心理学家苛勒1929年所做的"灰暗对比物上取食"的实验支持了上述观点。他用小鸡和3岁幼儿作为被试,让其在两张灰色深浅程度不同的纸下寻找食物。首先,通过多次训练,被试学会从深灰色纸而不是浅灰色纸下取食物;然后用黑色纸取代浅灰色纸。结果,小鸡对新刺激(黑色纸)的反应为70%,对原来的阳性刺激(深灰色纸)的反应是30%,幼儿始终对较黑的纸(即新刺激—黑色纸)做出反应。

实验结果证明,是情景中的关系对迁移起了作用,而不是其中的相同要素。被试选择的不是刺激的绝对性质而是比较其相对关系。苛勒认为对两个事件关系的顿悟是获得迁移的真正原因。因此,苛勒的关于迁移的理论又被称为关系理论,强调个体在迁移中所起的作用。

五、学习定势说

学习定势说(learning set theory)认为,学习迁移的产生是由于学习者在学习中掌握了学习方法或获得了相应的学习能力的结果。所谓学习定势,指先行学习中所获得的学习的一般方法,对后继学习产生了一种学习的准备状态(学习心向),可以影响(积极或消极)后继的学习。

哈洛(Harlow,1949,转引自皮连生,2011)的"猴子实验"证明了学习者可以通过练习学会如何学习从而提高效率。给猴子呈现两个物体,如一个是立方体,另一个是立体三角形。在一个物体下面藏葡萄干,以葡萄干为强化物。通过几次尝试后,猴子很快"知道"葡萄干藏在立方体下面而不是立体三角形下面。当它解决了这个问题以后,立即给它呈现另一个类似的问题,如一黑一白两个立方体,进行新的辨别学习。如此继续多次辨别学习以后,猴子解决新问题的速度越来越快,尝试的次数越来越少。实验表明,猴子在前几次辨别学习中学会了选择的方法,或者说形成了辨别学习的定势,并将学会的方法或形成的定势运用到以后的学习中,从而使学习效率得到提高。

六、奥斯古德的三维迁移模式

奥斯古德(C. E. Osgood)的三维迁移模式阐述了迁移量与学习刺激、反应之间的数量关系。该模式表明,对于学习材料的相似程度和反应相似程度的关系而言,正负迁移的数量是刺激条件和所需反应两者相似性之间变化的函数。

该模式是在大量对偶联想学习的基础上提出的。学习一系列配对的材料,材料的形式包括:① 词汇,如"书—汽车";② 无意义音节,如"BAZ—AEL";③ 无意义音节与词汇,如"BAZ—悲哀的"等等。配对材料的第一项叫作刺激项目,第二项叫作反应项目,实验要求被试当刺激项目呈现时,说出或写出反应项目。实验时,被试进行了两次学习,前后两次学习的材料有所变化,变化的情形有:① "刺激相同—反应不同",学习材料由"A—B"变为"A—C",即两次学习的刺激项目相同但反应项目不同;② "刺激不同—反应相同",学习材料由"A—B"变为"C—B",即两次学习的刺激项目不同但反应项目相同。由此,我们可以推断出各种类型的"刺激—反应"组合的学习。所有这些学习的迁移情况都在奥斯古德的三维迁移模式中表示出来,如图5-1所示。

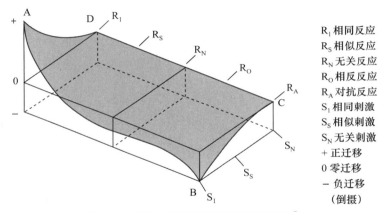

图 5-1 奥斯古德的三维迁移曲面模型[①]

根据三维迁移曲面模型,可以清楚地了解学习刺激、反应的相似程度与不同组合对迁移的影响。如果先后两种学习材料刺激相同(S_I)、学习反应也相同(R_I),则会出现最大的正迁移(＋);如果两种学习刺激相同(S_I)、学习反应完全相反(即对抗反应 R_A),则会出现最大的负迁移(－);若两种学习刺激相似(S_S),学习反应由相同(R_I)到相似(R_S)、相反(R_O)、对抗(R_A),则迁移由正到负,以至最大的负迁移;若两种学习刺激由不同到相似、相同,而反应不同或对抗,则迁移由零迁移至负迁移,以至最大的负迁移。

七、认知结构迁移理论

认知结构迁移理论是教育心理学家奥苏贝尔(D. P. Ausuble)根据他的有意义学习理论

[①] 莫雷主编. 教育心理学[M]. 广州:广东高等教育出版社,2005,289.

发展而来的。奥苏伯尔从有意义学习的角度出发,认为一切新的有意义的学习都是在原有的学习的基础上产生的,不受学习者原有的认知结构影响的有意义学习是不存在的。原有认知结构对新的学习的影响也就是先前的学习对新学习的影响,即学习的迁移。也就是说,一切有意义的学习必然包括迁移。迁移是通过认知结构这一中介变量起作用的,学生原有认知结构的特征始终是影响新的学习与保持的关键因素。

认知结构指学生头脑中的知识结构,是按一定层次组织的知识体系。认知结构变量(也称认知结构特征)是学习者认知结构中的有关观念在内容和组织方面的特征。影响迁移的认知结构变量主要包括可利用性、可辨别性和稳固性。

(1)可利用性,指学生面对新学习任务时,他头脑中是否有与新知识建立联系的、适当的、起固定作用的观念可供利用,其概括程度如何。认知结构中已有知识的数量决定着新旧知识能否发生关联。如果认知结构中储存的知识内容十分丰富,学生在学习新知识时,就可能从认知结构中提取出与新知识学习有关的旧知识,那么,意义接受学习便可顺利完成。否则,意义学习就难以发生,只能是机械学习。一般而言,原有知识的逻辑性和概括性水平越高,越有可能被利用来同化新知识,迁移能力就越强。

(2)可辨别性,指新知识与原有观念的可以辨别的程度。两者的可分辨程度越高,则越有助于迁移并避免因混淆而带来的干扰。如果新的学习任务不能同认知结构中原有的观念清楚地分辨,那么新获得的意义的最初可分离强度就很低,而且这种很低的分离强度很快就会丧失。因为记忆有还原的趋势,新的意义很可能被原有的稳定的意义所代表,从而遗忘就出现了,因而很难习得新知识。

(3)稳固性,指起固定作用的观念是否已被牢固掌握。认知结构中已有知识的稳固程度决定新旧知识发生联系的速度和准确性。在新知识学习时,认知结构中原有的相关知识越稳固,新旧知识发生联系的速度就会越快而准确,而且有利于新知识作为独立的实体保持下来。相反,已有认知结构的内容模糊不清,在新旧知识发生联系时,就会由于不能迅速提取有关旧知识而影响新旧知识联系的时间,或者产生新旧概念的混淆,从而得出错误的联系。

> **阅读栏5-1 迁移的信息加工视角:信息提取的重要性**
>
> 在信息加工理论看来,迁移的关键点在于学习者能否将对当前学习有用的知识重新提取出来。为了使当前的学习和之前相关的知识联系起来,学习者必须使两者同时处于工作记忆中。但是工作记忆容量有限,而且特定信息被提取出来的概率很低,所以大量的相关知识不能迁移到可以发挥效用的情境中。

> 通过线索的提取有助于相关信息被提取到工作记忆中。当一个新事件的某些方面与某些信息在长时记忆中密切相关时,在解决这个新事件时更有可能唤起对这些信息的注意。比如:如果学习者第一次储存信息的时候就预测了信息的迁移情境,那么当此迁移情境出现时,学习者就很容易提取出该信息。
>
> (引自 J. E. Ormrod,2015)

八、产生式迁移理论

迁移的产生式理论是由认知心理学家辛格莱和安德森(Singley & Anderson)提出的。该理论的基本思想是,两项技能学习之间产生迁移的原因是二者之间存在共同的产生式,即产生式有重叠,而且重叠越多迁移量就越大。

辛格莱和安德森认为,这一迁移理论是桑代克共同要素说的现代化。桑代克错误地用外部的刺激和反应(即 S—R)来表征人的技能,不能反映技能学习的本质,而应当用两项技能之间共有的产生数量来解释技能迁移的实质。

在技能的迁移过程中,有两个关键条件制约着迁移的发生。第一个条件是学习者能否在先前的学习中概括出产生式并形成产生式系统。一个产生式是一个由条件和行动组成的规则(简称 C—A 规则),C 代表行为产生的条件,它不是外部刺激,而是学习者工作记忆中的认知内容,A 代表行动或动作,不仅是外部的反应,同时也包括学习者头脑内的心理运算。形成一般性 C—A 规则是迁移产生的必要条件。迁移产生的第二个条件是学习者对所形成的产生式和产生式系统熟练掌握并熟练操作,即产生式和产生式系统形成"规则化""自动化"。所以说,一般式产生式的概括和自动化是技能迁移发生的充要条件。

根据产生式迁移理论,技能之间产生迁移是因为两者之间具有共同的产生式。共同的产生式就是共同的规则,即共同概念和原理。因此,日常教学中必须重视基本概念和原理的教学,并且经过充分的练习,使这些技能能成为自动化的技能而不需要有意注意,从而有力地促进新任务的学习。

第三节 迁移的指导

迁移是学习中普遍而重要的现象,教育界提出了"为迁移而教"的口号。要实现"为迁移而教"的目标,既要了解影响迁移的因素,又要根据迁移的机制进行教学,以促进积极迁移的产生。

一、影响学习迁移的因素

研究人员发现了下列因素会影响迁移发生的程度:

- 教学时间的长短。
- 意义学习而不是机械学习的程度。
- 原理学习而不是事实学习的程度。
- 实践的各种例子和机会。
- 两种情境间相似的程度。
- 两种情境间的时间间隔长度。
- 信息被视为情境独立而不是情境依赖的程度。
- 学习者的信念和态度,明确的迁移意图。

表 5-3　影响迁移的基本因素及措施

迁移的基本原理	教育意义	举例
教学时间增长,迁移的可能性也增加	为了促进迁移,深入地讲授少数主题,而不是肤浅地讲授很多主题	在讲授南美洲的地理知识时,集中于整个大陆在环境和文化上的相似性和差异性,而不是呈现关于每个国家冗长的、百科全书式的地理知识
意义学习比机械学习能更好地促进迁移	鼓励学生把新材料与他们已有知识联系起来	在给三年级的学生介绍重力的概念时,要求学生思考当他们把一个物体扔到空中后会发生什么事情
原理比事实更容易迁移	讲授与每个主题相关的一般原理(如因果关系),以及基于这些原理的策略	在垒球、篮球、足球或网球课上,告诉学生要"眼睛盯着球"并解释这种注意的重要性
大量不同的举例和实践的机会能促进迁移	用一系列例子来说明新概念和新原理,并让学生参与能让他们在不同情境中练习新技能的活动	在教授了学生什么是一个完整句子以后,要求他们在论文、短故事和班级通讯中找出完整的句子
两个情境间的相似性增加,那么从一个情境迁移到另一个情境的可能性也增加	让学校任务与学生将在外部世界遇到的任务尽可能相似	在讲授平衡饮食的食物组成知识后,要求学生用从当地食品店买回来的食物准备一份营养均衡的午餐
学生学习完一个主题后的时间越短,迁移越容易发生	尽可能地让呈现主题的时间与学生需要使用到这些主题相关知识的时间相互接近	在一节器乐课上让学生学习和弹奏了 F 大音阶以后,要求他们练习几首以 F 大音阶为主旋律的乐曲

续表

迁移的基本原理	教育意义	举例
如果学生把课堂材料视为情境独立而不是情境依赖的话,那么迁移就更容易发生	把一个学科的主题与另一个学科的主题以及外部世界的任务联系起来	在教授了学生如何解决代数中的 X 问题后,给学生一个他们必须在诸如物理、建筑、缝纫等未知情境中解决的字词问题

(引自 Ormrod,2006)

二、促进学习迁移的教学策略

要实现为迁移而教的目标,应根据学习迁移的规律,努力为学习者创设条件,采取相应的教学措施,促使学习迁移的产生。

(一) 确立合理的教学目标

教学目标是贯穿教学全过程的重要环节,明确而具体的教学目标可以促使学生将与学习目标有关的已有知识形成联想,即有一个先行组织者,会有利于迁移的发生。

教师在教学设计时除了考虑具体的知识、技能和态度领域的目标,还应把"为迁移而教"引入到教学目标体系,进而增强教师教会学生迁移的意识,也会激励学生的"迁移学习"的意识。

(二) 科学精选教学材料

传统和现代的迁移理论都业已证明,学习的迁移主要是由于共同的原理、原则造成的,最具迁移的材料是基本概念和基本原理。因此,应以基本概念和基本原理作为教学的主要内容,并配以典型的实例和丰富的变式练习,使学生充分掌握甚至达到自动化的程度,以促使积极迁移的产生。

(三) 合理编排教材体系

按照结构化、一体化、网络化的原则[①],合理编排教材。结构化是指教材内容的各构成要素具有科学的、合理的逻辑联系,能体现事物的各种内在关系,如上下、并列、交叉等关系;一体化是指在组织教材内容时,既要防止教材中各种要素之间的相互割裂、支离破碎,又要防止相互干扰或机械重复,使各种构成要素能融合为具有内在联系的有机整体,从而有利于学生合理知识结构的形成;网络化是指教材各要素之间上下左右、纵横交叉联系要沟通,要突出各种基本经验的联结点、联结线,为迁移的产生提供直接的支撑。

(四) 有效设计教学程序

良好的认知结构能有效地促进学习迁移。教学程序上遵循逐渐分化和整合协调的原则

---

① 冯忠良等著:教育心理学[M]. 北京:人民教育出版社,2000,283.

能促使学生形成最有效的认知结构。

逐渐分化的原则,是指教学中首先应传授最一般的、包容性最广的观念,然后根据具体细节对它们逐渐加以分化。认知心理学研究表明,当学习者在接触一个完全不熟悉的知识领域时,从已知的较一般的整体中分化细节,要比从已知的细节中概括出整体容易些。另外,一般性的观念可为认知结构的建立提供理想的固定点,后面学到的新知识不断地扩充、巩固和分化前面学过的知识。例如,学习三角形时先教一般三角形,然后分化出锐角三角形、直角三角形和钝角三角形,再从锐角三角形中分化出等边三角形等。

整合协调的原则是指教学中应对学生认知结构中现有要素重新加以组合,加强概念、原理乃至章节、学科之间的横向联系,把独立的教学内容整合起来。注意新旧知识经验的联系与贯通,能促使学生形成合理清晰的认知结构,提高学生习得知识的迁移范围和价值。

(五)学习策略的传授与训练

许多研究已经证明,很多学生拥有解决问题的知识,但是缺乏必要的学习策略,致使积极的迁移受阻。因此,教师在教学中应有意识地教学生一些认知策略和元认知策略,这将有助于学生学会如何学习。另外,教师要鼓励学生自己总结出适合自己的学习经验,并在同学之间相互交流。这些策略性知识的掌握可以改善认知过程,提高思维品质,有助于促进学生迁移能力的发展。

(六)帮助学生形成关于学习和学校的积极态度

学习态度是个体的非认知因素,具有积极学习态度的学生学习时有强烈的内部动机去利用迁移的机会,从而提高积极迁移产生的机会。目前越来越多的研究者关注学习者的主观能动性,尤其是主动迁移的意识在迁移中的作用。有效的学习者能够明确地意识到迁移的重要性,并且有强烈的内部动机来利用迁移的机会,具体表现在主动地识别不同学习任务之间的相关性、识别可以迁移的具体情境,在迁移机会出现时,主动、恰当地提取或接通有关的经验或可利用的资源,并灵活地应用这些经验或资源。由于具有这种主动的自我调控,使得学习者减少了头脑中的惰性知识经验的存在,提高了已有经验的可利用性。一些研究和实际教学都发现,有时尽管学生头脑中储存了迁移所必需的经验,但这些经验似乎处于惰性状态,不能被有效地加以利用。这与缺乏主动迁移的意识是有关系的。可以说,自我调控是促进学习与迁移的关键(姚梅林,2000)。

因此,教师要培养学生进取的学习态度。只有这样,学生才能将学习中偶发的、被动而自然而然产生的迁移变为主动的、有意识的、积极的迁移。

阅读栏 5-2 动机与类比迁移

类比问题解决是研究迁移机制的主要研究范式,首先呈现一个源问题,待个体找到解决源问题的方法后,再呈现一个与源问题在内在结构上具有相似或相同特征的靶问题,如果个体顺利地解决了靶问题,就说明产生了类比迁移。有关研究表明源问题与靶问题之间的相似性、个体能力、知识经验、元认知策略等是影响类比迁移的重要因素。但是研究也发现,即使在熟悉的情境中,类比迁移也很少自动发生,研究者认为这主要是因为迁移研究往往只考虑了认知因素,忽视了动机与情感在迁移中的作用。没有动机激发的知识经验只能处于一种惰性状态,无法产生迁移或只能产生弱迁移。

李晓东等人从目标取向理论出发,采用实验法和问卷法对小学2年级和5年级学生的类比问题解决策略的迁移进行了研究。结果表明:无论儿童年龄大小,启动掌握目标都可以有效地促进类比问题解决策略的迁移。能力知觉与回避型表现目标存在交互作用,在回避型表现目标启动条件下,能力知觉低的儿童迁移成绩较差。儿童自身的成就目标取向未对迁移产生影响。(有关目标取向理论的知识请参见本书第七章)

(引自李晓东,冯晓杭,2006)

思考与练习

1. 什么是迁移?迁移有哪些种类?迁移对学生学习和教师教学有何重大意义?
2. 怎样运用三维迁移模式解释技能训练中的正负迁移现象?
3. 认知结构与学习迁移的关系如何?
4. 影响学习的迁移有哪些因素?
5. 促进迁移的教学应注意哪些方面?

第六章 品德形成与培养

本章导读

品德的形成与培养是教育心理学的一个重要组成部分,它主要阐述品德形成的心理规律以及如何有效地促进学生品德的形成。

本章共分三节:第一节界定了品德的概念并阐述了品德的心理结构的四要素;第二节介绍了皮亚杰和科尔伯格关于品德形成发展的研究及理论;第三节从道德认识的形成、道德情感的培养和道德行为的锻炼三方面,阐述了品德形成的心理过程与条件。

学生的全面发展,除了要掌握科学文化知识,形成各种基本技能,还要培养良好的道德品质。学生道德品质的培养是全面发展教育的重要组成部分,也是学校教育的一项重要社会职能。然而,优秀品德的培养不是一件容易的事情,了解品德形成发展的规律,有助于教育者更好地开展道德教育工作。

第一节 品德心理概述

一、品德的概念

品德即道德品质,又称"品性""德性"或"德行",是个人依据一定的社会道德行为规范行动时表现出来的较稳定的特征。品德即个人的道德面貌,是与道德有关的概念。

道德是一种社会现象,是行为规范的总称。道德的效用在于和平地解决人际间的冲突,发展人际间理想的、良好的关系。如果人的行为符合社会行为规范,符合人际间的合理的契约,这类行为就被称为和善的、道德的;反之则称为恶的或不道德的。道德的性质、发展等问题是伦理学研究的对象。

品德是社会道德在个人身上的反映,其形成和改变是教育心理学的研究对象。品德不是先天生就的,而是在一定的社会与教育环境中习得的,经历着外在准则规范不断内化和内在观念外显的复杂过程,这一过程也是个体性格形成的社会定向过程。个人的品德是性格的一个方面,是性格中具有道德评价意义的核心。

二、品德的心理结构

品德的心理结构是指品德这种个体心理现象的构成成分及其相互关系。由于品德心理结构的复杂性,关于品德心理结构还存在着各种不同的观点。有认为品德由道德认识与道德意向组成的二要素说,还有认为品德由道德认识、道德情感、道德行为组成的三要素说等。目前中国心理学界比较流行的是品德的四要素说,即品德是由道德认识、道德情感、道德意志和道德行为四种成分构成的有机整体。

(一) 道德认识

道德认识是人们对行为规范的理解,对是非、好坏、善恶等道德现象的判断和评价。俗话说:"不知礼,无以立",道德认识是立身处事的基本原则。

在道德事件中,个人的道德认识往往是极为重要的。就某一个个体而言,怎样的行为才称得上是"道德"的行为,涉及道德的实质即行为的"意向"和"理由",离开这个实质,便无从谈论道德。也就是说,如果一个人无意中做了好事,其行为称不上道德。无道德意识的行为不是道德行为。如认为不好意思或倒霉才让座的行为,不能认为是有道德的行为。

(二) 道德情感

道德情感是人的道德需要是否得到满足而产生的内心体验。道德需要是指人关于有价值、良心、德行、好人的内在需要。当个体行为满足这些需要时便产生积极的情感,否则产生内疚、羞耻等消极的情感。苏霍姆林斯基说过,"道德情感——这是道德信念、原则性、精神力量的血肉和心脏。没有情感的道德就变成了干枯、苍白的语句,这语句只能培养出'伪君子'"。道德情感在道德教育中的作用主要表现在对"知"与"行"的内化调节上。只有通过这种内化调节作用,才能促使道德知识的掌握、道德意志的发挥和道德行为的自律。心理学家已日益注重道德情感在品德中的重要性。

(三) 道德意志

道德意志是在道德行为过程中表现出来的意志努力。道德意志实际上是道德认识的能动作用,是人利用自己的意识,通过理智的权衡作用去解决道德生活中的内心矛盾,是支配行为的力量。道德认识转化为行为必然会遇到一些困难和障碍,道德意志是人们行为过程中所表现出来的如何选择、克服困难等努力。道德意志与道德行为是密切联系着的,离开了道德行为,道德意志就无从表现。

(四) 道德行为

道德行为是在道德认识指引下,在道德情感激励下表现出来的具有道德意义的行为。人的很多行为,包括帮助、安慰、分享、合作、同情等有利于社会和他人的亲社会行为,不一定是道德行为。凡是道德行为一定是亲社会行为,但并非所有的亲社会行为都是道德行为,只有那些与特定的道德认知和道德动机的结合的亲社会行为才是道德行为。

道德行为是衡量品德的重要标志。没有道德行为,就无法判断和表现个人的品德。看一个学生的品德,主要不是看他认识到什么,而是看他的行为,看是否言行一致,"行为是最好的回答"。一个欲望强烈而缺乏自制的人,在行为上可能与他的是非观念相矛盾,这是在品德不良的个体中常见到的。所以,在评定一个人的品德时,更多的是依据这个人的道德行为。正是出于这样的考虑,教育部门制定了一系列的中、小学生的行为条例和规范,作为学校教育中的德育目标。

品德结构中知、情、意、行这四种成分是相互联系、协调发展的。道德认知是基础,是产生道德情感和道德行为的依据,决定了道德行为的方向。道德情感是道德行为的动力系统,道德意志是道德行为的保障。道德行为是品德的重要标志,道德行为既是道德认识、道德情感和道德行为的外在表现,通过道德行为又可以加深道德认识、丰富道德情感、促进道德意志的锻炼。

思想品德的这四种心理成分,也是德育工作"晓之以理、动之以情、导之以行、持之以恒"的心理依据。忽略任何成分,都会造成品德培养的缺陷。忽略道德意志和道德行为的培养,易形成只说不做的"口头革命派";忽略道德认识教育的,容易造成为了图表现而做好事的"表面派";忽视道德情感的培养,易形成冷冰冰的"伪君子"。

第二节 品德形成的理论

一、皮亚杰的儿童道德发展理论

皮亚杰(Jean Piaget,1896—1980)认为,一个人道德上的成熟,主要表现在尊重准则和社会公正感两个方面。皮亚杰和他的合作者在这两方面进行了大量的研究。研究了儿童对规则的态度和对行为责任的道德判断,还研究了儿童的公正观念以及对成人惩罚的公正性判断的情况。据此,皮亚杰揭示了儿童道德判断的发展进程,把儿童的道德判断区分为他律道德和自律道德两种水平。

(一)儿童规则意识的发展

皮亚杰认为,玩弹子是儿童喜爱而又富有规则要求的社会活动,儿童在游戏过程中逐渐形成规则意识并学会遵从规则,因此可以通过玩弹子的游戏考察儿童规则意识的发展。他观察了大约20名4~13岁的儿童玩弹子游戏过程并向他们提问。问题主要关于两方面:一是规则的执行,如"告诉我们怎么玩好吗?";二是规则的意识,如"游戏的规则是什么?""你能发明一个新规则吗?""这些规则公正吗?"。通过实验,皮亚杰发现,儿童对游戏规则的理解和认识有一个变化发展的过程,可分为四个连续的阶段:运动阶段、自我中心阶段、合作阶段和编制规则阶段。

(1) 运动阶段。出生后的头几年,儿童并没有意识到规则的存在,只是按照自己习惯或喜欢的方式独自玩游戏。他们的活动明显缺乏社会性,他们所感兴趣的主要是游戏时所产生的肌肉运动。

(2) 自我中心阶段。3~7岁的儿童开始意识到规则的存在,已能接受规则,但规则对他们来说还不是具有约束力的东西。他们虽然都按照着游戏规则进行比赛,但却各自按照自己的想象去执行规则,有时会不顾规则的规定,突然说自己赢了。他们各自玩着"自己的"游戏,一点也不理会对方。这一时期的儿童还没有产生真正的社会交往和社会合作的关系。

(3) 合作阶段。7~10岁的儿童开始理解规则对于比赛游戏的重要性,开始产生了真正的社会合作。他们把规则看成是大家在游戏中应该共同遵守的行动准则,游戏活动具有明显的社会性,比赛的乐趣是战胜对手,获得胜利。

(4) 编制规则阶段。11~12岁的儿童对规则的理解能力得到空前的提高,认识到规则是在合作的基础上相互制定的,因此可以在彼此同意的基础上编制、修改规则。同时他们认为,规则是大家有义务去遵守的行为规则,比赛规则一经彼此同意就不能随意改变。

(二)儿童对行为责任的道德判断的发展

皮亚杰采用对偶故事,研究儿童对行为责任的评价判断情况。每对故事都包含这样的两种情境:一种是出于偶然或好意的行为却造成了严重的后果;一种是出于恶意的行为,造成的物质损坏却微不足道。要求儿童比较这两种情境,判断哪一种行为更坏,并说明原因。

皮亚杰发现,7岁以前的儿童往往根据行为者行为在客观上造成的后果,即行为的客观责任,进行判断;7岁以后的儿童则往往根据行为者的主观意图,即行为的主观责任,进行判断。客观责任在年幼儿童身上首先出现,然后随着年龄的增长,主观责任出现并逐渐取代客观责任而居于支配的地位。

阅读栏6-1 对偶故事举例

对偶故事一:

A. 一个叫约翰的小男孩在他的房间里,家里人叫他去吃饭,他走进餐厅,但在门背后有一把椅子,椅子上有一个放着15只杯子的托盘。约翰并不知道门背后有这些东西,他推门进去,门撞到了托盘,结果15只杯子都撞碎了。

B. 一个叫亨利的小男孩,一天,他母亲外出了,他想从碗橱里拿出一些果酱,但是放果酱的地方太高,他的手臂够不着,他试图取果酱时,碰倒了一只杯子,结果杯子掉下来打碎了。

对偶故事二:

A. 有一个小男孩叫朱利安,他的父亲出去了,朱利安觉得玩他爸爸的墨水瓶很有意思,于是他拿着父亲的钢笔玩。后来,他把桌布上弄了一小块墨水渍。

B. 一次,一个叫奥古斯塔斯的小男孩发现他父亲的墨水瓶空了。在他的父亲外出的那一天,他想帮爸爸把墨水瓶灌满,这样他父亲回来时就能用了。但在打开即将空了的墨水瓶时,奥古斯塔斯把桌布弄上了一大块墨水渍。

皮亚杰对每个对偶故事都提两个问题:① 这两个孩子的过失是否相同? ② 这两个孩子中,哪一个更不好?为什么?

(三) 儿童对公正观念的发展

皮亚杰设计了许多有关公正的故事,故事内容是教师或家长偏爱顺从他的学生或孩子的日常事例,例如"妈妈分给听话的孩子一个大蛋糕"。要求儿童对教师或家长的这种偏爱行为是否公平作出判断。皮亚杰研究后指出:7岁、10岁和13岁是儿童公正观念发展的三个主要时期,这三个年龄段儿童的公正观念分别以服从、平等和公道为特征。

7岁以前的儿童的公正判断以服从成人为特征。他们还没有公正的概念,只是以成人的标准作为好坏是非的标准,认为服从成人的行为就是好的行为,否则就是坏的行为。

10岁左右的儿童的公正判断不再以服从不服从为标准,他们已能以平等不平等作为判断的标准,平等观念已战胜了权威至高无上的地位。因而,这一时间的儿童认为平等的就是公正的。

13岁左右的儿童产生了一种公道感,对公正的判断从绝对的平等向相对的平等发展。他们不再认为对所有的人处以相同的作法就是公正的,必须考虑具体的情境,从关心和同情的角度做出道德判断。因此,皮亚杰认为,公道感是公正观念的一种高级形式,实质上是"一种高级的平等"。

(四) 儿童对惩罚观念的发展

为了考察儿童对惩罚是否公正的道德判断,皮亚杰设计了一些关于惩罚的故事。故事内容是儿童在学校或家庭里常犯的一些过错行为,每个故事后都提供了2-3种惩罚办法,要儿童自己判断哪种办法最公正最有效。

> **阅读栏6-2　有关惩罚的故事举例**
>
> 母亲要孩子去拿些午餐用的面包,但孩子没有去拿,结果造成午餐时面包不够吃。父亲考虑了三种惩罚方法:
> ① 惩罚孩子第二天不许骑木马玩;
> ② 惩罚孩子中午不许吃面包;
> ③ 在孩子需要帮助时拒绝帮助他,并表示直到他肯帮助别人时再给予他帮助。

皮亚杰发现,年幼儿童通常选择用强制手段使犯错者改正错误,通常选择阅读栏6-2中的第一、二种惩罚方式;年长儿童则认为过错行为所带来的不良后果对犯错者已是一种惩罚,因而通常选择阅读栏6-2中的第三种惩罚方式。由此,皮亚杰提出,存在着两种类型的惩罚方式。一种是抵罪性惩罚,即为了抵消所犯错误而施加的惩罚,是为了惩罚而进行的惩罚,惩罚性质和犯错的内容没有必然的联系。年幼儿童认为,犯错者就应该受到惩罚以抵罪,而且惩罚越严厉则抵罪效果越好,因而他们认为,最严厉的惩罚是最公正有效的,至于惩罚性质和犯错的内容有没有联系,他们是根本不考虑的。另一种是回报性惩罚,即惩罚是过错行为所带来的一种报应,惩罚的性质和过错内容密切相关。年长儿童认为,过错行为一般是有损于别人的行为,本身会带来不良后果,遭到同辈集体的报应,如失去别人的信任、被集体孤立等,施加这种和过错内容相关的惩罚是公正而有效的。由此,皮亚杰得出的结论是:儿童对惩罚方式的选择,有一个从抵罪性惩罚到报应性惩罚的转变过程。

(五) 儿童道德发展阶段:从他律道德水平到自律道德水平

根据上述的大量研究,皮亚杰提出,儿童的道德发展经历一个从他律道德水平向自律道德水平发展的过程。他律道德(heteronomous morality)也被称为"道德现实主义"(moral realism)。他律意识指服从他人设立的规则。年幼儿童(6～10岁)一直由父母和其他成人告诫行为的对错,相信规则来源于外部,代表权威,是不可协商、不能改变的,如果违反了规则,必然要受到惩罚,并且认为惩罚取决于行为后果的严重性,而不是根据行为者的意图或其他情况。年长儿童(10岁以上)随着认知发展,能够进行形式运算,以及随着社会交往面扩大,他们开始了解到不同的人有不同的规则,儿童将逐渐转向自律道德(autonomous morality),也被称为"合作的道德"(morality of cooperation)。儿童逐渐意识到,规则是人制定的,也能被人为改变。当违反规则时,必须考虑到违规者的意图和应从宽处理的情形。

表 6-1　他律道德和自律道德的区别

他律道德(heteronomous morality)	自律道德(autonomous morality)
规则是由上帝、父母等权威人物制定的,是神圣不可改变的;强烈的尊重准则的倾向,完全服从规则就是对的	规则是共同约定的,根据需要,规则是可以协商改变的
根据行为后果,而不是行为者的意向去判断行为的责任	主要根据行为者的意向判断行为的责任
赞成抵罪性惩罚	赞成报应性惩罚

(六)儿童道德发展的机制

皮亚杰认为,引发和促使儿童道德水平发展的原因有两方面:一是儿童的认知成熟,二是同伴之间的相互影响。

皮亚杰指出,年幼儿童的认知具有自我中心的倾向,表现为从自己的观点看待世界,而不考虑别人会有不同的观点。因此,他们分不清自我与外界,把环境看成是自身的延伸。他们按照成人的要求去做,是因为他们把成人的要求完全等同于自己的想法,从而自然、自发地尊重准则和权威。年长儿童由于认知上的成熟,逐渐削弱了这种自我中心的影响,可以从多个角度看待规则的作用和权威的意义,认识到规则与权威的相对性。

皮亚杰强调,同伴之间的相互影响对儿童的道德发展具有决定意义。儿童与同伴之间是一种平等的社会交往和合作关系,同伴之间为了实现合作或达到目标,必须学会相互采纳对方的观点,学会以对双方都有益的方式解决冲突,这使他们懂得规则是人们协商的结果,是可以改变的。因此,同伴之间的平等交往产生的社会经验,促使儿童发展到一个更富有灵活性、自律性较强的道德状态。皮亚杰明确指出,儿童道德发展的动力主要来自于同伴的相互影响,而不是成人的权威。

据此,皮亚杰提出,成人在儿童的道德发展中的角色是协助者,主要责任是为儿童提供适当的社会性相互作用的机会,如开展各种集体活动,让学生自我管理。集体活动和自我管理能促进学生思维发展,引起冲突,打破已有的认知平衡,从而重构自己的道德观念,实现道德意识向更高层次的跃进。成人应采用非权威的态度,以平等、合作的姿态帮助儿童发展道德品质。

二、科尔伯格的道德发展理论

(一)道德发展的阶段模型

美国心理学家科尔伯格(Kohlberg,1927—1987)继续和发展了皮亚杰的儿童道德发展理论,运用"道德两难故事"法对儿童的道德判断发展问题进行了长达二十多年的追踪研究和大量的跨文化研究,提出并证明了道德发展的"三水平六阶段"模型。

阅读栏6-3 道德两难故事——海因兹偷药救妻

欧洲有个妇女患了一种罕见的癌症,生命垂危。医生认为只有一种药可以救她,就是本镇一位药剂师最近发明的镭制剂。药剂师索价2000美元,是成本的10倍。病妇的丈夫海因兹到处借钱,试过各种合法手段,但他一共才借到1000美元,只够药费的一半。海因兹不得已,只好告诉药剂师,说他的妻子快要死了,请求药剂师便宜一点卖给他,或允许他赊欠。但药剂师说:"不行,我发明这种药就是为了赚钱。"于是,海因兹铤而走险,他撬开药店的门为他妻子偷来了药。

1. 海因兹应该偷药吗?(联系故事)

1a. 为什么或为什么不?

*2. 他偷药是对还是错?

(问题2和3是用来引发被试的道德类型,应该考虑选择。)

*2a. 为什么对或错?(联系故事)

*3. 海因兹有义务或责任偷药吗?

*3a. 为什么或为什么不?(联系故事)

4.(如果被试赞成偷药,则再问:)如果海因兹不爱他的妻子,他还应该为她偷药吗?

4.(如果被试赞成不偷药,则再问:)这对爱不爱他的妻子有区别吗?

4a. 为什么或为什么不?

5. 假如这个生命垂危的病人不是他的妻子而是个陌生人呢?

5a. 海因兹应该为这个陌生人偷药吗?为什么或为什么不?(联系故事)

*6.(如果被试赞成为这个陌生人偷药,则再问:)假如这是海因兹钟爱的宠物,他还应该偷药救他的宠物吗?

*6a. 为什么或为什么不?(联系故事)

7. 人们做他们能挽救别人生命的事情是重要的吗?

7a. 为什么或为什么不?(一般问题)

*8. 海因兹偷药违反了法律,偷药在道德上是错误的吗?

*8a. 为什么或为什么不?(核心问题)

9. 一般地说,人们应该尽力做遵守法律的事情吗?

9a. 为什么或为什么不?(一般问题)

9b. 这个问题如何应用到海因兹的行为上面?(核心问题)

> （下列问题是用来引发被试的道德类型，应该考虑选择。）
> *10. 思考一下这个故事，你认为海因兹做什么才是最负责任的事情？
> *10a. 为什么？（联系故事）
> （如果谈话时间有限，带星号的问题可以省略。）
>
> （引自 Kohlberg, 2004）

科尔伯格提出的六个道德阶段分为三种水平：前习俗水平（阶段1和阶段2）、习俗水平（阶段3和阶段4）和后习俗水平（阶段5和阶段6）。"习俗"（convention）一词是指社会或权威的规则和期望。处在前习俗水平的个体还没有真正地认识社会的规则和期望，规则是个体自我之外的东西，个体只是关心行动的实际后果（处罚、奖赏、工具的交换），从追求现实的利益和避免冒险的角度出发处理道德问题。处在习俗水平的个体之所以遵守和坚持"习俗"，是因为自我已经认同或内化了"习俗"代表的社会的规则和期望，个体是从社会成员的角度处理道德问题。处在后习俗水平的个体能超越社会确定的规范和法律来观察问题，个体的道德判断逐步固定在最普遍的公正原则上，这阶段的个体已将自我从规则和别人的期望中分化出来，并根据自我选择的原则界定它对道德的看法。

科尔伯格（1976）从三个方面界定了道德发展"三水平六阶段"的特点：① 什么是对的；② 行为正确的理由（即为什么是对的）；③ 每个阶段后的社会观点，即界定道德推理所依据的核心概念。道德发展阶段模型的具体内容见表6-2。

表6-2 科尔伯格的道德发展阶段模型

水平	阶段	阶段内容		阶段的社会观点
		什么是对的	行为正确的理由	
水平一：前习俗水平	阶段1：他律阶段	避免破坏规则而受惩罚，完全服从，避免对人和物造成物理损害	避免惩罚、服从规则和权威	自我中心观点。不考虑他人的利益或不清楚他们与行为者的利益之间的区别，更不能把两种观点联系起来。依据物质后果而不是依据他人的心理兴趣来裁判其行动。把自己的观点与权威的观点相混淆
	阶段2：个人主义、工具性的目的和交易	遵守会给人即时利益的规则。一切能满足自己利益和需要的行动就是对的，并且也允许人这样做。对的也就是公平的，即一种平等的交换、交易和协定	在满足自己的需要或利益情况下，也要承认别人有自己的利益需求	具体的个人主义观点。意识到每个人都有自己追求的各种利益，且充满着冲突。所谓对是相对的（具体的个人主义意义上的）

续表

水平	阶段	阶段内容		阶段的社会观点
		什么是对的	行为正确的理由	
水平二：习俗水平	阶段3：相互性的人际期望、人际关系与人际协调	遵从亲人的期望或一般人对作为儿子、兄弟、朋友等角色的期望。"为善"是至关重要的，意指有良好的动机，表明关心别人；也意指维持相互关系，如信任、忠诚、尊重、感恩等	需要按自己和别人的标准为善，关心别人，相信"金科玉律"（类似"己所不欲，勿施于人"），愿意维护保持善行的规则和权威	与他人相联系的个人观点，意识到共享的情感、协议和期望高于其个人的利益。联系"具体的金科玉律"观点，设身处地地考虑问题，但仍不能考虑普遍化的制度观点
	阶段4：社会制度和良心	履行个人所承诺的义务，严格守法，除非它们是与其他规定的社会责任相冲突的极端情况。也指对社会、团体或机构有所贡献	致力于使机构作为一个整体，避免破坏制度，或者迫使良心符合规定的责任	把社会观点与人与人之间的协议、动机区分开来。采纳制度观点，并据以指定角色和规则。依据制度来考虑个人之间的关系
水平三：后习俗水平或原则水平	阶段5：社会契约或功利和个人权利	意识到人人都持有不同的价值和观点，而大多数价值和规则都相对于所属的团体。但这些相对的规则通常只有是公平状态时才应该遵守，因为它们是社会契约。有些非相对的价值和权利诸如生命和财产都应该在任何社会中都必须遵守，而不管大众的意见如何	有义务遵守法律，因为个人缔结的这种社会契约的目的是在用法律来发展所有人的福利和保护所有人的权利。签订的承诺自由地进入家庭、友谊、信任和工作义务之中。关心法律和义务是基于整体的功利，即"绝大多数人的最大利益"	超越的社会观点。这是一种理性的个体意识价值和权利超过社会依附和契约的观点。通过正规的协商、契约，客观的、公平的机制和正当的过程来整合各种观点。考虑到道德和法律观点，承认它们有时冲突，发现整合它们的困难
	阶段6：普遍的伦理原则	遵守自己选择的伦理法则。特定的法律和社会协议之所以通常是有效的，因为它们是建立在这种法则之上。当法律违背这些法则时，人们会按照法则行事，因为这些法则是普遍的公正原则；人权平等和尊重个人作为人类的尊严	作为一个理性的个体相信普遍的道德原则的有效性，并且立志为之献身	基于治理社会的道德依据的观点。这种观点使任何理性的个体都懂得道德的本质和以人为本的这个事实

(引自 Kohlberg, 1976)

(二) 公正团体策略

科尔伯格一再强调要把他的道德理论应用到学校道德教育中去，以便促使儿童的道德发展逐步达到一个新的更高一级的水平。科尔伯格和他的合作者先后提出了两种道德教育的方法，一种是利用道德两难故事进行的道德讨论模式（moral discussion strategy），一种是采取民主管理结构的公正团体策略（the just community strategy），后者是针对前者的局限而提出的。

公正团体策略主要通过师生的民主参与活动，创造一种公正的集体氛围，以促进个人的道德发展。团体由 60～100 名学生和 5 名教师构成，主要活动是每周一次的集体会议，时间在 1.5～2 小时之间。全体师生通过集体会议制定有关的规则和纪律，计划集体活动和政策，并处理违纪事件。活动的核心思想是民主参与，不管是教师还是学生，人人对问题都有一票的表决权。通过集体会议制定的规则或决定一旦确定，学生及教师都应该遵守。对于违纪行为，有相应的处理机构——纪律委员做调解工作。如果违纪是常犯的行为，则予以惩罚，直到通知家长并开除学生。

科尔伯格认为，公正团体策略所强调的民主精神和参与意识能培养学生的集体感，培养优良的集体规范，并且使这种集体的规范能落实在学生的道德行为上，从而帮助青少年参与社会生活、关心社会，并养成知情合一、言行一致的良好道德品质。

阅读栏 6-4　科尔伯格的公正团体策略运作实例[①]

和其他学校一样的，学生偷窃在剑桥也是普遍的问题。在第一年的 12 月，学校的一位实习教师邀请一群学生到她家做蜡烛。第二天，室友告诉她房间丢了五副耳环。因为没有其他访客来过房间，她们怀疑某位学生拿了这些耳环。但是当实习教师在学校提出这个问题时，没有人自愿提供任何讯息。

一个月之后，有位学生带着一盒银戒指到处展现。就在教室里，其中一只戒指不见了。所有人都说那戒指可能被丢到窗外去了。

这些事件的结果所引发的偷窃问题，在次年一月的社区会议中被提出。一开始，有个团体就建议："偷窃者要受训导委员会惩罚，所偷财物要归还或赔偿。"如何惩罚的讨论一直进行，直到教职员有所调解。常参加会议的科尔伯格问道："也许有人能解释为什么继续发生偷窃的事情。是否大家认为它是错的，而

[①] Richard H. 著，刘秋木，等译. 德育模式[M]. 台北：五南图书出版公司，1993，168—171.

且侵犯整个社区？"

学生的反应冷淡。一位学生说："我不认为那值得担忧。事实上，它已经发生了，而操心为什么它会发生是不值得的。"

但是教职员坚持："我认为疏离感不是私人的事情，是整个社区的事务。它不是纪律的问题，而是社区的人认为应有某种信任，这和社区中彼此疏离是相违背的。"

只有一位学生谈到信任的层次，一位坦诚的女生说出大多数人的心声："这是空口白话，没有用的。你制定防止偷窃的规则，但是仍然无济于事……在这学校总是有某些人在背后做某些事情。"

讨论又回到制定有关偷窃的规则。虽然没有人确定制定规则会有效。但是所有人都同意制定一项规则，并处罚违反规则的人是应该做的第一步骤。正如一位学生所说的："假如通知家长有关偷窃的事情，犯案的学生下一次会三思，而偷窃的事件就会减少。"

会议在争议中结束，但是问题依然存在。第一年及第二年的学期初，偷窃的行为继续存在。

第二年的十月，一位女学生的钱包被偷走九块钱。她非常确定是某个同学拿了这些钱，但是没有人承认。为了这件事，社区召开了一次会议。

开会小团体的报告，反应类似偷窃的行为，会破坏学生对社区的感觉："我们认为每人交一角五分钱，因为一角五分钱不会影响你的生活。"换句话说，假如每人给一角五分钱，被偷的学生就可以拿回失窃的九块钱。

整体赔偿的理论基础非常有趣："五十多人，每人应缴一角五分钱来还她，因为这不是她的错。这是每个人的错，因为大家都不关心这个社区，每个人必须负责让她能拿回被偷的钱。"

学生所陈述的意见和其所得到的支持，在学校迈向公正社区的发展上出现了转折点。第一次学生表达了对学校事务的责任感。假如某人的钱被偷，那是所有人的错，没有好好照顾社区。

当然，这项陈述也遭受到一些挑战。有些学生认为，偷窃的发生是那位女生的责任，因为她把钱弄丢了，或者是偷窃者的责任。但是大多数的人同意一项折中方案，假如在期限内钱没有找回来，每人都必须付一角五分钱来共同赔偿损失。

> 会议后的事情发展验证这是一个转折点。一星期过去了,还是没有人承认,似乎大家必须付钱来赔偿损失。然后,有些学生承认知道是谁偷了钱,而且愿意私下告诫偷窃者坦白其过错。但是,事实证明仍然无效,他们感到无奈,就向团体大众透露她的姓名。最后,她被学校同伴驱逐离校。更重要的是,学校里再也没有偷窃的事情发生。学生并没有发誓完全取缔偷窃,但是在会议中却达成共识:"假如你要诈骗,去骗你自己的时间,而且不要在学校里面。"
>
> （引自 Richard,1993）

第三节 品德形成的心理过程与条件

个体品德的形成是在一定的社会道德现象与道德规范的影响下,个体在群体生活与社会交往中通过自身的道德实践活动,品德心理结构各成分间相互作用、协调发展的结果。这个过程主要包括:道德认识的形成、道德情感的培养、道德行为的锻炼三个方面。

一、道德认识的形成

（一）道德认识的形成过程

道德认识的形成是一个复杂的过程,主要包括道德印象的获得、道德知识的掌握、道德判断能力的发展和道德信念的确立四个方面。

1. 道德印象的获得

道德印象是一种亲身经验的感性的道德认识,是个体由于亲身实践所获得的关于行为对错、善恶的直观、形象的认识。

个体在日常生活的一些行为,产生的积极或消极的结果,使个体获得了"何种行为是对的何种行为是错的"的直观印象。如与小朋友抢玩具会受到批评,帮妈妈扫地会受到赞扬。正是在这种日常生活中,儿童逐步将一定的行为同表扬或惩罚联系起来,知道了行为的好坏、是非。

感性经验在人的认识中所起的作用非常重要。一方面,感性经验是理性概念形成的基础。尤其是7～9岁以前的儿童,具体形象思维占优势,处在感性认识阶段。另一方面感性经验具有形象性、直观性,从而具有强烈的感染力,一次事实胜过百次雄辩。为了确保儿童获得正确、深刻的道德印象,家长和教师应对儿童的道德行为进行及时、正确的强化。

2. 道德知识的掌握

道德知识的掌握,是指掌握是非、好坏、善恶的道德标准,知道什么是道德的,什么是不道德的,从而指导行动,辨析社会道德现象。

学生对道德知识的掌握,首先表现为把道德理论、道德准则作为一种知识来掌握,能够理解,但并未内化成自己的道德观点。能运用道德知识去评价别人,但还不会用已理解的道德规范来要求自己。如很多学生能理解什么是"五讲四美三热爱",但并不以此要求自己。

道德知识的不断内化、深入的结果表现为各种道德观念的形成,如公私观念、集体观念、分享观念和友谊观念等。道德观念的特点是:学生不仅了解道德行为规范是什么,并且承认接受、遵守这些道德规范,把外在规范内化为自己的道德观点,用来指导自己的行为。

道德知识的掌握与科学知识的掌握要求不同。掌握道德知识不仅要求学生理解,而且要承认、接受相应的知识、观念,并以此指导自己的行为并遵守相应的规定。个体对道德知识的掌握有一个认识内化的过程。

3. 道德判断能力的发展

道德判断能力是个体运用已有的或正在形成的道德准则或道德观念,对别人或自己的行为做出是非、善恶的道德判断和道德选择的能力。

道德观念是道德认知的内容,而道德判断反映的是个体的道德思维水平。道德判断能力是随着道德观念的丰富以及身心的成熟,在舆论、教育的影响下逐步形成和发展起来的。大量研究表明,个体的道德判断的发展是从服从权威、避免惩罚到自主的、普遍原则的判断(科尔伯格),是由他律水平到自律水平(皮亚杰)。自主、自律的道德判断能力是形成坚定的道德信念的必要条件。

4. 道德信念的确立

道德信念是坚信道德规范的正确性并使之成为自己的行为指南,同时伴有情绪色彩与动力性的观念。道德信念是在正确的道德认识的基础上,结合强烈的道德情感体验而形成的。所以说,道德信念是道德认识和道德情感的"结晶"。

道德信念有两个特点。一个是带有情绪情感色彩。个体按信念去行动则产生积极肯定的情感,否则就产生消极否定的情感。因此,信念对人的道德行为起动力作用,推动个体有意识地自觉的完成某种行动。另一个特点是"习惯性"。一个人形成了道德信念,就无须外力的监督、检查,使个体自然而然地按照自己的信念去行动,表现出道德行为的"自动化"现象。因此,道德信念的形成是品德形成的一个重要标志。

(二)道德认识的培养策略

向学生呈现道德规范、原则及事例,通过讲解及说明,促进学生理解和掌握道德规范,培养是非判断能力,这是思想品德教学中最常采用的方式。由于道德认识的特殊性,道德认识的培养,除了要遵从知识学习的基本规律,还需要采取特殊的策略。

1. 价值澄清

价值澄清理论(values clarification)是 20 世纪 60 年代由拉斯(L. Raths)教授等人提出的。该理论认为,儿童处在充满互相冲突的多种价值观中,并且没有一套公认的道德原则或价值观。因此,教师不能把价值直接说服灌输给学生,需要学生运用评价、分析和批判性思维等方法,辨认自己的价值观念,并建立适合本人的价值观体系。

在价值澄清方法中,教师的作用是帮助学生来觉知自己的观点。价值澄清有四个关键的构成要素。第一,以生活为关注的重点。教师必须诱发学生关注生活并陈述自己相应的态度和价值。第二,接纳现实。教师必须无判断和无批评地接受学生的观点、兴趣和情感等。第三,激发进一步思考。教师必须向学生提问题以帮助他反思自己的价值观念。第四,培养个人的能力。通过价值澄清活动,学生可以发展理解自己行为目的与目标的能力,从而获得指导生活、工作的能力。

总之,价值澄清采用诱导性的品德教育方式,反对死板的说教和强硬的灌输式教育,为学生提供了丰富实际的问题,可操作性强。教师易于操作,学生也乐于接受,有助于提高学生的自我认识,直接导致道德行为发生积极的变化。但该方法对学生的价值观念不辨好坏,一概承认的态度是不可取的。

2. 小组道德讨论

小组道德讨论是科尔伯格和他的合作者设计并实施的道德教育模式,其基本方法是教师引导学生讨论道德两难问题,从而引起学生的道德认知冲突,激发学生进行积极的道德思考。科尔伯格认为,学生能够理解和同化高于自己一个道德发展阶段的同伴的道德推理,拒绝排斥低于自己道德阶段的同伴的推理,从而促进道德判断水平的提高。

小组道德讨论涉及三个要素。第一是课程要素。道德讨论的内容必须是一些能引起学生认知冲突的道德两难故事。第二是班组要素。讨论班组必须由处于不同道德发展阶段的学生混合而成。第三是教师行为要素。教师必须具备儿童道德发展的理论知识,并且能有效启发学生积极思考、主动交谈或辩论、做出判断并协调与他人的分歧,循循善诱地促进儿童的道德发展。

3. 群体规定

科尔伯格的"公正团体策略"创立了一种运用群体规定进行道德教育的模式。

经团体成员集体讨论决定的约定、规则会有助于学生态度的改变。因为经过讨论而制定的规定,使每个集体成员都承担了执行的责任,从而对学生产生约束力。群体内意见一致程度越高,则这种约束的力量就越强。一旦成员出现破坏规定的行为,就会遭到群体的有形或无形的压力,迫使他们改变自己的态度。因此,教师采用通过集体讨论制定集体规定的办法,可以有效地改变学生的态度,提高认识。

阅读栏 6-5　理解他人与道德发展

道德发展的一个重要方面是理解我们周围的"重要他人"。我们是如何学会解释他人的想法和感觉呢？心理理论和观点采择能力的发展起着重要的作用。

心理理论(theory of mind),即理解他人也是人,有他们自己的思想、想法、情感、信念、愿望和感觉(Flavell, Miller & Miller, 2002)。儿童两三岁的时候开始发展心理理论,从理解自己的意图,发展到也能理解他人也有自己的意图。那些能与同伴和谐相处的学前儿童,能区别有意行为和无意行为,并做出不同的反应。而攻击性儿童在评估他人意图上存在困难。随着不断地成熟,儿童能更准确地考虑和判断他人的意图。

随着心理理论的发展,儿童逐渐能理解他人有不同的感觉和体验,因此可能会有不同的观点或看法,即观点采择能力(perspective taking ability)。观点采择能力随着年龄增长一直在发展,直至成年时达到高度复杂的水平。那些在采择他人观点上存在困难的儿童,当他们伤害同伴或成人时,可能不会有一丝丝的懊悔。

罗伯特·塞尔曼(Robert Selman)提出儿童观点采择发展存在五个阶段。

自我中心观点阶段。学前儿童(3~6岁)理解他人有自己的想法和感受,但混淆了自己和他人的情绪,或难以理解他人情感产生的原因。

社会信息观点采择阶段。小学低年级儿童(6~8岁)理解他人可能存在与自己不同的想法和情感,但不能理解不同观点之间有怎样的关系,因此,儿童可能只关注单方面的观点。如,"我知道她很伤心,但我很高兴得到了那块更大的蛋糕"。

自我反思观点采择阶段。年长的小学儿童(8~10岁)能同时考虑更多的信息,理解自己和他人观点之间的关系,能推测他人如何感受或他人在环境面前会思考些什么。如,"如果我插队,他会气疯的"。

> 相互观点采择阶段。青少年早期(10~12岁)能从一个旁观者的角度分析一个情境中几个人的观点以及理解两个个体如何同时相互影响。如,"我能理解为什么他们都希望自己在科学比赛中获一等奖,也能理解为什么每个人都认为别人的项目没有自己的好"。
>
> 社会和习俗系统的观点采择阶段。到了青春中期(12~15岁)及以后,个体能理解与设想不同文化和社会价值观是如何影响旁观者的看法的。如,"我知道你不能作弊,即使老师的测验非常难"。
>
> 总体而言,理解他人的想法和感受在促进合作和道德发展、减少偏见、解决冲突、激励亲社会行为等方面都很重要。
>
> (引自 Woolfolk,2012. Bohlin,2012)

二、道德情感的培养

18世纪的一些哲学家就指出,情感是道德的基础。精神分析学派的代表人弗洛伊德很早就强调情感是人格发展的核心,在从本我向超我的转变中,内疚、羞愧、良心等情感起着非常重要的作用。到20世纪七八十年代,依恋、依附、爱、同情和移情又开始受到人们的普遍重视。近期出现的几种理论都强调,儿童的道德行为更多的是被情感而不是被理性所驱使[1]。同时,移情被认为处于道德发展的核心地位。

(一)移情及发展

移情(empathy)是指对他人内在状态(情感、需要、思维等,尤其是情绪状态)的认知而产生的一种与他人相类似的设身处地的情绪反应。移情的产生需要三大条件:第一,通过当事者的表情觉知当事者的情绪状态;第二,从当事者的角度认识、理解当事者所处的情境;第三,唤起自己相应的生活经验,产生相类似的情绪反应。

个体最初的移情是自动的、非随意的,随着个体年龄的增长以及认知能力的发展,移情反应的能力被极大地加强和扩展了。美国心理学家霍夫曼(Huffman)把移情忧伤的发展分为五个阶段[2]。① 新生儿听到另一个婴儿哭泣时,会产生反应性的哭喊。② 一岁左右的儿童对另一个人的忧伤会做出相应的反应,就好像他自己处在忧伤一样,此时儿童在自我和他人之间缺乏明确的区分,称为"自我中心的移情忧伤"。③ 出生第二年的儿童处于"准自我中

---

[1] 陈会昌著. 道德发展心理学[M]. 合肥:安徽教育出版社,2004,228—239.
[2] Hoffman M. L. 著,杨韶刚,等译. 移情与道德发展[M]. 哈尔滨:黑龙江人民出版社,2003,72—100.

心的移情忧伤",此时儿童认识到忧伤是他人的,不是他们自己的,但却把他人的内在状态(如情感、需要、思维等)和他们自己的内在状态相混淆,对他人提供的关心与帮助是以自我为参照系,往往是不适当的。④ 两岁左右的儿童开始处在"真实的移情忧伤",他们更加真切地感受到他人所实际感受到的东西,因为现在他们认识到,他人有不依赖于他们自己的内在状态。于是,他们开始运用有关信息来决断具体的情境,并依据他人的表情来理解和体验他人的情感,并提供更有效的移情性行为。⑤ 到了儿童晚期,儿童开始认识到他人是有自己独特生活历史和个性的个体,移情也不再拘泥于眼前的、直接的情境,对想象中的情境也会产生移情体验。儿童还可以对一个完整的群体(如穷人、流浪汉)发生移情。此时,儿童的移情达到了"超越情境"的阶段。

霍夫曼认为,道德的源头可从移情中去探索。移情本身就是一种"亲社会动机",具有引发助人行为、抑制攻击性行为等亲社会功能。移情不仅促进了道德行为,而且还促进了道德判断和道德原则的发展。霍夫曼还提出,道德判断、道德推理和道德原则是"冷"认知,而移情使之成为"热"认知,即移情使道德判断具有道德意义,并促进相应道德行为的产生。

近年来,有关移情反应的许多研究都表明,移情能激发、促进诸如助人、抚慰、转让、合作和分享等亲社会行为,并且对侵犯行为也具有显著的抑制作用。具有较高移情水平的人,往往具有较高的道德敏感性,以及较强的观点采择和角色承担能力。

阅读栏 6-6 移情与侵犯行为的实验

梅拉比安和艾波斯坦(Mehrabian & Epstein, 1972)曾对 88 名加州大学的学生进行移情反应测验,然后请他们在一周后参加另一项研究。

实验时,实验者把每一名被试与同性别的一名实验助手配对,宣布助手扮演"学生",被试扮演"教师"。然后,让"学生"阅读一段材料,并告之要进行测验。同时,给"教师"一份测验答案,要求"教师"在"学生"出错时给予惩罚。惩罚方式是由"教师"电击"学生",电压强度有七个水平,由"教师"从中选择合适的电压强度。实际上,"学生"并未真的接受电击,而是通过仪器模仿出适合被试给予电击水平的痛苦反应。

实验分为两种条件。在直接的条件下,"学生"与"教师"只相隔 8 英尺远,彼此能看见。在非直接的条件下,双方避开视线,但能清楚地听见对方的声音。

实验结果表明,高移情的被试在两种条件下的侵犯数目(电击次数、电击水平)

比低移情的被试要少得多,同时,在直接条件下比在非直接条件下的侵犯数目要少。低移情的被试则在两种条件下的侵犯数目相同。

(引自寇彧,张文新,2001)

(二) 移情训练

通过一定的移情训练,可以提高儿童体察、理解他人的情感的移情能力,促进道德品质的提高。移情训练的方法有认知提示、情绪追忆、角色扮演、情境讨论、分享体验、情感换位、作品深化与作品分析等多种,本节介绍角色扮演、情境讨论和分享体验这三种。

1. 角色扮演

角色扮演是一种使人暂时置身于他人的社会位置,并按这一位置所要求的方式和态度行事的方法。角色扮演使人能够亲自实践他人的角色,可以更好地正确理解他人的处境,体验他人在各种不同情况下的内心情感,从而学会从他人的角度去知觉社会情境。

2. 情境讨论

情境讨论是指通过为学生展示情境图片或讲述情境故事,然后引导学生讨论,引发学生情绪反应和情感体验的方法。讨论时,可以要求学生转换到情境人物的位置上去体验特定的事件,理解和把握情境中人物的正确的情绪情感反应和积极行为。

3. 分享体验

分享体验是指让学生彼此表述、分享自己在现实生活中的内心情感的方法。例如,可以让学生彼此诉说自己亲身感受过的印象最深的情绪情感体验,并如实表述引起这一体验的具体情境、原因和事件内容。这有助于学生建立情绪体验和具体情境之间的联系。

阅读栏6-7 "移情训练程序"简介

费希巴赫(Feshbach,1985)等人以小学三、四年级的学生为训练对象,在实验室内针对儿童的移情能力进行了为期10周的训练。接受训练的儿童6人一组,分批训练,每周3次,每次一小时。经过这种训练程序的训练后,学生在教师给予的评价上和自己的行为测量上,亲社会行为有了显著增加,侵犯行为显著减少。训练主要从以下三方面入手:

1. 以图片的方式提供假定的情绪情感情境,让学生想象在这种情境中,他人是如何进行情境知觉的。

> 情境：小明终于盼来了自己的生日，他收到了很多礼物。可是当他打开一包包的礼物时，却发现礼物都是一样的小汽车。小明确实很喜欢小汽车，但是……你觉得小明的亲戚朋友们忘记了什么？
>
> 2. 让学生说出他们知觉这种情境的原因，帮助他们识别情绪情感线索，并训练他们用语言表达情绪情感的准确度。
>
> 3. 用语言暗示的手法，通过表情动作和言语导向，提醒他们对情境线索中的情绪情感反应给予注意，以便提高学生对他人的情绪情感的敏感性。
>
> （引自寇彧，张文新，2001）

三、道德行为的锻炼

道德行为是衡量道德的重要标志，人们对道德行为的研究主要集中在道德行为的形成过程及道德行为的训练两方面。

（一）道德行为的形成过程

道德行为的产生，不是单纯对社会规范的顺从，而是要经历一个连续而有阶段的心理过程。近几十年来，研究者详细地分析了特定的道德行为产生过程的影响因素，在此基础上建立了一些道德行为理论模型，从而更深入、细致地探究道德行为发生、发展的内部心理机制。其中影响较大的有班杜拉（Bandura）的社会学习理论的观察学习模型、施瓦茨（Schwartz）的规范激活论的利他行为模型、拉塔奈和达利（Latane & Darhey）的社会作用力的干预模型、艾森伯格（Eisenberg）的亲社会行为理论模型等。

美国儿童心理学家艾森伯格（Nancy Eisenberg,1986）对亲社会行为发生、发展的心理机制做了较全面、深刻的剖析，提出一种颇具特色的亲社会行为的理论模式，把亲社会行为产生的过程分为三大部分：对他人需要的注意阶段、确定助人意图阶段、意图和行为相联系阶段。[①]

1. 亲社会行为的初始阶段——对他人需要的注意

在一个人帮助他人之前，他首先要确认他人有某种需要或愿望，这受个体因素和个体对特定情境的解释这两方面的影响。

"个体因素"包括对他人的积极评价、角色采择的能力和倾向、他人定向、自我关注等。对他人观点进行采择的倾向往往可以增加一个人洞察到他人需要的可能性。在他人需要不

---

① 王美芳，庞维国. 艾森伯格的亲社会行为理论模式[J]. 心理科学进展，1997,15(4)：36—42.

太明显时,一定水平的推理能力是识别出他人需要的必要条件。积极普遍的他人定向有助于个体觉察并辨认出有关他人需要的细微线索。"特定情境的特征",如他人需要的明晰程度、需要的来源、潜在受助者的身份、旁观者的身份等都直接影响个体对情境的解释,从而影响到对他人需要的注意。

2. 亲社会行为意图的确定阶段

不同情况下,影响人们确定亲社会行为意图的因素是不同的。在紧急情况下,由于时间紧迫,不容许潜在助人者全面地分析个人得失,在助人与否的决策中认知变量和人格变量所起的作用相对较小,而情感因素,如移情、同情、内疚感或个人痛苦等则起主导作用。潜在助人者可能对他人产生同情,进而萌发亲社会行为动机。另一方面,潜在助人者也可能通过移情产生个人痛苦,为减轻个人痛苦而产生助人的动机。倘若潜在助人者具有更简便的、代价小的方法减少个人痛苦,如逃避现场,就可能产生不助人的动机。情感性的力量有时可以直接驱动潜在的助人意图,有时则需要以特定情境中的个人目标层阶(hierarchy of personal goals)为中介。个人目标层阶是指按个人各个目标重要性的大小而排列出的目标群。对每一个人来说,在许多情况下某些需要、愿望或目标要比另一些更重要。如果情境能诱发高水平的同情,那么利他目标可能比自我报偿或获得社会赞许的目标更为强烈,个体就越可能产生助人动机。

在非紧急情况下,个人是否产生助人的动机主要受认知因素和人格因素而不是情感因素的影响。认知因素对亲社会行为意图的影响主要包括两个方面。一是对亲社会行为的主观效用分析(analysis of subjective utility),即对亲社会行为的代价和受益的主观评估。例如,如果助人的代价增大(如身体上的伤害、物质上的损失等),即使是富有同情心、乐于助人的人,助人的可能性也会减小。二是对他人需要原因的归因。如果潜在的助人者把潜在受助者需要的原因归于受助者不可控制的外部因素,就更可能萌发助人的动机;如果把受助者需要的原因归于他(或她)可控制的内部因素,就可能萌发不助人的动机。例如,张三的家庭经济非常困难,原因是他所在的工厂效益不好(不可控制的外部因素),而李四的家庭经济也非常困难,原因是他不好好工作(可控制的内部因素),人们可能想帮助张三,而不想帮助李四。

人格因素的激励力量主要有:关于"助人"和"仁慈"(kindness)特质的自我认同,自尊和自我聚焦(self-focus),个体的价值观、需要和偏好等。如果一个人认为自己具有仁慈、助人、慷慨等特质,或者自认为是一个利他主义者,那么其亲社会倾向就更强。因为一个人一旦形成利他的自我形象后,便努力保持这种自我形象,并且使自己的行为与之保持一致。自尊水平和自我聚焦的程度也影响个体的助人意图。人的自尊水平不同,助人的原因也可能不同,如与自尊水平较高的人相比,中度自尊和低度自尊的人更可能为赢得社会赞许或避免受拒绝而产生亲社会行为动机。自我聚焦在不同情况下对亲社会行为的影响也不同,在他人需要比较明显时自我聚焦能促发亲社会行为,但在他人需要不太明显时,自我聚焦则可能会妨碍对他人需要的注意,从而影响助人动机的产生。一个人的价值观、需要和偏好也会影响到亲社会行为的决策过程。

3. 意图和行为建立联系的阶段

个体具有助人意图,并不意味着他实际上将做出亲社会行为。助人意图和亲社会行为之间并非完全相关。亲社会行为意图和行为之间能否建立联系受个人的有关能力、人与情境的变化两方面因素的影响。

在某些情形下助人行为和助人意图之间缺少一致性的原因是潜在助人者无能为力或感到无能为力。有关的个人能力,如助人的特定技能、自我效能感、自我调节技能、有效策略的知识、人际问题解决能力等,影响助人意图向亲社会行为的转化。个人有关能力的高低影响到助人意图与行为联系的加强或减弱,适当的训练(提供与助人有关的知识和技能)在某些情况下能增加助人行为;个人能力的相对水平也影响助人意图和行为的联系,如在紧急条件下,若有能力更强者在场,个体的助人行为将部分地受到抑制。

在某些情况下,一个人的助人决定与助人时机之间往往有一段时间间隔,在这段时间内个体特征与情境因素随时间而发生的变化也可能要影响到已有助人动机的个体是否会做出助人行为。如,个体 A 看到个体 B 骑车摔倒了(注意到他人的需要),想上前扶起个体 B(产生助人动机),但一个离个体 B 更近的人扶起了个体 B(情境发生了变化),这样个体 A 的助人动机与助人行为之间就没有联系起来。

亲社会行为的实施本身也会强化以后的亲社会行为。这是因为,第一,亲社会行为的实施增强助人者关于助人形象的自我认知和利他性的内部归因,个体为保持这种形象更可能做出与之一致的亲社会行为。第二,个体所做的亲社会行为可能改变了有关的道德价值观,这一变化可能有利于亲社会行为的产生。第三,亲社会行为者在行为中得到了物质的、社会的或情感的报偿,为继续得到这种报偿而更多地做出亲社会行为。第四,一个人做出亲社会行为,无疑增加了一次角色采择的机会,增加了一次领会他人感情、观点的机会,这些经验进一步提高了个体的角色采择能力,增加了一次学习亲社会行为的机会,这种学习可能会提高个体亲社会行为方面的能力。

艾森伯格的亲社会行为模型把可能影响亲社会行为的各种因素有机地统一在亲社会行为产生的整个过程之中,并对其作用机制作了较深刻的剖析,特别是对认知、情感和人格因素的作用作了详细的说明,这无疑为探讨亲社会行为复杂的心理机制提供了一条较新的思路,对我们进行亲社会行为的研究具有一定的理论指导意义。该理论模式还具有重要的实践意义。事实证明,通过对影响亲社会行为因素的干预能在一定程度上增强儿童的亲社会行为。如通过对儿童的移情训练可以提高儿童亲社会行为发生的频率,通过为儿童提供亲社会行为的范例可以强化儿童亲社会行为,等等。

表6-3 道德发展理论的比较

理论	关注点	婴儿期到儿童期	儿童期到青春期	青春后期到成年
皮亚杰	认知	道德现实主义	合作的道德	
科尔伯格	认知	前习俗水平	习俗水平	后习俗水平
艾森伯格	亲社会推理	快乐主义或自我中心倾向	赞同/人际倾向 自我反思的移情倾向	内在倾向
塞尔曼	观点采择	自我中心观 社会信息观点采择	自我反思观点采择 相互观点采择	社会和习俗系统的观点采择
霍夫曼	移情	全面移情 自我中心移情	对他人情感的移情	
各理论的发展趋势		关注自我,很少考虑别人(自我中心)	开始通过父母、社会以及他人的刻板观点等外部资源来思考他人	个人信念的发展以及将社会视为一个整体

(二)道德行为的训练

对学生道德行为的训练应从道德意志的锻炼、道德行为方式的掌握和道德行为习惯的培养等多个方面入手。训练时可综合运用多种方法。

1. 让学生获得道德行为的榜样,激发意志锻炼的自觉性

大量研究表明,利他的榜样行为有助于儿童做出相应的助人行为。因此,设定一定的社会情境,树立一定的榜样,使儿童有意无意间进行模仿,可以有效地促进儿童品德的行为和发展。首先,家长和教师应身体力行,表现出道德行为;其次,通过媒介向学生推荐道德行为的榜样,如在危险或困难面前挺身而出的英雄人物等;最后,对学生的规范行为应给予及时肯定,为学生树立身边的真实的榜样。

2. 指导学生掌握道德行为方式

掌握必要的道德行为方式,可提高学生的道德行为效果。教师可通过多种途径进行指导。① 通过学生守则、常规的讲解与练习,使学生熟悉学校生活中最基本的行动要求,如按时上课,交作业,不打人,不骂人等;② 分析某些典型人物的行为,如优秀学生、先进个人等,

使学生从中受到启发;③ 组织学生讨论为完成某件好事所应采取的行为步骤;④ 分析与总结道德行为的成功经验与失败教训等。

3. 组织道德行为练习,使学生获得道德锻炼的直接经验

教师和家长明确并严格执行学习和生活的行为规范,是对道德行为的日常而重要的练习。另外,教师可通过开展各种活动,如主题班会、集体活动,让学生在活动中有意识地练习道德行为。练习时,要使学生明确练习的目的、意义和具体要求,并给以及时强化。

良好的道德行为习惯是通过反复练习和重复形成的。因此,让学生在明确行为意义的前提下反复练习和实践,能锻炼学生的道德意志,培养良好的道德行为习惯。

4. 对规范行为进行有效的强化,对违规行为进行有效的抑制

对规范行为的强化可以直接进行,即每当学生表现出规范行为就给予表扬、奖励等,这会增加该行为以后出现的频率。这种表扬对其他学生也起到了替代性强化的作用。

奖励模范行为的同时,对违规行为也要进行相应的惩罚。因为放任违规行为,个体通过违规行为获取利益的可能性增大,则遵守规范的动力会淡化或减弱。但不是所有的惩罚都能有效促进道德行为。研究表明,由态度亲切(而非冷漠)的成人实施的程度适中的(而非轻描淡写的或太厉害的)、即时性的(而非后来实施的)和前后一致的惩罚,对于禁止儿童的违规行为最为有效。[①]

另外,研究表明,惩罚的同时进行说理可以有效地提高惩罚的效果。说理之所以有效,是因为说理向违规者清楚阐明了行为错误的原因,并且说明了违规者如果再犯的话,为什么应该感到自责、羞愧。因此,当接受了这些理由的儿童一想到要做一件被禁止的事情时,会体验到不安感,并将这种不安感进行"自己不好意思、羞愧、内疚"的内部归因,从而对违规行为产生有效抑制,并对自己能进行"成熟而负责"的行为而感觉良好。与此相反,如果没有向儿童说明行为错误的原因而只是进行了惩罚,当儿童想到错误行为也会体验到不安感,但会对这种不安感进行"害怕被发现或惩罚"的外部归因,这种归因会使他们只在错误行为有可能被发现或惩罚的情况下才抑制错误行为。

> **阅读栏 6-8　促进道德发展的课堂建议**
>
> • 帮助学生分析他们目前正面临的或不久将要面临的各种两难情境。
>
> 举例:
>
> 1. 在小学,讨论兄弟姐妹间的竞争、取笑别人、偷窃、偏见、如何对待班级新生

---

① 陈会昌著. 道德发展心理学[M]. 合肥:安徽教育出版社,2004,159—162.

和如何对待残疾同学等主题。

2. 在高中,讨论欺骗、让朋友酒醉驾车、如何拥有良好的人际关系及保护犯错的朋友等主题。

• 帮助学生理解他人的观点。

举例:

1. 请一个学生描述他对另一个人的观点的理解,然后让那个人确认或纠正该学生的理解。

2. 让学生互换角色,并在讨论中尝试变成另一个角色。

• 帮助学生在价值观和行为之间建立联系。

举例:

1. 在讨论"应该怎么做"后,接着讨论"你会怎么做?每一步先做什么?可能有什么问题?"

2. 帮助学生了解自己的价值观与行为之间的不一致,请他们先指出他人不一致的地方,再回头审视自己。

• 保护所有参与者的隐私。

举例:

1. 提醒学生,在讨论中他们可以回避某些私人问题,不予回答。

2. 如果发现有同伴迫使某个学生说自己不想说的事情,教师应制止。

3. 不要强化"讲秘密"的行为。

• 确保学生真正做到了彼此倾听。

举例:

1. 保持较小的小组规模。

2. 让自己成为一个好的倾听者。

3. 表扬那些仔细倾听他人发言的学生。

• 确保你的课堂尽可能多地关注道德和价值观问题。

举例:

1. 明确区分基于管理便利的规则(保持教室整齐)和基于道德问题的规则。

2. 标准一致化,不要有偏袒的行为。

(引自 Woolfolk,2012)

阅读栏6-9 一位教师处理有偷窃行为学生的案例

事件：小吴因参与偷窃自行车被派出所拘留了，学校要求我作为班主任与他好好谈谈。我对该学生的总体印象是性格内向、话语少，学习不好也不积极。

我利用课间把他叫到活动室，他低着头，精神状态看上去也不太好。我没有直接切入话题，而是先问他是否还记得开学时班会课上通过讲故事制定的班规，其中一条便是通过一个关于诚信的故事制定的有关为人正直诚实的班级公约。他低着头，轻轻地点了几下。

我接着告诉他这周班会课我想召开一个有关遵纪守法的主题班会，他抬起头来，眼神有点慌张。"老师，是不是我周六的事情……"他终于说话了。显然，他以为我会以他为例子来教育大家。

我马上说我已经知道他周六的事情了，因为他不诚实的行为导致了违法的事情，我必须开班会让大家重视班规，但是我向他承诺绝对不会以他来为例展开班会，也会替他保守秘密，但是必须告诉老师为什么，是什么吸引他去盗窃的。

最终他断断续续地道出了原因，原来是在网吧里结识了几个辍学的小青年，这几个青年待他不错，所以愿意为他们的"事业"出力。被抓后先是公安局进行了教育，后来父亲把他接回家狠狠地打了他一顿，他说这些的时候显得无辜又委屈。

我告诉他任何人都会犯错，要承担的后果是苦涩的。我说我理解这不是他的本意，告诉他结交朋友就和读书一样，读好书能学到本领，交好的朋友对自己也影响巨大，受益匪浅。总之与他谈了很多，但是始终强调的是，老师会为他保守秘密。

说得再多，行动还是最能打动人的，我开始多加关注这个学生了，有时向他咨询老师应该怎样上课，怎样管理班级，希望他能提提意见，有时会利用放学后的一点时间帮他讲解几道题，鼓励他会一点比什么都不会好，学好最基础的。一年以来这个学生再也没出过类似的事情，在班上也能比较放得开了，能积极地与班上的同学相处。因为这位学生的本性是善良的，所以我给他的承诺，我给他的关注他都接受了，有了良好的转变。

思考与练习

1. 什么是品德？阐述道德与品德的关系。
2. 如何理解品德的心理结构与品德培养的意义？

3. 皮亚杰与科尔伯格有关儿童道德发展问题的研究有何联系和区别?
4. 道德发展阶段理论对道德教育有何启示?
5. 品德的培养包括哪几个方面?如何进行?
6. 设计一个良好道德行为的培养方案。
7. 请分析阅读栏6-9中的案例,你觉得此案例中老师做得最成功的地方是什么?

第七章　学习动机

> **本章导读**

学习动机是学校教育所要关注的核心问题之一,要理解学生在学习活动中的行为表现,就必须深入了解其行为背后的内在原因,即学习动机。学习动机不同,学生投入学习的行为就不同,进而产生不同的学习结果。

本章共有三节。第一节着重介绍了学习动机的含义、学习动机与学习效果的关系以及学习动机的评价指标。第二节主要介绍了几种有代表性的学习动机理论。期望价值理论从学生对自己胜任该学习任务的可能性判断以及对该任务的价值知觉来解释学生的学习动机。归因理论试图从学生如何看待自己的学业成败的角度来解释学习动机。目标取向理论认为,学生持有的学习目标将直接影响其在学业活动中的表现。自我决定理论从人的天生需要出发,认为满足自主的需要是激发内在动机的根本,因此培养和激发学生良好的学习动机也成为教师课堂教学的重要目标。第三节则着重介绍了基于目标取向理论而发展出的两种动机培养模式:TARGET 教学模式和成长型思维教学模式。

如果我们不了解学生的学习动机,就可能会对学生的行为感到迷惑不解,譬如,为什么考试临近,一些学生不专心复习功课而跑去参加聚会?为什么很多学生要把功课拖到最后一刻?为什么有些学生明知学习关系到自己的未来,却仍然沉迷于网络、手机、游戏而浪费宝贵的学习时间,而有些学生则总是孜孜不倦地学习,让教师和家长深感欣慰?是什么造成了这两类学生的不同呢?教育心理学家试图从学习动机的角度去解释学生不同的学习行为。

第一节　学习动机的一般概述

人的任何行为表现都是受一定的动机所驱使的,要全面了解一个人,就必须深入了解其行动背后的动机。对于教师而言,深入理解学生的学习动机是非常有价值的。

一、动机与学习动机

动机是指能够引起目标导向的活动并使之得以持续的内在过程。作为一种内部过程,动机不能被直接观察，但可以通过个体的外显行为加以推断。例如，教师常常发现班上的学生学习行为有很大的不同；有些学生对学习很感兴趣，总是主动、认真地完成学习任务，而有些学生把学习看成是一种负担，应付了事，得过且过。这些行为上的差异，正是学习动机不同而导致的。动机具有方向性，人们总是为了达成或回避某个目标而采取行动。动机不同，行为表现亦不同。例如，同样是每天上学，有的学生是为了获得知识、增长能力，为将来的职业生涯做好准备；有的学习则是因为学校里面有自己喜欢的同伴和老师，上学可以满足交往的需要。动机不仅起到引发行为的作用，更重要的是使行为能够持续进行。为了实现一个目标而开始活动是重要的，但更重要的是保持活动。许多目标是长期的，如上大学，找一个好工作，这些目标必须伴随长期不懈的努力才能实现，因此，需要强烈而持久的动机。

学习动机是指引发个体的学习活动并使之得以持续的内在过程。学生投入学习活动的原因有很多，大致可以分为内在原因和外在原因两大类，也称内在动机和外在动机。内在动机是指个体从事学习活动不是为了获得奖励或是出于某种外在的压力，而是基于好奇心以及寻求挑战、获得理解和掌握的愿望。对于受内在动机激励的学生来说，奖励与惩罚都不重要，因为他们喜欢学习，在探究与发现过程中，他们获得了来自活动本身的回报。外在动机是指个体为了获得奖赏或避免受到惩罚而学习。那些能够引发个体行为的外部刺激被称为诱因，能够引起人们的趋向行为的诱因为正诱因，如食物、奖品等；能够引起人们回避行为的诱因为负诱因，如批评、体罚等。那些为了获得高分数、取悦教师和家长以及避免惩罚而学习的学生就是受外在动机激励的，如果没有了外部诱因，这些学生就失去了学习的动力与方向，往往会减少或停止对学习活动的投入。那么，我们如何判断一个学生是受内在动机激励的还是受外在动机激励的呢？从外显行为是很难判断的，关键是看学生的行为是由内部因素决定的还是由外部因素决定的，即自我决定还是他人决定。如果是学生自我选择的行为，就是受内在动机驱动的，如果是由他人选择的行为，如，父母要求儿童学音乐，而儿童本身并不喜欢，就是受外在动机驱动的。但有时学生并不喜欢某种活动，但是由于认识到该活动对未来职业很重要，从而决定从事这项活动时，他是受内在动机激励还是受外在动机激励的呢？我们可以把这种情况叫作外在动机的内化(Woolfolk,2007)。可见，内在动机与外在动机不是完全对立的。

二、学习动机与学习效果的关系

学习动机不仅对学习行为具有引发、定向和维持的功能，而且对学习效果有直接的影响。学习动机从两个方面对学习效果产生影响，一是动机的强度，二是动机的性质。动机强度影响学习效果是不言而喻的，一个缺乏动机的学生花在学习上的时间、努力的程度、遇到困难的坚持性肯定低于动机高的学生；相应地，动机低的学生学习成绩也较差。那么，是不是动机越强,学习效果就越好呢?研究表明,动机与学习效果的关系并不是简单的线性关系。不同难度水平的任务,其最佳动机水平不同。一般来说,对于简单的学习任务,动机水平应保持在一个较高的水平,这样才能使学生将注意力保持在学习任务上,从而保证完成任务的质量。如果学生在简单的学习任务上的动机水平很低,觉得太容易、缺乏挑战性,就容易粗心大意反而导致学习效果不好。对于比较困难的学习任务,保持中等强度的动机水平;动机强度太低,投入学习活动的努力不够,自然不能取得好成绩;但是动机过于强烈可能适得其反,比如有些学生太想取得好成绩反而考试成绩不理想,这是因为人的认知资源是有限的,如果把一部分认知资源分配到对结果的考虑上,分配到任务上的认知资源势必减少,因而影响了任务完成的效果。动机强度与学习效果之间的这一关系被称为耶克斯-多德逊定律(见图7-1)。

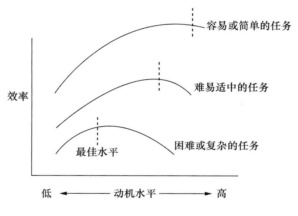

图7-1 耶克斯-多德逊定律

学习动机的性质也会影响学习的效果。如果一个学生是为了理解、掌握、提高而学习,学习本身就是目的,那么,在学习的过程,学生就会积极地设定学习目标,安排学习计划,选择和运用学习策略,监控学习进程,评价学习结果,调节学习行为,排除干扰,克服困难,这些将最终带来良好的学习效果。如果一个学生把学习当成达到其他目的的手段,如为了考高分、为了得到奖励,或避免受到惩罚,他在学习过程中的表现可能完全不同,这类学生往往以付出最小的努力得到最大的结果为荣,希望在学习过程中找到某种捷径,在学习的过程中往往采用表层加工策略,如死记硬背,而且一旦达到目标,就终止学习。持有这类学习动机的学生可能在短期内取得一定的成绩,但从长远看,对学习将产生不利影响。

学习动机与学习效果并不是单向的因果关系,事实上,学习效果的好坏对学习动机有增强或削弱的作用。当学生通过努力取得良好的学习成绩时,会产生极大的自豪感和自信心,这些使得他们的学习动机进一步增加,从而以更大的热情投入学习。相反,尽管学生付出了努力,但是学习成绩并没有相应地提高,他们看不到学习与效果之间的关系,就会对努力的作用产生怀疑,降低能力的自我评价,失去进一步学习的信心与兴趣,学习动机因而降低。

> **阅读栏7-1　让数学学困生体验到成功**
>
> 　　小叶同学文科成绩优异,但数学成绩却极差。据家长反映,小叶在小学五年级之前的数学成绩一直很好,还在一些数学竞赛中获得名次。但六年级时由于换了数学老师,小叶不适应其教学方法,成绩有所下降,自己的信心也随之降低,接着就谈"数"色变,逐渐地几乎放弃了数学的学习。
>
> 　　我故意走近她,看似不经意地表扬她,让她感觉到老师在关注着她的一举一动。第一次单元小测以后,全班女生中只有她不及格,我发现她向同学借了试卷订正了答案。能看出,她有些心急了。放学后,我让她留下来,耐心地把她不懂的内容又讲了一遍,并布置她做一些相应的练习题。她发现有些题会做了之后非常高兴。她开始主动找我补课,并经常要求我再给她出一些题考一考。课堂上,我总是给她回答问题的机会,对则表扬鼓励,错则纠正并提醒没关系。半个学期坚持下来,她上数学课再没出现过打瞌睡或者看课外书的现象了,总是很期待地做好课前准备。期中考试成绩一出来,她流着眼泪来到了我的宿舍。我理解她的伤心,她的努力没有把她的成绩提高到及格。我和她一起去了麦当劳,并告诉她学习数学的窍门:理解思想、加强练习、及时复习。并和她一起约定:谁也不能放弃,要用坚持不懈的努力来换取好成绩。我和她的同桌、家长都"串通"好,例如考试的时候,放慢做题速度,帮她调节紧张的情绪;家长适时地给予表扬和鼓励,陪她一起买练习册和做题。期末考结束时,她很高兴地跑来告诉我,她的数学拿了68分,并说,妈妈给她在网校报了名,她要利用假期继续提高数学成绩。

三、学习动机的评价指标

学习动机作为一种内在的心理历程,无法直接观测,我们只能通过可观测的一些外显行为作为评价学生学习动机的指标。通常用来评价学习动机的指标有任务的选择、努力的程度、坚持性以及学习成绩(Pintrich & Schunk,1996)。

1. 任务的选择

如果我们给学生自主选择的权力,让他们可以自由决定从事何种活动,那么从学生选择的活动就可以看出其兴趣所在,因而可以了解其内在动机的指向性。通过任务选择来了解学生的兴趣与动机看起来是一个简便易行的方法,但在实际的课堂教学中却不容易推行,因为在大多数的课堂里,学生通常是没什么选择机会的。

2. 努力的程度

我们常听到教师和家长报怨学生不够努力,意在批评他们缺乏动机。一个受动机激励的学生,会很努力地学习。由于学习活动具有一定的难度,学生需要付出很大的努力才能取得成功,因此努力对学生的学习具有重要影响。但是什么是努力?对大多数教师和家长来说,如果看到学生一直埋头工作,就会认为学生很努力并因此而感到满意。事实上,努力不仅仅是时间的投入,如果出工不出力,时间的投入就是一种浪费。对不同的活动来说,努力的形式也是不一样的,对于体育技能的学习来说,努力是身体上的,通过不断地训练提高运动水平。对于学术性学习活动来说,努力是认知上的,是学生是否乐于运用各种认知资源和学习策略来解决问题。但是也应该注意到,用努力作为评定学生的学习动机指标时,会受到学生自身能力水平的限制。能力水平很高的学生只要付出很少的努力就可以完成学习任务,我们不能因此而认为其学习动机水平较低。

3. 坚持性

当学生在学习过程中遇到困难时,是轻易放弃还是锲而不舍反映了学生学习动机的强弱。一般来说,缺乏学习动机的学生遇到困难时较容易放弃,而受动机激励的学生则会坚持下去,因此坚持性被认为是值得提倡的重要学习品质。但我们也要注意到盲目坚持的弊端,如果思考或解决问题时出现了方向性错误,此时再坚持下去,无疑是有害而无益的,因此学生必须懂得适时地放弃。

4. 学习成绩

学生的学习成绩也可以看作是动机的一个间接指标。当一个学生对学习活动很投入,花很多时间和精力去钻研,遇到困难时能够坚持下去,可以预见,他应该取得不错的学习成绩,事实也是如此,许多研究表明,学生的学习成绩与任务选择、努力以及坚持性有显著的正相关。

第二节 学习动机的理论

有关学习动机的理论有很多,这里不做历史的回顾,我们只是从教师理解学生的心理和行为的角度,结合当前动机研究的最新成果来介绍一些重要的理论。

一、期望价值理论

前面提到,任务选择是评定动机的一个重要指标,通过学生选择任务的情况我们可以间接了解学生的动机。通常我们在做出决定之前,要考虑的一个问题就是我们能否胜任该项工作,如果我们认为自己具备了足够的知识与技能,有成功完成任务的把握,就会选择投入这项活动。一般我们不会选择明知结果是失败的任务,也就是说,人们在决定从事某一活动之前会对结果进行预期。如果人们对一项活动感兴趣,也认同这项活动的意义与价值,但是当他们投入活动后,屡试屡败,就会放弃该活动。心理学家提出期望的概念来代表上述思想,除了期望以外,人们在决策时还会考虑另一个问题,就是这项工作的价值,它重要吗?有意义吗?如果答案是肯定的,那么人们就愿意从事这项工作,否则就会拒绝。阿特金森提出了一个关于成就动机的期望价值理论,他认为人的行为倾向(T)是由动机(M)、成功的可能性(P)和诱因价值(I)三者共同决定的。动机代表的是持久的个体差异或倾向性,它是习得而来的,包括两种基本的成就动机:追求成功和避免失败。成功的可能性代表的是任务的难度,难度大成功的可能性低,难度小成功的可能性则大,但难度大小是有参照的,如果多数人都不能取得成功,就说明任务很难,反之,则说明任务简单。从这个角度讲,阿特金森的理论还考虑了外部因素对行为的影响。诱因价值是指完成任务所带来的自豪感,它是一种情感因素。阿特金森认为诱因价值与成功的可能性是有关的,在困难任务上取得成功会体验到强烈的自豪感,而在简单任务上取得成功则不会带来太大的愉悦,因此他在公式中将成功的价值用1减去成功的可能性来代表。以追求成功的动机为例,其公式如下:

$$Ts = Ms \times Ps \times Is$$
$$Is = 1 - Ps$$

从上述公式我们可以看出,当任务为中等难度水平时,成就动机水平最高,因为这时成功的可能性为0.5,诱因价值也是0.5($Is = 1 - Ps = 1 - 0.5$),二者乘积为0.25,与其他条件相比此数为最大。例如,当成功的可能性为0.9时,诱因价值只有0.1,二者乘积只有0.09。可见,要想激发学生的学习动机,过于困难或过于简单的任务都是不恰当的,只有需要学生适当努力才能完成的中等水平的挑战性任务才是最理想的难度水平。这一点已经被众多的研究所证实。

虽然阿特金森注意到价值的重要性,但他只是从情感角度来考虑,而且由于在其公式中价值可以用成功的可能性进行推算,因此长期以来,价值的作用处于被忽视状态。Eccles 和 Wigfield 针对阿特金森的不足,对价值的成分和作用进行了较为详细的分析,其模型尤其适用于学生的学习活动。Eccles 等人根据四种成分来定义任务的成就价值,每一种成分都能够影响诸如任务选择、坚持性等成就行为,并对成就产生影响。这四种成分为:达成价值(attainment value)、内在价值(intrinsic value)、实用价值(utility value)和代价(cost)。

达成价值是指完成一件任务的重要性。如果一项任务能够令个体自我图式中稳定的或核心的成分得到确认，这项任务就具有较大的达成价值。如果在一个学生的自我图式中，学习好是非常重要的，那么学习任务对他来说就具有较大的达成价值；对另一个学生来说成为一个运动员是非常重要的，那么体育活动对他来说就具有较大的达成价值。

内在价值是指个体从活动中获得的乐趣，或对活动的主观兴趣。这个概念与Deci等人(Deci,Ryan,1985)和Harter(1981)提出的内在动机的概念有相似之处。当一项任务具有很高的内在价值时，个体会更加投入地从事工作，有较高的坚持性，并且是受内在动机激励的。

实用价值是指任务与个体的长远目标如职业生涯、社会地位的关联程度。个体可以选择从事具有较高实用价值的活动，即使对这种活动毫无内在兴趣。如一个学生可能不喜欢学习外语，但因为外语是大学入学考试的必考科目，该学生为了考入大学而学习外语。所以任务的实用价值是促使学生学习的外部原因，是学生为了达到其他目的的一座桥梁。

代价是指从事一项活动的负面效应。当个体从事一项活动时，也意味着他不能同时从事其他的活动。从这个意义上讲，选择从事任何一项活动都要付出一定的代价。代价包括预期的负面情绪，如焦虑和取得成功需要付出努力的大小。对代价的预期将会影响个体的任务选择，如当完成一项工作需要付出太多的时间与努力时，个体可能宁愿放弃这项工作而改做其他事情。

在决定一个任务对个体的成就价值时，上述四个成分是共同起作用的。个体会对任务的不同价值及代价产生知觉，从这个意义上说，这是个体关于动机的理性的决策模式(李晓东,2000)。在Eccles和Wigfield的期望价值理论中，期望信念被认为与学生的学习成绩及认知投入有关，而价值信念则与选择行为有关，这些选择行为为学生提供了在未来取得成功的可能性。要增加学生的学习价值感，首先要让学生在课堂产生安全感和归属感，因为令学生感到害怕或孤独的地方是无法让学生专心学习的。其次，让学生对学习产生内在价值感，增加学习兴趣，提高内部动机。比如，将课堂活动与学生的兴趣相结合，激发学生的好奇心，通过游戏等方式使学习任务变得有趣。对于难以引起学生兴趣的学习内容，可以通过强调其实用性，强调这些内容与未来学习和生活之间的关系引起学生的重视。

Covington(1993)认为追求成功的动机和回避失败的动机是两个独立的维度，按照高低不同可以组成一个2×2的矩阵，从而把学生分为四种类型：失败接受者(failure acceptors)，失败回避者(failure avoiders)，成功取向者(success-oriented students)和过度努力者(over-strivers)。

失败接受者指的是追求成功和回避失败这两类动机都很低的学生，学业成绩对他们来说是无关紧要的。这类学生可能不认同学业的价值，因而对学业表现漠不关心。失败回避者追求成功的动机很低，但对失败高度恐惧。为了回避可能产生的失败，他们倾向于采用拖延和其他自我妨碍(self-handicapping)的策略,[①] 这类学生不太愿意投入学习活动。成功取向者追求成功的动机高,回避失败的动机低。这类学生对学习高度投入,对学业表现并不担心或焦虑。过度努力者追求成功和回避失败的动机都很高,他们渴望成功但同时非常害怕失败。这类学生学习很努力,但因为担心失败而感到焦虑。

二、归因理论

归因理论最早是海德提出的,韦纳把归因理论扩展到成就领域。归因理论认为人是天生的科学家,会试图理解自己与他人行为的决定因素,当一件事情发生后,人们自然会去探寻其背后的原因。例如,为什么某运动员在本次比赛中发挥出色?为什么一个平时成绩出色的学生在高考中表现失常?人们对这些问题的回答就是归因。就成就领域来说,个体在失败时会比成功时更倾向于进行归因,因为人们希望从失利中总结经验教训,避免重蹈覆辙。

韦纳提出了一个成就归因模型,见表 7-1。从该模型可以看出,个体将事件归为何种原因受环境和个体两方面因素的影响。环境因素包括具体信息,如教师告诉学生考试成绩不好的原因是他们不够努力,也包括社会规范信息,如别人考得怎么样。个人因素包括个体关于考试和自己的各种图式和信念,如学生根据以往的经验对自己能力的知觉。这两大因素影响个体所做的实际的归因,即他们把失败归因为低能力、运气不好、测验难、缺少努力、情绪不好、疲劳或其他原因。个体对事件所做的归因是知觉到的原因(perceived causes),并不一定是事件发生的真正原因,但对个体心理和行为产生影响的正是知觉到的原因而不是真正的原因。例如,一个学生的某门功课期末考试成绩很差,如果他认为这是因为自己能力不行,就会感到羞耻(心理结果)以及未来将减少对该门功课的投入(行为结果)。

表 7-1 韦纳的成就归因模型

前提条件	知觉到的原因	原因维度	心理结果	行为结果
环境因素	归因于	稳定性	对成功的期望	选择
具体信息	能力			坚持性
社会规范	努力	控制点	自我效能	努力的水平
情境特征	运气			成绩
	任务难度	可控性	情感	
个人因素	老师			
原因图式	心情(mood)			
归因偏见	健康			
先前的知识	疲劳等			
个体差异				

(Weiner,1992,转引自 Pintrich & Schunk,1996)

[①] 关于自我妨碍的解释见阅读栏 7-3

归因模型认为,行为产生的原因是多种多样的,重要的不是这些具体原因,而是具体原因背后所代表的心理维度,这些维度对心理和行为产生动机作用,同时也起到了把具体原因进行分类和简化的目的。当我们对具体原因进行分析与归类时,首先要问的一个问题就是这些归因是个体内部的原因还是外部的原因,对这个问题的回答就涉及控制点(locus of control)这个维度。控制点最早是由罗特(Rotter,1966)提出的,他把人分为两类,一类是内部归因者,认为奖励或强化是与自己的行为密切相关的,这类学生倾向于认为他们的成绩取决于自己的能力、技能或努力;另一类是外部归因者,这类学生倾向于认为他们的成绩是由运气、老师或其他外部因素决定的。第二个问题是这些原因是固定或稳定的,还是可变的并随着情境、时间的不同而不同。在韦纳看来,罗特控制点的概念把内外和稳定性这两个不同维度混为一谈了。事实上,虽然同为内部原因,但在稳定性上可以有很大差异,如能力一般来说是稳定的,而努力则是可变的。同样,作为外部原因,任务难度对特定任务来说是稳定的,而运气是不稳定的。第三个问题是这些原因是个体能够控制的吗?例如,人们通常相信努力可以通过意志进行控制,而控制能力却困难得多。运气则是不可控的。成就情境中归因及与各维度的关系见表7-2。

表7-2 成就情境中归因及与各维度的关系

稳定性	控制点			
	内部的		外部的	
	可控的	不可控的	可控的	不可控的
稳定的	长期的努力	智能	讲师的偏见/偏心	学校或课程要求的难易程度
不稳定的	技能/知识 为考试而做的短暂或情境性努力	考试时的健康状况、心情	来自朋友/老师的帮助	机遇

(引自 Weiner,1986)

不同的归因方式对学生的学习产生重要影响。有积极归因方式的学生对自己有信心,相信自己能够胜任学习任务,即使考试失败了,他们也不会归因于自己的能力低,而是归因于自己没有尽最大的努力去学习。相反,有消极归因方式的学生常常把考试失败归因于自己的能力低,即使偶尔成功了,也会归因于自己的运气好,因而对自己没有信心,不相信自己能够学习好,这类学生往往有比较严重的自卑心理,最后可能会演变为习得性无助。

学生的归因方式并不完全是由其自身学业成败的经历决定的,教师的反馈也很重要。研究表明,教师对男女生评价存在明显差异。在失败情况下,教师倾向于认为男生是动机方面存在问题,女生是智力方面存在问题。这种反馈容易导致女生在失败时较少地意识到努力程度对学习的影响，使她们比男生更多地进行能力低归因（韩仁生，2004）。此外，教师在表扬与奖励时也要注意对学生归因的影响，一般来说学生在简单任务上成功获得表扬所传达的意义是其能力较低，在挑战性任务上获得表扬则意味着能力高。

归因理论对教育产生了深刻的影响。在归因理论看来，学生将自己的学业成败归因于能力还是努力具有重要的动机意义，它将影响学生对未来成功的期望以及是否继续投入学习活动的决定。以往关于归因的研究主要侧重的是学生或教师的个人信念，强调原因知觉的个人心理内部结果。归因理论的新发展是将归因不仅看作是一种个人内部（intrapersonal）的动机理论，而且是一种人与人之间（interpersonal）的动机理论。正如韦纳指出的，成就情境中的成功与失败不是发生于真空中的，而是存在于一个丰富的社会情境中，它既影响成就表现也受成就表现的影响。这个社会环境包括教师、同伴和父母。他们因学生的成就表现快乐或伤心，表达他们的愤怒和同情，给予奖励、惩罚、帮助或忽视。学生就自己的成就表现也应向这些重要他人有所交代，这就是所谓公开的归因。由于人们对事件的原因知觉会影响人的情感和行为，因此行动者会有意识地去影响观察者的原因信念。学生也可能为了获得教师或同学的喜爱或同情做出有利于自己的归因。研究表明，无论结果是成功还是失败，中小学生都一致认为努力的学生会受到教师的喜爱和同伴的欢迎，能力低又不努力的学生最不受教师和同伴的欢迎。研究还发现中小学生就考试结果向教师和同伴做公开归因时都倾向于做努力归因，这正好与他们所知觉到的教师及同伴价值信念吻合，也就是说学生能够意识到他人的价值或期望是什么，并以与他人价值或信念一致的方式呈现自己（李晓东，庞爱莲，林崇德，2003）。

> **阅读栏 7-2　习得性无助感**
>
> 美国心理学家塞利格曼（Seligman）认为许多儿童在校成绩不好，心情沮丧，其根本问题是他们对自己的成绩有一种悲观的态度。当孩子认为自己无能为力时，就不会再尝试了，因此成绩就会退步。塞利格曼把这种无能为力感称为无助感（helpless），并认为这种无助感可以在经验中习得（Seligman，1998）。
>
> 如果学生具有以下特征，说明他们可能产生了习得性。
>
> * 说："我做不到"。
> * 无法集中注意力听教师讲解。
> * 即使有需要，也不寻求帮助。
> * 什么都不做（如盯着窗外发呆）。

* 不经思考就猜测或者随机回答。
* 取得成功时缺乏自豪感。
* 表现出厌倦、无兴趣。
* 容易沮丧。
* 不愿意回答教师的问题。
* 想尽各种办法逃避任务。

(引自博林,德温,里斯-韦伯,2012)

阅读栏 7-3 自我妨碍与学业自我妨碍

自我妨碍(self-handicapping)是指"在表现情境中,个体为了回避或降低因不佳表现所带来的负面影响而采取的任何能够增大将失败原因外化机会的行动和选择"。自我妨碍有很多形式,如在成就情境即将到来之前的拖延行为、喝醉酒、睡眠不足,过多地参加各种活动或考试前不复习等,也包括个体在投入活动之前所报告的焦虑、心情不佳以及创伤性生活事件等。这些自我妨碍策略可以分为两类,一是行动式自我妨碍(behavioral self-handicapping),指个体为了做出有利于自己的归因而事先采取的行为策略,如酗酒、减少练习时间等;二是自陈式自我妨碍(self-reported handicapping),指个体在从事任务之前,主动声称存在一些可能会影响自己发挥水平的因素,如紧张、焦虑,身体不适等。区分两类自我妨碍策略的意义在于它们所带来的结果是不同的。行动式自我妨碍虽然为可能的失败提供了更为可信的借口,但由于做出了减少练习和努力的行为使表现受到影响,降低了成功的可能性;自陈式自我妨碍只是在投入活动之前提出一个可能并不存在的借口,没有不利于表现的实质行为,因此对表现不会产生真正的影响,也不会减少个体成功的机会。

自我妨碍与归因的主要区别是,归因是在结果出来后对这种结果所做的解释,而自我妨碍则发生于成就活动之前,是为了给可能的失败找到一个合理借口而采取的预先准备,不是对实际失败结果的事后合理化。自我妨碍是归因的基础,而不是归因本身。如对自己考试成绩不好解释为太疲劳是归因,而故意很晚才睡觉,以便把睡眠不足作为可能会发生的失败的借口就是自我妨碍策略。

(引自李晓东,袁冬华,2004)

> 　　学生为回避可能出现的消极情感结果而采取的降低或放弃努力的行为叫作学业自我妨碍(academic self-handicapping)。积极情感来自于高的能力评价,消极情感来自于低的能力评价。对于青少年来说,他们已经意识到努力是一把双刃剑,高努力并取得成功是值得赞扬的,但高努力却失败了就会给人留下低能的印象。当学生害怕在未来的评价情境中失败时,采取自我妨碍策略既可能导致不好的学习成绩,也可能产生双赢的结果:失败了可以将其归因于努力不够;成功了,则意味着高能力。学业自我妨碍也可以看作是自我调控学习的一种形式,是学生为了保护自我价值而对自己的成就行为做出的一种调节。
>
> (引自李晓东,林崇德等,2003)

三、目标取向理论

目标取向理论(goal orientation theory)是专门用于解释学习动机的一种重要理论,该理论为解释学生在学习中的适应性与非适应性投入提供了一个非常重要的理论框架。目标是具体的、可作为评价表现如何的标准,如是否完成当天的作业。目标取向则是学生关于学业成绩的信念,包括我们追求目标的理由以及用来评价指向目标的进步程度的标准。因此目标取向理论关心的是学生为什么要追求这些目标以及怎样实现这些目标,学生的目标取向对其学习投入会产生怎样的影响等问题。

早期的目标取向理论家普遍认为学生在学习情境中主要有两种成就目标:一种是为了增长能力,一种是为了证明能力,这两种目标分别被称之为学习目标(learning goals)和表现目标(perfomance goals)[①]。学习目标是指学生为了理解和掌握而学习;表现目标则指学生为了战胜他人、证明自己的高能力或避免表现出低能力而学习。对于具有学习目标的学生来说,学习本身就是一种终结,学习的价值在于掌握。同过去的成绩相比,如果取得了进步,学生就会产生成就感和自豪感。对于具有表现目标的学生来说则不然,学习只是一种手段,学生根据规范参照标准来定义主观成功感。如果以较小的努力完成任务、战胜他人,学生就会产生成就感。

Dweck(1988)认为学习目标与表现目标对学生动机的质量有完全不同的含义,包括他们在成就环境下做出怎样的行为以及如何解释表现结果。见表7-3,根据 Dweck 的理论分

---

① 注:对于学习目标和表现目标,不同的学者有不同的提法。如掌握目标(master goals)和表现目标,任务取向(task orientation)和自我取向(ego orientation),注重任务的(task-focused)目标和注重能力的(ablity-focused)目标,含义大致相同,在研究中常交叉使用。

析,具有学习目标的学生,对能力的判断是以付出努力的大小及是否真正实现了学习与掌握为基础的。无论他相对于别人的能力是高还是低,都倾向于选择能够为他们提供发展新能力机会的挑战性任务。当遇到困难时,他们会归因于努力不够或策略不当,因此会对策略进行分析与调整并加倍努力。具有表现目标的学生,其目的不是发展能力而是要证明自己的能力,因此判断能力的标准就与具有学习目标的学生不同。他们不是根据获得理解或掌握的程度而是根据自己相对于他人的表现或外部反馈来判断自己的能力。对自己能力有信心的学生会选择中等难度的任务以展示自己的能力,因为他们相信能够取得成功。在遇到困难时,会与具有学习目标的学生一样,运用有效的策略。但由于他们的目标是看起来有能力(与有能力相反),他们可能利用捷径来取得短期目标,尽管这些捷径并不能真正促进学习。

表 7-3 Dweck 的目标取向模式

智力理论	目标取向	对智力的自信心	行为模式
实体理论 (智力是固定的)	表现目标 (为了获得对能力的正面判断)	如果高 → 如果低 →	掌握取向的 寻求挑战,高坚持性 无力感 避免挑战,低坚持性
增长理论 (智力是可变的)	学习目标 (为了提高能力)	不论高低 →	掌握取向的 寻求挑战(促进学习), 高坚持性

(Dweck,Leggett,1988)

Dweck 进一步提出有表现目标而又缺乏自信的学生会选择简单任务以避免表现出无能。当遇到困难时,这些学生因缺乏证明自己能力的信心,往往会采取自我防范(self-defeating)的策略以避免产生低能的知觉,或者干脆放弃。

由此看来,表现目标应该与非适应的学习结果相关联,但是研究并不总是支持这一假设,有些研究表明学习目标和表现目标均与主动运用学习策略和高自我效能有关(Midgley,Kaplan,Middleton,2001;Stipek,2002),Elliot 和 Harackiewicz(1996)指出造成这种结果的原因是目标取向理论以往只是从趋向性(approach)的角度去理解动机,去探讨学生在为了获得理解、掌握或为了战胜他人的目的驱动下的认知和情感表现,忽略了从本质上是逃避型(avoidance)的另类动机,即没能在表现目标取向中把趋向——逃避作为区分独立的动机取向的标准考虑在内。他们主张将目标取向分为掌握目标、趋向型表现目标和回避型表现目标,掌握目标是为了发展能力和掌握任务而学习;趋向型表现目标是为了获得好的能力判断而学习;逃避型表现目标是为了避免得到不好的能力判断而学习。趋向型表现目标和掌目标一样,都是根据潜在的正面结果(分别为获得规范性能力和掌握任务)而做出趋向性的自我调控。这种趋向性自我调控通常引发有利于任务投入的认知和情感过程,及掌握性的动机反应。逃避型表现目标则是根据潜在的负面结果而作的逃避性自我调控。这种调控唤起不利于任务投入的自我保护(self-protective)过程和无助感的动机反应。

研究发现,目标取向不仅影响学生对学习的投入,也影响学生的学业情绪。学业情绪是指与学校学业有关的、学生经历成功或失败而产生的情绪,如自豪感、希望感、厌倦感、气愤感或羞愧感(Pekrun, Eillot & Maier, 2006)。表7-4列举了目标取向与学业情绪的关系。

表7-4 目标取向与学业情绪

目标取向	学业情绪
掌握取向	提高:愉悦感、自豪感、希望感 降低:厌烦感、气愤感
表现趋向型取向	提高:自豪感
表现回避型取向	提高:焦虑感、绝望感、羞愧感

Pintrich 和 Schunk 认为掌握目标取向同样也可以根据趋向与回避这个维度分为趋向型掌握目标和回避型掌握目标。他们将四种目标取向的主要特点归纳起来,见表7-5。

表7-5 成就目标四分法

目标取向	趋向型	回避型
掌握	关注:掌握任务、学习和理解 采用的标准:自我提高、进步,深入的理解	关注:避免误解或没有掌握任务 采用的标准:只是别出错;完美主义不要犯错误
表现	关注:超人一等、战胜别人,成为最好的 采用的标准:规范性的——得到最高分,在竞争中取胜	关注:不要显得愚蠢,避免失败 采用的标准:规范性的——别成为最差的、得到最低的分数或成为最慢的

(引自 Pintrich, Schunk, 2002)

> **阅读栏7-4 学业延迟满足**
>
> 延迟满足(delay of gratification)是一种心理成熟的表现,专指一种甘愿为更具有价值的长远结果而放弃即时满足的抉择取向,以及在等待中展示的自我控制能力。延迟满足能力反映的是个体在面临种种诱惑时能否控制自己的即时冲动,而

> 专注于更有价值的长远目标的能力。所谓"学业延迟满足",即学生为了追求更有价值的长远学习目标而推迟即时满足冲动的机会的倾向。愿意选择学业延迟满足的学生,在学习过程中使用更多的认知与元认知策略及资源管理策略。这些学生有更高的自我效能,对学习也有更多的内在兴趣。不同目标取向对学业延迟满足有不同的影响,任务取向对学业延迟满足有积极影响,趋向型自我取向对学业延迟满足有负面作用。
>
> (引自李晓东,2005)

四、自我决定理论

自我决定理论(self-determination theory)认为有意或者受动机激励的行为可以分为两类,一类是自我决定的,一类是受他人控制的。这两类行为的调节过程是不同的,自我决定的行为是选择,受他人控制的行为是遵从。当个体的行为是自我决定的时候,原因的控制点是内部的、是自己;当行为是受他人控制的时候,原因的控制点是外部、是他人。区分这两类行为是非常重要的(Deci,Vallerand & Ryan,1991)。

自我决定理论认为其他动机理论只关心动机的工具性,即如何导向想要的结果,没有回答为什么我们想要这些结果。自我决定理论认为人类有三种天生的需要:能力的需要,关系的需要以及自主的需要(自我决定)。能力的需要指明白如何获得内部与外部的结果,并且在实施这些行动时有效能感。人们需要对环境和行为产生控制感,希望了解事件的发展方向以及自己行动会产生怎样的结果。关系的需要是指人们在社会环境中需要发展和建立与他人安全而满意的联系,例如学生需要与家长、老师和同伴发展良好的关系。自主的需要是个体能够自我发动和调节自己行为的需要。自主并不意味着独立,而是指个体按自己的价值和兴趣做事或行动时所获得的自由感。满足这三大人类基本需要是动机的基础,但是满足自主的需要一定是自我决定而不是受他人控制的。

自我决定理论认为个体的动机是一个从无动机、外在动机到内在动机的连续体。无动机是完全无目的、无意向、无自我控制的状态。外部动机分为四种。① 外在调节。个体的行为与获得奖励、避免惩罚有关。② 内摄调节。当行为与自尊或自我价值密切相关时,个体就会在乎外部的规则和要求,但内心却没有接受这些规则和要求,因此不是自我控制的。③ 认同调节。当个体充分认识到某种行为对于自己的重要性并认同时,在行动时就不会感受到压力和受控制,能够体验到自由和意志。④ 整合调节。外部动机的内化,但它还具有工具性成分,行动本身尚未成为个人的终极目标,因而依然是外部动机(刘丽虹,张积家,2010)。自我决定理论关于人类动机的分类见图 7-2。

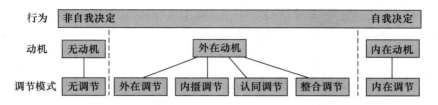

图 7-2　人类动机的分类（引自博林、德林、里斯-韦伯，2012）

自我决定理论认为课堂应该帮助学生获得自我决定的态度从而促进内在动机的发展，只有当学生的能力、关系及自主的需要都得到满足时才能发展出自我决定的态度。如果一个课堂不能让学生在某种程度上独立完成任务，那么即使学生相信自己的能力也不能感受到自我决定。因此，与建构主义的课堂相比，教师主导的课堂是不太能满足学生自主的需要的。同样，过于依赖用外在的奖惩手段来控制学生的课堂也不能满足其自主的需要。另外，如果同时满足了学生能力与自主的需要，但忽视了学生关系的需要，也是不能增强自我决定和内在动机的。虽然自我决定理论强调自主的重要性，但是学生自动自发、自我调节的能力也必须在一个支持性的课堂才可能发展起来，即需要得到老师和同伴的配合与帮助。

第三节　学习动机的培养与激发

培养和激发学生的学习动机是教师的一项重要任务。学生只有在认知、情感和行为上更好地投入到学习活动中时，才能取得良好的学习效果，因此，了解和掌握学习动机的培养与激发策略对教师更好地胜任本职工作是十分必要的。

Epstein（1989）提出了 TARGET 模式，该模式代表了教师影响学生学习动机的 6 个方面，6 个字母分别代表的是任务（task）、权责（authority）、认可（recognition）、分组（group）、评价（evaluation）及时间（time）。该模式在培养学生的适应性学习动机方面得到了广泛认可。斯坦福大学的 Dweck 教授认为学生关于智力的看法会影响其目标取向，在此基础上提出了激发学生学习动机的成长型思维模式，基于该模式的教学能够增强学生克服困难的信心、保持学习热情、获得更强的学习能力。

一、TARGET 教学模式

（一）任务

有些学习任务可以让学生产生浓厚的兴趣，学生投入其中，流连忘返；有些学习任务则让学生感到索然无味，不得不依靠磨洋工来打发时间。为了增强学生的学习动机，教师必须在学习任务的设置上下功夫。

首先，教师应设法增加学习活动的趣味性。兴趣是最好的老师，从事感兴趣的活动会让学生的内在动机得到满足。心理学的研究表明，学生已有的知识背景对其学习兴趣有重要影响，对一个领域的知识了解得越多，越容易对其产生兴趣。因此，教师在设计和呈现学习任务时，应尽量将新呈现的教学内容与学生已有的知识背景以及生活经验联系起来。

其次，在教学中，教师应尽量多地引入真实性任务（authentic tasks）。所谓真实性任务是指学生在课堂以外将要面对的与现实生活有关的问题，这类问题容易让学生认识到学习任务的实用价值，因此更可能发现任务的意义并对其产生兴趣。真实性任务是以问题为中心的一种学习活动。例如，给学生这样一个问题："如果在我们生活的地区发现了一些核废料，应该怎么办？"学生会把自己想象成科学家、医生、居民等角色积极地解决这些问题。学生之所以会非常投入地去探究这些问题，是因为学生意识到这是他们将来可能要面对的问题。

最后，学习任务要具有多样性和挑战性。学生的兴趣及能力是有个体差异的，如果学习任务的内容和形式以及难度没有适当的区分度，那么最多只能照顾到一部分学生的学习兴趣及挑战性，而其余学生则只会感到缺少兴趣，或因为任务过难或过易而放弃或减少对学习的投入。同时，因为任务的多样性，不同的学生从事不同的任务，可以有效地减少同学之间的社会比较，从而避免了因能力差异而对动机造成负面的影响。

阅读栏7-5　激发学生学习兴趣的教学实例

《一定摸到红球吗》这节课的内容是让学生经历"猜测—试验并收集试验数据—分析结果"的活动过程，了解必然事件、不可能事件、不确定事件发生的可能性的大小，体验游戏的公平性。

一、通过三个游戏引入新课，说明必然事件、不可能事件和不确定事件

游戏一：黑袋子全是红球，摸出的一个球是红球，这是必然事件；游戏二：黑袋子全是黄球，摸出的一个球是红球，这是不可能事件；游戏三：黑袋子装着黄球和红球，摸出的一个球是红球，这是不确定事件。

二、让学生举出生活中的确定事件与不确定事件，同学们展开了激烈而热闹的讨论。

例一："一个玻璃杯从高空落下会摔碎"对于此事件是否能判断为确定事件？

学生1：如果落在平静的海面上，那这个玻璃杯不会摔碎。

学生2:如果地面上垫上厚厚的海绵垫,那也不会摔碎。

学生3:如果是在月球上,失去地球重心吸引力,这个玻璃杯会在太空进行遨游,在不碰上坚硬的物体的情况下,它就不会碎。可能它会在太空中遨游上几千年!

学生4:用一根绳子拉住玻璃杯,这样不会摔碎。

例二:"明天我会来学校上课""明天我上学不会迟到"对于诸如此类在日常生活中发生在我们身边的事情,把它归于必然事件还是不确定事件呢?

学生5:明天我一定会来学校上课,这是肯定会发生,它属于必然事件。

学生6:明天可能我会生病(发高烧),我不能来学校上课。因此"明天我一定会来学校上课"属于不确定事件。

学生7:对于未来(明天,后天等)等未发生的事情,因为我们不能预测其结果,因此此类事件该归属于不确定事件。

例三:"人每天都要吃饭,睡觉"等等一些生活习惯,它到底归属于确定事件还是不确定事件呢?请同学们也各抒己见。

学生8:人每天都要吃米饭,睡觉,这是常人的生活饮食习惯,这属于确定事件,肯定会发生的。

学生9:但也有例外!比如在某些地方(东北一带)人们冬天吃饺子、包子、馒头,可以不吃米饭。

学生10:人也不一定天天都会睡觉。比如某个人在某天要加班,干一个通宵,也是可以的。

学生11:因此人每天吃米饭、睡觉的生活作息习惯有时也会发生改变,此类事件应属于不确定事件。

三、请学生讨论:我们在列举生活中的确定事件与不确定事件时,怎样才能列举得准确无误?从以上三例大家可以得到什么结论?

学生12:列举事件时要注意其前提条件,如例一,确定事件与不确定事件在一定条件下可以互相转化。

学生13:对未来发生的事件,因为我们不能预测其结果,因此此类事件该属于不确定事件,如例二。

学生14:对于吃饭睡觉等日常行为在特殊的前提下,其结果也可能是不确定的,这类事件该属于不确定事件,如例三。

> 四、请学生总结哪些事件才是确定事件?
>
> 学生15:自然现象:如地球绕着太阳公转,地球自转。
>
> 学生16:生命现象:活着的人每天都要有呼吸,心跳,进行生理代谢活动,人都要经历死亡。
>
> 学生17:动植物的生理代谢。
>
> (来自一位初中数学教师)

(二) 权责

权责指的是学生在学习活动中是否有机会担当领导的角色,从而对学习活动产生一种独立感和控制感。这就要求教师为学生提供参与学习活动决策的机会。

第一,为学生提供选择的机会。给学生在学什么、怎样学、与谁学等方面以选择的机会。当学生自己选择从事某种学习活动时,就必须为自己的选择负起责任,因此同被迫完成教师布置的任务相比,学生学习的积极性、投入程度会得到大幅提升,在取得成功时会体验到更强的自豪感,在失败时,会勇于承担责任并寻求改进。

但是给学生选择权时,最好有一定的限制。因为太多的自主有可能让学生不知所措。如让学生自行设计一份作业,学生可能因为没办法做出决定而感到焦虑。让学生在适当范围内进行选择才能支持他们自主性的发展。赋予学生选择的权力,并不意味着放任不管,缺乏引导的选择会令学生感到焦虑和无所适从,因此需要在选择和限制之间取得平衡。例如,可以给学生提供几个任务,让他们根据自己的兴趣和能力选择其中的一项。

第二,给学生评价自己和他人的机会。如果学生不具备评价的能力,不知道自己做得好或不好,不能对各种不同的方法和策略的作用和效果进行评价,就很难做出最佳的选择。教师在教学过程中应注意对学生的评价能力进行培养。如可以要求学生对课文中人物的思想和情感进行评价、对他们的行为作是非的价值判断并给出理由,对不同学习策略的作用和效果进行对比分析等。可以经常向学生提出诸如"我对这个主题感兴趣吗?我能够找到相关的书籍吗?我能够独立解决这个问题吗?"等问题,以帮助学生形成将自己作为一个学习者进行评价的能力。

(三) 认可

认可是指对学生成就的一种承认,包括表扬、奖励等一系列措施。要促进掌握取向的学习动机,就不能仅仅根据是否比他人做得更好来对学生进行奖励与评价,而是应该根据学生是否尽了最大努力、是否勇于解决困难任务以及坚持性和创造性等方面对学生进行评价。

应该为所有学生提供得到认可的机会。为了让所有学生都乐于学习,认可措施应该是个性化的。对那些平时很少参与课堂活动的学生来说,参与学习活动就应得到表扬;对那些渴望得到教师关注的学生来说,取得进步就应得到教师的注意;对于学习困难的学生来说,与自己过去的成绩相比取得了进步,就应得到教师的鼓励;而对于成绩优异的学生来说,批评有时也可以激发他们的动机,因为对他们来说,批评可能意味着教师认为他们有能力做得更好。

(四) 分组

培养具有与他人合作和团队精神的人是教育的目标之一。为此,小组合作学习已经越来越流行。研究表明,让不同种族、性别、能力水平的学生组成小组共同学习,不仅对提高学习成绩有积极的影响,而且对于提升学生的自尊、学习自信、班级荣誉感、增进同学之间的相互喜爱都有积极的作用。

对学生进行分组时,要注意营造一种让所有学生都感到被接纳和被欣赏的小组气氛,每位学生都是完成目标的积极贡献者,避免让一些学生产生自己不能或不需要对小组活动做出贡献的错觉,从而减少对学习活动的参与和投入。在分组时应多采用异质分组,即小组成员在能力方面是有差异的,既包括成绩优秀的学生,也包括成绩一般和较差的学生,这样有利于学生的互动,也使得成绩中等和较差的学生从优秀学生那里得到更多的指导和帮助,从而增强了学习的效能感和自信心。同时优秀学生由于在合作学习中提供了很多建议和解决方案,在为他人进行讲解时也增进了理解和交流,因而也可以从合作学习中受益。小组成员因愉快的合作体验而乐于投入学习活动,学习动机得到有效地增强,见表7-6。

表7-6 合作学习小组中的学生角色

角色描述
鼓励者 鼓励不主动或者害羞的学生参与
称赞者/啦啦队队长 对他人的观点赞赏,承认成果
守门人 使参与者平等,确保没有人处于支配地位
教练 提供学术方面的帮助,解释概念
提问指挥 确保所有学生都提问题,并得到回答
检查员 检查小组的理解
工头 保持小组专心工作
记录员 记录观点、决定和计划
反思者 使小组保持对进展(或缺乏进展)的了解
安静指挥 监控噪音水平
资料监控者 收集和归还资料

(引自 Woolfolk,2005)

（五）评价

评价是指用于评估学生学习的方法。教师应该强调学生个体的进步与掌握情况，减少社会比较，淡化分数和等级，减少公开评价，多运用无威胁的、掌握取向的评价方式。评价贯穿于每日活动中，任何的评价实践都以无威胁的方式进行，语气平和且不带批评的意味。把学生出现的错误变成改善学习的机会。通过强调自我参照标准，淡化社会比较，为学生创设一种掌握取向的学习环境。同时，也可采用多种评估方式并举的形式，让学生从多方面了解自己，培养学生自我评价及相互评价的能力。阅读栏7-6就是香港一所小学教师在小学低年级语文教学中的尝试。

> **阅读栏7-6 增强小学生中文写作学习动机的策略**
>
> 二年级的写作教学单元中，都加入"自我想一想"部分，让学生对每个单元的各环节做一次简单的自我评估，表达及记录自己觉得学习哪些部分感到容易或困难，可以培养自我批判的能力。每个单元同时亦加入"同学齐欣赏"部分，同学都非常有兴致地利用休息及午间静态活动时间，朗读别人的句子或短文并签名，又列出自己最欣赏的同学的名字，及自己最欣赏的句子。学生间的互相欣赏及评鉴能力逐渐形成。此外，每单元亦加入"家长也参与"部分，让家长也给予意见，培养家长参与学童写作学习的意识。
>
> （引自 http://www.doc88.com/p-3147462839995.html 2019-10-12）

（六）时间

时间是指用来完成学习任务的时间分配。当教师布置一定量的任务时，由于学生能力水平的差异，学生完成全部任务所需要的时间肯定会有所不同。如果教师期待学生都能完成任务，就应该在完成时间方面有一定的弹性。例如，允许学生自定学习步调和安排学习计划，按照自己的学习速度学习，这样可以避免部分学生为了赶时间而降低学习质量，或为了在规定时间内交上作业而抄袭等现象的发生。

二、成长型思维教学模式

我们在第二节介绍目标取向理论时，提到了Dweck的目标取向模式，该模式认为学生之所以发展出不同的目标取向与他们对智力的看法有关，如果学生认为智力是固定不变的，就会发展成表现取向的目标；如果学生认为智力是可以增长的，就会发展成学习取向的目标。近年来，Dweck将上述两种关于智力的看法进一步定义为固定型思维模式（fixed mindset）和成长型思维模式(growth mindset)。

固定型思维模式认为人的智力、人格和创造性都是稳定不变的,成功是对固有的智力的确认。不惜代价地追求成功和避免失败就是为了维持聪明的感觉。成长型思维模式则追求挑战,个体不会把失败看成是缺少智慧的证据,相反,他们把失败看作是成长的起点以及能够增强已有能力的机会。成长型思维模式相信自己的才能可以通过努力、好的策略以及他人的帮助而获得发展,因此对学习和工作更加投入。而固定型思维模式为了在竞争中胜出甚至会出现作弊和欺骗的行为(Dweck,2016),见表7-7。

表7-7　固定型思维模式与成长型思维模式的特征

固定型思维模式	成长型思维模式
想要证明自己的智力或才能	想要提高自己的智力或才能
因为害怕失败而回避挑战	迎接挑战以提高自己
遇到困难和障碍就选择放弃	坚持克服困难和障碍
不愿付出努力	把艰苦的努力看作是通往成功的路径
把批评看作是攻击	视批评为机遇
把他人的成功视为对自己的威胁	认为他人的成功对自己是一种启发与激励

要培养学生的成长型思维模式,必须要构建一种校园文化:即教师必须要相信在付出了努力、动机、毅力以及正确的教育策略条件下,所有的学生都能取得巨大的成功。作为教师,第一,要形成成长型思维,相信智力是可以通过学习得到改变和提高的。要做到这一点,教师应该了解脑科学的最新知识并将这些知识传递给学生。脑科学及认知神经科学的研究表明,大脑具有可塑性,学习新事物时,神经元之间就产生关联,并且这些关联会随着努力和练习变得强大。大脑如同肌肉一样,可以通过锻炼得到加强从而变得更加聪明。第二,引导学生通过"自说自话"(self-talk)来改变思维方式,如表7-8。第三,表扬孩子为取得成功而付出的努力与行动,不要将成功归因于不可控的遗传因素如聪明。因为智力被夸奖的孩子会重视表现,他们会认为学习很容易,如果你得认真工作才能取得好成绩,你就肯定不聪明。而因为努力和勤奋而被表扬的孩子则珍视学习的机会。但是没有产出的努力并不是一件值得赞赏的事情,对学习和进步进行奖赏也是非常关键的,而且要强调正是这些过程产生了这样的结果,如向他人请教,尝试新策略等(Dweck,2016)。第四,引导学生正确看待失败。失败虽然令人感到失望与挫折,但是失败可能是一个宝贵的学习机会。帮助学生搞清楚为什么出错,从中吸取教训,对于学生形成批判性思维十分有益。不断挑战自己的大脑,会令学生更加自信(Ricci,2017)。

表 7-8 改变思维方式的"自说自话"

不说	说
你真的像运动员一样	你真的很努力训练,要关注这个领域!
你真的好聪明	你在学校努力学习,表现不错!
你的画好棒;你是我的小艺术家	我看到你在练画画,进步好大!
你是一个很棒的运动员;你会是下一个贝利	继续训练,你会看到可喜成果的!
你总是取得好成绩;这让我开心	你付出的努力都体现在成绩当中了,你应该为自己感到骄傲,我们也为你感到骄傲

(引自玛丽·凯·里琪著. 林文静译. 可见的学习与思维教学:让教学对学生可见,让学习对教师可见[M]. 北京:中国青年出版社,2017.)

思考与练习

1. 请依照本章介绍的有关知识对你自己的学习动机加以分析,并谈谈学习动机与行为表现及学习效果之间的关系。

2. 小铭和小海学习非常刻苦,但是他们的成绩却并不佳,他们很担心其他同学笑话自己愚笨。请结合该实例谈谈你对努力归因和能力归因的看法。

3. 班里有不少学生虽然学习也比较投入,但他们只为获得"高分数",而没有进行有意义的学习。请结合实例谈谈目标取向与行为表现及学习结果的关系。

4. 有一些成绩平平的学生对自己的期望偏低,认为自己将来也不可能取得卓越的成就。依据期望价值理论,请谈谈教师应该如何设置学习任务以提高这些学生的成就动机。

5. 在同一课堂中,学生的能力水平和兴趣爱好差异很大。依照 TARGET 模式,请谈谈教师可以采用哪些方法来激发和培养学生的学习动机。

6. 什么是成长型思维模式?如何培养学生的成长型思维?记录与学生的对话并分析你和学生分别属于哪种思维模式。

第八章　个别差异

> **本章导读**
>
> 学生之间的个别差异是普遍存在的现象,掌握学生个别差异的特点和规律有助于教师因材施教。
>
> 本章共分三节:第一节介绍了学习风格的概念,重点介绍了认知风格的类型和特点;第二节介绍学生的智力差异类型与相应的教育措施;第三节重点介绍特殊学习者的特点及教育措施。

每个学生都是独具特色的个体,都有各自的特点。因此,每个教师都会遇到个别差异的问题。个体的差异表现在很多方面,一般说来,包括智力因素和非智力因素(如学习风格、动机、性格、气质、性别等)两方面的个别差异。本章主要讲述学习风格与智力的个别差异对教学的影响。

第一节　学习风格

一、学习风格概述

学习风格,指人们在学习时持续稳定地表现出来的倾向或偏爱方式。不同的研究人员对学习风格提出了各种不同的理论假设和界定。这里,我们介绍雷诺等人(Reynolds & Gerstein,1992)提出的多维度的学习风格分类的概念模式。该模式认为,一个人独特的学习风格主要是由六个方面的特征构成的:知觉偏好、物理环境需要、社会环境偏好、认知风格、最佳时间以及动机和价值观等。

知觉偏好是指学习者对视觉、听觉和动觉的偏重程度。视觉型的学习者,对视觉刺激比较敏感,习惯通过看来学习,喜欢通过看书和记笔记来学习,而不适合老师的讲授。听觉型的学习者则对听觉刺激敏感,喜欢通过听和说来学习外语,不太关心具体单词的写法或句型结构,对语音、声响和音乐的接受力和理解力强。动觉型学习者喜欢接触、操作物体,喜欢通过动手操作、实验来学习。

物理环境需要是指学习者对学习时的物理环境,如声、光线和温度等的偏好。例如,有的学习者学习时需要绝对的安静,有的则喜欢在有背景音乐的环境中学习。

社会环境偏好是指学习者对学习时的社会环境的偏好。如有的人喜欢独自一人学习,单独工作时效率最高,与其他人在一起时则难以集中注意力;有的人则相反,喜欢和同伴一起学习,大家一起讨论、交流时学习效率最高。

最佳时间是指学习者对学习时的时间节律方面的偏好,有些人早晨学习效果最好,有些人属于夜猫子型的,喜欢在晚上或深夜学习。

动机和价值观是指学习者对于学习兴趣或好奇心的高低、成就动机水平差异等学习的态度、动机方面的特征。

认知风格也称为认知方式,指个体偏爱的信息加工方式,表现为个体在感知、记忆、思维和问题解决等认知过程中所经常采用的、习惯化的方式。

认知风格是学习风格的主要内容。因此,下面重点阐述认知风格的有关内容。

二、认知风格的差异

认知风格是指个体偏爱的信息加工方式。了解学生在认知风格上的差异,对于教师根据学生特点进行因材施教有重要意义。下面介绍几种典型的、研究较多的认知风格类型。

(一) 场依存型和场独立型

1. 场依存型和场独立型的含义

场依存型(field dependence)和场独立型(field independence)这两个概念来源于美国心理学家威特金(H. Witkin,1954)对知觉的研究。他根据人利用自身身体内部的线索和外部的线索调整身体位置的能力的差异,把人的认知方式分为场依存型和场独立型两类。场独立型的人,对事物的知觉和判断,独立于他们的周围背景,不易受外来的因素影响和干扰,常常利用自己内部的参照独立地进行分析判断,为"内部定向者"。场依存型的人,对事物的知觉和判断倾向于以外部参照作为信息加工的依据,较多地依赖外部环境知觉事物,或者难以摆脱环境因素的影响和干扰,为"外部定向者"。他们的态度和自我知觉更易受周围的人们,尤其是权威人士的影响。如有的人对报考什么志愿或穿什么衣服,都需要征求别人的意见才能下决定。可通过多种方法鉴别场依存型和场独立型,参见阅读栏8-1。

> **阅读栏 8-1 鉴别场依存型和场独立型的测验**
>
> 1. 身体适应测验
>
> 最初源自于威特金对飞机驾驶员空间方位的知觉判断能力的研究。让受试者进入一个可以摇摆的座舱,坐在舱中一个可以做各种角度转动的椅子上。当座舱

倾斜时,要求受试者通过转动把手调整椅子,使椅子转到与水平线垂直的位置。利用身体内部线索,能准确地将自己调整到垂直位置的人属场独立型;受外部环境线索的影响,不能调整者属场依存型。

2. 棒框测验

受试者坐在一个光线较暗的房间里,注视一个倾斜的方框,方框中心安装了一个能在框内转动的发光的细棒。要求受试者将细棒调整至与水平线垂直的位置。受方框倾斜角度影响较大,不能准确调整者为场依存型;能准确调整细棒者为场独立型。

3. 镶嵌图形测验(又称隐图测验)

要求受试者尽快找出隐藏在一个大的复杂图形中的若干小的简单图形。能排除复杂图形知觉背景的干扰,快速辨认出简单图形者为场独立型;受整体知觉背景影响,较难辨别者为场依存型。

(引自 C. B. Mccormick 等,1997)

威特金等人的大量研究表明,场独立型—场依存型的认知方式具有普遍性、稳定性和两极性的特点。

(1) 普遍性。场依存型—场独立型认知方式不仅存在于知觉领域,也存在于记忆、思维、问题解决等认知领域以及人格领域,对人的社会行为有明显的影响。

(2) 稳定性。研究表明,一个人判断事物时依赖环境线索的程度,随着年龄的增长呈下降趋势,但人们在场依存型—场独立型的连续体上的位置往往是稳定的。威特金等(1977)十年的追踪研究表明,大学生的场依存型—场独立型的认知倾向一直保持相对的稳定性。

(3) 两极性。场依存型—场独立型连续体这个维度是两极性的。比如,场独立型的人在认知改组技能和人格自主上得分高,但在社会敏感和社会技能上却得分低。反之,场依存型的人在社会敏感和社会技能上得分高,而在认知改组和人格自主上却得分低。因此,场独立型与场依存型的划分在价值上是中性的,没有哪个更好或更坏之说。

2. 场独立型和场依存型与学习

场独立型与场依存型的认知风格与学生的学习有着密切的联系,认知风格不同的学生在许多方面都表现出差异。

首先,认知风格的差异会影响学生对学科的偏好。一般说来,场独立型的学生喜欢独立思考,往往偏爱需要认知改组技能的、与人无关的学科领域,偏爱自然科学,数学成绩较好。场依存型的学生较易接受与人有关的社会性信息,往往倾向于不重视认知改组技能而重视人与人之间关系的学科领域,对人文社会科学有较大兴趣,如初等教育,社会科学成绩较好。

其次,认知风格不同的学生在学习动机方面有较大的差异。场独立型学生的学习动机往往以内部动机为主,能独立自觉地学习,尤其明显地表现在对数学的学习上。场依存型学生的学习更多地依赖外部动机,他们学习的努力程度往往受外来因素的影响,因而当学习的诱因来自外部时学得更好。

再次,场独立型与场依存型的学生对教学也有不同的偏好。场独立型的学生易于给无结构的材料提供结构,他们比较容易适应结构不严密的教学方法。但是,场依存型的学生喜欢有严密结构的教学,因为他们需要教师提供外来的结构,他们更需要教师的明确指导。

> **阅读栏 8-2　学习的结构要求与教学措施**
>
> 有一些学生需要或多或少的结构使学习机会最大化。亨特(1979)对这些学生的性格特征进行了界定,这些特征与怎样计划合作学习活动相关如下表所示。亨特还向教师建议一些具体的方法,来促进特别的学习风格。
>
> **不同学生的特点及相应的教学方法**
>
> | | 需要更多结构的学生 | 很少需要结构的学生 |
> |---|---|---|
> | 学习活动特点 | • 较短的注意力时间,倾向于迅速浏览材料
• 不乐意尝试新东西,不倾向于出错
• 不倾向于问许多问题
• 在接受概念前希望知道一些事实
• 通常仅给予简要的回答 | • 喜欢讨论和争辩
• 希望在教师尽可能少帮助的情况下解决困难
• 不喜欢细节烦琐或按部就班的形式
• 喜欢概念和概括化原理
• 强调情感并开放自我
• 倾向于做出多种解释和推论 |
> | 教学的具体方法 | • 制定明确和连贯的规则
• 提供具体的、一步步的指导和教学
• 制定简短、明确的目标和期限
• 经常变换步调
• 经常评估困难
• 渐渐地以小组工作转向讨论 | • 提供可以挑选的课题
• 制定自定期限的较长的任务
• 鼓励利用课堂外的资源
• 将更多的时间用于小组任务,且把教师作为一种资源
• 利用和鼓励对他人的观点和价值表示的兴趣
• 提供广泛的、后续的工程和作业 |
>
> (引自 Borich,2002)

场独立与场依存还会影响学生的职业选择。如果其他条件相等,相对地讲,场独立型的学生倾向于选择人际关系较单纯而可独自完成的工作,如领航员、建筑师、工程师以及涉及数学和自然科学的职业;而场依存型的学生较喜欢从事与人的活动有关的工作,如教师、商业及社会服务等。

(二)沉思型和冲动型

1. 沉思型和冲动型的含义

卡根(J. Kagan 等,1964)根据"匹配相似图形测试"(MFFT)最早提出沉思型(reflective style)和冲动型(impulsive style)这两个概念。根据个体在信息加工、形成假设和解决问题过程中的速度和准确性方面的差异,将其认知方式分为沉思型和冲动型。

沉思型是指解决问题时倾向于深思熟虑,用充足的时间考虑、审视问题,谨慎、全面地检查各种假设,权衡各种问题解决的方法,然后从中选择一个满足多种条件的最佳方案,因而错误较少。

冲动型是指解答问题时倾向于快速地给出问题的答案,不习惯对解决问题的各种可能性进行全面考虑,未对问题进行透彻的分析就仓促做出决定,反应速度较快,但容易发生错误。

冲动与沉思涉及在不确定的情境中,个人对自己解答有效性的思考程度,鉴别标准是反应时间和精确性。研究表明,约30%的学前儿童和小学儿童属于冲动型。需要注意的是,并非所有反应快的学生都属于冲动型,当他们对任务很熟悉,或者是思维很敏捷,他们的解答可以是既快又准确。

2. 沉思型和冲动型与学习

研究发现,沉思型学生在解决问题方面比冲动型学生有一定的优势。表现为,沉思型学生拥有更成熟的解决问题的策略,能提出不同的假设,更能抗拒诱惑,忍受延迟性满足,较好地约束自己的动作和行为。沉思型学生能够对自己的解答进行解释,而冲动型学生很难做到,他们的解释往往是不全面的,不合逻辑的。

在学习成绩方面,沉思型学生与冲动型学生也存在明显差异。一般说来,沉思型学生阅读成绩好,再认测验及推理测验的成绩也好于冲动型学生,而且在创造性设计中成绩优秀。冲动型学生往往阅读困难,但在某些涉及多角度的任务中表现较好。

为了帮助冲动型学生克服他们不良的认知方式,心理学家创造了一些训练方法。研究发现,让冲动型学生在思考时大声说出自己解决问题的过程,进行自我指导;当获得连续成功后,由大声自我指导变成轻声低语,而后变成默默自语,能有效改善冲动型学生冲动而又粗心的认知习惯,有条不紊地、细心地进行学习和解决问题。

> **阅读栏 8-3　沉思型与冲动型的测量**
>
> 　　卡根（J. Kagan 等，1964）设计"匹配相似图形测试"（MFFT）作为评定沉思型与冲动型认知风格的工具，根据个体寻找相同图案和辨认镶嵌图形的速度和成绩对个体的认知方式做出区分。
>
> 　　测验的基本内容是，给受试者出示一个镶嵌图形和 6 个可供选择的复杂图形，要求受试者从这 6 个复杂图形中选出与镶嵌图形完全一致的图形。一共 12 套这样的图形。实验者要求受试者尽可能快地做出回答，但在每次错误反应后，还要再尝试，直到找到正确答案为止。实验者记下受试者对每套图形从开始思考到做出第一次反应所需的时间，以及所犯的错误量，根据做出反应的时间和错误反应的数量决定测验成绩。
>
> 　　通过这类测验，可以鉴别出两种不同的认知方式。冲动型学生一直有一种迅速确认相同图案的欲望，他们急忙做出选择，犯的错误较多；反思型学生则采取小心谨慎的态度，做出的选择比较精确，但速度要慢些。
>
> （引自陈英和，1996）

（三）整体型和系列型

1. 整体型和系列型的含义

英国心理学家戈登·帕斯克（Gordon Pask，1972）通过学习策略的研究，首次提出了整体型（Wholist）和系列型（Searialist）的概念。实验是让学生对一些想象出来的火星上的动物图片进行分类，学生完成分类任务后，让学生报告自己分类的原则。帕斯克根据学生分类时使用的假设类型以及建立分类系统方式的差异，将学生的学习方式分为整体型和系列型。

整体型的学生在进行分类时，喜欢搜集大量的材料，努力探索某种范式和关系，检验较大的特征或假设，倾向于使用比较复杂的假设，每个假设同时涉及若干属性，喜欢从整体上考虑如何解决问题。这种策略被称为"整体性策略"。

系列型的学生在进行分类时，努力探索具体明确的材料，倾向于考查较少的材料，提出的假设一般说来比较简单，每个假设只包括一个属性，利用逐步的方法来证实或否定他们的假设。这种策略被称为"系列性策略"。

2. 整体型和系列型与学习

整体型和系列型的学生在思维方式与问题解决方式方面有着明显的差异，见表 8-1。整体型的学生解决问题时视野比较宽，能全面地审视问题，倾向于对与问题有关的各个子问题进行全面的考虑,而不是一碰到问题就立即着手一步一步地解决。系列型的学生解决问题时,倾向于按照问题的逻辑顺序,一步一步地解决子问题,只有在学习过程快结束时,才对所学的内容形成一种比较完整的看法。

帕斯克发现,虽然这两类学生在学习任务结束时,对问题的理解能达到一致的水平,但他们所采取的思维方式是完全不同的。帕斯克认为,这种思维方式的差异对学生来说是最基本,也是最重要的差异。实验表明,有些学生在任何情况下都倾向于采取整体性策略;有些学生则趋于采用系列性策略。

表 8-1 整体型和系列型与学习方式

整体型	系列型
自上而下的加工者	自下而上的加工者
整体的学习方法	局部的学习方法
同时加工	线性加工
瞬间跨越各种水平	逐步学习
理论和实践相互关联	分别学习不同的方面
指向理解	指向细节
理解性的学习偏差	操作性的学习偏差
把概念与先前的经验联系在一起	在概念内部把特征联系在一起
构建概括的描述	构建狭窄的操作程序
低辨别技能	高辨别技能

(引自 Riding,2003)

帕斯克等人还探讨了学习材料与该认知方式是否匹配对学习效果的影响。实验时首先通过评估将学生分为整体型和系列型,然后设计了一组程序化的学习材料。这组学习材料有两种版本:一种材料中有许多类推和图解,适合整体型学生;一种材料是按逻辑顺序一步一步地呈现内容,不穿插任何其他类比或者说明材料,适合系列型学生。每个学生学习这些材料,然后进行测验。学生的认知风格和学习材料的类型有匹配和不匹配这两种情况。测验结果表明,匹配组的学生能够回答有关学习内容的绝大多数问题,而在不匹配条件下学习的学生成绩一般都不及格。这一研究表明,教师需要为学生提供一种适合于学生认知风格的学习材料以促进学习效果。

(四)认知风格的整体—分析和言语—表象风格维度

赖丁等(Riding,1991)研究了不同研究者所提出的 30 多种认知风格,通过系统的分析,将它们整合为两个主要的认知风格维度,即整体—分析和言语—表象风格维度。赖丁还开发了一套认知风格分析系统,通过简单的认知加工任务,测评个体在思维过程中习惯性的组织和表征信息的方式,用于评估个体在这两个维度的位置。

整体—分析风格维度指个体倾向于把信息组织成整体还是部分；言语—表象风格维度指个体在思维时是借助于言语还是心理表象来表征信息。根据这两个维度，赖丁把认知风格分为四种类型并描述了这四种类型的特征：分析—言语型、分析—表象型、整体—言语型和整体—表象型。

阅读栏 8-4　对四类认知风格特征的描述

赖丁和雷纳(Riding & Rayner,1995)通过虚构的4个人，描述了分析—言语型、分析—表象型、整体—言语型和整体—表象型这四类认知风格的特征。

- 约翰（分析—言语型）

他的学习经过严格的组织和安排，喜欢以一种结构化的方式陈述观点，标题清晰，段落分明。他的言语记忆能力很好，能够迅速地、毫无困难地记住事实，尤其是那些以言语形式呈现的事实。尽管喜欢用图表来陈列信息，但是他宁愿以言语陈述作为主要的表达方式。

- 克里斯蒂娜（分析—表象型）

她的学习经过周密安排。她从示意图、图片中而不是文本中学到更多的东西。她的写作和言语简洁明快。讲话时，有时候犹豫，因为她的话并非总是来得很自然，言语也并非总是很流畅。她喜欢的典型的表达方式是图表、示意图，而不是言语陈述。

- 格拉海姆（整体—言语型）

他有好的言语记忆力，能够轻松地记住事实，尤其是以言语形式呈现的事实。他没有发现图表、示意图对学习有特殊的帮助。他的空间能力也不太好，没有很强的地理方位感。他善于表达，很少丢词落句，尽管有时这样会有些烦琐，让人受不了。他喜欢言语表述，而不是图解说明的方法。

- 黛比（整体—表象型）

她从自己系统组织的学习材料中获益良多。借助于图表、图片，而不是文本，她的学习效果最佳。讲话时，有时候有些犹豫，因为她的话并非总是表达很自然，言语也并非总是很流畅。在可能的条件下，她喜欢采用图表说明而不是言语讲述。

（引自 Riding,2003）

三、有关学习风格的争议及对教学的启示

多年来心理学和教育学家考查了各种学习风格和先天倾向。有些特质类型以及相关的测验量表因缺乏信度、效度的支持或经不起其他研究者的仔细检验,受到反对者的批评与指责(Ormrod,2013)。此外,有研究让学生判断自己的学习风格,然后匹配学习风格进行教学,但并未明显改善学生的学习状况(Ormrod,2013)。

尽管一些关于匹配学习风格的教学研究引人争议,但是毫无疑问,学生有不同的偏好且在执行学习任务时有不同的方法,所以在教学中考虑学习风格对教师仍有一定的启示。首先,学习风格的概念提醒教师应帮助学生思考自己是如何学习的,了解自己最有效的学习方式,从而让学生发展出对自身思维和学习活动的觉知和监控,即元认知。其次,对于学习风格的考虑可以提醒教师去认知、接受和欣赏学生在学习方面的个体差异,从而把每个学生都当作独立的个体来回应。最后,对学习风格的考虑能够提醒教师在教学中提供多样性的指导,使用诸如基于问题的学习、小组讨论以及合作学习等方式,以满足具有很大个体差异的学生们的需求。

第二节 智力差异

一、智力概述

(一)智力与智力测验

多年来,心理学家对智力进行了大量的研究,对智力提出了各种不同的解释,如智力是一种适应新情境的能力;智力是一种学习能力;智力是指抽象的思维能力,智力是解决问题的能力;智力就是智力测验所测量的东西,等等。但归纳起来,大多数心理学家都认为,智力是使人能顺利地从事某种活动所必需的各种能力的有机结合,其中以抽象思维能力为主。

为了对智力进行定量分析,从法国心理学家比纳(A. Binet)和西蒙(T. Simon)于1905年编制第一个智力测验量表开始,心理学家编制了各种智力测验。其中最著名的是美国心理学家推孟(L. M. Terman)修订的"斯坦福—比纳量表"(简称S—B量表)和韦克斯勒智力量表以及瑞文测验等。

智商(IQ)概念是推孟首次引进的,其含义是被测验者所获得的智龄分数与他的实际年龄之比。智商的高低基本反映了一个人的聪明程度。用比率智商衡量人的智力发展水平,前提是假定智力年龄随实际年龄一起增长。但是,个体的智力并非随年龄呈线性增长,而是

到了一定年龄出现停滞不前的趋势。因此,韦克斯纳提出了离差智商的概念,将个体的测验得分与其同年龄组的平均分数作比较,采用平均分和标准差确定智商值。因此,离差智商的高低反映了个体在该群体中智力所处的位置。

(二)智力的个别差异

1. 智力的水平差异

人的智力水平有高低差异,有些人智力发展水平较高,有些人智力发展水平较低。心理学的研究表明,人的智力分布基本上呈正态分布,即两头小,中间大。大部分的人中等智力,智力超常和低常的不到3%,见表8-2。

表8-2 智力等级的分布

IQ 分数	智力等级	百分比(%)
130 以上	超常	2.2
120~129	优秀	6.7
110~119	中上	16.1
90~109	中等	50.0
80~89	中下	16.1
70~79	偏低	6.7
60 以下	低常	2.2

2. 智力的类型差异

个体的智力差异,除了在水平的差异外,还表现在知觉、记忆、表象、思维等活动中的差异,可分为不同的类型。

根据人们在知觉过程中的特点可分为分析型、综合型与分析—综合型。分析型的人,知觉时对细节感知清晰,善于分析,但概括性和整体性不够;综合型的人,对细节不太注意,缺乏分析性,但富于概括性和整体性;分析—综合型的人,具有以上两种类型的优点,既具有较强的分析性,又具有较强的综合性。

根据记忆过程中,人们感觉系统的记忆效果可分为视觉型、听觉型、运动觉型与混合型。视觉型的人视觉记忆效果最佳;听觉型的人听觉记忆效果最佳;运动觉型的人有动觉参加时记忆效果最好;混合型的人同时用多种感觉通道记忆时效果最明显。

根据人的高级神经活动中两种信号系统的不同优势分为艺术型、思维型与中间型。属于艺术型的人第一信号系统(除语词以外的具体刺激物)占相对优势,感知鲜明生动,善于记忆图形、颜色、声音等直观材料,富于形象思维,想象丰富,具有高度的情绪易感性。思维型的人,第二信号系统(语词)占相对优势,感知是注重对事物的分析、概括,善于记忆词义、数字和概念等材料,倾向于抽象思维。而中间型的人两种信号系统比较均衡。

3. 智力的性别差异

长期以来,人们对男女之间是否有差异,以及有哪些差异都非常感兴趣。但是,关于这个问题的研究结果并不令人满意。

首先,就男女两性整体而言,可能在智力上没有差异。英国学者麦克米肯(MacMeeken,1939)曾以团体智力测验施测整个苏格兰儿童共87000人,结果发现两性智力无显著差异;然后又用斯坦福—比奈量表测量并比较了其中4组同一天出生的儿童的智力,结果也说明两性间没有显著性差异。其后大量的研究均表明,男女智力在总体平均分上基本一致。

其次,男女两性即使在智力上有差异,但差异的方向不能肯定。据1971年的研究发现,儿童期的智商有女优于男的趋势,但到青春期,常呈现男优于女的趋势。还有智力测验本身的结构和内容,对男女两性未必是公平的。韦克斯纳(1958)认为:韦氏量表中有五个分量表(常识、理解、算术、图形补充、图形设计)有利于男性;而有利于女性的只有三个分量表(类词、词汇、物形配置),因此测验结果有男优于女的趋势。

最后,虽然在总体上男女两性之间智力并无可靠的差异,但大量的研究表明,在智力的某些方面男女有明显的差异。一般来说,男性在数学推理、空间知觉、机械操作方面比女性占优势,女性在言语能力、知觉速度、图形识别和艺术欣赏方面比男性略占上风。对于造成这种差异的原因,人们认为既有生理方面的原因,也有后天社会和教育方面的原因。

另外,人们发现,虽然男女两性在总体上的差异不明显,但在智商的分布上有差异。一般说来,男生中智力两端的人数比例高于女生,女生则更多地处于中等水平。因此,在日常生活中我们经常可以看到,非常聪明和非常愚笨的人中,男性常比女性多。

二、加德纳的多元智力理论

霍华德·加德纳(Howard Gardner,1983)提出多元智力理论(theory of multiple intelligences)。理论包含八种不同的相对独立的智力,每一种智力都是一个独立的功能系统。不同的智力使用不同的符号系统,但是各种系统可以相互作用,从而产生整体的智力活动。多元智力的概念给我们提供另一种角度去思考个体的差异。

后来,加德纳(Gardner,2006)提出还存在第九种智力。具体的类型和定义见表8-3。

表 8-3　加德纳提出的多元智力

智力	学习/活动偏好	理想职业
言语智力	理解和运用口头书面沟通的能力	诗人
逻辑/数理智力	理解和运用逻辑与数学符号以及运算的能力	电脑程序员
音乐智力	理解和运用如节拍、音高、旋律与和声等概念的能力	作曲家
空间智力	定位和操纵三维空间的能力	建筑师
身体/运动智力	协调身体运动的能力	运动员
自然观察者智力	对自然界中的物体或现象进行区分和分类的能力	动物学家
人际智力	理解他人并与他人良好互动的能力	政治家、销售员
内省智力	理解并使用自己的思维、情感、偏好和兴趣的能力	自传作者、企业家
存在智力	在超越感官信息的层面思考现象或问题的能力,如无穷大和无穷小	宇宙学家、哲学家

（引自 Slavin,2016）

近年来,加德纳的多元智力理论在教育领域非常流行,但仍存有争议。对教育工作者来讲,多元智力理论的意义不在于让人们了解有多少种智力类型,重要的是树立了这样一种观念:智慧的行为表现是多样的。传统的学校教育主要依据学生在言语和逻辑/数理方面的行为来评价学生是否聪明,这有很大的局限性。我们必须从广泛的八个方面来评价学生的行为,并且对广泛的八种行为表现进行奖励,而不只是奖励非常有限的几种智力表现。多元智力理论对课堂教学的一个关键性建议是:教师应该在每堂课上尽可能运用多种方式来呈现知识,这样能使更多的学生有机会获得成功。

阅读栏 8-5　多元智力理论在课堂教学的应用

根据加德纳的多元智力理论,讲解概念时应该采用多种方式,调用多种智力类型。为了说明这一点,阿姆斯壮(Armstrong,1994)举例说明用多种方式给中学生讲解波义耳定律。

- 为学生提供波义耳定律的文字定义:"对于一定量气体,保持温度不变,则气体的压强和体积成反比。"让学生讨论这一定义。[言语智力]
- 为学生提供波义耳定律的公式:$P×V=K$。然后让他们解决相关具体问题。[逻辑/数理智力]
- 为学生提供波义耳定律的比喻或视觉表象:"想象你的手上长了一个脓包,

你开始挤它。挤压时,压强将会增大。你越挤,压强就越大,最后这个脓包破了,脓液撒了你一手!"[空间智力]

• 让学生做如下的实验:将空气吸入口中,使两腮稍稍鼓起。然后再将空气挤到口腔一侧(体积缩小),让他们感觉压强是增大还是减少(增大);然后再将空气释放至整个口腔(体积增大),判断压强增大还是减小(减少)。[身体/运动智力]

• 让学生们进行实验室实验,测量封闭容器中的压强,然后画出压强与容积的关系图。[逻辑/数理智力,身体/运动智力]

很少有课程包含的元素能涉及所有类型的智力,但多元智力理论对课堂教学的一条关键性建议是:教师应该在每堂课中尽可能地运用多种方式来呈现知识,这样才能使更多的学生有机会获得成功(Campbell, et al., 2004; Gardner, 2003; Kline, 2001)。

(引自 Slavin, 2016)

三、智力差异与学业成就

自 20 世纪初比纳编制智力测验以来,智力测验的主要功能就在于鉴别学生学习能力,以便因材施教。那么,智力能否预测学生的学业成绩、教育发展呢?

心理学家对于 IQ 分数与学业成绩的关系进行了大量的相关统计分析,一致的结果是:IQ 与学业成绩存在中等程度的相关,其相关系数在小学阶段为 0.6~0.7,在中学阶段为 0.5~0.6,在大学阶段为 0.4~0.5。这说明智力是影响学习的一个重要因素,但不是唯一因素,学习动机、人格特征乃至集体和教师等社会因素对学习成绩都有重大影响。

关于 IQ 分数能否预测学生的教育发展,人们也做了大量的研究。表 8-4 的结果表明,学生智商的高低与学生在教育上的发展有密切的关系。一般说来,IQ 分数越高,向高等教

表 8-4 2600 个初中一年级学生的教育发展之预测

升级情况	IQ 分数				
	85	86~94	94~104	105~114	115 以上
同在初一(7年级)的人数	400	575	650	575	400
升上初三(9年级)的人数	307(77%)	545(95%)	636(98%)	570(99%)	398(100%)
升上高二(11年级)的人数	66(17%)	375(65%)	493(76%)	492(86%)	369(92%)
读完高三(12年级)的人数	14(4%)	309(54%)	412(63%)	437(76%)	344(86%)

(Dillon, 1949. 转引自张春兴, 1998)

育发展的机会就越大。但这种预测只能代表一种趋势,而不适于对某一个学生做肯定判断,尤其对于中等以上智力的学生的学习发展的预测。这同样说明了一定水平的智力是学业发展的前提条件,但不是充分条件。

目前,人们已经达成一个共识,即完成一定的学业必须具备一定的智力水平。有些心理学根据研究,提出了完成各级学业所需要的最低智商(见表8-5)。当然,因时因地因人而异,表8-5中所列各种学业所需最低智商的准确性很难估计,但需要一定智商才能完成一定的学业,这是不言而喻的。

表8-5　完成各级学业所需的最低智商

教育水平	最低智商
小学	71
初中	83
高中及专科学校	108
大学	110
硕士	120
博士	130

研究表明,智力水平会影响学生对学习策略的掌握和使用。智力水平高的学生一般容易学会解决问题的策略,学习方法更有效,对学习的监控水平较高,能自行纠正错误和验证答案,更能持久地学习。

有关智力与教学处理的相互作用的研究表明,智力水平低的学生更需要教师的个别指导,在教师的个别指导下成绩提高很快;而智力水平越高的学生,学生的监控能力越强,在传统的教学条件下仍能取得较好成绩。研究还发现,使用的教学方法越是要求学生对信息作复杂的认知加工,则智力与学业成绩的相关程度就越高。

四、智力差异与能力分组

智力的个别差异是普遍存在的事实,如何针对学生的智力差异实施因材施教,是学校教学实践的重要问题。为了适应学生的智力差异、先前知识的差异和成绩水平的差异,能力分组(ability grouping)是学校常常采用的做法。能力分组是指将能力相似的学生组成一个群体并且尝试用不同的教学手段匹配不同群体的教学需要的教学方式。能力分组通常有三种形式:班级内能力分组、班级间能力分组和重新分组法,见表8-6能力分组的类型。

表 8-6 能力分组的类型

类型	描述	例子	备注
班级内分组	在常规班级里,按学生的阅读或数学水平分为两组或三组,根据各组学生的实际情况,采用不同的教法和教学进度以适应不同能力的需要	教师根据阅读能力将全班学生分为高、中、低三个阅读小组	小学中常见的分组方法,尤其是数学教学和阅读教学
班级间分组	以特定的成绩为界,将学生划为不同的水平,如高水平、平均水平和低水平,相同水平的学生安排在同一个班级	根据学业成绩,学生被安置在不同水平的班级(如荣誉班、大学预备班、补习班/职业班)	这是高中常见的做法,又称分轨法,有时也用于初中和小学高年级
重新分组	学生的大多数教学时间都在混合能力班中,但根据学生的阅读和数学成绩的差异,他们会被分到水平不同的阅读和数学班中学习	上午9点半,四年级的学生会去不同教师的班级,接受适合各自水平的阅读教学	著名的乔普林计划是一种跨年级的重新分组,四到六年级的学生被安排到阅读水平在二到九年级之间的同质小组中

能力分组在性质上是同质分级。同质分组的优点在于由于组内学生之间在智力或知识方面的差距小,便于用统一的进度和方法进行教学,在一定程度上可以提高教学质量。但是对于同质分组的效果,国外做过许多对比研究,结果并不一致。单从教学角度出发,同质分组当然容易教学,但如果从全体学生的利益出发,同质分组有不少弊端。① 同质分组客观上给学生贴上了不同的标签,程度高的班级贴上了"好学生"的标签,程度低的班级贴上了"差学生"的标签,容易使程度高的学生骄傲自满,使程度低的学生受到歧视,不利于学生健康成长。有人调查了 190 名 4~6 年级学生,要他们回答如果允许自己选择,他们愿意选择哪个班级？结果,95%~96%的后进生、中等生和优秀生都愿上程度最高的班。② 分组会影响教师对学生的期望,导致对不同的学生差别对待。根据心理学家们的观察发现,教师对智商较低学生的行为有如下特点:师生间较少互动与沟通;较少关注并较少提问;即使提问所给予的时间也较少;成功时奖励较少,但失败时责难较多;避免给他们当众表现的机会等。(Good & Brophy,1987)③ 分组归类的消极作用与教学质量有一定关系。研究发现,与高能力组相比,教师给低能力组讲课的内容更加不连贯和含糊不清,他们更多地将注意力集中在记忆而不是理解、问题解决和自主学习上。而且,教授低能力班级的教师通常缺乏热情和紧迫感,他们也更强调服从而不是发展学生的自制力和自我管理的能力(Good & Brophy,2000)。

④ 因为测量工具的有限性,很难避免对学生的能力做出不合适的界定,而这造成的不良影响会持续很久。⑤ 班级内分组对老师的教学组织带来了压力,因为需要给不同小组的学生准备不同的课程和作业,并且要同时监督有不同任务的学生。

心理学家一般比较支持在常规教学班组内采用灵活分组的形式。这种以团体教学为主、小组教学为辅的班级内能力分组,在理论上是最理想的编班方式,但是实施起来却不容易,只有在班级人数少并且教师负担较轻的情况下才可能实行。另外,研究者指出,阅读和数学相比其他学科更具等级性和序列性,即新的概念和技能常常建立于先前内容的基础之上。因此这些基本的学科采取同质分组教学较合适,其他学科仍应采取混合能力班级教学。

阅读栏8-6　减少能力分组负面影响的建议

- 使分组的标准保持灵活,当学生阅读速度符合别组的要求时,要将学生重新分配到别的小组中去。
- 努力确保对低能力组学生的教学质量与对高能力组学生的教学质量一样高。
- 把学生的特性看作是动态的而不是静止的,教给适合低能力组学生的学习策略和行为。
- 避免给低能力组贴上消极的标签。
- 要对能力分组可能造成的消极后果保持持续的警觉。

(引自Eggen,2009)

除了同质分组外,留级和跳级也是缩小班内学生差距的方法。

留级是让学习成绩差的学生有第二次学习尚未掌握的教材的机会,从低的一端缩小班级学生差异的方法。但事实上,留级的效果并不好。除了少数留级的学生成绩有显著进步,多数学生成绩没有进步,甚至比原来更差。造成这种状况的主要原因在于留级给学生贴上了"差生"的标签,使他们自暴自弃,另外,教师并没采用适合他们特点的教学方法,而是采用导致他们留级的同样方法教他们,并没做到因材施教。

跳级让智力高、成绩好的学生直接进入高一级的阶段学习,不仅从上端缩小班内学生的差异,也有利于学生的身心发展。研究表明,能力相等的儿童,跳过级的比未跳级的学习速度快,与同学的相处也较好。在小学跳过级的,到中学阶段成绩仍然优秀,和同学关系融洽。

虽然跳级的效果比留级好,但奇怪的是,有人统计,留级生比跳级生的比例要大得多。

从办学的目的、经济效益和实际效果看,我们应该尽量鼓励有能力的学生跳级,适当控制留级学生的比例。

第三节 特殊学习者

每个学生都具有特殊性,但绝大多数学生可以在普通班级中学习。而有特殊情况的学生,需要特殊的帮助和资源来满足他们的独特需要。特殊学习者指的是那些在身体、心理或行为表现上与常人差异大(更高或更低),需要额外的帮助或服务来满足其需要的个体。类别中既包括有各种问题和障碍,也包括天赋和天才,或者两者兼有。在今天,普通班级中出现了越来越多的特殊学习者,普通班级中的教师在特殊学习者的教育中扮演着越来越重要的角色。

在学校里有哪些类型的特殊学生?美国的《障碍个体教育促进法》(Individuals with Disabilities Education Improvement Act,简称 IDEIA)确定所有有障碍的学生可以享用免费的和恰当的公共教育。在美国所有 6~21 岁的学生中,大约有 10% 学生接受了特殊教育。表 8-7 列出了参加特殊教育的 13 种类别的障碍儿童的数量,以及在普通教育班级中接受教学的时间占 40% 以上的学生的比例(Woolfolk,2012)。表 8-7 显示出大多数有障碍的学生分为三类——特异性学习障碍(约占障碍学生人数的 50%)、言语/语言障碍(约占障碍学生人数 19%)和智力障碍(约占障碍学生人数 11%),这些学生绝大多数都会接受一部分的普通教育课程。

表 8-7 符合《障碍个体教育促进法》条件的 6~21 岁学生的数量

障碍类型	2000—2001 年的数量	在普通教育班级中接受教育的时间在 40% 以上的这部分学生所占的比例(%)
特异性学习障碍(简称学习障碍)	2887217	86
言语/语言障碍	1093808	95
智力障碍	612978	42
情绪障碍	473663	53
其他健康障碍	291850	82
多重障碍	122559	29
自闭症	78749	45
肢体障碍	73057	68

续表

障碍类型	2000—2001年的数量	在普通教育班级中接受教育的时间在40%以上的这部分学生所占的比例(%)
听觉受损	70767	64
发育迟缓	28935	79
视觉受损	25975	72
脑外伤	14844	65
聋—盲	1320	35
总计	5775722	78

(引自Woolfolk,2012)

一、智力障碍

6～21岁的学生中大约有1%属于智力障碍(intellectual disability)。美国智力发育迟滞协会(The American Association on Intellectual and Developmental Disabilities,简称AAIDD)将智力障碍界定为"在智力功能和适应性行为上具有明显的局限而表现出来的障碍;所谓适应性行为是指在概念、社会和实践等方面的技能;这种障碍发生于18岁之前"(Woolfolk,2012)。

这定义表明智力障碍要同时满足两方面的局限:在智力功能上的限制和在适应性行为上的限制。智力功能通常是用智力测验测量的,判断智力障碍的标准是IQ分数低于平均分两个标准差,即IQ分数低于70分。适应性行为的限制包括三方面:概念性技能,指在社会运作中必需的认知技能,如阅读、书写、理解沟通和交流技能,交流技能包含遵照指示、听力技能、提问以及提供与本人相关的信息;社会性技能,包括礼貌的行为、有责任心、遵守规则和社会法规,具有人际交往技巧,同时既不幼稚也不轻易受骗;实践性技能包含日常的生活技能和工作技能,如着装、洗澡、打扮、做饭、打扫、逛街、理财、职业技能以及使用公共交通工具(Bohlin,2012)。

适应性行为的三个方面可以用标准化工具评价。文兰适应性行为量表(Vineland Adaptive Behavior Scales)(Sparrow,1984,引自Bohlin,2012)是评价适应性行为的常用的测量工具,它通过与家长和教师的访谈,搜集学生在交流、日常生活技能、社会性和运动技能中的信息。判断适应性行为障碍的指标是适应性行为的三个方面中有一个得分比平均分低两个标准差,或者总分低于平均分两个标准差。

对于障碍程度较轻的智力障碍学生的教学重点在于创造支持系统来补充已有的教学，同时要帮助他们习得适应性行为技能。多数9～13岁有智力障碍的学生的学习目标包括基本的阅读、写作、算术、了解当地环境、社交行为和个人兴趣。到了中学阶段，学习的重点是培养职业与家政技能、生活所需的读写能力（阅读符号、标签、报纸广告、填写求职申请）、与工作有关的行为（如谦恭和守时）、自我健康护理以及公民技能。

> **阅读栏 8-7　对智力障碍儿童进行教学**
>
> 1. 确定儿童已经做好准备：儿童可能知道的很少，但他已经做好了学习下一步的准备。
>
> 2. 简单地陈述和呈现目标。
>
> 3. 根据学生的长处和不足，确定具体的学习目标。
>
> 4. 小步子分步骤、有逻辑地呈现教学资料。在进行下一步学习前，对这些智力障碍儿童进行大量的练习。
>
> 5. 根据成人生活的需求，练习实践技能和对概念进行教学。
>
> 6. 不要跳过或省略步骤。智力正常的儿童能将一个步骤和下一个步骤建立联系，但智力障碍的儿童需要了解每一个步骤以及每个步骤之间的明确联系。帮助这些智力障碍学生找出联系，不要指望他们能自己"看出来"。
>
> 7. 做好准备，以多种不同的方式呈现相同的观点。
>
> 8. 如果感觉学生没跟上，就回到简单一点的水平。
>
> 9. 要特别注意激发学生的学习动机，保证学生集中注意力。
>
> 10. 寻找那些不会让学生感到被侮辱的恰当的教学资料。
>
> 11. 关注某些目标行为或技能，以确保学生能有机会体验到成功。每个人都需要积极的强化。
>
> 12. 请注意，与智力正常的儿童相比，智力障碍儿童必须过度学习，做更多的重复和练习。必须教会他们如何学习，他们也必须不断地复习，并在不同的情境中练习新学习的技能。
>
> 13. 密切注意社会关系。只是将智力障碍的学生放入常规班级中，并不能保证他们会被同伴接受或是能交到朋友并维持友谊。
>
> （引自 Woolfolk，2012）

二、特异性学习障碍

特异性学习障碍是学生障碍中比例最大的一个类型,大约占到异常学生的一半,常称为学习障碍(learning disabilities,LD)。它们指的是那些没有智力障碍、情绪问题或教育劣势,拥有正常的视觉、听觉和肢体能力,但在获得和运用读、写、推理、听或数学学习方面存在严重困难。学习障碍被认为是脑或中枢神经系统的功能失调引起的。

学习障碍是一个统称,不单指一种缺陷,指代多种不同的障碍。学习障碍的学生具有在表8-8中所列出的部分或全部的特征。

表 8-8 有学习障碍学生的特征

一般模式	
注意力缺陷障碍 无组织性和分心的倾向 不能完成任务 表现不均衡(例如,在某一方面有能力,在其他方面却非常弱) 缺乏协调和平衡	
学业表现	
阅读	阅读缺乏流畅性 颠倒单词(如把 saw 读作 was) 频繁地忘记读到哪里了
写作	字母书写潦草、难看 不能写成一条直线 完成作业非常慢 从黑板上抄写存在困难
数学	很难记住数学事实 在运算时混淆数字的位置(如把十位数和个位数混淆) 计算应用题时存在困难

(引自 Eggen,2009)

有学习障碍的学生需要调整过的教学指导以及教师的支持。由于学习障碍有不同的原因,因此所采取的教学指导应该是具体且有针对性的。不过,仍有一些普遍的原理可用于多种情境。一般而言,适用于正常学生的有效策略,同样也适用于学习障碍学生,并且,有学习障碍的学生更难从低水平的教学中受益。阅读栏8-8列出了一些针对学习障碍学习教学的一般性策略。

> **阅读栏 8-8　对学习障碍儿童的教学**
>
> 1. 重在预防。在早期阶段识别和矫正儿童的学习问题,能够显著地减少被识别为学习障碍的人数。如对阅读困难的一年级学生进行一对一的辅导,强调字母拼读法的早期阅读策略等。
>
> 2. 教授"学会学习"的技能。直接给有学习障碍的学生教授各种学习策略和其他认知策略,可以显著地提高他们的学业成绩。
>
> 3. 不断反馈。帮助学生设立多个阶段性目标,并就每个目标给予及时反馈。
>
> 4. 运用教学策略,促使学生主动参与课程学习。教师大量使用动手操作任务、合作学习或其他主动学习方法,学习障碍学生的学习效果会更好。
>
> 5. 运用有效的课堂管理方法,以减少学习障碍学生的不良行为。
>
> 6. 将补充教育与课堂教学协调起来。学习障碍学生所进行的补充教育,如:小组辅导、资源教师、一对一的辅导或计算机辅助教学等,应与常规的课堂教学紧密保持一致。
>
> （引自 Slavin,2016）

三、注意力缺陷多动障碍

注意力缺陷多动障碍(attention deficit hyperactivity disorder,简称 ADHD)学生指的是那些注意力上有问题的儿童,这些儿童中一半以上同时存在多动的症状,简称多动症儿童。这些儿童不仅比别的儿童好动和注意力不集中,而且不能按照要求控制自己的行为,不能为实现目标而坚持不懈地工作。

多动症儿童注意力缺陷,使他们在课堂学习中难以有效地接受知识,在对新知识加工的前期就产生了障碍,又由于认知加工的整个过程中始终需要注意力的参与,所以注意力的缺陷也直接影响他们信息加工过程的效果与质量。因此,多动症儿童学习困难是必然的。

> **阅读栏 8-9　ADHD 的指标:注意力缺陷多动障碍**
>
> 美国的精神病协会建立了一个诊断列表,列举出 ADHD 的行为特点。
>
> • 注意力不集中方面的问题
>
> 　对细节不能集中注意力或者犯一些马虎的错误

在完成工作或者活动中保持注意力有困难

　　跟他说话的时候他好像没有在听

　　不按照指导进行以至于不能完成作业

　　在组织工作或活动方面有困难

　　对于很费脑力的工作(比如学校作业,家庭作业)尽量避免、不喜欢或很勉强地完成

　　经常漏掉对于完成工作或活动很重要的环节

　　在日常活动中非常健忘

- 对于控制冲动方面的问题

　　在问题还没有问完以前就不假思索地脱口而出

　　在等待别人出现方面有困难

　　在谈话或游戏过程中很容易打断别人

- 多动

　　坐着的时候手、脚不安分

　　上课的时候或者其他需要坐在座位上的时候离开座位

　　在不适当的时候到处乱跑乱爬

　　做一些需要安静的活动有困难

　　说话太多

　　活动时就像是用发动机控制的,无法保持安静

(引自 Woolforlk,2012)

　　对 ADHD 儿童的治疗包括药物、使用强化程序以及结构化的教学环境等。从长久的效果来看,多种方式的综合干预是最有效的。对多数患有 ADHD 的儿童和青少年而言,服用精神兴奋药,同时根据情况对其提供补救性的课程指导和咨询以及家长和教师进行必要的行为管理,多管齐下,可能会有较好的治疗效果。

阅读栏 8-10　如何指导 ADHD 学生

- 确保学生理解所有的课堂纪律和程序。
- 为预防分心,需仔细安排 ADHD 学生的座次,使之与教师比较近。
- 坚决执行有效的课堂管理规则。

- 要理解尽管某些行为是不可取的,但并不意味着学生故意不服从,因为有时他们可能无法控制自己的行为。
- 在允许的情况下,让那些多动的学生有更多的机会去活动。
- 避免采用那些以惩罚或威胁为手段的行为管理系统。
- 充分考虑分组的意图以及该组中的其他成员的需要,合理地将ADHD学生分组。
- 教学生管理自己的行为,包括自我监控、自我评价、自我强化和自我指导。
- 使用每日报告卡或其他工具来传递信息,与学生家庭保持着不间断的沟通。
- 与特殊教育专业人员进行合作,确立行为方案与教学计划,以处理可能出现的注意力问题。

(引自 Slavin,2004)

四、天才学生

天才学生是指那些有高智商或展现出高能力的学生,包括智商在130或140以上的学生,也包括在不同领域,如数学、写作创作以及音乐艺术等领域有出色表现的学生。天才学生不是典型的特殊学生,但他们处在能力连续体的顶端,在普通班级里不能发挥出全部潜能,因而需要超过普通班级的教学支持来实现他们的全部潜能。

天才儿童在身心状态方面具有以下的特点。

(1) 体质。研究表明,智商高于平均水平的儿童,其体力也高于平均水平,并不出现负相关的情况。

(2) 学业成就。一般来说,天才儿童学业超群,尤其是阅读、计算、抽象思维方面遥遥领先。但也有智商在130以上的儿童,学业成绩并不理想。

(3) 情绪控制。近期的研究表明,天才儿童有良好的情绪控制能力。如1985年对400名优异儿童的调查表明:这些优异的儿童多数有愉快的心境,充满热情,关心他人和世界的前途,有明确的是非观和正义感;但也有个别的儿童表现出孤僻、冷漠和自私。

(4) 独立性。天才儿童的独立性比较强。他们往往有比较强的自尊心,非常相信自己的能力和毅力,喜欢依靠自己的力量去独立完成任务。

许多其他的研究发现,天才儿童在信息加工方面有更出色的表现,表现在策略和元认知、动机以及信息加工效率等方面。有人指出,天才儿童在很多方面都是专家。他们有更多更好的学习策略、更高级的元认知水平,更善于了解他人,以及有更高的学习和出人头地的动机。他们在加工信息方面更快、更有效。天才学生更容易将自己所学到的东西迁移到新的情境中去。在问题的解决过程中,他们会有更多更好的悟性。更为重要的是,他们自己会产生要解决的问题,并能够提出新的问题。

在学校,天才学生通常表现出喜欢独自工作,有比同龄人更成熟的语言、阅读和词汇技巧,对于挑战性任务有更高的动机,对于简单任务则动机较弱,容易厌烦。有一个普遍认同的天才学生的三个标准是:① 高于平均水平的能力;② 高水平的动机和对任务的高度承诺;③ 高水平的创造性(Renzulli,1986,引自 Eggen,2009)。

对天才学生采取的特殊教育措施有多种。

(1) 特殊学校。让天才学生进入到专为优异儿童设立的特殊学校进行教育与训练。

(2) 特殊班。把学习程度大致相同的天才学生组成单独的特殊班以便接受系统的指导训练。

(3) 加强要求。天才学生在普通班里学习常规的课程,但是由普通教师给天才学生提供增补性的教育项目,增加一些活动来帮助他们理解和应用所学的知识。

(4) 辅导教师。即将学生安排在普通班学习,但另请经过专业训练的辅导教师对天才学生进行特殊的辅导和帮助。

(5) 资源教室。天才学生主要在常规班级中接受教育,但一星期中有几小时被抽出来到有专门设备的资源教室参加特殊教育。提供特殊教育的教师通常接受过特殊的培训。这种安排使得天才学生既能够和常规班的同伴有相处时间,同时也有机会与超常同伴相处。

(6) 专题报告。定期地到校外请学有专长的专家、学者到学校来给天才学生作专题报告。

(7) 独立学习项目。为天才学生提供独立学习探索、实验和调查的机会,把他们较早地引入研究领域,培养他们独立学习和工作的能力。

这些措施可分为两大类:加速(acceleration)和充实(enrichment)。加速,即学同样的课程,但是允许学生用更短的时间学完。充实,则提供更深和更广的课程内容。在只包括天才学生的班级通常既会加速教学进程又会充实教学内容;而班外教学计划则主要侧重于充实教学内容。

表 8-9　天才教育的充实制和加速制

充实制的选项	加速制的选项
独立的学习和独立的计划	允许提早进入幼儿园和一年级
学习中心	允许跳级
实地考察旅行	跳过某些学科
周六计划	只要通过考试就给学分
暑期计划	在高中阶段修大学课程
导师和班级导师制	与能力一致的课程
模仿和游戏	允许提早进入大学
小组研究	
学术竞赛	

（引自 Eggen, 2009）

 思考与练习

1. 什么叫学习风格？了解学生的学习风格对教学有什么意义？
2. 列举几种经典的认知风格，并谈谈它们对教学有什么启示。
3. 什么是天才学生？简述为这类儿童通常采用的教学措施。
4. 什么是学习障碍？简述学习障碍学生的主要特征及教学策略。

第九章　教学目标与教学设计

本章导读

教学目标是教学活动的风向标。它对教学活动发挥着导向、评价和激励等方面的作用。教师制定出明确、具体、规范、可操作的教学目标，对教学成败具有至关重要的作用。教学目标的实现是通过教师精心的教学设计来完成的。

本章共有三节。第一节主要介绍了教学目标的定义、作用和教学目标的分类系统。重点介绍了最具代表性的两种目标分析理论：布卢姆的教育目标分类说及其修订版和加涅的目标分类说，两者对教师分析和设计教学目标都具有重要的借鉴和参考价值。第二节着重介绍了如何正确陈述教学目标的方法。其中包括行为目标陈述法、五成分目标法和一般与具体相结合的目标陈述法。这些方法可以帮助老师制定出清晰、明确和操作性强的教学目标。第三节重点介绍了狄克和凯里于1985年提出的教学设计模型。该模型是目前公认为最完整和最系统的教学设计模型。

教育是培养人的事业，教学是实现这一宗旨的手段。教师在教学活动开始之前必须思考这样一个问题：通过教学我们期望学生产生怎样的学习结果？是知识、理解、应用、技能还是态度？很明显，教学是一种目标导向的活动，明确教学目标无论是对教师设计和实施教学活动，还是评价学生的学习结果都是非常重要的。

第一节　教学目标的一般概述

适宜的教学目标是优秀教学计划的基础。但许多老师并没有真正了解教学目标的内涵。因此，在系统学习教学目标前，让我们首先了解教学目标的基本知识。

一、教学目标及其在教学过程中的作用

（一）教学目标

教学目标是指教师在教学活动中期望学生表现出来的学习结果。这个定义有两层含义。第一，教学目标应该强调学生的行为而不是教师的行为。有些教师喜欢用要做的活动

来描述教学目标,例如:"本节课的目标是向学生示范如何使用显微镜",从字面上看,教师只要做出示范后,教学目标就达成了,至于学生是否学会则不得而知。好的教学目标陈述应该明确学习结束后学生可以做什么,例如:"本节课的目标是让学生学会使用显微镜来识别细胞的特征"。第二,教学目标应该强调学习结果而不是学习过程。虽然学习过程很重要,学习结果必须通过学习过程才能取得,但是从学习结果来界定教学目标,会使教学意图更明确,同时也有利于评价教学效果,为教师和学生提供有效的反馈信息。

(二)教学目标的作用

教学目标对教学与评价都是非常重要的。教学目标的作用主要表现在以下三个方面。

第一,教学目标为教师的教学提供了方向性指导。教学目标用操作性语言阐明了学生应该学习的内容及表现类型,使得教师对教学的重点和难点有了明确的认识,从而可以选择适宜的教学方法和手段。

第二,教学目标是教学评价的依据。教学评价的目的就是考查学生的学习结果是否达到了教学目标,如果达到了,说明教学效果好;如果学生的表现与教学目标有差距,就要及时调整教学。

第三,教学目标可以引导学生的学习活动。让学生和家长了解教学目标、明白教学目的,可以帮助学生调节自己的学习行为,也有利于家长对孩子的学习进行监督和指导。

二、教学目标的分类系统

(一)布卢姆的教育目标分类说

布卢姆(Bloom)及其领导的研究小组早在1948年就开始了教学目标分类的研究,他们采用行为分析的方法,从教学后学生在行为上将产生改变的角度把教学目标分为认知、情感和动作技能三大领域,每一领域的目标又分为不同的层次。

1. 认知领域的教学目标

(1)知识。指在教学之后学生凭记忆能够记得的一些事实性知识,包括对术语、具体事实、概念与原理及方法与程序的记忆。例如:能辨认椭圆的特征。

(2)理解。指学生能够懂得学习材料的含义。包括三个层次:一是能够用不同的方式表达同一思想;二是能够对事物的变化进行说明;三是能对事物间的关系进行推理。例如:学习者能解释为什么6乘以7与7乘以6相等。

(3)应用。能将学到的知识应用到新情境中。例如:每个信封7美分,学习者能计算买6个这样的信封该花多少钱。

(4)分析。是指学生在完成任务时,能够把任务分成几个成分,从而搞清楚各成分之间的关系及其组织结构。分析包括三个层次：一是要素的分析，如文章中提出了几个概念；二是关系的分析，概念间的关系是因果性的还是相关性的；三是组织原理的分析，如文章在语义和语法方面是如何组织的。

（5）综合。指学生集合部分组成整体的能力。主要包括创造新产品、提出新见解的能力。例如：能写出一篇好论文。

（6）评价。是最高水平的认知学习结果，指学生运用一定的标准对材料进行价值判断的能力。

2. 情感领域的教学目标

情感目标指经过教学以后，学生在情感方面应产生的变化。情感目标的表达相对来说要困难许多，一方面情感目标的分类标准难以把握，另一方面学校对情感目标的重视程度远远不如认知目标。正因为如此，由克拉斯沃尔等人（Krathwohl）撰写的《教育目标分类学（第二分册）：情感领域的目标》于1965年才问世，比布卢姆的《教育目标分类学（第一分册）：认知领域的目标》整整晚了8年。情感目标虽然常常受到忽视，但情感目标却是相当重要的。因为通过学生当前的情感状态往往可以预测其将来的行为。例如，一个学生如果对某一学科不感兴趣的话，我们可以想象他以后很可能不去选择从事与这一学科有关的职业，一个对学校缺乏归属感的学生比喜欢学校的学生更有可能辍学。

按照内化的程度（即通过外在的学习转化为个人内在的兴趣、态度、价值等）可将情感目标分为五个水平。

（1）接受。主要与学生的注意活动有关，指学生自愿关注特定的现象或刺激，如课堂活动、教科书等。学习的结果从简单地意识到事物或情境的存在到有意识地选择注意的对象。

（2）反应。指学生主动参与学习活动并做出反应。学习的结果分为默认、自愿和满足三个不同的层次。默认反应指学生能够按照指令从事学习活动，如完成规定的作业，这种反应并非完全出于学生的自愿活动，更多的只是服从教师的要求。自愿反应指在没有外在力量的作用下，学生自愿从事学习活动，如阅读老师或家长规定之外的书籍。满足反应是指学生在反应中获得了愉快的感受，如学生为了满足自己的兴趣爱好而从事活动。

（3）形成价值观念。指学生将特定的对象、现象或行为与一定的价值标准联系起来，形成对事物的态度与看法。学习的结果包括简单接受某种价值标准到积极从事有这种价值的活动，进而将价值内化成为指导自己活动的长期信念。

（4）组织。指学生能够将多种不同的、甚至彼此矛盾的价值观协调统一起来，形成内在一致的价值系统。

（5）价值体系性格化。指学生内化了所学的价值观并按照这套价值观念去行动，以至于成为其"生活方式"以及个人性格的一部分。

3. 动作技能领域的教学目标

动作技能目标指经过教学后，学生在动作技能方面产生的变化。动作技能并不限于体育方面的运动技能，它涵盖了一切与技能有关的行为，如书写技能、绘画技能、演奏技能等。动作技能领域的教学目标分类出现最晚，且分类方法不止一种。这里介绍的是辛普森（Simpson，1972）的分类法。她在《教育目标分类：技能领域》中将动作技能目标分为七类。

（1）知觉。指个体能运用感官辨别刺激的性质，区分不同的刺激线索并做出适当的动作反应。

（2）定向（定势）。指在学习某种动作技能之前，在心理和身体方面做好了准备。

（3）有指导的反应。在示范者的指导下进行反应，包括模仿和尝试错误。

（4）机械反应。指动作技能非常熟练，像机械一样达到自动化程度，不需要特别地加以注意。

（5）复杂反应。指对复杂动作技能模式的掌握已经达到非常熟练的地步。

（6）技能调适。当个体的动作技能高度发展时，可以根据情境或问题的需要灵活地运用自己的技能，如进行适当的修正或进行不同动作的组合等。

（7）创新。这是动作技能发展的最高境界，个体不仅可以熟练地运用动作技能去解决问题，还可以创造出新的动作技能以解决新的问题。

（二）布卢姆教育目标分类说的修订版

鉴于布卢姆教育目标分类学存在目标层次缺少内部一致性，有些类别与技能存在交叉，高层次类别没有涵盖高阶思维技能等问题，安德森等人对布卢姆的教育目标分类学做出了重要修订，将一维的分类系统变为二维的分类系统，从知识的类别和认知过程的类别两个维度定义教学目标。在知识维度方面，吸收了认知心理学关于知识分类的观点，分为事实性知识、概念性知识、程序性知识和元认知知识；在认知维度方面，分为记忆、理解、应用、分析、评价和创造（安德森等，2009）。两个维度构成一个4×6的表格，见表9-1。该表格可以将一节

表9-1 教育目标分类

知识的类别	认知过程的类别					
	1. 记忆	2. 理解	3. 应用	4. 分析	5. 评价	6. 创造
A. 事实性知识						
B. 概念性知识						
C. 程序性知识						
D. 元认知知识						

课或一个单元的教学目标清晰准确的呈现出来,教师的教学设计与教学评价均可依据该表进行。

1. 知识的类别

事实性知识是相互分离的、孤立的内容知识,包括术语知识以及具体细节和要素的知识。

概念性知识是结构化的知识,包括分类和类别的知识、原理和通则的知识以及理论、模型和结构的知识。

程序性知识是如何做的知识,包括技能和算法的知识以及技术和方法的知识。

元认知知识是关于一般认知的知识以及关于自我认知的意识和知识,包括策略性知识、关于认知任务的知识(包括情境性知识和条件性知识)以及关于自我的知识。

2. 认知过程的类别

记忆指从长时记忆中提取相关的知识。理解是指能够从口头、书面和图像等交流形式的教学信息中建构意义。应用是指在给定的情景中执行或使用某一程序。分析是将材料分解成它的组成部分,并确定部分之间的相互关系以及各部分与总体结构或总目标之间的关系。评价是指基于准则或者标准作出判断。创造是将要素组成新颖的、内在一致的整体,或者生成原创性的产品。

运用二维目标分类表可以有效地帮助教师设计教学。在教学开始之前,教师必须思考清楚这节课学生应该掌握的知识属于哪种类型?应该掌握到什么程度?确定教学目标后,就可以围绕目标进行教学设计,最后根据教学目标设计教学评价的方法,了解学生的掌握程度,对教学进行反思从而改进教学。教学目标的二维分类表使得教学评价有了统一标准,听课、评课的专家或同行可以根据教师的课堂教学是否围绕教学目标、是否达成教学目标进行;二维分类表本身对任课教师来说也提供了反省性信息,如对一段时间以来的教学目标分类表进行分析,教师可能会发现教学目标主要定位在前三个认知过程维度,后面高阶认知过程较少涉及,那么就可以在接下来的教学过程中有意识地加强高阶认知能力目标的设置。

阅读栏9-1 教育目标二维分类表在小学数学教学中的应用案例

数松果

【教学内容】北师大版小学数学二年级上册第10~11页。

【教学目标】

经过教学,学生应能:

1. 理解5的乘法口诀的意义。
2. 能正确编写5的乘法口诀。

3. 知道 5 的乘法口诀的规律,即前后 2 句口诀相差 1 个 5。

知识维度	认知过程维度					
	记忆	理解	运用	分析	评价	创造
事实性知识		目标1、3				
概念性知识						
程序性知识			目标2			
元认知知识						

【教学重难点】

【重点】正确编写 5 的乘法口诀。

【难点】正确书写乘法口诀。

(引自李晓东,李红霞,2013)

(三)加涅的目标分类说

美国著名教育心理学家加涅(Gagne,1916—2002)认为应该根据学习的结果来制定教育的目标,他一生致力于学习结果的研究,从人类习得的性能中区分出言语信息、智慧技能、认知策略、动作技能和态度等五种学习结果。加涅不仅对每种学习结果进行了详细说明,更重要的是,他提出了要达到这些教学目标的内部和外部条件,对教师如何进行教学设计有具体而实用的指导。

1. 智慧技能

智慧技能是个体应用符号或概念与他们的环境相互作用的技能。简单的智慧技能,如知道如何读写计算,复杂的则涉及科学、工程和其他学科的高级技术性技能。它是知道"如何完成"某种智慧行为的知识,因此属于程序性知识。比如,你能够判断这是一首奏鸣曲就是智慧技能。加涅将智慧技能按照互相依赖的程度分为高低不同的五个层级。

(1) 辨别

辨别是对在一个或更多的物理维度上互不相同的刺激做出不同反应的能力(加涅,1999)。简单的例子就是指出两个刺激的相同和不同。辨别显然是一种非常基本的智慧技能,通常这种技能在年幼时就已获得。但是对于专门领域的一些辨别技能,即使是成人也可能需要特殊训练,比如制作小提琴的工匠,他们必须通过训练才能掌握辨别不同木质的声音有何不同,哪种木质适合用来制作小提琴的哪个部位等技能。由于辨别是一切复杂学习的基础,因此辨别学习是非常重要的。

阅读栏9-2　一元一次方程和它的解法教学目标层次分类表

分类	目标内容	目标层次 A 了解	B 理解	C 掌握	D 灵活运用
基础知识与基本技能【认知领域】	1. 了解一元二次方程的意义	√			
	2. 会判断一个方程是不是一元一次方程		√		
	3. 识别方程的"元"与"次"的含意	√			
	4. 理解并记忆解一元一次方程的一般步骤		√		
	5. 了解移项的依据是方程的同解原理Ⅰ	√			
	6. 掌握移项法解一元一次方程			√	
	7. 了解用未知数的系数除方程两边的依据是同解原理Ⅱ	√			
	8. 灵活运用解一元一次方程的方法解一元一次方程				√
	9. 掌握检验解方程的结果的正误			√	
	10. 迅速、准确解各种形式的一元一次方程				√
数学能力与一般能力【动作技能领域】	1. 能用语言准确地表述一元一次方程的定义		√		
	2. 能够看懂课本中对方程的"元"与"次"的含意,使学生具有初步的自学能力	√			
	3. 会判断方程,恒等式,一元一次方程,一元一次不等式,能够比较它们的异同点,培养学生用数学方法处理问题的能力				√
	4. 能够用心算对一元一次方程的根进行检验				√
	5. 灵活运用解方程的步骤,迅速简洁地求出方程的解,培养学生的解题能力				√

分类	目标内容	目标层次			
		A 了解	B 理解	C 掌握	D 灵活运用
个性品质与德育【情感领域】	1. 通过解方程的教学,使学生了解"未知"可以转化为"已知"的思想方法 2. 通过把方程的解代入原方程,检验解方程是否正确的教学,培养学生严谨的学习态度,使学生认识事物的两个方面,求解与检验是互逆的对立的两个方面,培养学生辩证唯物主要观点	√		√	

(引自魏超群,1995)

辨别学习的内部条件是学习者能够通过感官觉察到刺激,辨别出刺激之间相同或不同的特征并做出差异性反应。辨别学习的外部条件符合最基本的学习原理:首先,按照接近的原则,在刺激呈现后要立即做出反应;其次,对于正确的反应要及时强化;最后,重复练习也很重要,一方面重复可以巩固学习效果,避免遗忘,另一方面,对于较为复杂的多重辨别学习,可能需要多次尝试才能建立稳定的反应模式。

(2) 具体概念

概念是对具有共同属性事物的概括性认识。当个体能够通过指认的方式对客体的特征(如形状)或属性(如颜色)进行识别时,我们就说他(她)掌握了相应的具体概念。具体概念与辨别的差异在于,辨别是"对差异做出反应",具体概念是通过称呼其名称或其他的方法来识别出事物,如很多图形,你能够区分出这些图形是不同的,这是辨别;但是你能说出这个图形是三角形,那个图形是长方形,这是具体概念。由此也可以看出具体概念是比辨别更高级更复杂的智慧技能。

具体概念学习的内部条件是个体的辨别能力。在对事物进行归类之前,学习者必须能够对事物进行区分。具体概念学习的外部条件是提供一系列概念的正例和反例,要求学生进行鉴别,如果学生能够正确鉴别,表明他已经掌握了概念。在提供概念例子时,要尽可能地使这些例子在无关特性上不同,如呈现"木制"这个概念可以用许多大小、颜色、形状不同的物体,同时也要呈现诸如金属、塑料制品等反例,让学生通过选择正例,拒绝反例来获得正确的概念。

（3）定义性概念

定义性概念是指不能通过指认的方式来获得而只能通过语言来界定的抽象概念，如平等、自由、快乐、痛苦等概念。定义性概念学习的内部条件是学生能够理解定义中的各个子概念以及代表它们之间关系的概念，外部条件是向学生呈现概念的定义并提供相应的正反实例，帮助学生理解并区分相近的概念。

（4）规则

规则是将数个概念合在一起表达一个完整的意义。有了规则，人的行为才会表现出规律性。例如，"红灯停，绿灯行"是一条交通规则，这条规则包含了颜色、灯、停和行几个概念，有了这条规则，行人和司机在行走和驾驶时就有了规律，交通才会安全畅通。

规则学习在本质上与定义性概念的学习是一致的，定义性概念属于分类规则，是规则的一种，因此规则学习的内部条件也是要求学习者必须先搞清楚规则中所包含的各个概念的意义。而外部条件重在教师的言语指导，通过言语交流提示学生回忆要学的规则中的子概念并按照恰当的顺序组织有关概念，尽量避免一开始就直接用言语命题的方式直接陈述规则。

（5）高级规则——问题解决

问题解决是指运用各种已经习得的规则来解决问题的心理过程。问题解决往往不是规则的简单应用，它常常是许多规则的综合运用，是非常复杂的。例如，要计算一个图形的面积，首先要判断是什么图形，然后要从记忆中提取出计算面积的公式以及加减乘除的运算法则等，这些规则都掌握了，才能正确解决这个问题。因此，通过问题解决学习的规则被称为"高级规则"。

问题解决学习的内部条件是学生已经掌握了解决问题所需要的各项规则。外部条件是教师要根据学生对问题的理解程度做出适当的解释说明，帮助他们将已有知识与问题有机地联系起来。

2. 认知策略

认知策略是指个体自主控制和调节注意、记忆和思维等内部心理过程以获得新知识的一切方法。认知策略与其他的智慧技能的区别在于它们所指向的对象不同。智慧技能涉及的是概念和规则，指向的是客体和事件，如句子、图表或数学方程等。而认知策略是以学习者自己的认知过程为对象。认知策略的使用对信息加工过程的质量有重要作用，如使用复述策略，可以帮助信息从短时记忆向长时记忆转化。

掌握了认知策略，个体就可以更好地自主学习，因此教会学生认知策略比传授知识更为重要。认知策略学习的内部条件是学习者需要掌握必要的先前知识和智慧技能。外部条件是创设有利的学习条件,为学生使用和发展认知策略提供机会。

3. 言语信息

言语信息也称言语知识,是指用语言或文字表述的信息。虽然人们也可以从网络、电视、图书等其他途径获得大量的言语信息,但正规的学校教育为我们提供了确定性程度很高的信息,这样的言语信息才有利于交流以及继续学习。例如,人们必须知道文字、数字、客体的名称等大量事实才能相互交流,学习了特定信息才能继续学习某一学科。按照言语信息的复杂程度,加涅区分出三种学习形式。

(1) 学习名称或称谓

学习名称是指以命名方式对客体或客体类别做出一致性言语反应的能力,这是一种概念学习,与仅仅知道事物的名字是有本质区别的。如果一个学生仅能提供某一具体事物的名字,也就知道了一个名称,而要知道"该物体作为一个概念"(知道它的意义),他或她就必须能识别出定义和界定该类别的正反例。

(2) 学习事实

事实是表示两个或多个有名字的客体或事件之间关系的言语陈述。如"红楼梦的作者是曹雪芹"。事实的获得,对学生来说,其价值在于两方面。第一,它对日常生活也许是必要的。比如,你得知道宿舍关门的时间,得记住图书馆什么时候开馆,什么时候闭馆。第二,有些事实会被用来做进一步学习的。如计算圆的面积,你得知道 π 的值。

(3) 学习有组织的知识

有组织的知识是指由个别事实组织起来的知识体系,如历史、文学、艺术等,是学校学习的主要内容。

言语信息学习的内部条件:一是学生必须具有必备的先前知识,如要学习规则得首先学习概念,掌握了概念与规则才能学习更为复杂的知识体系;二是学生具备将信息转化为知识网络的策略或方法,这样才能使学生对知识进行深加工,从而利于记忆和提取。言语信息学习的外部条件是提供有意义的背景以帮助学生将新旧知识联系起来,加深对新信息的记忆,同时也要提供一些外部线索帮助学生成功提取信息,为了防止受到干扰,线索应尽量具有高度的区分性。

4. 动作技能

动作技能是一种习得的能力,以它为基础的行为表现反映在身体运动的速度、精确度、力量和连续性上。书写、绘画、操纵仪器、游戏和运动等都需要动作技能。有些动作技能是基本的,在年幼时就可习得;有些是复杂的,在教学时就应放在高年级进行。获得动作技能,不仅仅是指完成某种规定的动作,而且指这些动作组织起来构成流畅和准确的整体行为。动作技能操作的流畅与时间的精确反映了这些行为表现的内部组织程度。

学习动作技能的最好方式就是重复练习,要改进动作技能,除了练习没有更简易的方法。钢琴家傅聪说过"一日不练自己知道,两日不练朋友知道,三日不练听众知道"。动作技能学习的内部条件是事先获得了部分技能并了解动作技能的先后顺序,外部条件是言语指导、图像、演示、练习和反馈。言语指导有助于学生理解动作技能执行的步骤与顺序,图像和演示则使这种指导具体形象化,而练习是掌握动作技能的唯一途径,反馈对改善动作技能有重要作用。

5. 态度

态度是影响个体指向某个物体、人或事件的行为选择的内部状态。作为内部状态,态度是不能直接观察的,只可以通过个体的行为推断出来。例如,当一个学生在众多可供选择的活动中选择了打球,而不是唱歌、跳舞或其他活动时,我们可以推知他对打球有积极的态度。

态度学习与智慧技能和言语信息学习的教学方法是很不同的,仅凭言语说教更是不行的。态度学习的内部条件是学习者必须事先有尊重或认同榜样的积极态度。如果没有,就需要将这种态度作为学习过程的第一步。同时,为了模仿榜样的行为,与之相关的智慧技能和知识必须要事先获得,如教育学生"远离毒品",就得知道什么是毒品。态度学习的外部条件是为学生提供适当的榜样以便模仿,榜样人物可以来自于文学作品、历史材料或影视作品,但必须具有一定的吸引力和可信度。当学生表现出正确的态度时要及时进行强化。

阅读栏9-3 与教育目标相关的研究发现

按照比赫勒尔(Biehler)和斯诺曼(Snowman)(1997)所总结的,从教育目标的相关研究中可以得出下面的结论:

1. 当学习者对教育目标有了明确的意识与理解,当学习者用教育目标来指导自己对特定部分的学习,当学习者觉得教育目标对学习有帮助时,教育目标能最有效地发挥作用。

2. 当教育目标清晰地以书面的形式确定下来,当学习任务对学生来说既不特别困难,也不特别容易时,教育目标能最有效地发挥作用。

3. 如果能力一般的学生了解了教育目标,那么相比那些能力更高或更低的学生来讲,他们获益更多。

4. 目标能促进目的性的学习,但也可能导致那些非目的性学习或者偶然性学习的减少,而这些学习是没有压力的。当使用的是一般性目标而不是具体性目标时,偶然性学习更可能发生。

斯莱文(Slavin,1998)也回顾了有关教育目标方面的研究,他指出,与学生就教育目标进行交流,有关研究并没有发现这会降低学生的成就,相反,却会提高学生的成就。他建议,教师与学生就目标进行交流时,最好是一般性目标,这能包含课堂或课程要教的所有内容,目的是防止学生的关注点过于狭窄,从而避免将那些特别重要的信息排除在注意之外。

(引自 Cruickshank 等,2003)

阅读栏 9-4　一位初中教师的课堂教学目标设计及反思

学完《教育心理学》这门课程,对于课堂教学有更全面的理解和更深入的思考。确实,过去很多老师,包括刚毕业的年轻老师,在设置教学目标的时候,很多都是从教师出发,考虑更多的是老师课堂教学中应该如何教、如何表现的问题,学校在评价教师的教学效果和质量时,也往往更侧重老师的表现。这使得我们在设置教学目标、设计教学方案的时候,容易出现本末倒置的现象。既然教学目标中忽略或淡化了学生的表现,降低或缺少对学生的期待,那当然也无法真正为学生提供成长的机会和锻炼的平台。

1. 根据学生的实际需要,确定教学目标

根据教材和教参,《维护受教育权》的教学任务和教学内容应该让学生了解什么是受教育权,知道未成年人享有受教育权,并学会维护自己和他人的受教育权。

但是对于深圳的孩子来说,大部分人都很好地享有受教育权。无论是社会、家庭、学校还是孩子本身,都很懂得维护自己的受教育权——这个问题似乎不是学生最需要的。对于深圳的很多孩子来说,有一个问题似乎是更有价值的,那就是从情感上去理解受教育权的宝贵,懂得珍惜。于是,我开始确定本节课的教学目标:让学生了解受教育权、理解它的宝贵,懂得珍惜与回报。很明显,侧重于情感目标和认知目标,知识目标被放在其次。

2. 根据教学目标设计教学活动和教学方法

有了明确的目标,教学设计思路变得清晰了,搜集和选取素材时也有了明确的方向。本节课采用情境图片导入法,通过呈现四幅不同的人群(身份、年龄、地区的不同)在接受教育时的情境图片,设下问题,让学生思考、发现教学主题。

为了让学生更生动形象,更深刻深入地了解、理解受教育权,我设计了师生互动环节,通过概念探索和三则小材料的解读:监狱系统加强对犯人的教育;上海监狱系统参与高考的犯人人数创历史新高;2002年年龄最大的考生汪侠老人。让学生理解受教育权是公民的基本权利之一,即使是行动受限制的犯人,即使是年过七旬的老人也同样享有受教育权。

既然本节课更侧重情感目标,而情感的激发往往发生在认识、意识之后。于是在学生对受教育权有基本的了解后,我花了大量的时间营造氛围,让学生"解读"受教育权。首先是趣味探究,通过创建趣味等式:接受教育=……,让学生思考受教育权对自己、对他人的作用和意义;接着让学生解读"知识改变命运"的名人名句,进一步感受知识的力量;再通过解读希望工程代言人"大眼妹"从面临辍学到接受援助、考上大学、当上银行职员的经历,和很多打工者重返学堂,为获取知识,愿做大龄学生的事例,让学生更深刻地认识到接受教育的重要和必要。认识到重要,还不是最终目的!我选取了"一根稻草、两种命运"的案例素材,通过感受、对比差异和观看视频,让学生体会到教育机会的来之不易。接着播放自己制作的图片短片《我们的……他们的》,让学生感受自己与同龄人在教学环境、条件和设备等各方面的不同,在感受自己的优越的同时,理解它们的宝贵,开始萌发珍惜的情感;及时抓住学生情感表达的契机,将感情升华,让学生学会感恩,并用实际行动回报。最后,再用"珍惜——感恩——回报"重新解析了主题维护受教育权中的"维护",再进行课堂总结,并布置课外任务:阅读《我要读书——马燕日记》。

3. 教学效果及反思

本次课的教学效果明显,很多学生在最后环节都分享了自己的感受和收获,后来还在语文日记上分享了这节课带给自己的震撼和思考。学生之所以有如此强烈的反应和深刻的思考,我想与教学目标的合理定位和清晰设置有直接的关系。在定位教学目标的时候,教师能更多地考虑学生的实际情况和需要,设身处地感受学生的心理特点和情感特征,在设置具体目标时候,也是站在学生的角度,尝试用学生的视角去解读。于是,落实到教学方法和手段的选择、教学内容的裁剪、教学问题的设置等细节问题上时,就更显人性化和人本化。所以,学生能被激发、被触动,也能自主地参与到课堂中来,真正达到师生互动。

第二节　教学目标的陈述

教学目标是教学和评价的基础，然而并不是每位教师都能够恰当地陈述教学目标的。教师在陈述教学目标时最常见的问题有两点。一是过于笼统。例如一些教师常把"培养学生分析问题和解决问题的能力"作为主要的教学目标，然而学生怎样才算获得了这些能力呢？这些能力又根据哪些指标进行评价呢？恐怕教师自己也并不十分清楚。二是教学目标的陈述以教师的教学行为代替学生的行为表现，这样我们只能知道教师做了什么，却不知道通过教师的教学，学生的行为是否产生了变化。例如，有教师将教学目标陈述为"教学生圆的概念"，从中我们可以了解教师这堂课要教圆的概念，教师只要进行了相关的教学，就算实现了教学目标，至于学生是否理解了圆的概念，能否运用相关概念解决问题则不得而知了。正确的教学目标陈述，一是要做到清晰明确，二是要根据学习结果而不是学习过程来表述。下面我们介绍一些陈述教学目标的方法。

一、行为目标陈述法

行为目标是对学生在经过一段时间的教学之后应该掌握的技能或概念的陈述。美国心理学家梅杰（Mager,1975）认为行为目标的陈述应该包括三种成分：行为表现，行为产生的条件以及行为的标准。

（1）行为表现描述的是学生的具体行为，即学生能够做什么，通常用行为动词来描述，如"写出""区分""操作""指明"等。要避免使用无法观察的描述内部心理过程的动词，如"知道""理解""掌握"等。

（2）行为产生的条件描述的是在什么情况下评价学生的学习结果。如"应用显微镜，学生能够……"以下是行为产生的主要条件：① 物理环境因素，如照明和温度；② 仪器与设施因素，如计算器，参考书；③ 速度与时间的限制；④ 任务完成的方式，如独立完成、小组完成或在他人指导帮助下完成。

（3）行为的标准指用来评价学生学习成果的标准，即学生达到什么程度是可以接受的。如"能够写一篇400字的文章""10题中能够解对9题"等。描述必须具有可测量的特征。

阅读栏 9-4 认知领域教学目标的行为动词

教学目标	行为动词
1. 知识	界定、定义、辨认、记住、回忆、重叙、描述、指出、标明、列举、选择、说明、配合、背诵等
2. 理解	区分、转换、辨护、区别、估计、解释、引申、归纳、举例、说明、猜测、摘要、预估、重写等
3. 应用	改变、运用、证明、计算、示范、表现、发现、操纵、修饰、操作、预估、准备、产生、关联、解答等
4. 分析	分类、比较、对照、鉴赏、细列、图示、细述理由、分辨好坏、区别、指明、举例说明、关联、分开、再分等
5. 综合	排列、组合、收集、复合、联合、编纂、组成、创造、计划、归纳、修饰、设计、重组、重建、重改、重写、建设等
6. 评价	鉴别、比较、结论、对比、检讨、分辨好坏、评定、解释、指明、阐释、关联、总结、证明等

（引自傅道春，2001）

二、五成分目标法

加涅认为采取五成分目标法会比梅杰的行为目标法更加具体和明确。这五个成分分别为：执行任务的情境、习得的能力类型、对象、完成任务时采取的行动以及工具、限制和特殊条件。

（一）执行任务的情境

加涅认为学生的行为表现是高度依赖于情境的，陈述目标时必须有情境的特征。例如，要求学生"打一封信"，信的内容是以听觉信息还是视觉信息的形式呈现呢？打字时是在安静的环境中还是嘈杂的环境中进行的呢？

（二）习得的能力类型

加涅也赞同用行为动词来描述目标，但是他同时认为行为动词本身并不能传递这一行动代表何种能力的信息，因此，应该运用表示能力类型的动词来陈述目标。例如，要求学生"打一封信"，是要求他按照已经拟好的草稿打还是自己起草一封信再打，需要的是完全不同的能力，前者仅要求学生执行一种动作技能，后者则是问题解决能力。如果仅用行为动词"打字"就不能充分体现学生将要获得的能力类型。

（三）对象

对象表明了学生行为表现的内容，例如，要求学生"能够从各种三角形中辨别出直角三角形",直角三角形就是对象。

(四)完成任务时采取的行动

用行动动词来表示行为是如何被完成的,如"通过打字复制一封商务信",表明完成商务信这个行动是通过"打字"来完成的。

(五)工具、限制和特殊条件

工具、限制和特殊条件代表的是在评价要获得的主要技能之前应该具有的前提技能或作业标准。如"使用SPSS统计软件对实验数据进行分析处理",要评定的主要技能是对数据进行分析处理(问题解决),而使用SPSS统计软件是一个前提条件,在处理实验数据之前就应该掌握的。而要求学生在规定的时间内打完一封信,错误不得超过三处则是作业标准。

三、一般与具体相结合的目标陈述法

格朗伦德等(Groulund, et al. 2003)认为教学目标是指导教学和评价学生的基础,既不能太具体以至于肢解了学习活动,只强调了相对简单的知识和技能成果,同时,也不能太过宽泛,含糊不清。为此,他提出一个折中的方案,即对教学目标做一般陈述,而对学习结果做具体陈述。教学目标陈述分为两个步骤:① 将总的教学目标陈述为期望的学习成果;② 在每个目标下面,列出具体的表现样本。

表 9-2　一般与具体相结合教学目标陈述法举例

理解概念的含义	表现出批判思维的能力
① 用自己的话解释概念 ② 在具体情境中确定概念的含义 ③ 区分概念的恰当和不恰当的例子 ④ 根据含义区分两个相似的概念 ⑤ 运用概念解释日常生活中的事	① 区分事实与观点 ② 区分相关与不相关的信息 ③ 识别书面材料中的错误推理 ④ 识别出给定资料的局限 ⑤ 从所给资料中得出有效结论 ⑥ 识别出结论背后隐含的假设

(Linn, Gronlund, 2003)

(一)陈述一般的教学目标

为了便于对教学进行指导,教学目标应该具体,但是如果太过具体,教学就会变成训练。因此,教学目标应该具有恰当的概括性。在陈述教学目标时,所应用的动词都应该有一定的概括性,如理解概念,解释图表,欣赏诗歌等。在陈述教学目标时要注意每个陈述只包含一个目标,同时陈述要相对独立于教学内容。

(二)陈述具体的学习成果

为了便于教学和评价,每个一般的教学目标都必须以一个具体的学习成果样本来定义。

学习成果应以行动动词开头,描述可观察的行为表现,如识别。具体学习成果一定要与所陈述的一般目标相对应,但不要包含具体的课程内容,这样教学目标清单就可以应用于不同的学习单元了。

第三节 教学设计

为了达成教学目标,教学必须经过精心的组织和设计。教学设计通常以流程图的形式呈现,目前被公认为最完整和最系统的教学设计模型是狄克和凯里(Dick,Carey,1985)提出的。如图9-1,该模型包括九个步骤。

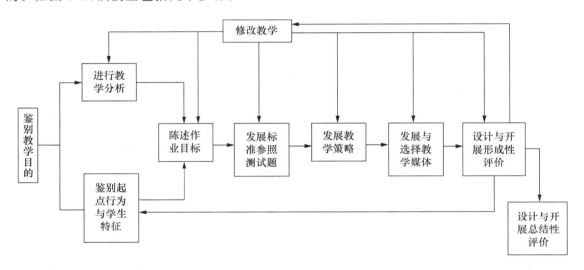

图9-1 狄克和凯里的教学设计模型(加涅等,1999)

一、鉴别教学目的

目的是一种理想的状态,但不是所有的理想状态都适合作为教学目的。例如,让学生能够学会读写是教学目的,让学生得到适当的医疗照顾则不是教学目的。教学设计者的任务是确定哪些是教学目的,并对当前状态与理想状态之间的差异做出分析。

二、进行教学分析

模型中的第二步教学分析和第三步鉴别起点行为与学生的特征,先后次序可以调换,也可以同时进行。为方便起见,我们先讨论教学分析。教学分析的目的是确定要达成教学目标,学生应该具有哪些技能。例如,在进行乘除法教学之前,学生应该先掌握加减法的计算。

教学分析有三种方式：一是任务分析（或步骤分析），用来揭示要学习的技能成分；二是信息加工分析，用来揭示运用复杂技能所包含的内部心理过程；三是学习任务分析，用来揭示使能目标以决定教学顺序，主要适用于智慧技能的教学目标。

三、鉴别起点行为与学生特征

起点行为是指学习新知识之前必须具备的基础经验。在进行新的教学之前，学生们的起点和水平是不同的，有些学生水平高，有些水平低，教师必须事先了解学生的程度，才能根据他们的情况进行适当的教学设计。同样，学生的能力和人格方面的特征也会对教学效果产生影响，教师应该根据学生的特质调整教学。可通过与学生进行言语沟通或纸笔测验的方式来了解学生的起点行为和特征。

四、陈述作业目标

作业目标是可观察、可测量的行为陈述。制定作业目标的目的是将目的、教学和评价有机地结合起来。作业目标是教学目的的具体体现，是指导教学的依据，同时也是评价学生成败的标准。

五、发展标准参照测试题

发展标准参照的测试题是指根据作业目标和教学内容进行测验的命题工作。编制测验时，应注意评价的目的是学生是否已经掌握了所需要的技能，而不是看他们是否记住了教学材料。测验的编制和评价应该采取标准参照评价的原则。

六、发展教学策略

教学策略是指有助于实现教学目标的一切教学手段或教学媒体，它帮助我们了解教学目标是如何通过一定的教学策略而达成的。教学策略包括教材的讲解、教学媒体的使用（如课件）、问题和解答方式、学习指导和反馈等。

七、发展与选择教学媒体

教学材料主要是指教学内容。在大多数的教学中，教学材料是学校已经选定的，教师只需要选择适当的方法去传授这些教学材料中的知识就可以了。但是，课程改革的新趋势是教师可以自行开发设计一些校本课程，此时，教师应注意教学材料的选择一定要与教学目标相适应。

八、设计与开展形成性评价

形成性评价的目的是为改进教学提供依据。狄克和凯里提出了形成性评价的三个步骤。① 一对一的评价，即一个评价者对一个学生，评价的目的是了解学生在课上可能遇到的结构和逻辑问题。② 小组评价，将材料提供给由6～8个学生组成的小组，用以了解学生怎样应用材料和需要怎样的帮助。③ 现场实验，根据前面两个步骤获得的信息对教学进行改进后，针对全班同学进行评价。

九、设计与开展总结性评价

总结性评价是在整个教学设计系统已经形成的一段时间之后进行的，作为教学设计系统的总结性评价，目的不是对教学设计进行改进，而是评估其效益，以决定该教学设计系统是否值得推广应用。

阅读栏9-5　五成分目标法举例

以下三点是初中自然科学的教学目标：

1. 理解电路的概念；
2. 知道"公制"在科学上的主要优点是它的单位通过10个因素相互关联；
3. 个人承担将设备放回原处的责任。

第一个目标——电路的概念

目标1是一个相当直截了当的教学目标。教学设计者要问的第一个问题是："我所期待的是何种能力？"所谓"理解"某事物，是否指"陈述电路是什么"？不是，因为这仅仅表明学生已经获得一些他能重复的或是用他自己的话陈述的言语信息。那我的意思是否指"当被展示两个或更多的例子时，能区分电路与非电路"？也不是，在这种情况下是不能确定学生是否已理解，因为也许他只是能从被展示的例子中找到电线的线索，然后在此基础上做出反应。事实上学生需要做的是"向大家表明他能在一个或多个具体情景中运用一个规则接通一个电路"。要学的规则必须与电流的流动有关——从电源开始，通过一系列连接的导体，然后回到电源。可要求学生在一个或多个情境中展示这种操作。

从上述的推理可产生一个集中了几个必要成分的目标陈述：

【情境】给予电池、灯泡和插座以及几根电线，【行动】用电线连接电池和插座，

【限制】检测灯泡是否发亮,以此【习得的能力类型】演示【对象】电路的制作。

第二个目标——知道有关公制的含义

目标2是指要学习一些言语信息。同样,教学设计者要问的第一个问题是:"'知道'关于公制这个事实意味着什么?什么将使我确信学生'知道'了?"在这个例子中,设计者可能容易得出这样的结论:"知道"意味着能陈述公制的特定事实。因而,作为言语信息所需要的能力的鉴别是相当简单的。所以,最终的目的可陈述如下:

【情境】给出问题:"在科学工作中公制单位的主要优点是什么?"【限制】用自己的话【行动】写出以【习得的能力类型】陈述【对象】各单位中"10"的关系。

第三个目标——承担爱护设备的责任

在考虑目标3的教学目的时,设计者会立刻意识到,它并非关注学生是否能将设备放回原处,而是关注他们是否在所有的场合都倾向于这样去做。"责任"这个词表明学生的行为在任何时候都可能发生,并非是任何指令或要求的结果。设计者肯定会问:"什么能使我确信学生正在'担负这种责任'?"这个问题的答案表明这个例子的目标与个体的行为选择有关,换句话说,就是与态度有关。因此,构造这个目标的标准方法如下:

【情境】当实验活动结束或终止时,【习得的能力类型】选择【行动】将设备归还原处的【对象】行动方向。

(引自加涅等,1999)

思考与练习

1. 请思考传统的教学目标陈述会给老师的教学和学生的学习带来什么消极的影响?怎样才能正确地陈述教学目标?

2. 请举例说明如何用五成分目标法的规则来描述加涅的五种学习结果。

3. 语文课上的一个传统教学目标表述为"通过教学培养学生的分析能力"。请思考这个表述方式的弊端是什么?运用本章所介绍的目标陈述法对其进行改进。

4. 有的教师认为,教学设计过程就是写教案的备课过程。您赞同这个观点吗?请思考一下教学设计和传统的教师备课有何区别和联系?

5. 根据本章介绍的方法,自行选择教学内容进行教学设计。

6. 请运用二维目标分类法设计一节课的教学目标。

第十章　课堂教学

本章导读

课堂是学校教育的主要场所,教师在课堂教学中,通过安排一系列的教学事件,采取相应的教学方法和教学模式来完成教学任务。

本章共分四节,第一节介绍了加涅的九大教学事件以及教学事件和学习过程的关系。第二节介绍了以教师为中心的教学模式:讲解式教学和直接教学。第三节介绍了以学生为中心的教学模式:发现学习、合作学习和交互式教学。第四节介绍了有效教学的两种模型,以便大家了解和掌握影响有效教学的因素。

课堂教学是实施教育的主要方式,教师的核心工作就是进行有效的课堂教学。在教学的动态过程中,教师采取适当的教学手段,通过相应的教学措施,完成教学任务,实现教学目标。如何进行有效教学是教育心理学研究的重要领域。研究主要集中在课堂教学的教学事件、教学方法、教学策略及影响有效课堂教学的要素。

第一节　教学事件

教学事件(Instructional Events)是加涅(Gagne,1977,1985)提出的概念,指的是教学所包含的经过设计的、外在于学习者的一套用于支持内部学习过程的事件。加涅等人认为,教与学是性质不同的两种过程。学习是学习者头脑中发生的内部事件,教学则是教师为了能够影响学习者头脑里进行的活动而提供的各种教学活动的总和。因此,教师所安排的教学应该促使外部的教和内部的学发生密切的关系,让学生积极地投入到学习过程中去。

一、加涅的九大教学事件

加涅根据学习的认知加工过程,提出了九大教学事件。这九大教学事件依次呈现,构成了加涅的课堂教学过程。它们分别是:引起注意、告知学生目标、激活回忆前提性的学习、呈现刺激材料、提供学习指导、引出作业、提供作业正确性的反馈、评估作业、促进保持和迁移。

1. 引起注意

如果学生没有集中注意力,那就几乎不会听到教师的授课,更不用说积极投入学习过程中了。因此,每节课的开始总需要一些能引起学生注意的教学事件,引导学生从完全不注意或注意水平较低的状态提高到高水平的、积极参与的注意状态,激发他们进一步学习的动力。

引起注意的方法很多。首先,最基本而常见的方法是激发学生的好奇心,通常用提问的方式,通过一些学生感兴趣、明显矛盾、不合逻辑或与现实明显不一致的问题,引起学生的注意。如生物课上可以这样提问:"你们想不想知道树叶为什么会掉落?"其次,可以创设能引起认知冲突的、和已有观念有明显矛盾的任务情境,吸引学生继续学习下去的兴趣。如在自然科学中,教师经常利用实验演示来引发学生认知上的冲突,吸引学生的注意力。再次,给学生呈现富有挑战性的任务,"跳一跳能摘到的果子"最能激发学生的兴趣。最后,采用图表、图片、模型和电影等视觉刺激也能有效地吸引学生的注意力。

> **阅读栏 10-1 吸引学生注意的提问举例**
>
> 你们是不是一直很想知道"马力"这个词是怎么来的?有谁愿意猜一猜?(选自有关能量的一节课)
>
> 谁能想到哪款流行汽车取的是希腊神的名字?(选自一节神话介绍课)
>
> 你们是不是一直很奇怪,为什么一些动物既能在水中生活,又能在陆地上生活?(选自有关两栖动物的一节课)
>
> 为什么一些科学家认为,到别的星球上旅行能使人变得年轻?(选自一节物理课)
>
> 为什么有 its 和 it's 两个词?(选自有关标点的一节课)
>
> 为什么今天美元在墨西哥比在瑞士更有价值?(选自一节经济课)
>
> 你认为为什么一些律师虽然雄辩却遭到跟他讲话的陪审团的讨厌?(选自一节公共讲演课)
>
> 你认为希腊寺庙为什么在最结实的时候倒塌了?
>
> 为什么一些低等动物比人长寿?
>
> 为什么每当别的东西向前时,有些东西会后退?
>
> (引自 Borich,2002)

2. 告知学生目标

让学生将注意集中到学习任务的一个最有效的方法,就是明确地告诉他们在学习结束时,期待他们获得哪些行为结果。因此,教师可以在课时或单元一开始的时候,就明确告诉学生将会怎样测验,将期待他们以怎样的形式展示学习结果。例如表10-1的教学中,明确告诉学生本节课的目的是学会计算电吹风、电冰箱、电熨斗等电器需要的电流(安培)是多少,判断保险丝是否会烧断。教师的教学目标不应让学生去猜,也不要冒险认为学生已经知道了学习目标,而是应由教师明确地告诉学生。

当学习者了解了学习所期待的行为标准,他们在上课过程中就知道把注意力集中在相关的内容,有选择地重点了解相关信息。把目标告诉学生可以帮助他们在上课时组织思维,为他们提供了思考和学习要点的框架。这激活了学习过程,并且使学习者能集中注意力去获取所要求的行为结果。

要使学生清楚理解教学目标,教师除了应具有告知的行为外,教师还要能清晰地传达自己的教学要求。首先,教师应有意识地在学习者的词汇范围内和语言水平上选择用词,用学生易于理解的语言陈述目标。其次,向学生提供学习任务的范例,是传达目标的最好方式。为了确保告知目标的成功有效,教师在进行教学计划时,应认真地计划并明确记录要告知学习目标的相关内容。

3. 激活回忆前提性的学习

任何学习都不是凭空产生的,都是有相应的前提性学习的。例如,学习牛顿第一运动定律就涉及"加速度""力"以及"乘"等知识。因此,新的学习要取得成功,必须具有相关的前提性知识,并且在新的学习时重新捡起这些前提性知识,使它们处于备用状态。这需要一些方法来复习、概括和重述,激活先前所学的关键信息。常用的方法是通过提问来帮助学生回忆先前课时中最重要和可记忆的部分。先行组织者也是常用的激活先前知识的重要的教学技术。教学计划中要做的事情之一,就是叙述如何激发学生回忆前提性知识。

4. 呈现刺激材料

教师向学生呈现新知识的材料,首先应注意采取多样化的方法呈现,可以用视觉的、口头的甚至是触觉的教学方式,通过问答、小组讨论等多种教学活动,在多样的背景下呈现教学内容。多样化教学能帮助学习者保持注意力并积极投入学习过程,并且给学生提供了更易记忆和更清晰的学习经历。呈现刺激材料时还要注意采取相应措施突出学习的重要部分,如通过画纸、圈点或者变换颜色,在黑板上强调关键词,或用口头标记强调某些事件的重要性。另外,呈现的材料应尽可能适合学习者的特点,如年龄、知识储备、学习类型等。

5. 提供学习指导

呈现刺激材料后,教师可采取解释、举例、模拟、示范等多种手段提供学习指导,目的在于促进学习者对所学知识的理解。例如,通过一系列提示或问题,提供思路,启发问题的答案,促进学习者认知结构的发展与学习记忆。教师应根据学习不同的目标以及学习者的特点等因素,灵活采取不同的学习指导的方式或方法。例如,学习概念的名称或定义时,可直接告知答案;但在复杂规则学习中,需提供指导,让学生自己发现答案。另外,在学习指导中使用指导的数量也应因学生而异,过多的指导会使理解快的学习者厌烦,而过少的指导则又可能使领会慢的学习者失去信心。

6. 引出作业

在给学生充分的学习指导后,教师要采取各种措施,引发学生相应的学习行为。这是学习者知识获得或技能形成的必经阶段,也是教师判断学习者学习效果的有效途径。教师可事先准备大量的问题或题目,让学生练习或回答。通过参与学习活动,学习者能更好地理解并保持所呈现的信息。学习者参与学习活动愈积极主动,学习效率愈高。教师可通过让全体学生共同回答或随机点名回答等形式,激发所有学生尽可能地投入到学习活动中。

7. 提供作业正确性的反馈

在学习者表现出学习行为之后,应及时让学习者知道学习结果,这就是提供反馈的活动。及时反馈可以激发学生的学习动机,也可让学生从反馈中获得新的学习。如果提问结束后不作评价,学生答对了得不到鼓励,答错了也不知错在何处,就达不到提问的教学目的。反馈包括言语类的和非言语类的。言语类的包括:"不错""正确""做得很好""听上去不错"等;非言语类的交流包括身体活动如点头微笑、手势、目光接触、教师在教室中的位置等。反馈应该是具体、积极与真诚的。

8. 评价作业

当完成某一阶段的教学任务后,教师需要通过一些评估了解学生的学习效果。评估作业的方式包括测验、作业练习、论文等。这些评价活动既可帮助教师检查学习结果,又能对学生的学习起强化作用。评价作业的结果常常为教师下一阶段的教学安排提供依据。

9. 促进保持和迁移

教学的最后阶段应安排一些活动促使学习者进一步牢固掌握所学内容,培养应用所学知识与技能来解决新问题的迁移能力。教师可为学生提供各种各样的新任务,提供变化和新奇的任务,反复要求学习者回忆和运用已学的技能,进行有间隔的系统复习。

表 10-1 一节教授规则课的教学事件实例

目标：给出一电器的功率和电路的电压，用公式"电流＝功率/电压"算出通过该电器的电流

教学事件	媒体	教学建议
1. 引起注意	录像片	播出一幕早晨每个人为工作和上学作准备的情景。妈妈插上她的烫发钳，爸爸正在熨衬衣，莎莉插上她的电吹风。突然，他们的电视屏幕一片空白。提问学生是否知道发生了什么事？ （答案：莎莉的电吹风使电路超负荷，烧了保险丝。）
2. 告知学生目标	教师	说明本节课的目的是学会计算电吹风、电冰箱、电熨斗等电器需要的电流（安培）是多少。 典型情况：把一新电器接在正使用的电路上，保险丝会烧断吗？
3. 激活回忆前提性的学习	投影仪	让学生回忆起家用电器的电压一般为 115 伏（用公式时，115 伏可近似看作 100 伏）。电器的功率一般印在它的金属标签上。电器中的保险丝是根据它能承载的电流（量）来划分规格的，如果超过它能承载的电流（量），保险丝就会烧断。
4. 呈现刺激材料	投影仪	告诉学生，计算通过某一电器的电流的规则是，用该电器的功率除以电路电压：功率/电压＝电流。例如，如果莎莉的电吹风功率是 1200 瓦，通过它的电流就是 12 安培（1200/100＝12）。
5. 提供学习指导	教师	用几个不同的例子说明公式"功率/电压＝电流"的用法。 (1) 提问学生，莎莉的电吹风是否会使一个 15 安的保险丝烧断？（不会，因为电吹风只需要 12 安的电流。） (2) 提问学生，如果爸爸把电熨斗也插在同一电路上，结果会怎样？（有些学生回答："保险丝会烧断"。）问他们如何能证明这一点。当要算出电熨斗（功率 1000 瓦）的电流及电熨斗与电吹风同时使用时的电路总电流时（12＋10＝22 安，保险丝将烧断），给学生帮助。
6. 引出作业	投影仪和工作记录单	把该规则运用到大量的其他电器上。假定电压是 100 伏，要求学生算出通过下列电器的电流：灯泡，100 瓦；电视机，300 瓦；吸尘器，600 瓦；剃须刀，50 瓦；烫发钳，1200 瓦；电暖气，1350 瓦；电冰箱，启动时 1500 瓦，运行时 800 瓦。
7. 提供作业正确性的反馈	教师	告诉学生他们的回答是否正确，纠正错误的回答。提醒不要把公式颠倒为：电压/功率。
8. 评估作业	教师	让学生解答 10 个需要计算电流的问题。
9. 促进保持和迁移	工作记录单	描述或图示几个需要计算电流的实际情景。让学生解答几道问题以确定保险丝是否会烧坏。开展一次竞赛，让学生指出有多少电器（用表列出，标有功率）可以插到 20 安的电路上而不烧断保险丝。

（引自 Gagne, 1999）

二、教学事件和学习过程的关系

加涅指出,教学事件的目的在于支持和促进学生的学习过程,使学生能够从"现在的位置"过渡到终点目标中规定的性能的获得。各种教学事件与学习过程的关系见表10-2。

表10-2 教学事件与学习过程的关系

教学事件	与学习过程的关系
引起注意	接受各种神经冲动
告知学生目标	激活执行控制过程
激活回忆前提性的学习	把先前的学习提取到工作记忆中
呈现刺激材料	突出有助于选择性知觉的特征
提供学习指导	语义编码,提取线索
引出作业	激活反应组织
提供作业正确性的反馈	建立强化
评价作业	激活提取,使强化成为可能
促进保持和迁移	为提取提供线索和策略

(Gagne,1999)

在表10-2列出九大教学事件的同时,加涅又及时指出,九大教学事件的顺序不是一成不变的,可以依据教学目标发生变化,而且绝不是每堂课都需要教师提供所有这些事件。教学事件的执行者可以是教师,也可以转变为学生。这是因为学生具有执行控制的能力,他们能采用一些认知策略对自己的内部学习过程施加控制,而且,这种控制能力是随着学生学习经验的增长而逐渐发展的。例如,高年级的学生可以适当地控制自己的注意,因此教师没有必要采取专门措施控制其注意。当学生自己能执行某些教学事件时,教师就没有必要再提供这些事件。随着学生学习经验的增长,他会自己提供越来越多的教学事件。当所有的教学事件都由学生自己来提供时,加涅称这种情况为"自我教学",这类同于现代教学的"自主学习"。

第二节 以教师为中心的教学

乔伊斯和韦尔(Joyce & Weil)指出,教学过程的核心是创设一种环境,在这个环境里学生能够互相影响,学会如何学习。教师在教学过程中,由于教学对象和教学任务的不同,需要灵活采用多样化的教学方法,安排多样且顺序不同的教学事件,以便创设一种能有效促进学生学习的环境。不同的教学方法和教学事件的组合就构成了不同的教学模式。因此,所谓教学模式(Model of Teaching),是指教师针对具体的教学目标或学习结果,采用相对固定的教学事件与教学方法的组合。

在实际教学中,教学模式是多种多样的。根据教学模式是指向人类还是指向人类的学习,可以把它们分为四种类型:社会型、信息加工型、个人型和行为系统型(Joyce & Weil, 2002)。根据教学目的的类型进行分类,可分为知识教学模式、技能教学模式、问题解决教学模式和态度教学模式。根据教学过程中是教师还是学生起中心作用,可分为以教师为中心的教学模式和以学生为中心的教学模式。

把教师看成是知识的讲授者,学生是接受教师所授知识的学习者,强调老师在教学过程中的中心作用的教学观称为以教师为中心的教学观,主要有讲解式教学和直接教学。

一、讲解式教学

讲解式教学是课堂教学中最常用的传统教学模式,是教育历史上最悠久的方法之一,是教师向学生传授知识的重要手段。在讲解式教学中,教师主要借助言语向学生提供学习材料,分析和讲解材料,阐明知识的联系,促进知识的理解。

讲解式教学的主要优点是教师能够同时向许多人传授知识,使学生在短时间内迅速获得大量知识信息。讲解式教学的优点还在于教师可以运用言语技巧突出教学内容,对教学内容灵活处理,用词语对学习材料做出补充或改动,用学生易懂的形式有效地展示学科的内容,从而有助于学生的理解。言语表述也有利于师生的情感交流,师生相互作用,相互强化。此外,大多数教师感觉到,讲解式教学比其他教学方法更容易掌握,而且安全可靠。

讲解式教学也受到了很多批评。如有研究表明:就中等或中等以上难度的课文来说,视觉呈现比听觉呈现更有助于注意的保持和内容的理解。有些学生很难坐下来专心听讲;基础不好的学生无法真正理解讲解的内容;学习不积极的学生易被动、机械听课,往往容易对所讲授的内容一知半解;有效的讲解还需要老师投入大量的时间进行充分的准备和组织,讲授不好反而会使学生厌烦学习。

针对人们对讲解式教学导致机械、被动、"填鸭式"学习的批评,美国著名的教育心理学家奥苏贝尔提出采用先行组织者的技术进行讲授,可以产生有意义的接受学习的讲解式教学。讲解式教学的目标不是让学生独立地发现要学习的内容,而是确保学习者以一种有意义的方式把新信息整合进自己的知识结构中。

先行组织者(advance organizer),简称组织者,是指与学习内容有关的但以学生易懂的通俗语言呈现的引导性材料(Ausubel, 1978)。组织者的作用是在新旧知识之间建立桥梁,使学生能凭借相应的知识来消化、理解、吸收新知识,从而产生有意义学习。奥苏贝尔把组织者分为说明性组织者和比较性组织者。说明性组织者是指概括与包容水平高于要学习的新知识的组织者,可以是一个概念、定律或一段概括性的文字,其作用是提供一个可以用来同化新知识的上位的类属者。比较性组织者是对新旧知识的异同点进行比较的组织者,可以是生动形象的文字比喻,也可以是实物演示、物理模型、图片、图表等,目的是帮助学生弄清楚新旧知识间的关系,以利于学习新知识。

> **阅读栏 10-2　先行组织者的教学实例**
>
> 1. 在解释动物生命形式中骨骼关系之前用图表来说明人类的骨骼进化。(生物学)
> 2. 在介绍有关直角的概念之前画出直角、等边和等腰三角形的例子。(平面几何)
> 3. 先讨论内战起源,然后描述其主要战役。(美国历史)
> 4. 在引入明喻和暗喻之前,先描述修辞格的含义。(英语)
> 5. 在讲授元音发音之前,听元音和辅音发音的例子。(朗读)
> 6. 先展示和解释元素周期表的起源,然后介绍单个元素。(化学)
>
> （引自 Borich,2002）

教师促进有意义学习的主要措施有以下四种。① 介绍新内容时强调它与学生已学的知识、与现实生活中的事例和情境的关联。② 使用先行组织者激活学生原有知识,或者在教学前给学生呈现一般信息,即将先前知识与新信息进行整合的框架。③ 在激活学生的相关知识后,教师以一种高度组织的方式呈现课题,先呈现整体的或者前提性知识,然后呈现其分化部分的更具体的课程。这为学生整合新知识提供了可靠的相关基础和框架。④ 学生在多种不同的情境中练习新知识以达到对内容的完全理解。

二、直接教学

直接教学(direct instruction)是一种教师直接将信息传递给学生、以教师为中心的教学模式。在直接教学中,由教师设置教学目标、选择教学材料、控制教学活动,学生按照教师设计的教学活动进行学习。教师的作用是以尽可能直接的方式将信息、技能和概念传递给学生,尽可能有效地分配课堂时间,尽可能高效地实现一系列明确界定的目标。通常采用讲授的形式,附加解释和举例,并提供练习和反馈的机会。直接教学最常见的特征有:全班教学(相当于小组教学);围绕教师提出的问题进行学习;提供详细而反复的练习;呈现材料的方式使学生能够逐一学习新的事实、规则和动作序列;正式的课堂安排,使学生获得最多的朗读和练习机会(Borich,2002)。

直接教学适用于教授学生必须掌握的、有清晰的知识结构的信息或技能,例如科学事实、数学计算方法、阅读词汇或语法规则。当教学的主要目标是深层次的概念,如改变、探究、发现或者是开放的教学目标时——创造性写作、复杂问题解决以及情绪情感等内容时,直接教学就不太适用了。

20世纪70年代和80年代,研究者进行了大量的研究揭示直接教学的教学过程。一般来说,在直接教学过程中,首先,教师对与新学习相关的技能或概念进行必要的复习,并告知当天的学习内容和目标。然后,教师用大部分的课堂时间来教授新知识或技能,给学生大量机会练习和使用这些知识或技能,以便确保学生真正理解了新内容。最后向学生提问或进行小测验,以检查学生是否达到了学习目标。

典型的直接教学过程一般包括以下七个部分。

(1) 阐明学习目标,使学生适应课堂教学。告知学生将要学习什么,将要达到的教学目标。通过告知学生所学内容具有趣味性、重要性以及与他们个人的生活密切相关,可有效地激发学生的学习欲望。

(2) 复习先决知识。对学生要理解新课程所必需的技能或概念进行复习,检查相关的家庭作业。如果学生对知识点没有理解或理解错误,那么教师需要重新讲授。复习和再次教学是全班一起完成的,所有的学生以同样的速度再次学习相关内容。

此阶段的任务是确保学生已经掌握了先决技能和知识,并且让学生回忆先前的知识,把新知识看成是已经掌握内容的逻辑延伸,把已经掌握的信息与教师将要呈现的新信息联系起来,使学生体会到所学知识的完整性和相互联系,从而促进学生的学习投入。

(3) 呈现和组织新内容。这一阶段是课堂教学的主要环节,向学生呈现要学习的新知识。教师通过口头解释、示范以及举例等方式呈现知识。这一模式的要素之一是以小步骤呈现材料。教师应把教学任务划分为容易识别的小部分,上课时以一小份一小份的形式呈现材料,这些小份的材料应与学生的先前知识、能力水平保持一致。每呈现完一小部分的材料,还要通过师生讨论或提问的方式检测一下学生是否理解了,如有必要,教师要提供详细而反复的指导和解释。要确保学生已掌握了,才能进入到下一部分的学习。

(4) 进行学习测查。有效的教学要求教师不断关注自己教学的效果。如果教师不经常考查学生对所学内容的理解情况,有可能导致学生严重误解知识或未学到部分知识。

学习测查是指用各种方式要求学生对课程内容做出一定的反应。测查的形式可以对全班进行提问,也可以用简短的书面计算或动手操作的方式来显示学生的理解程度。学习测查能给教师提供关于学生理解水平的反馈,也使得学生有机会来验证他们对新知识的理解是否正确。

学习测查的目的不是讲授或提供练习,而是检查学生是否理解了所学的内容,教师通过测查结果来调整教学进度。如果学生感到困难,教师就必须放慢教学进度并重新解释;如果所有的学生都掌握了内容,教师就可以进行新主题的教学。

这一阶段要注意以下四个方面。

① 进行高频率的提问和公开的学生练习。这时教师要注意采取措施引发学生的积极回答和练习。可以在非评价性的氛围中引发学生回答,另外可运用隐蔽回答,即让每个学生写出自己的答案,然后再对照正确答案。这样能以最少的时间和精力的代价,鼓励学习者投入学习任务,并得到教师的指导。

② 在初次学习时给予恰当的提示。在直接教学过程中,有些教师经常采用提示等措施,从而引导学生正确回答问题。提示的方式有三种:口头提示、手势提示和身体提示。例如指导学生使用显微镜,口头提示表现为告诉学生"首先调节显微镜";手势提示为教师在显微镜的微调钮上做出旋转的手势;身体提示为教师抓住学习者的手旋转微调钮。在指导学习者的行为时,要先使用介入程度最轻的提示。口头提示的介入程度最轻,而身体提示的介入程度最重。

③ 注意让所有学生都有机会回答问题并获得教师的反馈。教师可以用让全班学生共同回答的形式来检查学生的理解情况,并提示他们,帮助他们正确反应。研究发现,共同回答对学生学习有积极的影响,这给学生提供了更多的反应机会,也给教师提供了全班学生知识掌握程度的信息。教师还可采取按顺序轮流点名或随机点名的方式让学生回答问题,不要只请举手的学生回答。

④ 教师通过评估学生的回答检查学生的理解情况,继续练习和指导,直到学生能够肯定回答,并且正确率达到80%以上。

(5) 提供独立练习。独立练习是指学生在课堂上独立完成的功课,用以练习或以某种方式来表现新习得的技能或知识。例如,在学习了解方程后,学生需要独立地解几道方程题,这既巩固了新学的知识,也有助于教师评估学生的学习。

根据大量学者的研究,建议参照以下六个原则来有效地利用独立练习时间(Slavin,2016)。

① 只有当你确信学生能够进行独立练习时才能布置该项任务。练习是对新知识的复述和运用,只有在理解了新知识的基础上所进行的练习才是有效的。不能用练习取代教学。学生在未理解的情况下所进行的当堂作业多数是浪费时间。确保绝大多数学生至少能做对60%~80%题目的练习才是合适与有效的,最好能达到90%或者更高的准确率。

② 独立练习的作业应简短些。对大部分的学习任务，大约 10 分钟的练习比较合适。一口气做许多题目对记忆的作用是很有限的。研究表明，学生更易于从课堂中相对简短的独立作业以及分散的家庭作业中获益。

③ 给予清晰的教学指导。确保所有学生都理解了教学指导并且知道自己应该去做什么。

④ 确保每个学生进行独立练习。当学生开始做独立练习时，为确保每个学生的实际参与，教师应先在全班巡视一圈，然后再关注个别学生的问题或从事其他任务。一旦学生开始做练习，就不要打扰他们。

⑤ 监控独立练习。监控学生的独立练习很重要。当学生投入独立的练习时，教师要在教室里来回走动。这有助于学生坚持做练习，教师也很容易发现问题或有困难的学生，从而提供额外的帮助。走动的时候要平等地对待绝大多数学生——不要集中在少部分人身上。

⑥ 对独立练习也要给予反馈。反馈对学习有着强有力的影响，因此，需要采取快速检查作业的程序和常规，使学习者尽可能迅速地知道他们做得怎样。教师可以简要说明作业的答案，让学生自己检查或同学间互相检查作业，教师进行抽查并记录分数。这样学生的当堂作业可以得到及时反馈，也减轻了教师批改作业的负担。要注意，检查的时间应尽量简短，以免占用教学时间。

（6）评价表现并提供反馈。教师应针对课程教学的有效性进行评价，并且将评价结果尽快告知学生。评价的方式可以是非正式的提问、布置独立练习或一次单独的小测验等。研究表明，反馈有助于学生改善学习，测验使学生更可能对信息进行深层加工，从而帮助学生更好地保持所学到的内容。如果评价结果表明学生存在着对知识的严重误解，那么教师有必要重新教学或采取其他措施使学生再次步入正轨。

（7）提供分散练习和复习。布置家庭作业，让学生对所学的新内容进行分散练习。在后续的课堂教学中，复习前面所学知识，并提供练习机会，以帮助学生理解所学内容并将其运用于不同情境。研究表明，多次分散练习和复习可促进许多类型知识的保持，尤其当教师对练习进行检查并评价时，其效果更好。

以上各部分是有效教学的重要组成部分。反馈、复习和重新讲授，应该基于学生的能力随时进行。尤其是对于年龄小或知识储备较少的学生，教师的讲解应该详尽，并多使用讲解、有指导的练习、反馈和纠正等方法，但每种方法的使用时间不要太长，应交替进行。

所有科目，就算大学英语或化学，都需要直接教学。一堂良好的直接教学课堂能够成为学生建构个人知识体系的资源。但是，当教师讲述过多时，直接教学也会出现问题，如学生分神以及被动学习。所以，必须将主动学习融入教师的讲课中，直接教学可以和以学生为中心的教学一起使用。

第三节　以学生为中心的教学

以学生为中心的教学观认为,学习不是由教师把知识简单地传递给学生,而是由学生自己建构知识的过程;强调教学应以学生为中心,在整个教学过程中,教师起组织者、指导者、帮助者和促进者的作用,利用情境、协作、会话等学习环境要素充分发挥学生的主动性、积极性和首创精神,最终达到使学生有效地实现对当前所学知识的意义建构的目的。

在本节中,我们介绍三种以学生为中心的教学方法:发现学习、合作学习和交互式教学。

一、发现学习

发现学习(discovery learning)是美国当代心理学家布鲁纳(Bruner,1966)所倡导并发展起来的教学方法。布鲁纳认为学习的目的不在于掌握琐碎的知识,而是在获取、追求知识的过程中学会怎样学习。他强调,教学的目的不仅应当尽可能使学生牢固地掌握学科内容,还应当尽可能使学生成为自主且自动的思想家。这样当学生在正规学校教育结束之后,将会独立地向前迈进。

在发现学习中,教师给学生提供有关的学习材料,鼓励学生通过做实验、自己操作和思考,自行发现、理解概念与原理。发现学习的基本标准是:学生要自己构建对知识的理解,学生要在参与学习活动中发现有关概念或原理,而不同于由教师向学生解释、传授所有必须掌握的信息的讲解式教学。

阅读栏 10-3　应用发现法的理科课程:话题/问题案例

1. 给学生一个跷跷板和一套砝码,让学生在离支点 61 厘米的位置放 5 个 0.45 千克重的砝码,要求学生计算出在对侧离支点 91 厘米的位置放几个砝码才能平衡跷跷板。学生的目标是推导平衡跷跷板的原则并记录下来。

2. 给学生不同的物体和一缸水,要求他们弄清物体漂浮的原理和规则。

3. 给学生五坛浅色水(用食用颜料着色),要求学生弄清需要从每坛水中取多少水才能配制出讲台上的那坛水的颜色。

4. 给学生一系列动物头骨、头骨模型、头骨图片,要求他们回答每种动物的食谱,并参考动物类型、地理位置、牙齿外形来说明他们的答案。

(引自 Sternberg,2003)

发现学习的最常见的例子是实验室实验、图书馆研究课题、尝试和错误学习(如尝试计算机软件操作等)。发现学习可用于许多科目,比较适合一般理科课程。学生可利用提供的设备和工具做一些小实验,提出问题和假设,并检验假设。

发现学习的过程类似于问题解决的过程。首先,教师给学生呈现一个问题,然后,学生在教师的指导下尝试解决问题。在这个过程中,学生必须分析、处理各种信息,提出疑问并形成假设。进而,学生通过实验、操作和思考检验自己的假设,多次反复验证后得出结论。

发现学习有多种益处。它可以唤起学生的好奇心,激发内在学习动机;有利于学会发现与探索的方法;学生在学习中必须分析、处理各种信息,练习解决问题和发现问题的能力,有助于学生掌握独立地解决问题和批判性思维的技能;有利于所学材料的保持。布鲁纳指出,学生自己动脑发现的东西最便于记忆、巩固和保持。但是发现学习在课堂教学中也存在一些问题。首先,发现学习受到学生的智力水平影响,发现学习更适合智力水平较高的学生,对于学得慢的学生,发现学习是比较难的,因此发现学习常常出现在少数高水平的学生中,多数学生被抛在后面。其次,发现学习通常比讲授法花费更多的教学时间,教学效率很低,以致无法让学生掌握必须学习的大量信息。发现学习也离不开教师的指导,尤其是当学习内容较深较难时。研究表明,没有教师指导的"纯"发现学习常常会使学生感到迷惘和沮丧,产生错误的概念,得出不恰当的结论。另外,教师设计发现学习往往要比设计讲授法更费时。

为提高发现学习的效率,心理学家和教育学家提出了大量的建议来改进发现学习(见阅读栏10-4)。最为关键的一条是确保学生拥有发现新思想和原则所必备的先前知识,因为只有当学生掌握了与新经验相联系的知识时,有意义学习才可能出现。

阅读栏10-4　改进发现学习的建议

- 确保学生已掌握发现新思想和原则所必备的先前知识。

例:在学生已经学习了速度、加速度和重力以后,教师要求学生测量沿着不同坡度的斜坡下落的金属球的速度。

- 积累经验以便学生能够有逻辑地走向你希望他们做出的发现。

例:为证实偏见的影响,一位社会学教师创设了每一位学生都要经历同班同学对自己的偏见的情境,偏见是由于学生主观地选择了他人的某一特征。

- 给出具有迷惑性的结论以激起好奇心。

例：一位自然科学教师向学生展示了两杯水。在一个杯子中，一只鸡蛋浮在了水面，而在另一个杯子中的鸡蛋却沉到了水底。学生对此差异做出了简单而符合逻辑的解释：一只鸡蛋由于含有较多的空气，因此要轻一些。然后教师将两只鸡蛋交换了位置。学生发现原来重的现在浮起来了而原来轻的沉下去了。

- 要求学生记录发现。

例：一位生物学教师要求学生在解剖蚯蚓时画下所观察到的具体组织。

- 帮助学生将其发现与所研究的学科概念和原则相联系。

例：在学生收集了有关收入情况以及不同州的选举模式的数据以后，教师问学生："依据我们所学的关于两个主要政党成员的财富比较，我们将怎样解释这些数据？"

（引自 Ormrod，2006）

二、合作学习

合作学习（cooperative learning）是一种由能力各异的多名学生组成小组，一起互相帮助共同完成一定的学习任务的教学方法。合作学习的基本模式可分为两大类：一类是小组学习，即学生们在小组中一起学习，互相帮助共同掌握一些信息或技能，如学生在生物课上分组学习掌握消化系统的内容，要求小组成员互相帮助并且所有成员需获得 90 分以上的成绩；另一类是基于课题的学习，学生以小组为单位做实验、写墙报、撰写研究报告或完成其他产品，这类学习关注的问题通常没有确切的预期结果或明确的教学目标，经常被称为协作学习法（collaborative learning methods）。

合作学习是一种越来越流行的教学模式，其根源在于人们对学习的社会特性的日益重视。学生通过小组合作进行学习的意义是多方面的。

阅读栏 10-5 合作学习的优点

研究表明，通过参与合作学习，学生可以从以下几个方面获得益处：

- 提高学习成绩
- 在学习中更加主动，不局限于以前的成绩和个人的需求
- 激发学习热情
- 增强学生对学习的责任感

- 增进族群关系,积极参与学术讨论
- 节省时间(与普通教学模式相比,有时几乎是极大地缩短了作业时间)
- 增强协同合作的能力
- 培养对学校的热爱
- 改善学生对学习、学校、同伴和自己的看法
- 提高发散思维的能力
- 为教师提供更多的观察和评价学生学习的机会

(引自 Jacobs,2005)

(一) 合作学习的基本要素

合作学习不是仅仅让学生在小组中学习那么简单,合作学习小组也不同于传统的进行小组讨论或小组学习的学习团体,合作学习有其独特性。合作学习的重要代表人物、美国明尼苏达大学的"合作学习中心"(Cooperative Learning Center)教授约翰逊兄弟(D. W. Johnnson,& R. T. Johnnson)明确提出合作学习的五个基本要素:积极的相互依赖、面对面的促进性互动、个人责任、合作技巧与团体历程。

1. 积极的相互依赖(positive interdependence)

这是指学习者从小组学习中体会、认同并建立了"同舟共济""一荣俱荣,一损俱损"的关系。学习者认识到自己的成功有赖于整个小组获得成功,小组若失败了,自己也就失败了,因此小组内每一个成员都应该共同努力,以完成任务。

2. 面对面的促进性互动(face to face promotive interaction)

这是指学习者在学习的过程中相互帮助、鼓励、扶持以促进彼此的学习成功。例如:肯定其他同学的成就、努力完成任务等。

3. 个人责任(individual accountability)

这是指小组中每个组员都必须承担并负责一定的学习任务,不允许一些学生不学习"搭便车",也不允许一些能力差的学生被排斥在小组活动之外。教师必须让学生认识到,在合作学习中,每位成员的成功才是小组的成功,不可以以某位成员的成功来代表小组。为了落实个人责任,每个组员的学习情况必须受到独立地评估,并且评估成绩要作为小组成绩的重要部分,让每个人都能感受到自己和其他人学习成功的重要性。比如,以每个成员的测验或论文的平均成绩作为小组成绩。因此,合作学习是一种"小组共同学习,个体独自评鉴"的学习模式。

4. 合作技巧(cooperative skill)

合作技巧因素是合作学习的重要组成部分,是小组合作能否成功的关键所在。学习者共同合作完成学习任务,他们必须掌握如何与人沟通、建立维持人际间的和谐以及有效地处理冲突等技巧。教师必须教学生一些合作技能,以帮助他们进行高效合作。这些技巧主要包括:彼此认可和信任、进行准确的交流、相互接纳且相互支持、能建设性地解决冲突。

5. 团体历程(group processing)

亦称"小组自加工""小组自评",是指每个小组对小组运作状况和功能发挥程度的检讨、反思过程。小组成员对小组活动方式及成效,哪些活动是有益和无益的、哪些活动可以保持或调整的以及彼此间的互动情况进行反思和自我评价。例如:小组同学做了什么帮助别人学习的事?大家在学习时是怎样合作的?效果好不好?

表10-3 合作学习的基本要素及教学技巧

基本要素	教学技巧
积极的相互依赖	·制定一个小组目标,宣布所有的小组成员都必须达到他们的学习目标 ·提供基于小组成功的奖励(例如,小组评级、加分或者有形奖赏) ·分发有限的资源 ·分派给每个成员具体的任务 ·划分工作给每个人,使得每个成员的任务对下一个成员完成他的任务都是必不可缺的
面对面的互动	·监控小组成员对资源的使用和挑战水平,并进行反馈 ·监控和支持互动与合作,尤其是小学生
个人和小组责任	·任意选择一个学生的成果作为小组的代表 ·对小组的所有成员进行测验并算出平均成绩
人际交往技能	·教授沟通技能,尤其是在小学阶段 ·把社交目标纳入合作课程 ·告知学生在他们的小组里成功活动所必需的合作技能
团体历程	·给予时间让小组反思他们的动作,这样学生就不会想当然地认为速度快和早点结束比有意义的学习更重要 ·让学生鉴定在他们的交流中什么是有益的,什么是无益的 ·运用小组加工的信息来决定下次任务要做何改变,或者小组的人员配置需要做何调整

(Bohlin,2012)

(二)合作学习的教学设计

教师如何设计并在课堂上实施合作学习?以下从教学前的准备、合作学习的实施、进行督导及评定、教学反省四个方面,分析合作学习的教学设计方法(黄政杰,1995)。

1. 教学前的准备

准备工作包括决定小组人数、进行学生分组、分配组内角色、安排教室空间和准备教材。

一般说来,最有为效的小组人数是4～6个成员。小组人数太少,则造成小组组数较多,容易造成教师对小组的监控的困难。7人或8人组成的小组一般争议较多,小组成员间沟通协调的时间增加,且每个小组成员参与学习的机会(包括发言的机会、练习的次数、观察、讲解、讨论等)相应减少。总的说来,教师要根据学习目标的性质、可用的学习材料的多少、教室空间的大小、全班的总人数以及可用的教学时间等因素决定小组人数的多少。

学生分组的基本原则是根据学生的学习能力、性别、学习动机、学习风格、社交关系、人格特质等因素进行异质分组,即将学习能力、性别、种族及社会背景等方面不同的学生分配到同一个小组中。异质小组为学生提供更多认识不同学习对象的机会,从而可以听取不同看法、分享彼此的经验,让学生从更多样的观点结合学习经验,达成学习目标。

合作学习的一个重要特征是组员的劳动分工和任务的具体化。教师通过组员的角色分配,鼓励学生承担个人责任和分享思想。约翰逊(Johnnson,1991,转引自Borich,2002)提出一些广泛使用的合作性学生角色职能,教师可以据此给学生分配角色。

(1)总结者。向小组解释和呈现主要的结论,看看小组是否同意,并且为小组在全班面前的展现做准备。

(2)监察者。对照课文、练习册或参考书检查有争议的陈述和结论的真实性。确保小组没有使用不充分的事实,或者不会遭到其他组的更为精确的成果展现的挑战。

(3)研究者。研究者的作用是在需要更多材料时阅读参考文件,获得背景信息。研究者不同于监察者之处在于,研究者为小组完成任务提供关键信息,而监察者则证实作业进展和作业结果的精确性。

(4)经营者。经营者主要负责获得实现任务所需要的物品、材料、设备、参考作业并进行分配。经营者需要有创造性、有谋略地去找到必需的资源,其他组也有可能在努力寻找这些资源。

(5)记录员。记录员负责记录小组在各阶段学习的成果,包括小组的主要结论或答案。记录员也许需要各成员写出各自的结论,而记录员负责将结果进行比较、综合和整理成连贯的形式。

(6)支持者。具备乐观和积极性格的学生被选为鼓励者。他的责任是在任务完成时赞扬组员,泄气时(如没有找到恰当的参考书)鼓励他们。通过图表记录小组每一个重要的足迹,并记录取得的成绩以及鼓励各成员,尤其是那些遇到困难的组员,从而促使小组前进。

(7)观察者/解决困难的人。观察并记录有关小组进展的信息,当遇到对一个小组或个别成员来说无法克服的困难,向班长或教师报告。

教师还必须对教室空间进行妥善安排。空间安排的基本原则是组间的空间尽量扩大，避免各组间的相互干扰；组内空间尽量接近，使组员彼此容易相互接触，但应避免太过拥挤；空间安排还要留出通行路线，方便学生及教师在必要时接近各小组。

教师需要准备的教学材料包括教学内容、教学流程、作业单、评价工具等。为了建立组员间同舟共济的气氛，教师可以给每一小组只发一份材料，以建立材料的相互依赖，等到学生习惯于合作以后，才发给小组学生每人一份材料。教师也可给小组内每个成员不同的材料，让每个成员需要合作使用材料才能完成共同的任务。

2. 合作学习的实施

实施步骤包括向学生说明学习任务、明确成功的标准（包括确定小组目标和个人责任）、帮助学生建立积极的相互依赖、指导期望的合作行为，最后按一定的合作学习教学模式进行教学。

学习一开始，教师必须向学生明确说明学习的任务和作业安排，以及完成目标和作业的程序。教师说明后，还需让学生复述学习的任务和相应指示，以核查学生理解的情况，澄清疑问。在说明学习任务时，教师应该让学生了解新的学习任务与学生原有的知识的关系，以促进学习产生意义性和迁移性。

交代学习任务后，教师需要和学生讨论学习成功的标准。例如："小组内每一成员都要精通显微镜的操作，如果有一位成员不会操作，小组的学习任务便不算成功""小组学习后的成绩，至少平均应达八十分以上，才算通过"。明确成功的标准，可以促使小组成员明确努力的方向和水平，凝聚小组的动力。在这阶段，教师应该让学生了解每个人的学习责任，说明学习评定是以个别学生的学习为对象，让每个学生均能注意小组内每个人的学习成果，确保个人责任。

合作学习的过程中，教师还应通过目标的相互依赖、角色的相互依赖、奖励的相互依赖等方法，帮助小组成员建立同舟共济的相互依赖关系。教师必须观察各种措施是否真正发挥作用，是否能促进成员积极投入学习，并根据情况适当进行调整。

教师还需要明确指出期望的合作行为，以培养学生的合作技能。例如：不要随意走动；轮流说话、观察、使用工具；鼓励他人参与小组学习活动；对小组同学说明答案及获得答案的方法或理由等。注意要求的合作行为不能超出学生的能力范围，并且每次只能提出少量的要求。

最后，教师采用适当的合作学习教学模式展开学习。研究者们提出的合作学习的教学模式有很多，如学生小组—成就分组法（Student'Team-Achievement Division，简称STAD）、小组—游戏—竞赛法（Team-Game-Tournament，简称TGT）、拼图法第二代（Jigsaw Ⅱ）、小组辅助个别化法(Team Assisted Individuation,简称 TAI)等。这些教学模式在教学步骤、学习任务的分配以及成绩的评定等各有不同,但其合作学习的基本理念和元素是一致的。各种模式均有其适用范围及特点,教师应根据学习内容、学生年级或特殊需要而采取不同的教学模式。

表 10-4　四种合作学习教学的教学过程

学生小组—成就分组法(STAD)	小组—游戏—竞赛法(TGT)	拼图法(第二代)(Jigsaw Ⅱ)	小组辅助个别法(TAI)
1. 教师向全班授课,呈现教学内容	1. 教师向全班授课,呈现教学内容	1. 学生异质分组,学习材料被分成几部分。每个成员在学习全部的学习单元的基础上,要重点研究某一单元	1. 采用个性化的学习材料,学习材料被分成多个小步骤的单元;进行测试,按学习能力将学生异质分组
2. 学生异质分组,进行小组学习	2. 学生异质分组,进行小组学习	2. 各小组中承担相同单元的学生聚在一起形成"专业组"共同学习讨论,成为该单元的"专家"	2. 每位学生按照自己的速度学习不同的单元,小组成员彼此相互帮助,并检查彼此的学习
3. 教师对全体学生进行测试	3. 组与组之间能力相当的同学进行知识点的游戏竞赛	3. 学生返回各自的小组中,轮流报告自己研究的单元的内容	3. 对每个单元进行测试
4. 计算个人的进步分数和小组分数	4. 小组成员的竞赛得分计入小组分数	4. 所有学生参加全部单元的测试,得到个人分数并计算小组分数	4. 计算通过单元测试的次数和测验得分,并计算出小组分数

3. 进行督导及评定

教师在学生开展合作学习的过程中,需要不断观察小组学生的学习与互动状况,适时提供学习上的协助和合作技巧的指导,并评鉴学生的表现。评鉴时应采取标准参照方式,针对每个小组成员的个别表现进行评定,以确保个人责任。然后再把个人得分转化为小组得分,针对小组的学习表现,给予小组共同的学习表扬。

4. 教学反省

最后一个步骤是教学反省,反省包括团体历程的学生反省以及教师的个人反省。团体历程的学生反省可以采取全班式,也可以采取小组自评式。由全班同学一起或各小组分别讨论合作学习时的问题及成效。教师主要反省教学设计是否适当,实施的步骤是否妥当,教学目标是否达到等。

> **阅读栏 10-6　学生小组-成就分组法(STAD)教学实例**
>
> 科目：小学社会第九册；
>
> 单元：中华民族的生活环境；
>
> 主题：(五)我国的气候
>
> **教学活动实施流程**
>
> | 流程 | 时间 | 活动内容 | 准备材料 | 备注 |
> | --- | --- | --- | --- | --- |
> | 全班授课 | 15分钟 | 1. 课文P24～29
2. 口授、讲解、讨论
3. 问答、报告、板书
4. 单元重点简列
5. 说明"作业学习单" | 1. 课本、习作
2. 挂图
3. 相关图片或幻灯片
4. 地球仪、提示条、磁铁…… | 1. 教师可利用各种方法授课
2. 事先汇集与本单元相关的资料
3. 能善用"作业学习单"学习教材 |
> | 分组学习 | 35分钟 | 1. 各组依"作业单"进行讨论
2. 另采取配对学习，互相问答，讨论问题等方式精熟单元教材
3. 完成社交技巧观察表 | 1. 讨论作业单
2. 社交技巧观察表
3. 笔记本 | 1. 教师观察各组的学习情况
2. 注重各小组合作学习的精神
3. 观察员观察组员两项社交技巧情形 |
> | 个别小考 | 10分钟 | 1. 学生个别测验 | 1. 小考测验卷 | 小考时小组成员不可互相协助 |
> | 评鉴个人进步分数 | 10分钟 | 1. 共同订正
2. 登记分数 | 1. 小组小考得分单
2. 进步分数换算表 | 组长统计分数时，其余组员可做补救教学 |
> | 小组表扬 | 10分钟 | 1. 发表
2. 表扬
(一) 团体表扬
(二) 个人表扬 | 1. 奖励卡 | 1. 发表角色的任务或意见
2. 能说出他人或自己的优点 |
>
> (黄政杰等，1996)

三、交互式教学

交互式教学(reciprocal learning)是一种基于维果斯基的最近发展区提出的教学方法，要求教师和分成小组的学生一起进行学习活动，旨在帮助小学和初中的阅读困难学生逐渐学会独立和流畅地进行阅读理解。

我们在阅读时，需要四种基本的阅读策略：总结文章的内容、问一个关于中心思想的问题、澄清材料中的难点部分、预测将要发生什么事情。熟练的阅读者可以自动化地运用这些策略,而阅读困难者很少或不知道如何运用这些策略。交互式教学是在真实的阅读情境中,阅读困难者由教师直接指导、示范并且练习这些阅读策略,最终达到不需要教师帮助,学生能独立、有效地运用这些策略。

首先,教师介绍这些策略,可以每次只关注一个策略。作为专家,教师解释并示范策略,并鼓励学生进行实践。接下来,教师和学生一起默读短文。然后,教师在阅读的基础上对文章进行总结、提问、澄清或预测,在具体的阅读情境中提供一次示范。接着,大家进行另一段或另一篇文章的阅读,由学生尝试像教师一样使用这些策略完成阅读任务。学生刚开始尝试这些策略时会犹豫不决或存在一定的问题,教师可以通过以下方式来帮助学生:提供线索、鼓励、做部分任务来提供支持(如提供问题)、示范以及其他的支持形式。学生得到他们所需要的足够支持来完成阅读任务。最终,随着学生对策略的不断掌握,他们可以在阅读过程中承担更多的责任,支持也逐渐撤除,直到他们能独立使用这些策略。

交互式教学特别适合于小学,因为这一时期的阅读教学集中于理解能力的获得。这种方法使学生在阅读理解方面取得实质的进步,它也能提高学习障碍学生的阅读能力。

阅读栏10-7　交互式教学举例——阅读策略:预测、总结和提问

教师:这个故事的题目是"有羽毛的天才"。让我们先进行一些推测。我首先猜想这个故事讲的是非常聪明的鸟。我为什么这样说呢?

学生一:因为天才是非常聪明的。

学生二:因为它们有羽毛。

教师:对,在动物中,只有鸟才长着羽毛。现在让我们推测一下,有关非常聪明的鸟,你将会读到什么样的内容?

学生三:什么种类的鸟?

老师:这个问题很好。你们猜猜:什么样的鸟非常聪明?

学生三:鹦鹉或蓝松鸦。

学生一:凤头鹦鹉。

教师:你们还想知道其他什么信息?(学生没有回答。)

教师:我想知道这些鸟做了什么聪明的事情。你们对这些是怎么看的?

学生二:有些鸟可以说话。

学生四:它们可以飞。

教师：很有意思。人类很聪明，但不能飞。好吧，我们先读第一部分，然后看看我们的推测有多少是正确的。这一部分我来当教师。（所在的学生默读第一部分。）

教师：谁是有羽毛的天才？

学生一：乌鸦。

教师：对，我们猜对了，这个故事是讲鸟的，但我们没有猜对是哪种鸟，是吧？我对第一部分的总结是：这一段描述了乌鸦会做的聪明的事情，这使它们显得非常聪颖。我们继续读下去。这一部分谁来当老师？吉姆？

吉姆：乌鸦彼此之间是怎么交流的？

教师：好问题！你抓住了主要问题，也就是说，乌鸦交流的方式。你选择谁来回答这个问题？

吉姆：巴巴拉。

巴巴拉：乌鸦有一个内置的雷达和传递系统。

吉姆：那是非常重要的一部分。我想问的是它们是如何将信息从一只乌鸦传递给另一只乌鸦的。

教师：现在做个总结。

吉姆：是关于乌鸦如何建立起一个交流系统的。

教师：对，这一段接下来列举了一些例子，说明乌鸦如何应用音高以及叫声间隔的变化来进行交流。但这些都是细节。其主要的观点是乌鸦通过传递系统来交流。吉姆？

吉姆：这一部分还说乌鸦能够应用他们的交流系统进行欺骗，所以我推测下一部分的内容将描述乌鸦是怎样进行欺骗的。我想当下一部分的教师。

教师：推测非常好。每一段的最后一句通常都会暗示下一段将要描写的内容。做得很好，吉姆。

（引自 R. E. Slavin, 2016）

四、教学策略的选择

以教师为中心和以学生为中心的教学方式各有优势。以教师为中心的教学方式对基础知识和技能的传授有着较高的效率，以学生为中心的教学方式容易使学生成为积极参与的学习者，有助于培养学生良好的创造能力、人际关系、学习动机以及学习态度等。因此,最好的教学方式是综合的,根据教学目标、学科性质以及学生年级、能力等因素选择教学方式。

第一,用传统的以教师为中心的方法教授基本的技能、事实和概念,用建构的方式鼓励学生整合他们的知识并用它来解决实际问题。

第二,不同学科宜采用不同教学方式。数学与自然学科的教学内容系统且明确,宜采用以教师为中心的方式;社会学科内容广泛且答案多样,宜采用以学生为中心的方式培养学生独立思考的能力。

第三,学生特点不同宜采用不同教学方式。小学阶段的学生,较适于以教师为主导的策略来传授基础知识;初中以上阶段的学生思维能力较成熟,而且人格也较为独立,则适宜采用以学生为中心的教学策略。学习能力弱的学生需要更多的基础性教学,而学习能力强的学生则在自我控制下的教学方式下会得到最大的发展。

第四节　有效教学

有效教学是指达到了教学目标、学生真正掌握了教师所教授的主要内容或技能的高质量的教学。有效的讲课并不等于有效的教学,如果学生不具备学习的基础知识,或者老师不能激发学生的学习动机或者没有给学生足够的学习时间,那么即使是一堂精彩的讲课,也无法达到相应的效果。

为了更好地理解影响有效教学的因素,教育心理学家提出了一些有关有效教学的模式,阐述了影响有效教学的因素,以及这些因素之间的相互关系。

一、卡罗尔的学校学习模式

卡罗尔(Carroll,1963)在《学校学习模式》的文章中,从时间管理、资源管理、确保学生学习的活动管理等几方面来描述教学。在这个模型中,教学效果受五方面因素影响。

(1) 能力倾向:指学生的一般学习能力。能力倾向强的学生所需要的学习时间比能力倾向弱的学生少。

(2) 理解教学的能力:指学生从事新知识学习的准备状态,主要指对掌握新知识所必备的知识和技能的准备状态。不具备基础知识的学生,根本不可能完成新知识的学习,而相关知识掌握牢固的学生学习新知识所需要的时间较短。

(3) 毅力:指学生愿意主动花在学习上的时间量。一般说来,学生的学习动机越强,则学习时所愿意花费的时间越长。

(4) 机会:指可以学习的时间。它和教师在教学过程中纯粹用于教学的时间有关。教师在一堂课中,除了真正用于教学的时间,还将不少时间用于点名、维持课堂秩序等。如果能尽量把课堂的时间用于专门的教学活动,则可提高学生真正学习的时间。

(5) 教学的质量:指教学的实际传递效果。教学质量主要取决于课程质量以及教学方式。教学质量越高,则学生专心学习的时间就多。

卡罗尔认为,以上五个方面与两个因素有关:真正用于学习的时间和学习所需要的时间。学习所需的时间由学生的能力倾向和理解教学的能力决定,而真正花在学习上的时间则取决于教学质量、学习机会和学生的毅力。卡罗尔还提出了一个公式:

$$学习程度 = f(所花时间/所需时间)$$

这个公式说明,学习的程度是学习所花时间和学习所需要时间这两个因素的函数。如果学生在学习上所花的时间越大于所需的时间,则学习程度越高;反之,如果学生所花时间远低于所需要时间,则即使很聪明,也无法掌握学习内容。卡罗尔的模式表明,学生的能力差异只影响学生学习所需要花费的时间,并不一定导致学习的失败,只要学习的时间充足,则都能掌握学习。卡罗尔的模式是布卢姆的掌握学习的理论基础。

二、QAIT 模式

斯莱文(Slavin,1987)对卡罗尔模式进行了修订,重点关注教师可以直接改变的因素,提出了有效教学的 QAIT 模式,从质量(quality)、适宜水平(appropriateness)、激励(incentive)和时间(time)四个方面诠释影响教学有效性的因素。

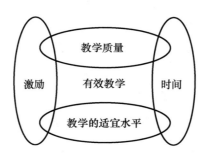

图 10-1　有效教学 QAIT 模式(Slavin,2004)

1. 质量

教学质量高,则学生易于掌握教师所呈现的信息和技能。教学质量主要与讲授、提问、讨论、指导学生完成作业等一系列教学活动的质量有关。

决定教学质量最为重要的一点就是所教内容在多大程度上对学生有意义。要使所教授的信息对学生有意义,教师就需要有条理有组织地呈现信息材料;需要将新知识和学生已有的知识经验相联系；需要运用举例、演示和图表等方式生动呈现教授材料。教师还可采用先行组织者、记忆策略等认知策略。有时，学生必须通过相互讨论或亲身体验才能真正理解信息的意义。

决定教学质量的另一个因素是教师能否有效监控学生的学习状况并对教学进度进行有效的调控，使之快慢适中。例如，教师可以经常提问或布置课堂练习，通过学生的完成质量来了解学生的掌握情况，从而调整教学速度。

2. 适宜水平

教学的适宜水平是指学生已经做好了学习新知识准备（即已具备从事新学习所必需的知识和技能）的教学。简单地说，如果课程内容对学生来说既不太难也不太易，则该教学是适宜的。

影响适宜教学的最大难题是学生的多元性，即学生在已有知识、技能、动机和学习速度等方面存在着巨大差异。通常教师只能提供对中等水平的学生来说是适宜的教学，或者按照学生的能力进行分层教育以满足学生的不同需要。

3. 激励

激励指教师激发学生要完成教学任务、掌握所呈现材料的学习动机的程度。

学习是一项需要学生专心致志、认真努力完成的任务，因此学生需要受到教师的激励去从事学习活动。对学生的激励是多方面的，既可以从任务本身入手（如提供有趣的学习材料），也可通过唤醒学生的好奇心，还可以给予各种奖励（如表扬、证书、升级等）。

4. 时间

时间指教师为学生提供学习时间的充足程度。

教学需要花费时间，学生用于学习的时间主要依赖于两个因素：一是老师计划用于教学的时间和实际所用的时间；二是学生专心学习的时间。这两个因素都受老师的课堂管理影响。如果教师准备充分，组织得当，用于准备教具、维持秩序等琐碎事务上的时间少，则可尽可能地提高教学专用时间；有效的课堂管理也可帮助学生集中注意力，专心学习，不会分心。但是，有许多诸如干扰、行为问题、活动过渡不当等问题，也会占去本该用于学习的时间，侵占了学习时间。

斯莱文指出，要使教学有效，上述四个因素缺一不可。如果学生缺乏新学习必需的知识或技能，或不愿学习，或缺乏足够的学习时间，那么不管教师的教学质量有多高，学生的学习效果必然有限。反之，如果教学质量很低，那么不管学生的知识基础多好、学习动机多强或学习时间多充足，同样无法取得良好的学习效果。因此，QAIT中的每一个因素就像一个链条中的一个环，整个链条的力量取决于链条中力量最弱一环的力量。

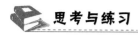
思考与练习

1. 加涅的九大教学事件是什么?
2. 讲授法是否等同于机械的注入式或填鸭式? 为什么?
3. 什么是先行组织者? 组织者在教学中的作用主要表现在哪些方面?
4. 怎样进行有效的提问?
5. 教师应如何组织和引导课堂讨论?
6. 直接教学的基本过程是怎样的?
7. 有效的合作学习的基本要素有哪些?
8. 怎样评价发现学习?
9. 有效教学的 QAIT 模式的含义是什么?

第十一章　课堂管理

本章导读

本章主要介绍课堂管理的相关问题。课堂管理是指教师建立有序的课堂以促进学生的学习并发展学生自我约束、自我管理的能力。良好的课堂管理是达成教学目标、促进学生学习的必要条件。

本章共分三节。第一节主要介绍课堂管理的目标与内容。课堂管理的目标是指让学生专注于课堂活动,并进行自我管理,建立和谐课堂气氛,以促进学生的社会化。课堂管理的内容主要指建立课堂常规,维持课堂秩序,并处理课堂中的问题行为。第二节主要介绍课堂问题行为的类型与成因。第三节主要介绍课堂问题行为的处理,包括强调在课堂中应用强化理论和行为调适技术的行为分析方法,以及强调师生之间沟通和解决问题的人本主义取向。

课堂是师生互动的主要场所,秩序井然的课堂环境是达成教学目标、促进学生学习的必要条件。很难想象,在一个混乱不堪、充满敌意以及藐视教师权威的环境中,学生能够安之若素地学习。作为一名教师,能否胜任教师工作,不仅取决于教师的专业知识技能,还要看教师是否掌握了应对课堂中各类事件的有效技巧,从而为学生创建一个有利于学习的课堂环境。

第一节　课堂管理的目标与内容

课堂管理一般是指教师为创建有利于学生学习的课堂环境而采取的一系列方法和手段。课堂管理不仅是要建立一个有序的课堂,更重要的是要能够促进学生投入学业、情感与社会性学习,发展学生自我约束、自我管理的能力。有效的课堂管理不只是在学生出现了不良行为时能够做出有效的干预,更重要的是要创设一种积极的学习环境来预防类似行为的发生。要实现高质量的课堂管理,教师应做到:① 在师生、生生之间建立相互关心、相互支持的人际关系;② 以最适宜的方式组织和实施教学以利于学生学习;③ 通过建立课堂规则和程序鼓励学生投入学习任务;④ 促进学生社会技能和自我调控能力的发展,让学生对自己的行为负起责任;⑤ 采取适当的方法帮助有问题行为的学生(Evertson & Weinstein,2006)。

一、课堂管理的目标

(一)让学生专注于课堂活动

专注于课堂活动是指学生在课堂里做应该做的事情,如认真听讲、积极参与教师布置的活动、用心思考、专心解决问题等。专注于课堂活动意味着学生将更多的时间用在学习上,也意味着学到的更多。评价教师课堂管理是否有效,可以用学生投入学习的时间作为指标。学生投入学习的时间与教师分配给学生学习的时间是两个不同的概念。学生投入学习的时间是指其真正用于学习的时间,而教师分配的时间是教师指定的用于学习的时间。国外一项研究表明,学生真正投入学习的时间只占指定用于学习的时间的 1/3,相当于每学年每个学生真正有效的学习时间为 333 小时,每天只有 90 分钟真正有效的学习时间(Sternberg & Williams,2003)。可以想见,如果时间本身没有被充分利用的话,分配再多的时间用于学习,也不会转换成有效的学习。

为增加学生对课堂活动的专注度,教师可以采取以下策略。第一,认真设计教学任务。教学任务要难易适中,过难或过易的任务都不利于学生保持注意力。第二,教学方法灵活多样,寓教于乐,富有趣味性。第三,保持教学活动的流畅性。学习活动的安排要紧凑,对干扰和分心事件的处理要果断,避免教学活动被长时间打断。第四,让学生参与其中。学生参与教学活动,会增加学习的主动性和控制感,不易分心。

(二)让学生自我管理

课堂管理并不是教师单方面对学生进行约束与控制,相反,教师应鼓励学生积极参与课堂规范的制订,双方应通过合作建立起一种共享的价值体系,让学生学会自我管理,对自己的行为负责。能够自我管理的学生懂得自我约束、自我控制,他们遵守纪律,既能够控制自己不做干扰别人学习的不良行为,又能够通过意志努力将别人不良行为的负面影响降至最低程度。善于自我管理的学生相对成熟,明辨是非,对教师的教导往往非常配合,因而也更容易取得较好的学业成绩。表 11-1 列举了以教师为中心和以学生为中心的课堂管理特征。

如何培养学生自我管理的能力呢?第一,可以让学生参与课堂常规的制订,由于这些规则是学生自己参与制订的,他们更愿意接受和遵守。第二,鼓励学生自我反思,经常让学生分析自己的行为并与课堂常规进行对照并做出评价。第三,给学生呈现自我管理的榜样,介绍自我管理的策略。第四,对学生表现出的自我管理行为进行强化,以资鼓励。这样做既会增强学生的自我管理行为,也为其他同学树立了榜样。

表 11-1　以教师为中心和以学生为中心的课堂管理特征

以教师为中心	以学生为中心
1. 教师是唯一的领导者	1. 大家共享领导职能
2. 管理是事无巨细的监督	2. 管理是一种指导方式
3. 教师负责所有文本工作和组织工作	3. 学生是课堂管理的辅助者
4. 教师制定纪律制度	4. 学生自己制定纪律制度
5. 只有少数学生是教师的帮手	5. 所有的学生都有机会真正地参与到班级管理中
6. 教师制定规则并向学生宣布	6. 教师和学生共同以"班级合同"或制度的形式制定规则
7. 所有学生面临同样的后果	7. 后果考虑到学生的个体差异
8. 奖励多来自外部	8. 奖励多来自内部
9. 学生承担的责任有限	9. 学生在课堂上分享责任
10. 社区很少有人会走进课堂	10. 与商业和社区建立合作关系,丰富和扩展学生的学习机会

(Burke,2008)

(三)建立和谐的课堂气氛,促进学生的社会化

以惩罚为主导的课堂管理易造成师生之间的敌对气氛,不利于教学目标的达成。因而课堂管理应以支持性和预防性的目的为主。当教师和学生之间可以形成相互信任、相互支持的关系时,师生之间就会形成一种整体感和认同感,为实施课堂活动、实现有效管理创造了必要的条件。

在课堂中,除了师生关系外,同学之间的人际关系也很重要。学生在课堂中感受到的压力与焦虑有很大一部分是由于人际关系不协调造成的,被同伴排斥和孤立的情形不仅会令儿童和青少年自尊心受到伤害,形成较低的自我概念,而且会令他们无法专注于课堂活动,对课堂产生恐惧与逃避心理。在一个由几十人构成的课堂中,能否为他人所接受,得到同学的关爱与帮助对儿童和青少年社会性发展非常重要。学生在良好的团体里能够培养尊重、关心、帮助他人等良好的品性,也能够学会有效的人际沟通技巧,学生对赞赏、注意、支持和归属等的心理需要能够得到满足。因此,建立和谐的课堂气氛也是课堂管理的重要目标。

二、课堂管理的内容

(一)建立课堂常规

课堂管理的最重要的一项活动就是建立课堂常规,它是减少各种违反纪律问题、防患于未然的重要措施。课堂常规规定了在课堂活动中,哪些行为是被允许的,哪些行为是不被允许的。教师应该在开学之初,上第一堂课时就向学生公布这些规则。教师在确立课堂规则时应该注意,这些规则不能与学校的一般规则冲突,否则会造成学生无所适从的局面。规则也不能太多,以免学生忘记。教师要与学生一起讨论为什么要建立这些规则,邀请学生参与

规则的修改以及违反规则应受的处罚,这样做的目的是提高学生对课堂常规的认同感。制定课堂常规的指南见表11-2,对违反课堂常规的学生的常见处罚方式见表11-3。

表 11-2　制订课堂常规的指南

1. 尽早制订规章,最好在学年初期。
2. 让学生参与规章的制订并明确为什么这些规章很重要。
3. 限制规章的数量。
4. 以简短明确的措辞果断地宣布规章。规章必须传达所期望的行为而不是不合适的行为类型。
5. 明确奖励和后果。
6. 把规章张贴在教室里或者给每位学生一个副本以便保存。
7. 经常练习和回顾这些规章,尤其在学年之初。
8. 在学年初期告知家长这些规章和期望。
9. 规章必须随着学生的年龄和成熟水平而变化。

(引自博林等,2012)

表 11-3　对违反课堂常规的学生的处罚方式

1. 流露出失望的表情。如果学生喜欢或尊重他们的老师,那么老师脸上流露出严肃或悲伤的表情,可能会让学生停止捣乱,回过头来思考自己的行为。
2. 撤销学生的某些权利。有问题行为的学生,可能会失去自由时间。如学生没有完成家庭作业,那就需要在自由活动时间来补作业。
3. 干扰他人或不合作的学生,让他们暂时离开,直至学会小组合作。
4. 去校长办公室,一般来说有经验的老师较少采用这种方式。
5. 放学后扣留学生进行谈话。
6. 联系家长以寻求家长的配合。

(引自伍尔福克,2015)

(二)维持课堂秩序

良好的课堂秩序是学生学习的有力保障。美国心理学家康尼(Kounin,1970)研究发现,善于维持课堂秩序的教师,具有以下共同特征。

(1)全面关注。让学生知道教师随时随地都在关注他们,任何状况、哪怕是微小的事件都无法逃过教师的眼睛。这样那些想趁教师不注意的时候表现不当行为的学生就不敢轻举妄动。

(2)同时兼顾处理不同的事情。善于维持课堂秩序的教师可以"一心多用",能够同时兼顾不同学生的活动。比如,在指导一组学生的学习活动的同时,能够通过手势或表情表示已经知道其他同学的需要,还能对不专心的学生进行警告。

(3)能流畅地转换教学活动。为完成教学任务,教师在一堂课中可能会采取讲解、小组讨论、分组报告等不同的方法。从一种活动过渡到另一种活动时应有条不紊,避免在转换时造成混乱和拖延,这要求教师事先要做好计划,从容地指挥学生进行不同的活动。

(4) 让每一位学生都参与学习活动。要让全班同学都全神贯注地听讲或投入学习活动并不是一件容易的事,重要的是教师要让每位学生都感受到自己的责任,并鼓励他们积极参与课堂活动。为此,要避免总是提问某些同学,或在一位同学身上花费过多的时间,造成其他同学事不关己的错觉。

(5) 让课堂生动有趣。多样化是减低厌烦的最好处方。多样化可以有多种形式,如变化教学方式,采用投影、录音、讨论等方式来保持学生的注意力。可以通过增加学生活动的挑战性来激发学生的学习兴趣。还可以通过不同形式的互动让课程富于变化,如进行团体重组,由全班活动变为不同的小组活动,再回到全班活动。

(6) 建设性地批评学生,避免涟漪效应带来的负面影响。教师处罚学生不良行为的方式,会影响其他目睹该处罚的学生的行为。这种处罚的涟漪效应会从被处罚的学生扩散到其他学生。学生可能因为看到同学的违规行为受到处罚而变得更加专心和守纪律,也可能因为看到教师在批评学生时情绪失控而对受处罚的学生产生同情,甚至对教师的做法心生反感。这种不愉快不但不能改善行为,反而会造成很多学生的焦虑、混乱与不安。建设性地批评是指教师针对的是不恰当的行为而不是个人,对学生进行处罚时,要明确告知对方错在哪里,正确的行为应该是什么。

阅读栏 11-1　课堂常规举例:广州真光中学课堂常规

1. 上课不迟到,不早退,不旷课和随便请假。

2. 上课预备钟响后,要立即进入教室准备好上课用的书籍文具,静待上课。

3. 上下课由班长口令"起立"向老师表示敬意,老师回礼后,口令"坐下"并向老师报告缺席情况。

4. 上课时要端坐静听,专心听课,不随便讲话,不做与上课无关的事,出入教室必须得到教师的同意。

5. 回答老师的提问要起立,得到老师的允许后再坐下,向老师发问要先举手,得到老师允许后才起立发言。

6. 课室公布当天值日生名单,值日生要擦净黑板,整理讲台,每天上午和下午放学后要打扫教室清洁卫生,关好门窗,要负责课室灯光照明的开关。

7. 上课不赤脚、赤膊,不穿拖鞋、背心。

8. 自习课时,必须遵守课堂纪律,不得随便换座位和高声讲话。

9. 要经常保持教室内外的整洁，不在教室内吃东西，不向室内外乱丢果皮、纸屑、杂物和在黑板上乱写乱画。

10. 要爱护公共财物，不准坐在桌上，排定的教室桌椅不随便调换搬动，不乱涂乱刻和摇晃拖拽，损坏者按价赔偿和给予纪律处分。

（引自 http://www.max.book118.com/html/2018/0518/167215020.shtm 2019-10-12）

阅读栏11-2　转换教学活动中常犯的两个错误：急动与滞留

康宁发现课程转换时，教师常犯两个错误：急动与滞留，二者都容易导致学生的问题行为。

急动是指教学活动转换太快，无法流畅地衔接。它由以下四个原因造成。

1. 插入：指教师在学生没有心理准备的情况下，突然宣布进行某种活动，使学生不能有效地集中注意，导致课堂秩序紊乱。

2. 晃荡：指一项活动尚未完成就进入下一项活动，然后再回到第一项活动。学生分心后，很难再将注意力拉回到原来的活动中。

3. 截断：与晃荡类似，只是不再回到第一项活动中。例如，教师让学生拿出语文课本，在他们刚要拿时，教师却问："昨天我们写母亲节的短文了吗？""没有？""那我们现在写吧"。结果原本要上的语文课就没时间上了。

4. 摇摆不定：指教师已结束了一个活动，进入了第二个活动，而后又回到了第一个活动。例如，教师已经让学生收起数学作业并拿出数学课本看书，几分钟后，他打断学生的阅读并问"哪些同学今天的数学作业已做到第十题了"，于是，开始检查，阅读活动就终止了。

滞留是指教师在教学活动时浪费过多的无谓时间，造成教学效率下降的现象。滞留有"过度滞留"和"支离破碎"两种。

1. 过度滞留有三种形式：第一是教师花太多时间在引导与解释上或过度注意学生的行为。面对喋喋不休的教师，学生只好分心想其他的事了。第二是教师偏重课程的细枝末节而忽略了主要内容，造成本末倒置的现象，使学生无法注意到学习的重点。第三是教师太强调物理环境的事件，忽略了主要课程。这些过度滞留会让学生丧失对主要学习活动的兴趣。

　　2. 支离破碎是教师将一个本来可以完整进行的活动,分割成一些不必要的小步骤。这样有些学生就会在等候时无事可做,增加了学生胡思乱想和不当行为发生的可能性。

（引自金树人,1994）

（三）处理课堂中的问题行为

　　学生在课堂中表现的各种违反课堂常规的行为统称为问题行为。教师在课堂管理中,要充分认识到学生出现问题行为的原因,既要制止、纠正学生的不良行为,同时也要注意方式方法,避免课堂气氛紧张、压抑。课堂管理不仅要对学生的行为进行有效的控制,同时也要关注学生的情绪情感,学生情绪不佳时是无法保持高的学习效率的。

三、制订有效的课堂管理计划

　　要制订有效的课堂管理计划,需要考虑七个要素,如图11-1所示。

　　第一,学生的发展水平或特征。学生可以分为四个水平。水平1是小学低年级,这个阶段的重点是让儿童完成学生角色的转变。这个阶段儿童的典型特点是遵从权威,因此要把重点放在教导他们做什么,而不是遵守规则。这阶段主要是建立和介绍课堂常规。水平2是小学高年级,这阶段的学生大部分非常熟悉学校的规章制度并能够维持一个适宜的学习环境。水平3是中学阶段,学生的兴趣和控制从成人转向同伴。学生可能抵触教师及权威人物。课堂管理应该着重遵从而不是教学。重点在于让学生按规则行事并承担行为后果。水平4是大专阶段（post-secondary school）,大多数学生都已成年,对学校环境已经完全适

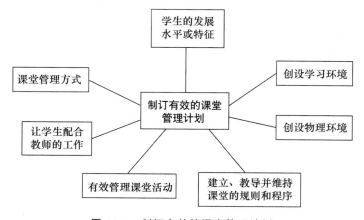

图 11-1　制订有效的课堂管理计划

应。教师不需要在课堂管理方面花费太多时间与精力,主要是在学年初期强调一下,或者对可能挂科的学生予以注意(Tan,Parsons,Hinson & Sardo-Brown,2003)。

第二,创设学习环境。在学期开始时就要做好计划。学习环境包括物理空间和认知空间。物理空间要让所有学生感到舒适放松,整洁有序。学习环境应该是彼此尊重、没有威胁的,使每个学生都能绽放并做到最好。认知空间是指教师对学生在课堂里的表现设置期望并创设一种有动机学习的课堂气氛。

第三,创设物理环境。教室的布置应该有利于学习,减少一切可能令学生分心的刺激与安排。

第四,建立、教导并维持课堂的规则和程序。所有的教师都会遇到纪律问题。因此,开学第一天就要建立课堂常规。通常5、6条规则就足够了,用学生能理解的语言解释并让学生发表看法。遵守和违背规则的奖惩措施要明确。

第五,有效管理课堂活动。要密切监控学生以便及时发现问题,具备同时处理不同事务的能力。流畅地转换活动,不给学生分心的机会。布置挑战性的任务,让学生有独立自主的机会。

第六,让学生配合教师的工作。要做到这一点,首先要建立良好的师生关系。真诚地关心学生,公平地对待学生,善于与学生沟通,让学生产生安全感和舒适感。其次,让学生负起责任,让学生参与制订和实施课堂活动,鼓励他们对自己的行为进行评价,不接受逃避责任的借口。对学生的良好行为及时强化。

第七,课堂管理方式。与家长教养方式类似,权威型管理方式有利于培养学生独立思考的能力,教师尊重学生,有明确的规则要求。专制型管理方式是严厉且惩罚性的,专注于课堂秩序而不是教与学。放任型管理方式给予学生充分的自主性,但对于发展学生的学习技能和行为管理提供的支持不够。[①]

阅读栏 11-3　创设整洁的课堂环境案例——教师的示范

有一段时间我发现班上的卫生变差了,有很多学生乱扔纸屑。上课时,在全班学生的注视下,我没有说一句话,弯腰捡起了讲台前的纸团,接着若无其事地上课。第二天,我发现讲台前和过道变干净了,可学生的抽屉里还有垃圾。晨会课上,我拿了个大口袋走上讲台,对满眼疑惑的学生说:"老师的讲台下太乱了,今天要好好整理一下,你们如果需要帮助,我乐意效劳。"学生在哈哈大笑中显得不好意思。第三天,班上的卫生有了根本好转,讲台前还多了学生用零花钱买的一盆花。我手捧花盆,真诚地对学生说:"以后咱们共同努力,让我们班永远飘香。"教室里掌声雷动。

---

① http://bobbijokenyon.com/crm/AEU_classroom_management.pdf,2019-07-26

第二节　课堂问题行为的类型与成因

课堂问题行为是指学生在课堂中表现出的一些对正常教学构成危害的行为。课堂问题行为是教师最为头疼的问题，不仅令教师身心俱疲，甚至让一些教师对课堂产生了畏惧心理，担心无法控制课堂而不愿走进教室。在一个混乱的课堂中，不仅学生无法专心学习，教师也无法从中获得满意感和成就感。

一、课堂问题行为的类型

Melloy 和 Zirpoli(2004)将学生在课堂中的问题行为归纳为破坏、不顺从、冲动、注意缺失、多动和攻击行为。

（一）破坏行为

破坏行为(disruptive behavior)是指破坏了课堂里正在进行的学习过程的行为，常见的课堂破坏行为有下列六类。

（1）随意讲话——学生在没有得到允许的情况下大声说话，或是打断了别人的谈话。

（2）离座——学生在没有获得允许的情况下，从椅子上站起来并在教室里四处走动。

（3）制造噪音——学生发出与任务无关的声音，这些噪音可能是言语的，也可能是身体的，如不断敲打铅笔。

（4）玩弄物品——玩弄与任务无关的物品，如铅笔、小玩具等。

（5）扔东西——学生投掷东西，使之飞向空中或滑过地面。

（6）攀爬——学生爬上桌椅或者其他物体或人之上。

（二）不顺从行为

不顺从行为(noncompliance)指学生不听从成人的指导，不接受要求和建议，不愿意接受教育的行为。不顺从行为主要有下列四类。

（1）充耳不闻，消极抑制——学生不公开地拒绝或否决建议，但是好像没听到这些建议似的，径自做自己的事情。

（2）直接抗命，显示敌意——学生通过愤怒、对抗或者消极的面部、姿态表情和言语来公开表达其反对。

（3）置之不理，拒绝服从——学生只是回答"不"或"我不想"，没有消极的言语以及身体语言。

（4）讨价还价，迂回躲闪——学生通过讨价还价来使教师下达一个新的指令。

(三) 冲动行为

冲动行为 (impulsivity) 指学生在行动之前很少思考，在未充分理解指导语之前就急于尝试任务，在行为出错或者导致不幸时会后悔不已。有冲动行为的学生在课堂上的突出表现是，当教师提问时，他们的答案常脱口而出，但常常是错误的。冲动型儿童通常不假思索地对学业任务和社会情境做出反应，而且难于抑制，儿童自己为此也感到烦恼。

(四) 注意缺失与多动

学生在课堂中最常见的问题就是分心、无法将注意力放在学习任务上。注意缺失 (inattention) 主要表现在注意的指向性和坚持性方面都有困难，如儿童很难开始一项任务，也很难完整地完成一项任务。他们很容易被一些小的变化或干扰影响，一旦分心，就很难再回到学习中。

儿童的多动行为 (hyperactivity) 常与注意缺失和冲动行为相连，包括发展性的行为水平不当，离座、擅自走动、随意讲话以及言语过多。多动的儿童很难连续安静地坐几分钟，会表现出幼稚或不成熟的行为。多动行为的原因很复杂，既有生物学原因，也有心理因素及环境影响。

(五) 攻击行为

攻击行为 (aggression) 是指言语的、非言语的或者躯体的行为，这些行为直接或间接地伤害到了他人，或者给攻击者带来了一定的利益。

身体攻击行为包括踢打或击打他人、咬人、抓取或控制、投掷等，目的在于造成他人的不适、疼痛和伤害的行为，也包括向他人吐唾沫这样意在侮辱或造成不适的行为。

言语攻击行为包括专横的命令、嘲笑、指责、讽刺等使他人情感受到伤害的行为，也包括向成人打小报告这样的搬弄是非的行为。

一项对 2525 名中学教师的调查研究表明学生在课堂中表现的各种问题行为多数属于不太严重的纪律问题，教师在一周内处理的学生问题行为发生频率见表 11-4。

表 11-4 课堂捣乱

学生表现类型	课上频率	
	至少每天出现 (%)	至少每周出现 (%)
随意开腔	97	53
懒散或无所事事	87	25
骚扰其他同学	86	26
迟到	82	17

续表

学生表现类型	课上频率	
	至少每天出现(%)	至少每周出现(%)
课上发出声音	77	25
破坏校纪	68	17
擅离座位	62	14
说粗话侮辱其他同学	62	10
粗暴喧哗	61	10
鲁莽无礼	58	10
武力侵犯其他同学	42	6
说粗话侮辱教师	15	1
破坏公物	14	1
袭击教师	1.7	0

(引自 David,2002)

二、课堂问题行为的成因

在处理学生的问题行为之前,了解他们为什么会做出这些行为是非常重要的。学生在课堂中表现出各种问题行为,既有他们自身的原因,也有教师的原因。

(一)学生方面的原因

1. 寻求注意

寻求他人的注意是人类的一种天性,每个人都渴望得到他人的关注、理解、认可和赞赏,最让人伤心和难过的事情莫过于他人无视自己的存在了。儿童也不例外,他们入学之后总是期望自己能够引起教师的注意,获得教师的表扬和赞赏,在同伴中获得尊重、建立威信,为此,他们努力做出与教师期望一致的行为。有些孩子聪明伶俐、多才多艺,常能吸引教师的注意,他们寻求注意的需要比较容易得到满足。而另外一些孩子在课堂活动中既没有出色的表现,也没有特殊才能,往往被教师当作背景而忽视。这些孩子发现循规蹈矩是无法得到教师的注意的,反而认为激怒他人也比被人忽视强,于是他们惹是生非、做出很多破坏性的行为,教师的批评、训导和惩罚恰恰满足了他们对关注的心理需求,因此,教师的这些策略不但没有约束学生的问题行为,反而会强化这些行为。

2. 学业压力与挫折

人们总是愿意从事自己能够胜任的工作,从中得到成就感。然而,对于那些存在学习困难的学生来讲,学习是枯燥无味的,甚至是痛苦的,在与同学的比较和竞争中,他们总是失败者。对此,他们深感无助和困惑,为了逃避现实、宣泄内心的压力,他们可能会做出一些不当行为,如无故缺课、逃避任务或干扰他人的学习等。

3. 人际关系失调

有些孩子来自离异家庭,极度缺乏安全感。出于对关注与同情的需要,他们或者通过故意在课堂上表现不好来吸引教师的注意,或者通过拒绝参与课堂活动来表达沮丧受挫的感受。也有的孩子缺乏人际沟通的技巧,在与教师的交往中彼此存在误解,教师认为有必要纠正学生的不当行为,而被指责的学生则认为教师是挑剔自己,形成与教师对抗的局面。还有些孩子在同伴交往中存在障碍,为得到同伴的接纳与关注,他们公然向教师挑衅。总之,各类人际关系问题常常困扰着学生,使他们在性格上变得越来越孤僻,课堂上常陷入"白日做梦"的状态,无心向学。

> **阅读栏 11-4　因家庭关系失调而导致行为问题的学生辅导案例**
>
> 我们班上有个男生,父母离异,他跟母亲生活。性格叛逆,留着奇怪的发型,上课从来不听讲,老师一进教室他就趴桌子上睡觉,要不就找别的同学说话。经常大声讲话,说笑话故意引起大家注意。课上经常把玩自己的新式手机、新潮游戏机等。
>
> 一次偶然的机会,我发现他在临摹动画。我马上跟他说,我有很多绝版碟片和海报。抓住他借碟片的机会,我跟他慢慢有了一些交流。经过多次交谈,我对他存在的问题基本上心中有数。父亲的成功一方面给予他舒适的生活、充分的优越感;另一方面,父亲的背弃又让他心生痛苦、自卑、亲情缺失。母亲为生活无暇过问他,学习上的不如意更加剧了其自卑感。他在课堂上喧闹也许正是内心孤独的体现。
>
> 针对他的"症状",用常规的谈话、批评、表扬显然收效不大。他失去的是心理优势,因此,必须先帮助他建立起心理优势,其他工作才能开展。看到他喜欢画卡通画,我邀请他参加了我指导的动漫社,指导他创作了一幅科幻画作品,参加全国青少年科幻画大赛,还获得了优秀奖。有了这次成功的经历,他感受到自己并不是一事无成的。慢慢地,他有了一些改变。他开始努力专心做一些事情,认真画画,努力实现老师给他的一个一个小小的目标,并开始自己制定一些目标。上课时他会尝试举手回答问题了。这种改变,不管是暂时的还是永久的,但其走向全新的自我的目标都初步得到了实现。

4. 团体性质

课堂问题行为有时带有集体的性质,当个别学生做出不当行为后,很快全班或大多数同学都参与其中,造成全班性不良行为。能够对全班产生影响的学生是那些所谓的领袖人物,他们具有一定的影响力,受到同伴的喜爱与推崇,作为班级的领军人物,他们选择与教师合作还是对抗对课堂气氛有重要影响。

5. 限度检测

从幼儿到青少年,孩子们在探索和理解世界的过程中不断成长。他们不仅对自然界的各种现象充满好奇,同样,对社会生活的各个方面也非常感兴趣。当成人对他们提出各种要求和规定时,孩子们希望了解成人是否认真对待这些规则,如果违反这些规则究竟会发生什么,成人容忍度怎样,等等。课堂中的一些问题行为正是学生检测教师限度的方式,从这个角度讲,学生在课堂中表现的问题行为并非存心与教师作对,而是带有学习的性质。

6. 学生问题行为的年龄差异

学生的年龄不同,课堂问题行为的表现也不同。幼儿与小学低年级学生出现的问题行为很多是因为他们尚未学会按照规则行动,一方面他们可能还没明白教师的要求,另一方面也可能是虽然明白要求却无法达到表现标准。低年龄的儿童渴望得到教师的鼓励、安慰和注意,如果教师能和颜悦色地解决他们的情感、社交和学业问题,儿童制造麻烦的机会就较小;反之,如果教师缺乏耐心、不能公平合理地处理问题,儿童就会通过捣乱、挑衅来发泄自己的不满。从小学高年级开始到青春期,孩子对团体的认同越来越强烈,帮派风气盛行,常会发生团体性的不良行为。青少年特别重视自己在同伴中的地位与尊严,如果教师在全班同学面前令他们颜面扫地的话,他们会不惜一切地与教师对抗。

阅读栏 11-5　用尊重与关爱改变问题学生的案例

有一段时间,我发现在我的课堂上,有几个学生不认真听课,喜欢趁机起哄、吃零食。他们无视纪律、不尊重老师和同学。面对这样的学生,我一开始表现得很生气,一看到不良表现就忍不住公开批评他们。公开批评只是暂时制止了他们的不良行为,但是他们在下次遇到同样的情况仍然会做出相似的行为。于是,我开始向班主任"告状",班主任知道了情况,也是采取了公开批评和谈话的形式进行教育,还进行了家访,但是情况不见好转。后来我了解到,不管哪个老师上课,他们的课堂表现都是这样的。后来我开始改变自己的态度,不再当着全班同学的面公开批评他们,而是轻轻走到他们身边提醒,并关心他们的学习和生活。过了一个月,这些学生在我的课上似乎有所收敛,很少出现之前的不良行为。于是我抓住机会在课间或者课外活动时表扬他们,并给他们一个鼓励的眼神。渐渐地,他们的成绩有很大进步,我在课堂上又再次表扬他们,他们开始喜欢和我聊天,并且努力在课堂上表现得更好。

(二)教师方面的原因

教师对学生不良行为的出现同样负有不可推卸的责任。戴维指出有六个教师方面的因素与学生的课堂问题行为有关(David,2002)。

1. 教师的个性

教师在个性方面的某些明显缺陷是造成学生表现糟糕的重要因素。例如,有些教师言语异常缓慢、犹疑不决、内向羞涩,有些教师性格急躁、爱发脾气,师生关系紧张,缺乏人格魅力的教师很难赢得学生的合作与支持。

2. 教师的外在形象

为人师表,教师应注意自己在学生眼中的形象,着装应该整洁大方。如果教师的装束或发型不得体,就会招到学生的嘲笑,令教师尴尬不已。同时,教师还要注意检讨自己是否有一些习惯性动作,令学生讨厌和反感。

3. 教师的授课方式

教师在授课时是否考虑了学生的年龄、兴趣和能力水平?是否安排了适当的活动让学生积极参与?如果教师在授课时不能适应学生的能力和兴趣,就无法在学生中树立威信,而在枯燥无味的课堂中,学生最容易分心、逃避学习和捣乱。

4. 备课与课堂组织方式

如果教师备课不充分,课堂组织方式不当,面对课堂中许多的突发问题毫无心理准备,课堂就会变得一团糟,学生问题行为频发,教师束手无策。

5. 与学生的相处方式

能否赢得学生的尊敬,还要看教师对待学生的态度。教师是真心关心和喜爱学生还是应付了事呢?教师是一视同仁地对待全班学生还是只对某些成绩好、会讨教师欢心的学生友好呢?学生更愿意配合那些能够接纳自己、对自己抱有积极期望的教师。

6. 教师的奖惩方式

学生最喜欢公正公平的教师,教师在处理学生的问题行为时,应注意公平对待当事的各方,以理服人。尽量多用奖励去强化和巩固学生的良好品行,减少不必要的惩罚,在必须施加处罚措施时,应告知学生这样做的理由,同时说明什么是正确的行为,这样才不至令受到处罚的学生心生怨恨,伺机报复。表11-5 所描述的教师行为可以消融掉积极的课堂氛围,教师应尽量避免。

表 11-5　会破坏课堂氛围的教师行为

行为	影响
挖苦	学生的感情会受到看似幽默、实则挖苦的言语的伤害
消极的语气	学生可以听出"话外音",并感到是挖苦、消极或傲慢的语气
消极的肢体语言	教师紧紧攥住拳头、托住下巴、刁难的眼光或威胁的姿态,都会告诉学生消极的信息
不一致	学生会第一个发现教师采取的行为与规则的不一致
偏心	所有的学生都能指出教师偏爱哪个学生
嘲笑	有时教师并不知道自己正在嘲笑学生,这令他们感到难堪
爆发	有时教师受到学生刺激,无法控制自己而爆发,成为学生的负面"榜样",可能引起更严重的问题
当众训斥	没有人愿意在同伴面前被纠正、羞辱或丢面子
处事不公	出尔反尔;考试出怪题;改试卷或批作业时"鸡蛋里挑骨头";或布置可能会被认为不公平的惩罚性作业
冷漠	学生不想被忽略;如果教师忘记了学生的名字或对他们不关心,就会失去学生的尊重
死板	如果教师从不调整作业内容或测验日期来满足学生的需求的话,就会显得过于严格而不关心学生
缺乏幽默感	不能自嘲的教师通常不会鼓励学生冒险和犯错;缺乏幽默感的人常常没有活力

(引自 Burke,2008)

第三节　课堂问题行为的处理

课堂问题行为具有很大的普遍性,教师如果不能有效地加以处理,就会严重干扰正常的教学秩序,对教学产生不利影响。有关课堂问题行为的处理主要有两种方式:第一种是强调在课堂中应用强化理论和行为调适技术的行为分析理论方法,第二种是强调师生之间沟通和解决问题的人本主义取向。

一、课堂管理的行为分析方法

学生在课堂中的很多问题行为都是用来吸引教师注意力的策略。在课堂中一个普遍发生的现象是当学生做出合作行为时,教师反而忽视了他们的存在,而当他们行为失当时,却能成功引起教师的注意。在应用行为分析方法来处理学生的问题行为时,教师应首先掌握两条原则:第一,曾经获得关注的行为往往会一再出现,而没有获得反应的行为会销声匿迹。第二,要改变学生的行为方式,首先应改变教师对学生行为的反应方式。如果学生以吸引教师关注为目的,当学生表现良好时,教师熟视无睹;当学生表现不佳时,教师就大发雷霆或以其他方式给予关注的话,那么学生的问题行为将一再重演。此时,教师应考虑对良好表现进行表扬和奖励,对捣乱行为不予理睬。

(一) 应用行为分析方法的原则与程序

教师如果希望运用行为分析方法来改善学生的问题行为,则应该综合考虑学生的行为、行为的后果和行为产生的环境因素。以下是应用行为分析方法的几个基本步骤,运用这些方法有助于我们了解并改善学生的行为。

1. 观察并分析学生的行为

教师应平心静气地观察学生的行为,并将学生的具体行为表现记录下来以便进行分析。教师必须明确地描述学生的问题行为是什么,如"这个学生上课总是讲话",而不是笼统地说"这个学生不守纪律"。每个具体的行为都会有矫正方法,但是我们对含糊不清的行为往往无能为力。教师一方面要记录和分析学生的不良行为及自己的反应,同时也要记录和分析学生的恰当行为及自己的反应。将二者进行对比之后,教师可能会发现当学生表现好时,自己往往并没有给予适当的关注,反而在学生出现问题行为时,反应强烈。如果学生的这些行为都是出于寻求注意的目的,教师则在不自觉的情况下,强化了学生的问题行为,如此,学生的问题行为层出不穷就不足为奇了。

2. 确定问题行为的频率

确定问题行为的频率,目的有两个方面。一是弄清这种行为的持续时间,为制定行为矫正计划做准备。学生的问题行为多种多样,发生的频率也不相同。如果某种问题行为接二连三地发生,就应将其作为重点矫正的目标。二是确定行为的基线水平,作为评定行为矫正效果的依据。如果一个行为在矫正计划实施后,发生的频率逐渐降低,就说明该计划达到了预期效果。

3. 选择强化物,确定强化的标准

强化的目的是让那些令人期待的行为能够保持下来。在课堂中,当学生表现出良好行为时,教师应适时地做出满意、赞许的表示。在课堂中能够充当强化物的刺激有很多,如具有荣誉意味的小红花、徽章,获得活动的优先权,为教师当差等物质奖励,也可以是教师的关注与赞美等非物质性奖励。从课堂控制的角度讲,多给予非物质性奖励更有助于学生保持对学习的兴趣和全身心的投入。为了使强化物能够发挥其应有的作用,必须确定强化的标准,使表扬和奖励有章可循,这样学生才可能清楚地了解教师的期望及怎样的行为才是恰当的。

4. 适当运用惩罚

当强化对预防和消除学生的问题行为不起作用时,教师可能不得不对孩子进行惩罚。这时教师要注意掌握惩罚的尺度和准则。首先应把惩罚看作是一种改正行为的方法,而不是发泄教师不满情绪的手段。要让学生明白为什么会受到处罚以及如何改变自己的行为。其次,注意选择惩罚的方式,对有些孩子来说,不予关注、不予表扬、撤销特权就已经是惩罚了,对另外一些孩子则可能需要更加严厉的处罚,如训斥、暂时隔离和告知父母。不管怎样,都要避免对孩子进行体罚。教师应明白该少用惩罚,它不仅会破坏师生关系,也不利于创设和谐友善的课堂气氛。

5. 实施行为矫正的程序,评估行为矫正效果

在行为矫正计划的实施过程中,教师要做好观察记录,将学生的问题行为频率与基线水平进行对比,如果发现学生的问题行为发生的频率已经显著下降,说明矫正计划有效,这时,应该适当减少强化的频率;如果发现学生的问题行为发生的频率并没有降低,说明矫正计划没有产生相应效果,教师应考虑改变行为矫正的方法。

(二)两种常用的行为管理策略

1. 代币制

代币制(Token system)是一套用来塑造和改变学生行为的强化系统,适用于幼儿园至高中的不同年龄阶段的学生,尤其是对问题行为及智能不足的学生特别有效。当学生在课堂中表现出良好行为或取得优良成绩时会得到代币,学生可以用代币兑换更有价值的奖品和特权。代币可以是小卡片、筹码或教师自制的不同面额的游戏用币。教师要事先说明,学生在表现出一个良好行为时可以得到的代币数量,如"上课保持安静,可以得到一枚代币","按时交作业,可以得到3枚代币",代币累积到一定数额就可以兑换相应的奖品。奖品可以是食物、玩具、书、徽章、特权及活动等,每种奖品相对于代币的价值要事先设定,每隔一段时间可以让学生用代币兑换一次奖品。

为了使代币更好地发挥其强化作用,要注意奖品的定价问题,即花多少代币可以买到相应奖品。以下原则可供参考:① 奖品的供应量越大,它的价格越低;供应量越小,价格越高。② 需要越多的项目,价格越高;需要越少的项目,价格越低。如很多学生都想用代币购买使用班级计算机的时间,那么它的价格就要定得高一些,如10个代币。

阅读栏 11-6　用代币制改变小学生问题行为的案例

小王,某小学六年级学生,男生,12岁,独生子。一遇到不顺心的事时,就会大发雷霆,甚至辱骂实习老师。当其他学生不顺他意时,便以大欺小。上课特别好动,不能专心听讲,书写马马虎虎,字迹潦草。还经常惹是生非,是出了名的"孩子王"。为改变小王的行为,教师决定采用代币制的行为管理策略,首先制定了行为价值表,然后制定了奖品价值表。

小王的行为价值表

学习与守纪情况	获代币
1. 按时完成作业,书写端正	小五角星一颗
2. 英语作业批改得 B	小五角星一颗
3. 上课坐端正听讲,不做小动作,不插嘴	小五角星一颗
4. 课间文明休息,不带手机,不奔跑,不打闹	小五角星一颗
5. 对实习老师、同学使用文明用语,有礼貌	小五角星一颗
6. 英语作业批改得 A	大五角星一颗

小王的奖品价值表

奖励情况	需要代币
1. 选择自己喜欢的食物	5 颗小五角星
2. 放学后与同学们、老师打篮球半个小时	5 颗小五角星
3. 放学后与同学们、老师打篮球一个小时	10 颗小五角星
4. 周末与朋友们在公园进行体育锻炼	15 颗小五角星
5. 买一样自己喜欢的东西	20 颗小五角星
6. 远途旅行一次	100 颗小五角星

(注:五个小五角星换一个中五角星,两个中五角星换一个大五角星。)

自从采取了代币强化,小王完全变了样,走到哪里,都能听到"小王进步真快"的赞扬声。上课也能坐端正听讲,还能动脑筋举手发言,做作业也自觉认真了。现在每天的家庭作业他在晚托班内就能完成。

2. 相倚契约

相倚契约(contingency contracting)是学生和教师之间签订的一份具体的书面合同,它对学生在课堂中的行为表现所带来的奖励和结果做出了明确规定。契约的建立应包括以下四个部分。① 确定目标行为。明确陈述合同当事人(即教师与学生)彼此的责任,并对责任的完成情况做出详细要求。它规定了要做或不要做什么、要多做什么或少做什么的具体条款。还要具体确定合同完成后所能得到的"特权"或奖励的种类和数量。② 用直观和测量的词汇来描述目标行为,以便有效地监控学生的执行情况。③ 明确规定合同的起始时间和结束时间。④ 要求参加的个体在契约上签名,以表示他们理解并同意契约上的项目。

> **阅读栏 11-7 相倚契约的样例**
>
> 我,张小勇,同意在自习课认真完成第三单元的英语作业,并保证不在自习课哼歌、影响其他同学学习。履行合同的时间是从这周的星期一开始到下一周的星期五结束。
>
> 自习课是否遵守纪律由同学监督,如果有同学反映我继续哼歌,老师调查属实,就算违纪。我第三单元的英语作业做完之后,在下周星期五下午5点交由班主任兼外语老师检查。
>
> 如果我没遵守纪律,继续哼歌,或者没有及时做好作业交给老师,老师将从我的歌碟中选一张送给学校"校园之声"播音室。
>
> 学生:张小勇(签名)　　　班主任:陈晓洁(签名)
>
> 　　　　　　　　　　签约时间: 2003 年 4 月 14 日　星期一
>
> 　　　　　　　　　　(引自周小宋,李美华,2004)

二、课堂管理的人本主义取向

与行为分析方法重视学生的外显行为不同,人本主义强调理解学生的感觉、体验和思想并发展学生自我约束、自我控制的能力。具有代表性的人本主义的课堂管理方法主要有金奥特(Ginott,1990)的和谐沟通及格拉瑟(Glasser,1971)的合作学习或现实疗法。

(一)和谐沟通

金奥特认为学习气氛对学习效果有重要影响,学生在心绪不佳的情况下是无法进行有效学习的。为了避免这种情况,教师应该使用和谐沟通的方式,允许学生表达自己的思想和情感。金奥特认为自尊是培养学生良好行为的内在力量,和谐沟通的目标就是帮助学生建立自尊、实现自我控制,进而建立起师生合作的课堂气氛。

和谐的沟通具有以下特征:

(1) 传达理性的信息。理性的信息告诉学生必须做什么,而不是责备他们曾经做了什么。例如,"现在是上课时间,应该保持安静"是理性的表达方式,而"你上课总是讲话,打扰别人"就不属于理性的信息。责备、说教、训斥、命令和羞辱等方式都是非理性的,经常用这些方式对待学生,会降低学生的自我价值感,产生自我否定的感觉。

(2) 表达自己的愤怒。教师不是圣人,繁重的工作常常让教师感到疲惫不堪,学生的不努力与调皮捣蛋会让教师情绪失控。压抑自己的情感并不能解决问题,教师要学会宣泄自己的愤怒。金奥特认为教师应使用第一人称的语句来表达自己的感受,如"我很生气""我很惊讶、愤怒,我看到了不可原谅的行为",尽量不要使用第二人称的表达方式,如"你真自私""你怎么这么不讲道德",因为第二人称的表达方式带有攻击和责备学生的味道。

(3) 引导合作。金奥特鼓励教师用合作的方式,给予学生选择活动的机会和权力,培养学生自动自发的能力和责任感。不要用强制命令的方式要求学生活动,这样既容易让学生产生敌对感,也容易让学生产生依赖心理。

(4) 接纳学生的感受。学生的感受有时与成人不同,如果教师否认或与之争论这些知觉,会让学生产生矛盾与困惑。教师应尝试去理解和接纳学生的感受,并提供适当的帮助。学生也需要一些机会来了解自己的感受及学习如何处理这些问题。

(5) 避免给学生贴标签。教师不应用标签来标识或预测学生的能力与人格,如"你太懒惰,这样下去,你将一事无成"。教师应用行为术语来描述他们所喜欢的和不喜欢的学生行为。用"你的作业错误很多"而不是"你作业写得很马虎","你的作文写得很好"而不是"你是一位优秀的作者"来评价学生的行为。

(6) 谨慎使用赞扬。虽然金奥特特别重视帮助学生建立积极的自我概念,但是他同时亦认为赞扬如果使用不当,会让学生产生被操纵的感觉,引起学生的反感。金奥特认为要小心使用针对人格特质的赞美,如"你真是个好孩子",他督促教师表扬学生的行为而非学生的人格,如"这篇文章有很多有创意的想法"。

(二) 合作学习或现实疗法

格拉瑟认为有效的课堂管理是创设出一种让学生向往的学习环境,合作学习是让教室成为学生向往之地的最好方法;教师不能强迫学生学习,必须通过引导,让学生认识到高品质学习的重要性,从内心产生对学习的需求;教师的领导方式与学生的学习兴趣和课堂问题行为关系密切。他将教师划分为两种类型:老板式教师和领导式教师。

1. 老板式教师

在课堂中教师以老板的姿态出现,他们规定功课的内容和标准,口授而非示范,很少请学生发表意见,也不邀请学生参与学习评价工作,当学生产生抗拒反应时以高压强制的手段来处理。由于教师以强制而非合作的方式进行教学,学生在课堂中是被动、缺乏自主选择和自我控制的,因而学习动机低下,容易出现干扰课堂教学的问题行为。

2. 领导式教师

领导式教师十分了解激发学生的学习动机是有效教学的前提和保障,他们创设很多活动和机会来促进与学生的合作,如与学生一起讨论并确定学习的主题、完成方式和评价标准。在领导式教师的课堂中,学生得到充分的尊重,自主的需要得到满足,因而学习兴趣高涨。格拉瑟认为当学生对学习感兴趣时,问题行为自然就会减少。

当然,任何课堂都不可能完全去除问题行为。当学生出现不良行为时,教师可以采取以下措施。

第一,与违规学生展开一次私下谈话,了解学生行为背后的真实动机。教师以沟通的方式来处理学生的问题行为,并非只是为了斥责和惩罚学生,而是希望通过师生之间的良好互动,建立相互信任的关系,进而了解学生行为背后的真正原因。

第二,要求学生对自己的行为做出价值判断。学生出现问题行为时,教师应要求他们对自己的行为做出价值判断。教师应以温和的、不具威胁的口气来询问学生:"你在做什么",当学生做出回答后,再问"这样做,对自己和班级有帮助吗",学生一般会回答"不"。通过这种方式,可以帮助学生认识到自己的行为是错误的。

第三,建议选择恰当的行为。有时学生做出问题行为,是因为他们不了解还有其他的行为方式可供选择。比如感到愤怒时,不一定要攻击别人才能平息自己的怒火,也可以选择暂时回避,冷静思考等。教师如果能为学生提供几个可令其接受的选择,学生就能从中学会更有建设性地解决问题,并逐渐理解和增强"选择"与"负责"的观念。

第四,让学生了解行为与后果之间的关系。让学生了解好的行为会带来好的结果,坏的行为会带来坏的结果,但是我们可以自由选择带来愉快结果的行为或者带来不快结果的行为。

第五,让学生做出承诺。当学生认识到自己行为的错误并产生改进的想法后,教师应与学生达成协议,在学生自愿同意改变不良行为之后,要求他承诺将实践这些改变。

第六,不接受学生关于不良行为的任何借口。当学生做出承诺时,教师督促其实施这些行为。不要接受学生的任何借口,尤其是学生以校外事件或者以行为实施起来有困难为由的借口。校外事件不能成为校内不良行为的借口,实施困难表明学生缺乏改变的勇气和坚持性。

(三)师生沟通的"双赢策略"

有时教师尝试了处理学生问题行为的很多方法,但都不奏效,学生仍然坚持自己的错误行为,此时想通过合作的方式来解决问题几乎不可能。因为双方失去信任,都认为对方是错误的。那么如何解决这种师生冲突呢?有研究者推荐了一种顾及师生双方要求的策略,每一方都既尊重自己又尊重他人,这种双赢策略以解决问题为中心,包括以下六大步骤(伍尔福特,2015)。

第一,认识问题。究竟是什么样的问题?每个人从中希望得到什么?注意倾听学生的想法,让学生找出症结所在。

第二,通过头脑风暴想出各种解决问题的办法,但不对方法进行评价。

第三,对解决问题的方法进行评价,如果不能达成一致,可以再次使用头脑风暴。

第四,做出决定。根据大多数人的意见选择解决问题的方法。

第五,确定实施方案。明确实施方案的注意事项、每个人的责任以及时间进度安排。

第六,评价方案的效果。在方案实施一段时间后进行反思。包括是否有效地执行,效果是否令人满意,有哪些地方需要改进等。

思考与练习

1. 课堂管理达到一个怎样的目标才算是比较理想的呢?
2. 随着教育的发展,课堂管理还应该添加一些什么样的新内容呢?
3. 在面对课堂问题行为时,作为教师应该做些什么?
4. 多动是孩子的天性,小明是一个一年级的男生,聪明可爱,只是上课多动的情况令老师和同学都十分困扰。假设你作为小明的班主任,会如何帮助他呢?
5. 请谈谈你对运用行为取向和人本主义倾向相结合的方法来处理问题行为的看法。
6. 师生冲突时,如何进行有效的沟通?
7. 请分析一下阅读栏11-4及11-5中教师对学生问题行为的处理方式。

第十二章 教学评价

> **本章导读**
>
> 本章的学习目标是要了解什么是教学评价,教学评价能提供给教师哪些关于学生学习的重要信息,有了对这些知识的了解与掌握,不仅可以帮助教师了解教学评价对学生产生的影响,而且也会为其建立更有效的评价方法奠定坚实的理论基础。
>
> 本章共分两节。第一节讲述教学评价的定义及其与测量、测验的异同,分析教学评价的功能、一般性原则和教学评价的类型。第二节结合实例对应用在教学评价过程中那些具体的测量工具进行介绍,帮助读者系统地了解这些测验方法的编制、实施及解释测验结果时所需依据的原则与方法。

教学是围绕教学目标而展开的一系列活动。教师的职责是教学,当教师完成教学工作后,学生在认知、情感和运动技能方面是否产生了与教学目标相一致的变化呢?教师如何才能知道目前的教学计划是否适合学生、学生是否做好了进一步学习的准备、学生存在哪些学习困难以及学生对待学习的态度如何?诸如此类的问题,只有通过教学评价才能获得答案。

第一节 教学评价的概述

明确教学评价的内容、功能、原则及类型是在教学实践中对其进行正确及灵活运用的前提。其中,辨析教学评价与其他相关概念的区别和联系将有助于我们准确地把握教学评价的内涵。

一、什么是教学评价

在教学评价领域中,测验、测量和评价是三个极易混淆的概念。这三个术语既有联系又有区别,它们涉及的都是学生的学习,但关注的问题或评价的侧重点是不同的。

测验是用来鉴别能力和性格方面个别差异的工具,通常是由一组要求在固定时间内完成的题目组成,并在相同的条件下对所有学生施测。测验可以回答"与他人比较时,个人表现如何"的问题。例如,小明在本次期末数学考试中得了85分,这个分数在班级中排名第九,若班上有 40 名学生的话,那么我们可以知道小明的数学成绩在班级属于较为优秀之列。

测量是对个体具有某一特征的程度进行量化描述的方法,它所回答的是"程度"问题,测量的结果总是用数字来体现。如小丽在一次包含 40 道题的数学考试中,答对了其中的 35 道。

教学评价是指获取学生表现信息时所使用的各种方法的总称,可以是纸笔测验,也可以是系统观察;可以是量化的评定,如小红得了 85 分,也可以是质的描述,如小兰学习态度很认真。教学评价总是包含对结果的价值判断,如"从小红的考试成绩来看,她的进步很大"。教学评价包含了测验与测量,但又与它们不同,教学评价不一定要采用某种测验工具对某一特征进行量化的测量,它可以采用非测量的方式,如观察。此外,测验与测量也不包含价值判断,而这一点是教学评价不可缺少的环节。

二、教学评价的功能

(一)教学评价可以为教师提供教学是否有效的反馈

教学的主要目的是帮助学生在智力、情感和身体等方面产生积极变化。在一段教学活动结束之后,学生是否达到了教师所期待的目标,取得了相应的学习结果呢？通过提问、测验和观察等教学评价方法获得的信息可以帮助教师了解教学效果,从而检验教学目标的恰当性和可行性以及教学方法的有效性。如果教学评价的结果表明教师已经达成了预期的教学目标,则说明教学目标恰当、可行、教学方法有效。如果教学评价的结果与教学目标相差较远,教师则需要改善教学方法,对教学目标的恰当性和可行性进行反思,必要时也可以对其进行调整。

(二)教学评价可以为学生的学习情况提供反馈

学生同样需要了解自己的努力是否产生了效果。教学评价的结果为学生提供了自己学习结果方面的信息,帮助他们了解自己在学习过程中存在的优势与不足,为他们下一步如何学习指明了方向。恰当的教学评价可以成为激励学生努力学习的动力,而不当的教学评价也可能对学生产生不良影响。例如,如果不能正确的向学生解释测验分数的含义,一些分数低的学生可能会产生失败感和无助感,导致自我概念的降低,对测验感到焦虑和恐惧。

(三)教学评价可以为家长和公众提供教育效果方面的信息

教育效果不仅直接关系到孩子的成长与未来,也关系到国家和民族的未来。因而无论是家长还是一般的公民对教育效果一直都非常关注。教学评价的结果可以让家长了解自己孩子的学习情况,从而配合学校帮助孩子取得进步。教学评价的结果也可以作为衡量学校教学水平的指标,从而影响到学校的声誉。教学评价的结果如果不能令公众满意,则有可能引发教育改革。

三、教学评价的一般原则

(一) 根据教学目标确定评价内容

除了少数诊断性评价外,教师都是在教学过程结束后进行教学评价的。教学的目的就是要实现教学目标,明确了教学目标,教师就可以回答"评价什么"的问题。因此教学评价的第一步就是要对教学目标进行界定。在确立教学目标时要注意,首先要建立一个比较宽泛的大目标,且这个目标应该是可以测量的。然后将大目标分解成一个个比较具体的子目标,根据这些子目标组织教学、进行评价。例如,语文教师确立的目标是让学生成为好的写作者。这是一个可测量的大目标,教师可以通过学生的作文来评价他们的写作能力。在这个大目标下,可以包括一些具体的小目标,如运用语法的能力、词汇选择的能力等。

> **阅读栏 12-1　　高利害测验**
>
> 高利害测验(high-stakes test)是指评价结果对学生或教师意义重大的测验。比如,在我国,一年一度的中考和高考是一种选拔式考试。学生在这些考试中的表现如何,直接影响学生的前途与命运,因而对学生来说,中考和高考是高利害测验。不仅这种选拔式的考试是高利害的,就连学生平时的测验与考试也可能是高利害的。例如,学生因考了98分,得到去吃麦当劳的奖赏,或者因为考了65分而遭到父母的打骂。或者因为测验和排名,学生的自尊心、自我概念受到影响,对学习和考试产生了恐惧、焦虑的心理等。测验不仅涉及学生的切身利益,而且可能与教师的利益密切相关,这时测验对教师来说也是高利害的。比如,在许多学校,教师的业绩考核都是与学生的成绩挂钩的,教师的职称、工资、奖金和其他福利都与学生的考试分数密切相关。除此之外,一个学校的学生在中考或高考这种意义重大的考试中成绩如何,又直接影响学校的声誉,影响学校在公众中的地位,对吸引优秀的生源和财政投入及其他社会力量的资助有重要影响,因而对学校来说也是高利害的。
>
> 只要评价的结果意义重大,为了学生、自身及学校的利益,教师就会将评价的内容作为教学的重点,高利害测验就会成为教学的指挥棒,应试教育就会存在。

（二）根据评价内容的特点选择评价方法

每种评价方法都有自己适用的范围，必须根据评价任务的特点选择适当的评价方法。例如，选择题和简答题的测验适用于测量知识、理解和应用，观察法适合用来评价学生的操作能力，而自我报告法则多适用于评价学生的兴趣和态度。如果想全面地评价学生的成长情况，则需要综合运用多种不同的评价方法。

（三）充分认识各种评价方法的局限性，避免对评价结果做出错误的解释

任何测验或评价都存在测量误差的问题，教学评价也不例外。教学评价的误差主要有三个来源。第一是抽样误差，可以用来评价某个教学目标的项目有很多，而每次进行教学评价时只能从中抽取一小部分项目构成一套测验，这样由于取样的不充分，可能会导致测量结果的不准确、不全面。第二是随机误差，特别是在客观测验中存在猜测现象，在论述测验中存在评分的主观性等问题，是造成评价结果不准确的主要因素。第三，对测量结果的错误解释。有时教师可能会高估教学评价的精确度，或者做出超出测验结果本身的推论。例如，有些教师过分相信能力倾向测验的准确性并因此给学生贴上了三六九等的标签，甚至认为这些测验测得的是学生天生的能力水平，因此放弃了对学生的教育。

教师在进行教学评价时，必须对评价方法有客观理性的认识，不盲从、不迷信才能最大限度地发挥教学评价的作用。

（四）正确看待评价的作用

教学评价的目的是为教师改善教学、学生改进学习提供反馈。教学评价的信息是教师进行决策的依据。教学评价是为提高教师教学水平，提高学生学习效果服务的。因此教学评价本身并不是目的，教师要避免为评价而评价，盲目地收集大量有关学生的信息，只会增加工作负担，浪费时间和精力。

阅读栏 12-2　小学数学教师自主命题训练案例

教师如何知道教学目标是否达成？这就涉及教学评价问题。教师一般从学生的作业和考试成绩判断学生的学习效果和自己的教学效果。很多老师布置作业就是让学生做些练习册或教辅书上的题目，由于缺少对这些题目的分析与筛选，练习的目的性、指向性不强。为了保证学生达到一定的水准，唯有加大作业量，以反复练习达到熟能生巧的目的，这显然增加了学生的学习负担。

为了科学评价教师的教学效果，也为了切实减轻学生的学业负担，我们组织教师编写单元目标检测题目。题目的选择与设计基于下面的考量。

(1) 简单的事实性知识不在考虑范围之内,这些知识应在课堂上加以解决。

(2) 主要设计一些具有挑战性的题目,能够检测学生是否具有相应综合运用知识的能力。为什么要选择挑战性题目呢?从任务难度来讲,简单的题目只是让学生重复练习已经掌握的知识,除了增加学生的负担,没有让学生从中学到新东西,且易造成学生的厌烦情绪。高难的题目,超出了学生能力范围,即使学生很努力也无法解决,不仅打击了学生的自信心,从投入与产出的角度讲,学生只有投入而无产出,收益低。中等难度的挑战性题目,是学生通过适当的努力可以解决的题目,解决这样的问题可以让学生开动脑筋、产生智力上的愉悦感,唤起学生的好奇心与好胜心,提高学习兴趣,在充分调动认知资源解决问题后,学生的认知水平和学习成绩得以提高。

(3) 题目的形式要灵活多样,同样的知识以不同的形式呈现,体现心理学的变式原理,帮助学生摆脱题目形式的束缚,真正把握问题的实质。

(4) 题目尽量与生活联系起来,体现生活数学的理念。很多研究表明,让学生看到知识的有用性会提高学生对学习的投入。

教师在编制题目时必须写明该题目考察的是哪种知识或能力。下面是教师编制的北师大版小学数学一年级(上)第二单元"比较"的检测题目及编写说明中的一个例子。

一、考查学生能否在题目中找到合适的参照物并顺利完成比较任务

[题目说明]

第1题训练学生发现题目中的背景线索——刻度,并利用其完成物体的高矮的比较

1. 比高矮。最高的画"√",最矮的画"○"

(引自李晓东,李红霞,2013)

阅读栏 12-3　公平的评价：让学生有平等的机会来证明自己的学习

公平的评价是指让学生有平等的机会证明自己学到了什么。这并不意味着对所有学生给予相同的对待。平等的评价是用最适合学生的方法和程序进行评价，而具体用什么方法评价学生取决于他们的先前知识、文化经验和认知风格。当然，为每个学生量身定制一套测验是不现实的，但教师可以依据以下原则而尽量做到公平。

1. 向学生清楚地说明学习结果，使学生了解你对他们的期待。让学生明白你最重要的目标是什么，在学期中间给学生一份概念与技能的明细表，并用红色标记提醒他们这些将用来评价他们的研究项目(project)。

2. 评价与教学相匹配。如果你期望学生证明他们具有良好的写作技能，不要假定他们在上你的课时已经具备了该能力。向学生解释什么是好的写作，然后帮助学生发展这些技能。

3. 运用多种不同的测量方法。有些学生通过阅读与写作获得学习，有些学生通过与同伴合作获得学习，有些学生通过听、创设图式或设计而学习，还有些学生通过动手实践而学习。学生的学习方式不同，因此评价时不应只利于某些学习方式的学生而不利于另一些学习方式的学生。

4. 帮助学生学习如何应对评价任务。应该帮助缺乏考试技巧的学生准备高利害考试。对于成绩差或处境不利的学生来说，这些帮助会使他们受益。

5. 鼓励学生。这对场依存型的学生尤其重要。

6. 恰当地解释评价结果。如果是选拔性的，当然与同伴比较很重要。但更常见的应该是标准取向，即是否达到了课程要求。

7. 对评价结果进行评价。如果学生在一个特定的评价中做得不好，问他们为什么。有时可能是因为提的问题不够明晰，有时可能是因为这个概念老师没有教。那么下次评价时应该做出相应改变。

（引自 Suskie, 2000）

四、教学评价的类型

（一）形成性评价和总结性评价

按照进行的时机可将教学评价分为形成性评价和总结性评价。

1. 形成性评价

形成性评价是在教学进行过程中为检测学生的进步情况而做的评价。形成性评价对教师而言,可以得到关于学生学习情况的连续反馈,进而作为调整和改进教学的依据。对学生而言,可以了解自己在学习中的长处与不足,对正确的学习方式是一种强化,对不正确的学习方式是一种提醒,促使学生改进自己的学习方法、学习习惯。形成性评价一般都是在完成一个教学单元(如章节)后进行,大多使用教师自编的测验,也可以根据教师的观察和与学生的面谈来监测学生的进步情况。平时进行的小测验或月考都属于形成性评价。

2. 总结性评价

总结性评价是在教学结束后对学生的知识掌握情况进行的评价。总结性评价有两个目的,其一是根据学生在测验中的表现来确定教学目标达成的程度,从而判断教学的成败。其二是给学生的学业表现打分,并记录在案及通知家长。总结性评价的方法可以按照教学目标选定,可以是教师编制的成就测验,也可以是对学生作品的评价。期末考试就属于总结性评价。

(二) 最佳表现评价和典型表现评价

按照评价的目的可将教学评价分为最佳表现评价和典型表现评价。

1. 最佳表现评价

最佳表现评价是用于确定学生发展的能力或成就的评价。它鼓励学生全力以赴,取得最优秀的成绩,将自己最好的表现展示出来。最佳表现评价测量的是当个体尽了最大努力时可以达到的能力水平,但是如果参加测验的学生没有尽全力,这时的评价结果就会低估学生的最佳表现水平。能力倾向测验和成就测验都属于最佳表现评价。

2. 典型表现评价

典型表现评价是用于评价学生的代表性或典型性表现而不是最佳表现的评价方式。这种评价方式关心的不是学生能不能做好的问题,而是学生愿不愿意做的问题。例如,学生愿意学习数学还是愿意学习语文呢?对这个问题的回答属于典型性评价,而对于学生的数学水平怎么样的回答则属于最佳表现评价。典型表现评价主要用于评价学生的情感、兴趣、态度和价值观。

(三) 客观题测验和复杂表现性评价

按照评价的形式可将教学评价分为客观题测验和复杂表现性评价。

1. 客观题测验

客观题测验是主要采取选择、判断和匹配题的形式进行的标准化测验。在客观题测验中,能力相当的学生将得到同样的分数,分数不受评分者的主观意图影响。有高效率、低成本的优点。但是它一般注重评价的是学生对事实性知识的低水平技能的掌握,而忽视了高水平的思维和问题解决能力。

2. 复杂表现性评价

复杂表现性评价是针对客观题测验的不足而提出的一种新的评价方式,它试图通过让学生解决一些复杂的真实性任务来考查学生分析问题和解决问题的能力。但是它在施测和评分时费时费力,主观性较强。

(四)安置性评价和诊断性评价

按评价的功能可将教学评价分为安置性评价和诊断性评价。

1. 安置性评价

安置性评价是在教学开始之前对学生的表现进行的评价,其目的是确定每个学生在教学进程中的位置以及选择最适合学生的教学方式。教师在开始新的教学之前,一般都要先对学生进行安置性评价,以了解两方面:① 学生是否具备了进一步学习的知识与技能？② 在新的教学目标里,哪些是学生已经熟知和掌握的？如果教师了解了这些问题就可以为学生量身定做课程,根据学生的水平将他们安置到相应的班级或小组中去。

2. 诊断性评价

诊断性评价是对经常表现出学习困难的学生所做的评价。诊断性评价一般是在形成性评价之后。即通过形成性评价发现学生的学习存在困难,在老师调整了教学方法并帮助学生改善学习方法、学习习惯之后,学生的学习仍无明显起色或困难依旧,这时就需要做诊断性评价。诊断性评价是专业性很强的一种教学评价,它需要心理学家甚至医生应用特殊设计的诊断测验进行评价。诊断性评价的目的是找到导致学生学习困难的真正原因并制定矫正计划。

(五)常模参照评价和标准参照评价

按照解释结果的方法可将教学评价分为常模参照评价和标准参照评价。

1. 常模参照评价

常模参照评价是根据个体在某个特定群体中的相对位置,来解释个人表现的测验或评价方法。常模参照评价的解释依据的是比较学生的表现与常模群体的平均表现得出的结果。例如,一个学生数学考试得了85分,是高还是低呢？就要看学生所在班级的平均情况。如果班级数学考试平均成绩为75分,那么可以确定该学生此次数学考试的成绩是比较好的;如果班级数学考试的平均成绩为90分,那么这个学生的成绩低于平均水平,他的数学成绩就是不理想的。

2. 标准参照评价

标准参照评价是依据明确界定的学习目标来解释个体行为表现的测验或评价方法。标准参照评价对学生学习成绩的评定采用的是绝对标准而不是相对标准。比如说采用百分制,如果学生得了100分,说明他已经完全掌握了所要测查的内容,达到了教学目标的要求。如果学生考了60分,说明他达到了及格的水平,但还有很多知识和技能没有掌握好。学生的分数代表的是他自己的学习状况,与其他同学无关。

第二节 教学评价的方法与技术

当教师明确了评价目标和内容后,接下来要做的就是选择和应用具体的测量工具。为了使评价真实准确,评价工具必须是可信有效的。下面我们将对教师常用的测验方法和这些方法的编制、实施过程,以及解释测验结果时应遵循的原则进行介绍。

一、成就测验的基本原则

教学评价的一个最主要的目的就是对学生的学业表现做出评定。成就测验就是为实现这一目的而设计的测验。编制成就测验应遵循以下基本原则(Slavin,2004)。

(1)成就测验的范围应与教学目标和教学内容相一致,重点评价学生对重要知识和技能的掌握程度,不应包括超出教学内容以外的知识。

(2)成就测验的题目应该能代表教学中的目标,反映的是核心问题,而不是无关紧要的细节。在题目数量的分配上也应与教学重点相一致。要做到这一点可以用编写细目表的方法,具体见表12-1。

表12-1 某中学地理课"天气"单元的细目

内容	目标					题目总数	题目比例(%)
	知道			理解	解释		
	基本术语	天气符号	具体事实	影响天气形成的因素	气象图		
气压	1	1	1	3	3	9	15
风	1	1	1	10	2	15	25
温度	1	1	1	4	2	9	15
湿度和降水量	1	1	1	7	5	15	25
云	2	2	2	6		12	20
题目总数	6	6	6	30	12	60	
题目总百分比	10	10	10	50	20		100

（3）成就测验的题目类型必须与测量目的一致，如果希望测查的是学生的辨别能力，可以用多项选择题的形式；如果希望测查的是学生的理解力，则可以用论述题。

（4）成就测验的内容应能满足测验结果的特定需要。例如，诊断性测验应该关注学生需要改进的技能，形成性测验应该与近期的教学内容相连，而总结性测验应考察更加广泛的知识与技能。

（5）成就测验应该具有较高的信度，增加测验的题目可以提高测验的信度。

（6）成就测验的结果不仅要为教师改善教学提供依据，而且要有助于学生的学习。因此应将测验的结果及时反馈给学生。

二、成就测验的基本类型及编制技术

（一）客观性测验

客观性测验主要有选择题、是非题、匹配题和填空题四种类型。

（1）选择题（multiple-choice items）是指针对一个问题，让学生从多个可能的答案中选择一个正确答案的试题形式。它包括题干和备选项两个部分。题干就是让学生回答的问题，可以直接用问句或不完整的陈述句表述。正确的备选项叫作答案，其余的备选项叫作干扰项。选择题一般应设3～5个备选项。增加备选项虽然可以减少猜对的机会，但是好的干扰项并不是很容易设计的，而且对低年级学生来说，为避免增加阅读量，可以使用只有3个备选项的试题形式。

> **阅读栏 12-4　直接提问式和不完整陈述式的选择题举例**
>
> 直接提问式的选择题：
> 1. 下列哪种物质在氧气中燃烧能产生明亮的蓝紫色火焰？
>   A. 红磷　　　B. 硫粉　　　C. 铁丝　　　D. 氢气　（答案 B）
> 2. 下列哪种现象产生了化学变化？
>   A. 海水蒸发　B. 干冰升华　C. 动植物腐烂　D. 玻璃破裂　（答案 C）
>
> 不完整陈述式的选择题：
> 1. 下列物质中不含水的是（　　）。
>   A. 肌肉　　　B. 骨头　　　C. 牙　　　D."铁水"　（答案 D）
> 2. 下列化合物中，含有+6价元素的是（　　）。
>   A. $KClO_4$　　B. $KClO_3$　　C. $KMnO_4$　　D. K_2MnO_4　（答案 D）
>
> （引自 Linn, Gronlund, 2003）

选择题是一种非常有用的试题形式。它可以测量多种不同的学习结果,适合大多数学科使用。选择题通常被认为比较适合简单的学习结果的测量,因此最常被教师用来测查学生对知识掌握的程度。但是选择题同样也可以测量复杂的学习结果,如学生鉴别应用事实和原理的能力、解释因果关系的能力以及对方法和程序的辨别能力。

为了更有效地编制选择题测验,林和格朗伦德提出了以下十点建议(Linn,Gronlund,2003)。① 题干本身应具有意义并以一个确定的问题呈现。② 题干应当包括尽可能多的内容,但与题干无关的材料应该删去。③ 一般不使用否定性题干,如果确有必要使用否定性题干时,应将否定词明显地标记出来,如画线或写成斜体,以防止学生因漏看了"不""至少"等否定词而选择了错误答案。④ 全部选项都应该与题干在语法上保持一致。⑤ 一个题目应该只有一个正确或明显的最佳答案。⑥ 所有的干扰项都应该是似是而非的,不要使用有明显错误的选项。⑦ 不要使备选项的长度成为答案的线索,可以使备选项的长度差不多,或者随机安排正确选项的长度,以降低猜对答案的可能性。⑧ 正确答案出现在选项中的位置应该是随机的,避免有规律的反应模式。⑨ 少用诸如"以上都不对"或者"以上都对"的选项。⑩ 避免在同一测验中出现有些题目为其他题目提供参考答案的现象。

(2) 是非题(true-false items)是要求学生对一则陈述性命题给予是非判断的一种试题形式。每个问题只有两个可能的答案,所以也叫二选一题。是非题主要用来测量对事实性陈述、术语定义以及定律表述是否正确的判断能力,但是由于只有两个选项,学生猜测成功的可能性高达50%。

编写是非题的注意事项有六点。① 避免使用一些能提供线索的词。例如"总是""从不""所有""唯一"这样的词往往是错误判断的线索;而"通常""一般""经常""有时"等词可能出现在正确的判断中。② 避免使用否定句,尤其是双重否定。③ 每个问题只包含一个观点。④ 正确与错误的题目的长度和数量要大致相当,以减少反应定势对分数的影响。⑤ 答案为"是"和答案为"非"的题目应随机排列,避免出现可觉察的模式,如"是""非""是""非"。⑥ 题目中的文字应避免直接抄录教科书的内容,以防止出现学生因为再认正确而不是真正理解而选对答案的情况。

(3) 匹配题(matching items)是选择题的一种变式,由前提项和反应项两列构成,学生的任务是在反应项中找出与前提项中有某种逻辑联系的项目。匹配题主要用于测量那些有简单联系的事实信息。前提项和反应项可以是语言,也可以是图形。

阅读栏12-5　考查复杂能力举例

鉴别应用事实和原理的能力：

例1：下面哪一句话是对毛细血管原理的最佳说明？（答案A）

A. 液体从植物的茎部流过。

B. 食物产生于植物的叶子里。

C. 每年落叶植物的叶子在冬季会失去它的绿色。

D. 植物会释放潮气。

例2：帕斯卡定律可以用来解释的操作是（答案B）

A　电扇　　　B　水闸　　　C　杠杆　　　D　注射器

解释因果关系的能力：

例1：如果把面包放到冰箱里，它不会很快变霉是因为（答案A）

A. 冷却延迟霉菌的生长。

B. 黑暗延迟霉菌的生长。

C. 冷却防止面包快速变软。

D. 霉菌需要光和热两个条件才能最好地生长。

例2：当燃料在氧气不足的条件下燃烧时，一氧化碳的数量会增加是因为（答案 B）

A. 碳与一氧化碳产生反应。

B. 碳与二氧化碳产生反应。

C. 一氧化碳是一种有效的分解物质。

D. 有更多的氧化物产生。

对方法和程序的辨别能力：

例1：为什么在鱼缸中需要足够的照明？（答案C）

A. 鱼需要光去发现食物。

B. 鱼在黑暗中摄取氧气。

C. 生物在黑暗中吐出二氧化碳。

D. 生物在黑暗中生长过快。

例2：农民为什么要轮种庄稼？（答案A）

A. 保护土壤。

B. 利于庄稼的出售。

C. 为了进行带状播种。

D. 除去黄褐色的颜色。

（引自 Linn, Gronlund, 2003）

匹配题的编制应注意以下七个原则。① 在匹配题中，前提项和反应项都应该是同质的。如前提项中都是作者的姓名，而反应项中都是小说的名称。② 前提项和反应项的数目不应相等，以减少猜对的可能性。③ 题目应简短，在排列形式方面应将短的一列放在右侧，便于阅读和快速做出反应。④ 指导语应明确告知学生反应项可以用一次还是多次以及匹配的原则。⑤ 每列最佳的项目数是 4~7 个，最多不要超过 10 个。⑥ 所有选项应放在同一页，以免学生因来回找选项造成漏选并影响答题的效率。⑦ 按照字母顺序或数字序列排列前提项和反应项。

阅读栏 12-6　比较常见的联系

以下是教师认为比较重要的联系：

人物	……………………………………	成就
日期	……………………………………	历史事件
术语	……………………………………	定义
规则	……………………………………	例子
符号	……………………………………	概念
作者	……………………………………	书名
外语单词	……………………………………	中文对应词
机器	……………………………………	用途
动物、植物	……………………………………	类别
原理	……………………………………	说明
物体	……………………………………	物体名称
部件	……………………………………	功能

（引自 Linn, Gronlund, 2003）

（4）填空题（fill in the blank items）是要求学生用一个词、短语、数字或符号填在问题中的空白处使其变成完整的陈述。适合用来测量学生对简单学习结果的记忆。由于填空题要求学生必须自己搜寻信息提供答案，因而大大减低了学生通过猜测得到正确答案的可能性。

编制填空题的注意事项有四点。① 要求学生填充的部分应该是简明而重要的概念。② 避免直接引用教科书上的句子,因为这些句子一旦脱离了背景,其意义往往是模糊不清的。③ 在一个题内,不要留有太多的空白,否则意思失去了连贯性,会造成学生的理解困难。一般以1~2个空白为宜。④ 各题中的空白长度应该相同,以免产生暗示作用。

> **阅读栏 12-7　好的填空题和差的填空题举例**
>
> **好的填空题形式:**
> 如:肾脏的结构和功能的基本单位是＿＿＿＿＿＿(肾单位)。
>
> **不好的填空题形式:**
> 如:肾脏的＿＿＿＿＿＿和＿＿＿＿＿＿的基本单位是＿＿＿＿＿＿。
>
> **好的填空题形式:**
> 如:微生物也是通过＿＿＿＿＿＿来获得能量的。(呼吸作用)
>
> **不好的填空题形式:**
> 如:＿＿＿＿＿＿也是通过呼吸作用来获得能量的。
>
> （引自 Linn,Gronlund,2003）

(二) 主观性测验

主观性测验主要有论述题和表现性评价两大类。

1. 论述题

论述题也叫论文题(essay question),是要求学生用文字论述的方式回答的题目,是用来评价学生理解能力、组织和应用信息的能力以及写作能力的测验形式。论述题的最大优点在于它能够测量综合的学习结果和复杂的思维技能,最明显的缺点是评分困难,缺乏客观标准,容易丧失测验的公平性。为提高论述题的信度与效度,需要从论述题的设计和评分两方面做出努力。在设计论述题时,应注意四点。① 论述题应用来评价那些不能用客观题很好地进行评价的学习结果。② 论述题的表述应清晰明了,不要让学生对问题产生不同的理解。③ 论述题所考查的应该与特定的学习结果相一致。④ 不要采取学生可以任选论述题的方式,因为如果允许学生在给定的一些题目中进行选择,那么由于学生答的题目不一样,其考试结果就不具有可比性了。为提高评分的信度,可从以下四个方面入手。① 事先拟出答案要点和评分标准。② 为保证评分标准的一致性,应一次评完所有学生对同一个问题的回答。③ 评分时不要看学生的名字,避免光环效应,即因对学生印象的好坏影响其分数的高低。④ 如果评价的结果是做出某种重要决定的依据,如升学、评奖等,应至少有两个独立的评分者对答案进行评价。

阅读栏 12-8　评价细则举例，适用于十年级

分数	描述
5（最高分）	学生对于本主题的知识掌握得非常好。 学生表现出对有关重要观点的深度理解。 学生回答了与主题相关的重要观点，并且表现出了对重要关系的深度理解。 答案充分并且包括了具体事实或者例子。 答案围绕该领域中重要观点、主要概念和原理来组织。 反应详尽而清楚，可以作为范例。
4	学生了解有关主题的知识。 学生很好地理解了主题。 学生回答了与主题相关的一些重要观点。 学生很好地理解了重要的关系。 答案说明观点展开得很好并且包括了足够的支持性事实和例子。 答案说明某些组织是围绕该领域的大的观点、主要概念和原理来进行的。 反应是好的，比较详细，清楚。
3（量表的中间分）	学生表现出对主题有所了解。 整体回答比较好，但是可能在理解和知识方面出现了明显的空白。 学生的回答包括了与主题相关的一些要点。 学生表现出对重要关系的一些有限的理解。 答案说明了观点的展开令人满意，并且包括了一些支持性的事实和例子。 反应是令人满意的，包括了一些细节，但是答案可能很模糊或者没有完好发展，其中有些错误的概念或者不准确的信息。
2	学生对于主题了解很少，几乎不知。 回答也许包括了重要的观点、观点的部分或者几个事实，但是并没有展开论点或者阐述各种论点之间的关系。 反应包括了错误的概念、不准确或者无关的信息。
1	学生对于主题不知道也不理解。 他们可能： (1) 使用无关或者不准确的信息来回答问题。 (2) 回忆表现性评价的第二部分中的群体活动步骤，增加并非新颖或者相关的信息，并且对于该活动与主题的关系并不了解。
0	他们有可能： (1) 交空白卷。 (2) 写的是另一个不同的主题。 (3) 写"我不知道"。

（引自 Linn, Gronlund, 2003）

2. 表现性评价

表现性评价也被称作真实性评价（authentic assessments），是指在现实生活中对学生知识和技能的实际表现进行考察的评价。表现性任务可用来评价各种学习结果，特别在用来评价常规测验不能评价的能力时更为有效，如理解力，复杂技能和思维习惯等。表现性评价主要有简短任务评价和事件任务评价及长期的持续性任务评价三种类型。

> **阅读栏 12-9　一个开放式小学科学任务案例**
>
> 让学生来描述当一滴水被放在七种不同类型的建筑材料上时，会发生什么样的现象。然后要求学生预测当一滴水被放在一个未知的材料上时，将会发生什么。这个材料被密封在塑料袋里，这样学生们可以对这一材料进行检查却不能进行实验。
>
> **当你把水放在这些东西上时会发生什么**
>
> **实施活动**
>
> 1. 在每种材料上放一滴水。
>
> **记录结果**
>
> 仔细观察，你看见了什么？写下每种材料上发生的情况。
>
> A. 塑料　　什么也没发生
>
> B. 油漆过的木头　　什么也没发生
>
> C. 砖　　水消失了所以看不见
>
> D. 金属　　水变成了一个环
>
> E. 层顶板　　水消失了所以看不见
>
> F. 玻璃　　还是原来的样子
>
> 2. 现在用你的放大镜仔细观察每种材料。
> 3. 仔细观察塑料袋里的材料，不要打开袋子。
> 4. 当你把一滴水放在这一材料上时，你认为将会发生什么？
>
> **提出假设**
>
> 水将浸透这一材料。
>
> **写下你认为会发生这种现象的原因**
>
> 因为水浸透了砖、屋顶板，所以这一材料是用同样的物质做成的
>
> （引自 Hart，2004）

（1）简短评价任务通常用来判断学生对某一知识领域的基本概念、程序、关系以及思维技能的掌握情况。这些任务通常用几分钟就可以完成。简短评价任务又有开放式任务、改进的选择题等不同形式。开放式任务(open-ended tasks)通常是呈现给学生一个刺激物，然后要求他们通过交流产生一个创新的回答。回答可以是简短的书面形式的答案，解决数学问题的办法，一幅素描，或者一个图表等。改进的选择题(enhanced multiple-choice question)就呈现的问题而言，比传统的测验题更加真实，就判断正确答案要求的思维能力而言，更具有挑战性。

阅读栏 12-10 改进后的选择题举例

植物通过吸收光进行光合作用从而得到能量。如下图所示，植物光合作用的相对速度取决于它们所接受的波长。如果你将在不同波长的光下种植物，哪种波长的光将能为植物提供最好的生长条件呢？

A. 450 纳米　　B. 500 纳米　　C. 550 纳米　　D. 700 纳米

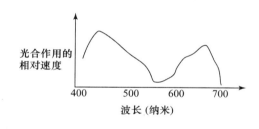

（引自 Hart, 2004）

（2）事件任务是用来评价诸如写作流畅性和问题解决技能等能力的。它不仅要揭示学生知道什么，而且要揭示学生应用知识的情况。与简短评价任务不同的是，事件任务通常是让学生以团队或小组的方式合作完成。下面是一个事件任务的例子。

中学数学问题

在这所学校附近的两千米内有多少辆自行车？你们小组的任务是用一般性的开支或其他展示物做一个计划来调查这个问题，并为全班同学做一个口头报告。你们的任务限期是三天。每天都要做工作日志。从今天开始调查，两周后进行最后的报告。

（3）持续性任务是一种长期的、多目标的项目，在一个学期或一个学习单元的开始可能就被分配下来。学生在这个时期完成的作品被收录在成长记录袋（也称档案袋）中。成长记录袋的内容几乎可以是任何内容，选择什么作品放进去，取决于它的目的。

应该如何设计表现性任务才能最大限度地发挥表现性评价的优势呢？① 要关注那些需

要复杂认知技能才能完成的学习结果。② 问题不要超出学生的知识与技能范围。③ 向学生说明评分规则,让学生清楚地了解完成任务的预期目标。

表现性任务的评价一般采用等级量表。典型的等级量表由一系列对不同表现质量的描述及其等级组成。例如,指导语:请对学生在问题解决中的表现进行评价。

学生参加小组讨论的程度如何?

1	2	3	4	5
从不	很少	偶尔	经常	总是

阅读栏 12-11　成长记录袋举例

成长记录袋,英文单词是 portfolio,来源于"port"(携带)和"folio"(纸张或资料)的组合,有文件夹、公事包或代表作选辑等多重含义,国内也有人将其译为成长记录、档案袋、卷宗夹或学习档案录。

成长记录袋就是"根据教育教学目标,有意识地将学生的相关作品及其他有关证据收集起来,通过合理地分析与解释,反映学生在学习与发展过程中的优势与不足,反映学生在达到目标过程中付出的努力与进步,并通过学生的自我反思激励其取得更高的成就"。成长记录袋主要具有如下几个核心特点:

1. 成长记录袋的基本成分是学生作品。
2. 学生作品的收集是有目的的,而不是随意的。
3. 成长记录袋提供给学生发表意见和对作品进行反思的机会。

以下为某学生化学学习成长记录袋的部分内容:

如,在学习"身边的化学物质"这一主题的有关内容时,可在记录袋中收录以下资料:

1. 自己或同伴收集到的有关化学物质的资料,如新闻和科技动态的简报、图片。
2. 学习空气、水、金属等内容后,以短文的形式谈谈对这些物质的性质以及其与社会生活关系的认识。
3. 有关氧气、二氧化碳等气体学习的探究活动资料(包括提出的问题与假设、设计的方案、实验记录、对实验活动的自评和他评,对实验的推断与体会、问题讨论中的主要观点)。
4. 对当地污染状况的调查和防治污染的建议。

5. 对化学物质在空气污染形成与防治中的功过的认识。对自己学习状况的评价(包括基础知识、实验设计和探究活动等情况),有待改进的问题和改进的设想。

(引自 http://wenku.baidu.com/view/b6991804a216/479171128b8.html 和 http://www.docin.com/p-2096310106.html 2019-10-12。)

> **阅读栏12-12 有效等级评定的原则**
>
> 1. 被试评价的特征应该是教育上的重点。
> 2. 明确符合评价目标的学习结果。
> 3. 评价指标应该是可以直接观察的。
> 4. 量表上的指标和等级应该是明确的。
> 5. 选择最适合评价目的和评价任务的评分规则。
> 6. 提供三到七个等级。
> 7. 在评定另一个任务之前,对所有学生在这一任务上的表现给予等级评定。
> 8. 可能的情况下要进行匿名等级评定。
> 9. 当一个行为评价的结果可能会对一个学生产生长期影响时,应该综合考虑多个评价者的结论。
>
> (引自 Linn,Gronlund,2003)

三、情感评价

前面介绍的都属于认知领域的评价,然而学习的结果并不局限于此,与学生的态度、兴趣、价值观等有关的非认知领域同样是重要的教学目标。学生的情感会影响他们的行为,对学习怀有兴趣、对学校生活充满热情、有强烈进取心的学生会更加投入地学习并取得好的成绩。以往由于人们过分关注智育目标,对学生的情感状态很少进行评价。事实上,教师通过监控和了解学生的情感状态来调节自己的教学,让学生对所学的学科乃至学校生活的态度更积极是非常重要的。那么,哪些情感变量需要评价,又该如何进行评价呢?

(一) 情感评价的主要内容

情感评价主要包括习惯、态度、兴趣、欣赏和适应五个方面(张春兴,1998)。① 学生是否形成了良好的生活习惯和学习习惯? ② 学生在对人对己以及对待学习和生活方面是否形成了正确的态度? ③ 学生是否具有多方面的兴趣和爱好? 不仅是对学习的兴趣,也包括对参与社会活动以及能展现个人才能的活动的兴趣。④ 学生对美好事物的欣赏能力和欣赏品位如何？⑤ 学生的社会适应状况，如自我接纳水平、人际关系状况以及应对挫折的能力等。

(二) 情感评价的方法

要了解学生的真实情感状态，不能采取传统的纸笔测验。主要应依靠教师或同伴对学生在课堂、操场、食堂等日常交往场所的表现所做的观察和了解。下面我们介绍几种情感评价的方法。

1. 轶事记录法(anecdotal record)

轶事记录法是教师根据在日常活动中对学生行为表现的观察，对其情感发展状况进行评价的一种方法。轶事记录法是一种非结构性观察，主要是要求教师随时将观察到的有意义事件进行事实性地描述并做书面记录。教师可以根据轶事记录向学生提出改进的建议。

要更好地发挥轶事记录法的作用，在使用轶事记录法时应注意的八个方面。① 事先确定要观察的行为，并注意那些重要但不常见的行为。② 充分观察并记录有意义行为发生的情境。③ 观察之后要尽快记录，以免将重要细节遗忘。④ 将对事件的描述与解释区分开来。⑤ 同时记录积极的事件和消极的事件。⑥ 避免用概括性和评价性语言来记录。⑦ 不要仅以独立事件的结果作为结论。⑧ 避免将个人偏见带进观察。

阅读栏 12-13   轶事记录法举例

班级：四年级   学生：M.约翰逊

日期：4/25/94   地点：教室

事件：

在马上要开始上课时，玛丽给我看了一首她自己写的诗《春天》。这首诗的确写得不错，我问她是否愿意在班上念一念，她点头表示同意。她小声地读着诗，不断地看本子，右脚在地上划来划去，手不停地拉着袖口。当读完之后，史蒂夫(坐在后排)说："我没有听见，你能再念一遍吗？大声一点行吗？"玛丽说"不行"，然后就坐下了。

解释：

玛丽喜欢写故事和诗，并且非常有创造性。然而，当让她在大家面前呈现时，她显得非常害羞和紧张。她之所以拒绝再读一遍是因为太紧张了。

(引自 http://fzxpj.cersp.com/FZXPJ/200607/1319_3.html   2006-7-25)

---

2. 自陈量表法

自陈量表法是由学生自己填写一些预先设计的情感评定量表。最常用的是利克特量表,它通常是一系列陈述,要求学生表明自己是否同意这些陈述。对于年长儿童来说,可以用五点量表,即选项可以分为非常同意、同意、不确定、不同意和非常不同意。对年幼儿童来说,选项可以减少至三个(同意、不确定、不同意)。

编制情感量表主要有六个步骤。① 选择要评价的情感变量并确定其内涵。② 编写一系列与该情感变量有关的正向和反向陈述,二者的数量要基本相等。③ 确定选项的等级及如何表述。如是五点评分还是三点评分。④ 有明确的指导语,指导学生如何作答,并规定匿名作答。⑤ 对量表进行评分,分数越高,表明学生的情感状态越积极。⑥ 找出并剔除与其他陈述在功能上不一致的陈述。

阅读栏 12-14　自陈式量表举例(成就目标取向问卷,李晓东,2014)

各位同学,不同的人往往对成功有不同的看法,1—14题是关于成功的感觉和看法,请你按照自己的情况,在答题纸上的相应空格中填上数字。

　　1　　2　　3　　4　　5
极反对　反对　有些赞成　赞成　极赞成

我在学习时感到最成功的时候是:

1. 当我产生新想法。
2. 当我学到有趣的东西。
3. 当我看到我所做的东西是有意义的。
4. 当我尽心尽力地学习。
5. 当我的表现比别人好。
6. 当我的表现比我的朋友好。
7. 当别人公认我在学习方面特别出色。
8. 当我明显地有过人的能力。
9. 当老师没有提问我不会的问题。
10. 当我没有在全班同学面前显得很愚蠢。
11. 当大家没有认为我很笨。
12. 当测验很容易。
13. 当考试时,老师没有出我不会的问题。
14. 当我通过了考试。

(引自申继亮,陈英和,2014)

思考与练习

1. 请依据本章所介绍的原则与方法,设计一个单元测试计划。
2. 请举出常模参照评价和标准参照评价的实例。
3. 请说说"高考"的优缺点,并依据本章所介绍的内容考虑一下有哪些教学评价方法可能对"高考"进行一些有益的补充。
4. 请思考一下一个偏离教学目标的评价会对学生产生哪些消极的影响。
5. 请针对本章的学习内容为自己设计一个以教育心理学学习为内容的"成长记录袋"。

第十三章　教师心理

> **本章导读**
>
> 　　近年来,人们日益重视教师的专业化问题,对教师的专业结构进行了大量的研究,内容涉及教师的角色与威信、合格教师的心理品质、有效教师行为和教师专业发展等方面。
> 　　本章共分四节。第一节介绍人们对教师的角色期待以及教师威信的形成因素和发展。第二节介绍有关教师心理品质的研究,包括教师的知识、教学能力、个性品质和教学效能感。第三节介绍有效教师的教学行为的几个主要特征。第四节介绍关于教师专业发展的阶段理论及发展途径。

　　现代教育要求教师不仅要理解学生,而且要了解自身的心理特征和规律,尤其是关于教师职业所应具备的心理品质以及教师专业发展的阶段和途径。只有这样,教师才能扮演好自己的职业角色,进而促进学生的发展。

第一节　教师的角色与威信

一、教师的角色

(一) 角色与角色期待

　　角色一词作为戏剧用语,指的是演员在舞台上按照剧本所扮演的特定人物。心理学中的角色,指个体在社会生活中的特定的身份和与之相关联的行为模式。每个社会成员都处于某个社会位置上,这时他便扮演着某个社会角色。父母、子女、学生、朋友等都是社会角色,教师也是一种社会角色。人们在社会上通常同时扮演着多种角色。

　　社会对每个角色的行为都有一定的要求和规范,这就是社会对角色的期望,称之为角色期待。角色期待的内容,规定和规范了该角色扮演者的行为。如果社会成员的行为符合角色期待,则他的行为会得到社会的认可和称赞,否则会受到公众舆论的指责,被称为父母不像父母,子女不像子女等。

　　角色期待的内容是在社会发展过程中约定俗成地形成的,因此,角色期待的内容不是固定不变的。随着社会的发展,社会对某个角色的行为要求会发生变化。例如,教师的传统功能定位于"传道授业解惑"。但在知识经济时代,教师更应做学生的引导者、合作者、促进者和激励者等。由于角色期待会随着时代而变化,因此要用发展的眼光看待社会对某角色行为的规范和要求,调整自己的角色行为。

(二)对教师的角色期待

教师是社会职业的一种,教师职业具有以下五个特点。① 工作目标的培养性。教师职业的根本职能和属性是"教书育人",即根据社会所规定的教育目标去培养人才。② 工作对象的复杂性。教师的工作对象是学生,儿童、青少年所具有的多样性和可变性决定了教师工作的复杂多样。③ 工作的创造性。工作对象的复杂性决定教师工作不能因循守旧、一成不变,必然要具有创造性,具体表现在课堂教学以及品德、情操的工作都必须随机应变,具有相当的教学机制。④ 工作方式的个体性和工作成果的集体性。教师的工作是一项复杂的塑造学生心理品质的工作,只能采用教师个人单独工作的方式,如上课、辅导、批改作业、家访等,因此教师个人的素质对学生的影响十分重要。另一方面,一位学生的成长,又需要许多教师共同努力,这就要求培养学生时多位教师的协调配合。⑤ 工作效应的内隐性和延滞性。工作效应的内隐性,指的是学生的成长,不能凭感官的直接感知,而要通过有关的实践活动来表现。另外,学生的成长并非一朝一夕的功夫,而是成年累月的培养,俗话说"十年树木,百年树人"。

教师职业的劳动特点决定了社会对教师的角色期待。从教师的社会职责和职业特征来分析,教师在学校主要充当学习的引导者和促进者、学生的榜样、组织者和管理者、心理健康辅导者和教育科研人员这五种角色。

1. 学习的引导者和促进者

教师承担着传授知识,引导学生学习和发展学生智力的任务,因此,教师是学生学习的引导者和促进者。这一角色要求教师首先必须熟练掌握传递信息的技能、技巧,善于根据教学的策略和原则进行有效的教学,能有效引导学生掌握基础知识、技能并发展各种能力。其次,教师要充分利用情境、合作、会话等学习环境要素充分发挥学生的主动性、积极性和首创精神,促使学生对知识进行积极主动的建构。整个教学过程中教师起着组织者、引导者、帮助者和促进者的作用。

2. 行为规范的示范者

教师是教育人的人,因此在人们的心目中,教师本身应该是学生的榜样,在道德观念和行为规范上应该充当示范者的角色。对于学生来说,教师是社会文化价值和准则的传递者,理应是具有这些价值、准则的人,由于教师职业的威望,教师极易成为学生崇拜与模仿的对象。因此,教师要充分意识到自己在学生中的这种榜样作用,不断反省自己的思想品德、行为作风和处事态度,给学生展示标准的社会行为模式,使自己成为学生的表率。

3. 组织者和管理者

优秀的教师必须是优秀的组织者和管理者。首先,教师要进行班级管理,创建积极健康的班级氛围和舆论,因此要注意培养学生干部、积极分子,建立和谐的人际关系,激发学生的学习动机。其次,教师要组织课堂教学,建立良好的课堂秩序,善于处理教学中的偶发事件,创立积极的课堂教学氛围,尤其随着对合作学习和交互性学习的重视,教师在教学中的组织者和管理者的角色更为突出,学生间的合作与交互学习的成功极大依赖于教师对学习小组的组织和管理。此外,教师还要与家长、同事进行及时、良好的沟通交流。

4. 心理健康辅导者

中小学生正处于身心发展的关键时期,随着生理、心理的发育和发展,社会阅历的扩展及思维方式的变化,特别是面对社会竞争的压力,他们容易在学习、生活、人际交往、自我意识和升学就业等方面,遇到各种心理困惑和问题,影响德、智、体、美各方面的发展。这就要求广大的教育工作者要做好学生的心理健康教育工作,担当学生的心理健康辅导员的角色,培养中小学生良好的心理素质,促进他们身心全面和谐发展。

当然,教师的主要角色不是担当学生心理疾病的治疗者,当学生有了严重的心理障碍或精神疾病时,教师的主要责任是能够进行诊断,并及时帮助学生转移到专门的医疗机构接受治疗。

5. 教育科研人员

传统的教师只被当作教书匠,而现在的教师则同时要成为教学和学习的研究者。教师在实际工作中会遇到许多依据现有理论和教师自身经验都无法解决的问题,这就需要教师能够开展教育科研工作,以一定的理论为基础,灵活地解决教学实际中的问题,成为教育的科学研究者。要当好教育科研人员的角色,首先,教师必须有科学探索精神,注意在教学实践中发现问题,勤于思考和反省,多问几个为什么;其次,教师必须掌握教育科研方法,多留意教育科研领域中的理论和研究成果,从而敏锐地觉察问题,并能运用所掌握的方法研究问题、解决问题。

二、教师威信的形成与发展

(一) 教师威信的概念与作用

教师威信是指教师所具有的一种使学生感到尊敬和信服的精神感召力量。它是指教师的人格、能力、学识等使学生心理上产生的对教师的尊敬、信赖的心理状态,即学生觉得这个教师可以信赖、可以尊敬。

教师威信有别于教师的威严与权威。教师的威严是指教师有威力而又严肃的样子,如严谨、不苟言笑。某些教师常常会把威严混同于威信,认为摆出威严的样子会在学生心目中产生威信,其实这种威信只是教师自觉的心理状态而非学生的心理状态。教师的权威是指教师角色所赋予教师的权力,有了这种权力,学生要服从你,但不一定信服和尊敬你。

教师威信有两种:教师角色威信和教师个人威信。教师角色威信是指由于教师这一职业的特点,使人们尤其是学生自然而然地认为:教师是有知识、有良好品德的人,是可以信服、应该尊重的人,这是一种自然威信。这种自然威信是由教师角色的职业特点、教师心理的基本特征以及自古以来优秀教师的榜样所决定的。教师个人威信是指教师因个人的个性心理品质和学识而博得学生的信赖、尊敬,是教师个人的威信。教师威信包括角色威信和个人威信两个方面,但是两者对于教师威信的影响作用是不同的。教师角色威信主要在师生交往初期起作用,不稳定;教师个人威信则是在师生交往后由于长期互动而慢慢建立起来的,作用稳定。教师在教学过程中应注意树立教师个人威信。

教师威信是教师成功地扮演教师角色的一个重要条件。第一,教师的威信是学生接受其教诲的基础和前提。古人云:"亲其师,信其道"。深得学生尊敬和爱戴的教师,学生将确信其教导的正确性和重要性,积极主动地接受教师的指导,教师才能有效地完成"传道授业解惑"的职责。相反,学生对没有足够威信的教师的教导往往爱理不理,对教师所讲课程不那么认真和在意,对他的赞扬和批评也不太重视,教师的指导往往是白费心机。第二,有威信的教师能唤起学生积极的情绪体验,对教育产生积极的迁移作用。他们的表扬能引起学生自豪感和愉悦感,从而激发学生进一步努力的愿望;他们的批评能使学生感到愧疚、难过和后悔,从而产生自觉改正缺点和错误的愿望。第三,有威信的教师往往被学生视为行为的楷模和榜样,因而激发学生模仿教师的愿望,使教师的言传身教的教育效果最大化。

教师的威信有不同的作用范围。有的教师的威信只在学识、性格或人品某一狭小的范围起作用。例如,有的教师专业知识精通、渊博,但对自己的行为举止等却没有太高的要求。这类教师能在学生中建立学识方面的威信,学生愿意听他讲课,确信他所讲内容的正确性,但不愿接受他品行等方面的教诲。有的教师只在部分学生中享有威信,原因可能是教师不能根据学生的个别差异因材施教,教育方式只受到部分学生的认可,也可能是教师对部分学生的偏爱所造成的。可见,教师威信发展的最高指标是全体学生对教师的人格、能力、学识等方面都非常信服,从而教师能对全体学生和对学生的各个方面都产生积极深刻的影响。

(二)教师威信的形成、维持与发展

影响教师威信形成的因素是多方面的,主要可分为教师外部的因素和教师本身的因素两方面。教师外部的因素主要包括教育行政部门、学校领导者和家长对教师的态度,以及教师个人的社会地位,如职称和称号等。社会对教师的态度,以及不同的称号、职称在学生的心理上造成的定势会不同,一般说来,受到社会肯定的教师比较容易获得学生的信任。教师本身的因素指教师的道德品质、性格特征、学识修养、外表、风度仪表等。教师本身的条件对教师威信的形成起着关键性的作用。

建立教师威信可以从以下几方面入手。

第一,培养自身良好的思想道德品质。

良好的思想道德品质是教师获得威信的基本条件。教师的思想品质主要表现在热爱教育工作,对本职工作兢兢业业,认真负责,能出色地完成教育和教学工作,赢得学生的尊敬。在教育工作中,严格要求自己,言行一致,以身作则,使学生口服心服,获得崇高的威信。

第二,培养良好的认知能力和人格特征。

良好的认知能力和人格特征是教师获得威信所必需的心理品质。教师要想有效地传授知识和指导学生的学习,就必须拥有渊博的知识、独到的见解以及精湛的教学技巧,这样才能给学生以思想的启迪并激发学生进行深入思考,这样的教师教学效果才好,在学生中的威信才高。另外,教育本身是一项非常复杂、经常遭遇挫折的工作,教师必须具有坚强的意志品质,热情开朗、坚毅稳定、正直诚实、积极进取的品格,这样才能在工作中自觉抵制各种挫折和不良因素的刺激和影响,一贯以积极稳定的心态面对学生并处理事情,这样才能赢得学生的尊敬和爱戴。

第三,养成良好的仪表、风度和行为习惯。

许多研究表明,教师的仪表、风度和行为习惯对威信的获得也有重要影响。教师仪态落落大方、衣着整洁得体,会赢得学生的好感和尊重;相反,如果教师衣冠不整、邋邋遢遢和举止不雅,会引起学生的反感。因此,教师衣着要整洁得体,举止要文雅自然、彬彬有礼,这些都会直接给学生留下良好的印象。在师范培训时,可以应用微格教学,对学生的教学进行录音和录像,使师范生了解自己的言语、教态、仪容和表情等,以便自觉地对自己的不恰当的言行举止进行纠正和克服。

第四,给学生以良好的第一印象。

教师应注意自己与学生初次交往中的形象塑造。学生对新教师总是怀有新奇感,十分关注教师的一言一行,因此第一印象的烙印最为深刻,难以改变。留下良好第一印象的具体措施有五个方面。① 见好第一次面。教师与学生见面时,注意表现出对学生的热爱、关心和体贴,留下知心朋友的印象。② 讲好第一次课。教师应充分准备,留下热心教学,知识渊博,有教学艺术等良好印象。③ 批好第一次作业。给学生留下要求严格,一丝不苟的印象。④ 处理好第一次意外事件。给学生留下沉着稳重,思维灵活,善于机智处事的印象。⑤ 开好第一次班会。给学生留下政治思想水平较高、组织管理能力强、工作有方法等印象。

第五,做学生的朋友和知己。

在和学生的关系中,由于角色的特点,教师大多数时候是处于权威者的地位。但如果教师和学生相处时,采取居高临下、盛气凌人的态度,只能导致学生的服从而不是真正的信服。因此,教师在与学生相处时,应满怀真诚和爱心,对学生坦诚相见,热情关怀,思想教育耐心细致,循循善诱,成为学生的朋友与知己,赢得学生的尊敬和爱戴。然而,教师在做学生的朋友和知己时,仍要时刻注意自己教育者的身份,不能和学生讲哥们义气,更不能为取悦学生而无原则地迁就学生。一个与学生建立表面友好而实际低级庸俗关系的教师,容易与他扮演的师长角色发生冲突,降低在学生中的威信。

对于不同年龄、不同发展水平的学生,影响教师威信形成的上述因素不完全相同。低年级的学生,缺少分析教师思想品质、知识水平和能力的能力,因此影响教师威信的因素偏重于情感因素。性格活跃而爽朗、外貌亮丽、讲课饶有兴趣和关心爱护学生的教师,容易在低年级学生中享有威信。中、高年级的学生,由于思想水平和判断能力的发展,更多地具备了分析、评价教师品质和知识水平的能力与需要,因此,影响教师威信的因素偏重于理智因素,具有高尚品德、渊博学识和高超教育能力的教师,容易在中、高年级学生中形成威信。对于大学生而言,最有威信的教师是有渊博学识、有鲜明个人观点的专家、学者,即使他们在仪表、行为习惯和性格方面有某些缺陷也不计较。

教师的威信不是一成不变的,它可能继续保持、巩固和提高,也可能因某些情况而逐渐下降甚至丧失。因此,教师威信形成之后,维持和发展已形成的威信也十分重要。教师威信的维护和发展,首先是保持自己良好的道德品质、认知能力和人格特征,保持不断进取的敬业精神。如果不严格要求自己,业务上不求进步,教学质量下降,就难以维持原有的威信。此外,教师应时时处处意识到自己的身份,言行一致,做学生的楷模。要有坦荡的胸怀,遇到问题时要勇于承认并及时纠正自己的错误。不要依靠严厉和命令来维持自己的威严,损害学生的自尊心。

第二节 教师的心理品质

能否成为一位好教师、成功地扮演教师的角色取决于一系列的条件,对教师的心理品质有一些特定的要求。这些心理品质主要包括教师的知识结构、教学能力、人格特征以及教育理念,等等。

一、教师的知识结构

成为合格教师的前提与基础是专业知识。对多个领域专家的研究证实了知识和知识的结构性在教师行为发展中的重要性。研究表明,专家型教师必须具备的基本知识至少有以下四种:关于教学内容的知识、一般教学法知识、学科教学知识、有关学习和学习者的知识。

1. 关于教学内容的知识

正所谓"巧妇难为无米之炊",教师必须拥有丰富的所教学科的相关知识,包括学科的事实、概念、规则、原理等。"学者未必是良师",但对学科一知半解必定无法成为合格的教师。学科知识是教师的核心知识。

教师要时刻关注所教学科的系列变化,不断丰富、更新自己的学科内容知识,并形成组织有序、易提取的知识模块。教师传道解惑的职业特性还决定了他们所拥有的知识必须是显性的、能够用言语阐述的学科知识。另外,为了提高学生的学习兴趣,教师还应掌握涉及社会的、日常生活中的学科知识,将此类知识运用在教学上,让学生了解特定学科对于我们日常生活的实际影响。

2. 一般教学法知识

一般教学法知识是指超越学科内容领域的、适用于各个学科教学的知识,主要包括设计和执行教学的一般性原则与策略、课堂管理与组织的一般原则与策略。

教师必须理解并懂得如何设计教学,懂得如何运用不同的教学方法和策略促进学习,包括使学生参与学习活动、考查他们对知识的理解以及维持课程顺利进行的各种策略和技巧,如提问、反馈等。

教师还必须知道如何创造有序的、以学习为中心的课堂环境。教师们必须知道如何计划、执行和监督规则,如何组织小组,以及如何管理学生的行为等。良好的课堂秩序有助于教学的进行。

3. 学科教学知识

学科教学知识是关于如何向特定的学生教授特定学科知识的知识。比如,如何向五年级的学生解释分数相乘。教学内容知识是有关分数相乘的知识,而学科教学知识是关于如何以学生能理解的方式来阐述分数相乘这一主题的知识。

研究发现,有时候具有高水平教学内容知识的老师在向初学者讲述一个主题时会有困难。因为他们无法从初学者的角度来看待这些简单的问题,缺乏以对学生有意义的方式来阐述这些知识的思路和能力。具有学科教学知识的老师能够识别出哪些知识是难以理解的,并能用具体的经验来解释这些难教的知识,从而使它们变得有意义。

4. 有关学习和学习者的知识

学习是如何发生的？它有哪些规律？它是一个什么样的过程？如何才能进行有效的学习？当我们对于学习发生的方式有透彻的了解，我们才能知道如何进行有效的教学来促进学习的产生。

学生是学习的主体，教师必须要掌握学生的特点。比如，不同年级的学生在认知发展、认知方式上的特点与差异；由于兴趣的差异导致学科喜好的差异、学习积极性的差异；由于学习动机的差异而导致学习策略的不同；由于个性的差异导致学生学习风格的差异，等等。

> **阅读栏 13-1　教师应具备的知识**
>
> 知识是鉴别专业技能的重要特征。组织得很有条理的和易提取的知识模块的积累使得个体可以像专家一样思考和行动。李·舒尔曼（Lee Shulman）于1987年系统研究了专家型教师所具备的知识，并得出了7项基本结论。
>
> ① 熟知他们所教的科目——学科内容知识深厚并且知识间相互联系。
>
> ② 了解常规的教学策略（例如课堂管理原则、有效教学的方法和评价方式）。
>
> ③ 了解本学科适合各年级学生使用的学习材料和教学项目。
>
> ④ 掌握学科内特殊的教学策略——教授某类型学生的特殊方法，或教授一些特殊概念的教学方式，如怎样对学习能力较低的学生讲授负数的概念。
>
> ⑤ 了解不同学生的特征和各自特殊的文化背景。
>
> ⑥ 灵活运用不同情境进行教学——配对学习、小组学习、团体学习、班级学习、学校学习或社区学习。
>
> ⑦ 有明确的教学目标和目的。
>
> （引自 Woolfolk，2012）

二、教师的教学能力

教学能力所包括的范围非常广泛，如组织教学的能力、言语表达能力、教育机智和教学监控能力等。

（一）组织教学的能力

组织教学的能力是教师必备的一项基本教育能力，包括制订课堂教学计划及组织课堂教学两方面的能力。

在制订课堂教学计划时，应能做到以下三点。① 认真研究、深刻认识教学大纲和教学目的,充分理解教学要求、教学原则,使之真正成为教师教学的指导思想。② 对教材进行深入细致地钻研,准确、熟练地把握教材。充分理解教材的知识点及相互联系,做到融会贯通,能够构建教材的结构体系,明了知识的重点、难点。③ 在认真理解教学目的、准确把握教材的基础上,制订课堂教学计划。内容包括课堂教学的所有具体方面,如确定教学的重点、难点,安排讲解的详略,对教学材料进行加工、调整、补充,安排深入浅出的讲解,将困难的部分变成学生容易理解的内容,等等。

在组织课堂教学时,教师应做到以下两点。① 根据不同的教学目的和内容,以及听课学生的年龄、知识水平和理解接受能力等实际情况,采取灵活、多样、恰当的教学方法。如创设问题情境,以引起学生的兴趣;运用变式、比较的方法,使学生掌握所学知识的实质;熟练地运用板书、演示等方法。② 教师要注意创设良好的课堂气氛,充分调动全体学生的学习积极性,使他们的全部心理活动都能处于积极的状态之中。利用各种积极因素,控制或消除学生的消极情绪行为,克服课堂信息传递中的种种干扰,灵活妥善处理好课堂教学过程中的突发事件,以保证教学的顺利进行。这些都是组织课堂教学能力的具体表现。

(二)言语表达能力

苏霍姆林斯基指出:"教师的语言修养在极大的程度上决定着学生在课堂上脑力劳动的效率。我们深信,高度的语言修养是合理利用时间的重要保证。""教师的语言不能混乱不清和缺少逻辑顺序,不然就会使学生听不懂且感到疲劳。"事实证明,教学语言表达能力的强弱,运用教学语言的水平和技巧,直接关系到学生的听课情绪,影响到学习的积极性。

对教师语言的要求主要有以下六个方面。

(1)清晰性。教师的语言应发音准确、吐字清楚、音量适中。切忌把方言或土语随意搬进课堂,否则易引起学生哄堂大笑,分散学生的注意力,从而失去课堂的严肃性。

(2)准确性。语言表达必须符合现代语法规范和要求,对基本概念和原理表述准确,正确使用专有名词和术语,注意不同学科教学语言的差别,引用史料、数据准确无误。

(3)简明性。简明扼要的语言好懂易记,且可节约学生的精力。语句太长、重复啰嗦会使教学失去感染力,引起学生厌烦。

(4)语速适中。语速合适,有适当的停顿,便于学生理解和记录。语速过慢,信息量过小,不利于集中学生的注意力;语速过快,使学生来不及理解,即使理解了,印象也很肤浅。

(5)生动直观性。教师的语言应鲜明生动,具有趣味性,能引人入胜。以鲜明、生动、有趣的语言,引导学生较好地开展形象思维,用学生熟悉的形象去加深他们对于抽象的概念、公式、法则、定理的理解,使枯燥无味的知识变得有趣,经久难忘。

(6)启发性。教师的言语要具有启发性,应能启迪学生的思维,让学生主动参与学习、乐于探究问题,独立获取新的知识。

(三)教育机智

教育机智是指在教育情境中尤其是意外情况下,迅速地做出反应,随机应变,果断采取恰当措施的能力。它与敏锐的观察力、灵活的思维能力以及意志的果断性密切相关。

教育的对象是充满个性、自我意识不断发展的学生,因此教学过程中常常状态百出。而教育情境又是错综复杂、瞬息万变的,难免会出现意外情况。这都要求教师具有教育机智,能灵活反应,妥善处理。但教师的教学机智不是天生的,而是在后天的教学活动中不断结合教育理论、总结教育经验而逐步形成和发展起来的。

> **阅读栏 13-2 教育机智案例欣赏**
>
> **蟑螂与轨迹**
>
> 　　上课铃响了,教室里静极了,四十多双求知的眼睛盯着全国优秀教师肖老师,等待她的讲课。肖老师轻轻翻开备课本,在黑板上写上"点的轨迹"四个字。正准备讲课,突然,一只蟑螂闯进了教室,落在窗边一个女同学的后脑勺上,那女同学吓得一声尖叫,课堂上一时乱了套,女同学吓得唯恐躲之不及,男同学起身赶蟑螂。可是蟑螂一下子又跑了,绕着房顶绕圈,四十多双眼睛都被吸引着朝上望。
>
> 　　好奇心并不是罪过,关键是如何利用。肖老师灵机一动,高声向大家说:"我们来玩个游戏好吗?现在大家都认真观察这只蟑螂,记下它的飞行路线。"同学们一听乐了,兴趣盎然地注意着蟑螂的表演,只见这只黑褐色蟑螂一会儿绕着圆圈,一会儿画着直线,一会又弯着"8"字,最后,一头撞在天花板上,"叭"的一声,垂直摔在地上,肖老师迅速赶上前,一下捉住那只蟑螂。
>
> 　　"谁有红线吗?"她问学生。一个学生送上一根线来,老师把线的一头缚在蟑螂腿上,另一头用手提着,轻轻甩动,黑色蟑螂大幅度摆起来。最后,以手为圆心,以线长为半径,画起了圆来。
>
> 　　同学们乐哈哈地望着肖老师,兴致极高,肖老师这时收起蟑螂,对兴奋中的同学问道:"大家刚才观察到蟑螂的飞行路线吗?""看到了,绕圆圈。""也有直线。"同学纷纷回答。
>
> 　　肖老师根据学生们的回答,在黑板上画上蟑螂的飞行路线,乘机引导:"我们看蟑螂,它在空气中飞动,绕着圆圈,那么这圆圈是蟑螂飞行的路线,我们给它取了个名字,叫'轨迹'。"说着,在黑板上写上"蟑螂的轨迹"几个字,见同学们不理解的样子,

又进一步引导说:"如果我们把蟑螂看成是某一个点呢?那么什么是点的轨迹?"马上有同学举一反三,回答道:"某点在空中移动,它所通过的全部路径,这叫点的轨迹。"

"好,概括得好。"肖老师鼓励学生,接着又以蟑螂为例子,讨论了直线、圆等一些常见的轨迹,同学们听着津津有味……

(引自唐劲松,2002)

(四)教学监控能力

教师为了保证教学的成功,达到预期的教学目标,在教学的全过程中需要将教学活动本身作为意识的对象,不断地对其进行积极主动的计划、检查、评价、反馈、控制和调节,这种能力即教学监控能力。

根据教学监控的对象,教学监控能力可分为自我指向型和任务指向型两类。所谓自我指向型的教学监控能力,主要是指教师对自己的教学观念、教学兴趣、动机水平、情绪状态等心理操作因素进行调控的能力。所谓任务指向型的教学监控能力主要是指教师对教学目标、教学任务、教学材料、教学方法等任务操作因素进行调控的能力。

教师教学监控能力作为教学能力的一个重要组成部分不是先天形成的,而是在长期的教学活动中逐渐形成和发展起来的。辛涛(1999)等人把教师教学监控能力的发展划分为四个水平:即前监控水平、被动监控水平、主动监控水平和自动化监控水平。每一个水平都代表了教师的一种组织教学经验的形式,这种从一种水平向另一种水平发展的过程,就反映了教师教学监控能力发展中的质变过程。总体说来,教师教学监控能力的总体发展趋势表现为:从不自觉经自觉达到自动化,从他控到自控,敏感性逐渐增强,迁移性逐渐提高。

阅读栏 13-3　教师教学监控能力的发展阶段

1. 前监控水平

在这个阶段教师基本上不能表现出对课堂教学的监控性,他们不知道学生已有的知识水平和心理准备,不能把握课堂教学的一般原则,没有形成一定的教学技能,不能意识到课堂教学中问题的存在,只能照本宣科,课后对于自己的教学活动不能进行有条理的反思。具体表现为:① 不能发现本堂课的教学重点和教学难点,找不到突破难点的方法。② 基本注意不到课堂中出现的问题和学生对自己教学的反应,不能与学生有效沟通,课堂教学只是照本宣科。③ 不能有条理地反思自己的教学和对教学效果进行主观抽象的判断。如在反思自己的教学效果时,只是抽象地说"达到了教学效果"或"没达到",但不能进一步解释其原因。

2. 被动监控水平

在这一阶段教师对学生已有的知识水平有了一定的了解,初步认识课堂教学中的问题,注意到学生的反应,但对课堂出现的问题不能进行有效的控制和调节,因此在课堂教学中显得比较被动和冲动,有时为情绪所左右。具体表现为:① 能够把握教材的难点,但找不到有效突破难点的方法。② 开始注意到课堂中出现的问题,注意到学生的反应。如学生回答问题不正确,个别学生没有认真听讲等。③ 缺乏对课堂问题的控制和调节的方式和方法,在处理问题时情绪参与较高。如一个学生答错时,再叫第二个、第三个学生回答,却不知变通问题。个别学生在课堂上捣乱时,在课上花大量时间去纠正,甚至与学生发生正面冲突,而忘记了课堂教学的根本任务。④ 反思自己的教学时,对教学效果和学生的掌握程度心中无数,知道自己在课堂上存在的部分问题,但提不出切实的纠正办法。

3. 主动监控水平

这一阶段教师对学生已有的知识水平有了较为准确的了解,逐步注意将学生的心理发展水平和心理准备与教学内容结合起来,对课堂教学存在的问题有了较为清醒的认识,能有意识地调节和控制教学中出现的问题,但调控的方式不甚合理,显得生硬。具体表现为:① 能把握本课的重点和难点,并能根据学生的发展水平寻找切实可行的突破方法。② 对课堂中出现的问题和学生的状况有较为清楚的认识,并能对所出现的问题进行分析,但这种分析往往是浅层次的归因,如认为学生答错是因为没有认真听讲等。③ 开始有意识地控制和补救所出现的问题,但所采取的方法不甚恰当,只就问题处理问题,没有将问题放在课堂教学的整体背景中去考虑和处理。如一个学生回答问题错误,马上叫好学生来替他回答,而不是从错误背后的普遍性原因入手去解决;有学生捣乱时,以明显的方式提醒该同学,而忽略了这样做的不良影响。④ 对自己的教学效果和学生的掌握情况有较为准确的认识,知道自己在课堂中存在的问题,但所总结出的方法不甚具体。

4. 自动化监控水平

在这一阶段教师对学生已有的知识水平和心理发展特征有了准确的认识,能将所传授的知识以心理化的方式传达给学生,对课堂教学过程中存在的问题有明确的认识,并能从不同的角度去分析其原因,因此,处理课堂中出现问题的方式恰当,对课堂的调节和控制有效,课堂教学顺畅。具体表现为:① 能准确地把握本堂课的重点和难点,并能列出多种化解难点的方法,供课堂教学中选用。② 对课堂教学中出现的各种问题有清楚的认识,并能从多方面去寻找原因,而不再仅从单方面去找原因。③ 能迅速地控制和补救所出现的问题,采取的方法合理、圆通。如有学生回答问题错误时,马上将原问题分解。④ 反思自己的教学时,对教学效果和学生的掌握程度有准确的认识,能发现自己在课堂中存在的问题,并找到多种解决的办法。

(引自辛涛,1999)

三、人格特征

教师的主要职责就是教书育人。教师在认知方面的各种能力,主要决定其能否有效地塑造学生的认知结构,形成相应的技能和能力。而教师的个性品质,在很大程度上决定其能否促进学生的个性健康发展,从而提高学生学习的自觉性和良好的思想品德。

近半个世纪以来,关于教师的人格特征的研究,已经积累了大量的文献,业已明确了一个好教师应具有的人格品质。韩向前(1989)用艾森克人格问卷对1679名中小学生教师的人格特征进行了测量。其结果为:① 与普通成人相比,教师比较外倾、情绪比较稳定、倔强性比较低;② 与普通教师相比,优秀教师在以上三个人格维度上所表现出的特点更为明显。外向的特点表明了教师热情、富有活力;情绪稳定的特点表明教师能够运用理智控制和调节自己的情绪;倔强性低的特点表明教师性情随和、关心和体谅他人。教师应具有的性格特征可以简单地表述为处事热情、情绪稳定和待人亲切这三个方面。

1. 处事热情

这是教师完成工作任务中所表现出来的人格特性。教师的处事热情具体表现在以下四个方面。第一,工作的责任心强。在各项工作中认真负责,严格要求自己,也严格要求学生,尽到教师的职责。如优秀教师备课的时间更长,这些教师认为没有透彻掌握教学内容之前走上讲台是不负责任的表现。第二,具有浓厚的兴趣。优秀教师对所教的学科和如何有效的教学表现出浓厚的兴趣,这种兴趣,促使教师研究学生的心理发展与学生的学习规律,探索有效的教学方法。教师在教学过程中表现出的专业兴趣会引起学生的学习兴趣。第三,精神饱满地进行工作,使学生受到教师情绪上的感染。在教育实践中,一些青年教师取得优异成绩的原因就在于此,他们在工作上所表现出的活力弥补了经验不足的缺陷。第四,具有顽强的毅力,勤恳、任劳任怨。

教师处事热情的行为可具体表现为快捷、有效、富于激情的传递、目光生动、演示性的手势、描述性的词,容易接受学生的想法和疑问,并且精力充足等等。

2. 情绪稳定

教师工作的对象是人不是物,时时处处都要遇到一些富有情绪色彩的事情,优秀教师能够控制和调节自己的情绪,不出现情绪上的大起大落,在工作中取得成功。优秀教师之所以能够情绪稳定,首先是因为他们具有良好的自我形象。劳莱特(Rollett,1992,转引自莫雷,2002)调查了102名优秀教师对自己的看法后发现,这些不同文化条件下教师的一个共同特点是相信自己的能力,也确信教师工作的价值,具有乐观、积极的自我形象。其次,具有进行自我心理调节的策略。最后,能够用意志去控制情绪,表现出较强的自制力。

3. 待人亲切

教师使学生感到亲切是教育成功的保证,教师对学生的教诲必须在教师的所作所为充满人情味时才被学生所接受,教师爱学生,学生才能尊师。主要表现在三个方面:第一,对学生的各个方面都表现出真心实意地关心;第二,公平地对待每一个学生,不是偏爱优秀的学生;第三,尊重学生。允许学生在思想、感情和行为上表现出独立性,允许学生提出不同的意见,在学生出现错误时设身处地地理解他们,教师自己出现错误也勇于承认,不强制学生,有事与学生商量。

阅读栏 13-4　教师的人格特征:理解别人、与别人相处和了解自己

盖兹达(G. M. Gazda,1977)等人将有关教师人格特征的许多研究加以综合考察,指出一个好教师具有的人格品质的基本内核是"促进"(facilitation),指一个人对别人的行为有所帮助,具体包括:提高别人的学习能力,增强他们的自尊心与自信心,巩固积极待人的态度,缓和焦虑感,以及克服优柔寡断,等等。

促进的组成部分包括三方面:理解别人、与别人的关系、了解自己。

(一)理解别人

理解别人的品质由许多相互关联的品质构成。

1. 心胸豁达:指教师能够容纳、理解并适应与自己不同的看法与见解,思想与情感,以及价值观念,能够对身体、智力、感知、运动、社交及情绪上各自有异的学生表示关切,并同他们和睦相处。

2. 敏感性:指一个人对社交关系中出现的变化能够及时做出情绪反应的能力。具有敏感性的教师能超越学生表面的水平,而更迅速地了解学生,从而在学生产生某种需要、情感、冲突以及困难时,做出更深入、自发的反应。

3. 移情作用：指能够深入别人内心，并"同情"他们的情绪反应。首先，教师要能够体验到学生当时体验到的情感。其次，教师要能够保持自己的身份，在感觉上意识到自己并非就是别人。

4. 客观性：指能够退后一步，并以一种中性、无强加的参照系来看待所发生的事件，能够就事物本来的面目来看待它，而不受先入之见、偏见或预期的歪曲的影响。

一个教师只有具备心胸豁达、敏感性、移情理解和客观性等品质，才有可能更深刻地认识自己的教育对象，做出相应的反应。

(二) 与别人的关系

教师要同学生有效地交往，还需要有其他一些建立和谐关系的品质，诸如真诚、非权势、积极相待与交往的技能。

1. 真诚：真诚就其最基本的意义来说，指开诚布公，行事不伪饰，不以个人的权威或职业地位做掩护。

不要将真诚与自我放纵混为一谈。教师不能为所欲为地表露出情感，相反，应当表达出已有经验和教育证明有益于学生的情感。一些没有经验的教师在同生理或心理上有缺失的学生打交道时，往往表现出过分的同情，结果事与愿违，反使对方感到不快。

2. 非权势：非权势的教师是相对于权势的教师而言，指这种教师不持居高临下、盛气凌人的态度帮助学生，不试图在最大的程度上影响和指导学生的生活。非权势的教师主要特点在于，能等待和允许学生发动并导致获得发展的活动。

3. 积极相待：是指教师对学生的积极态度，主要表现为认可和亲切。

4. 交往的技能：交往的技能涉及许多方面，主要指有效的言语表达。

(三) 了解自己

了解自己，指教师本身对自己执教时产生的心理状态应有所了解并有所控制。这是教师本身的心理健康和有效施教的一个重要方面。

1. 安全感与自信：教师在执教中的极其自然的情绪乃是害怕：害怕个人准备不足，害怕遇到意外的对抗而不知所措，害怕在学生面前丢面子，害怕在众多学生面前举止不得体。教师不应隐藏恐惧，可通过公开向学生讲述其顾虑来控制自己的害怕情绪。

> 2. 教师的需要:治疗家格拉泽(W. Glasser,1971)指出,人有两个基本的心理需要:一是爱别人和被别人爱的需要;二是求成和自重的需要。教师应对自己的这些需要有着切实的了解。
>
> 教师为了要得到学生的爱,必须重视学生的爱,乐于接受学生的爱,必须认为学生是值得尊重的人,学生的感情是重要的,是宝贵的。总之,教师必须在思想上以平等的态度对待学生,因为学生不只是在那里接受爱和保护,而且也在给教师以同样的感情。当教师具有这种心理准备时,才能真正爱学生从而也爱自己。
>
> 求成和自重也是如此。教师需要得到来自别人,包括学生在内的好评,例如,自己的教学是令人满意的,是值得做的,等等。在任何时候,只要教师是始终关怀学生的,施教是有成效的,学生总会做出积极的反应。教师不要小看这种评价,许多时候,我们正是从中获得自身的价值,从而给自己增添了力量。
>
> (引自邵瑞珍,1988)

四、教学效能感

所谓教学效能感,是指教师在教学活动中对其能有效地完成教学工作、实现教学目标的一种能力的知觉与信念(俞国良,罗晓路,2000)。研究表明,教师的教学效能感与学生的成绩、学生的动机、教师教改的欲望、校长对教师能力的评价以及教师的课堂管理等之间存在显著相关,教学效能感是影响教师教学行为的一个重要因素,它影响着教师对教学工作的积极性、努力程度和克服困难的坚持性,等等。

根据班杜拉的自我效能理论,可以把教师的教学效能感受分为一般教育效能感和个人教学效能感。一般教育效能感,指教师对教与学的关系、对教育在学生发展中的作用等问题的一般看法与判断,认为即使在显著受到外在环境(家庭因素)的限制下,教育在学生的发展中仍能起到重要的积极作用的看法与判断。这与班杜拉理论中的结果预期相一致。个人教学效能感,是指教师对自己是否有能力完成教学任务和教好学生的信念,反映了教师对自己的教学效果的认识和评价,它与班杜拉理论中的效能预期相一致。

> **阅读栏 13-5　教师教学效能感量表**
>
> 　　　　　　　　　　　个人教学效能感测试题
> 　　1. 我能根据大纲吃透教材。

2. 我常不知道怎么写教学计划。

3. 我备的课总是很认真、很详细。

4. 我能解决学生在学习中出现的问题。

5. 课堂上遇到学生捣乱,我常不知道该怎么处理。

6. 一个学生完成作业有困难时,我能根据他的水平调整作业。

7. 我能很好地驾驭课堂。

8. 一个学生不注意听讲,我常没有办法使他集中注意力。

9. 只要我努力,我能改变绝大多数学习困难的学生。

10. 我不知道该怎么与学生家长取得联系。

11. 要是我的学生成绩提高了,那是因为我找到了有效的教学方法。

12. 对于那些"刺儿头"学生,我常束手无策,不知道该怎么帮助他们。

13. 如果学校让我教一门新课,我相信自己有能力完成它。

14. 如果一个学生前学后忘,我知道如何去帮助他。

15. 如果班上某学生变得爱捣乱,我相信自己有办法很快使他改正。

16. 如果学生完不成课堂作业,我能准确地判断是不是作业太难了。

17. 我和学生接触得很少。

一般教育效能感测试题

1. 一个班上的学生总会有好有差,教师不可能把每个学生都教成好学生。

2. 一般来说,学生变成什么样是先天决定的。

3. 一般来说,学生变成什么样是家庭和社会决定的,教育很难改变。

4. 教师对学生的影响小于家长的影响。

5. 一个学生能学到什么程度主要与他的家庭状况有关。

6. 如果一个学生在家里就没有规矩,那他在学校也变不好。

7. 考虑所有因素,教师对学生成绩的影响力是很弱的。

8. 即使一个教师有能力,也有热情,他也很难同时改变许多差生。

9. 好学生你一教他就会,差学生再教也没用。

10. 教师虽然能提高学生的成绩,但对学生品德的培养没有什么好的办法。

(引自俞国良等,1995)

表 13-1　高效能与低效能教师的态度特点①

教师态度	高效能教师	低效能教师
个人成就感	感觉他们的教学工作是重要有意义的;他们对学生的学习有积极影响	对教学感到受挫和丧气
对学生行为和成就的积极期望	期望学生进步,发现大部分学生能够实现其期望	期望学生失败,并对他们的教学努力表现出消极反应并有问题行为
个人对学生学习所负的责任	相信是他们的责任见证了学生的学习,当学生失败时,从自己的表现中寻找可能更有益的方式	将学习的责任归于学生,当学生失败时,从学生的家庭背景、动机、态度中找借口
达到目标的策略	为学生的学习做计划,为自己和学生设置目标,并识别出达到目标的策略	缺乏为学生设定的目标,不知道要让学生达到什么目标,不根据目标计划策略
积极的情感	对教学、自己、学生感觉良好	在教学上感到受挫,经常对自己的学生工作表示丧气或消极情感
控制感	相信他们可以影响学生学习	在与学生一起工作时有一种无用感
师生共同目标感	感觉他们与学生一起参与到完成共同目标的活动中	感觉他们与学生在目标上相互对抗,学生所用策略也与他们的相对抗
民主决策	让学生参与决策以及决定如何实施决策	将有关目标和学习策略的决策施加给学生,不让学生参与决策

（引自 Alderman,2004,转引自王小明,2005）

如何提高教师教学效能感是教师培训工作所要解决的一个重要问题。辛涛(1996)提出可以从四个方面入手。第一,以教师的角色改变为目的,向实验教师反复地强调参加教学研究对教师素质提高的作用,使他们在思想上澄清对教师效能感实验研究的认识,自觉地实现角色的改变。第二,以认知行为矫正技术为手段,通过向教师澄清认知行为矫正技术的原理,帮助他们发现自己对教育教学的作用和自己教学能力的不正确的认识和观念,进而促使实验教师更客观地认识和评价教育的地位和作用,坚定自己有能力教好学生的信心。第三,采用团体归因训练方法,组织实验教师一起讨论教育对儿童发展的作用,讨论教师在学生智力的增长和学习成绩提高过程中的作用,讨论教师在教学过程中遇到的困难、挫折及其克服的方法,并由心理学家对每个实验教师的具体情况做出较全面的分析,引导他们对自己教育教学中出现的问题作易控制的、不稳定的因素归因,帮助教师坚定教育对儿童发展的决定性价值,坚定自己有教育好儿童的能力,提高教师的工作积极性和责任感。第四,为教师创设

---

① 王小明著.教学论:心理学取向[M].上海:上海教育出版社,2005,124—125.

观察学习的机会和环境,使他们向专家学习,向先进教师学习,学习别人的长处,学习别人的敬业精神,并督促他们自觉地模仿,通过学习和模仿,端正他们的教学效能信念,以便其教学效能感的提高。

第三节 有效教师的教学行为

什么是有效教师?怎样才能成为一名有效的教师?这个问题看似简单,但其实有许多不同的答案。

一个世纪以前,人们曾认为好教师应该是社会的楷模。首先,他应该品格高尚、诚实、勤奋,像南丁格尔那样富有奉献精神;其次,应该具有专业知识,最好像爱因斯坦那样学识渊博;再次,他必须手段高明,能有效地组织和控制课堂秩序,等等。很快,人们意识到,这种理想化的教师定义不能用来指导和培养教师,不具有现实意义。后来,人们尝试鉴定好教师的心理品质,包括性格、认知特点、能力和教学理念等,这些研究实际上就是尝试客观地衡量教师的行为。在20世纪七八十年代,人们开始研究教师的课堂教学行为对学生认知行为和情感行为的影响,研究的焦点由原来的专门指向教师,转向同时包括教师对学生的影响,重视课堂里师生的互动。对好教师的心理品质的研究变成了对"有效教师"的教学行为的研究。

通过对师生课堂行为的评估研究和标准化测验,研究者得出五种与学生理想行为相关的教学行为,被称为促进有效教学的五种关键行为,它们是:清晰授课、多样化教学、任务导向、引导学生投入学习过程和确保学生成功率(Borich,2002)。

一、清晰授课

这一关键行为是指教师能清晰而直接地呈现教学内容,表述清楚明白,符合学生的理解水平,使学生易于理解。清晰授课,使教师可以用最少的时间呈现教材,而且学生在第一时间就能正确地理解,不需要重复解释,这样能争取更多的时间用于教学。

不能清晰授课的教师往往语言含糊、有歧义或不明确,经常采用"很可能是""意味着有……的倾向"等不确定的词语。或者使用过于复杂的句子,给学生的指导常常不能让学生理解,需要进一步解释与澄清。

清晰授课是一个复合行为,它不仅和教师的言语能力有关,还和许多其他的行为相关联,例如教师对教学内容的组织、对课文的熟悉以及采取的教学策略,等等。

二、多样化教学

这一关键行为是指教师能多样地或灵活地呈现教学内容。比如用多种方式展示学习材料,教学材料多样化、灵活运用教学设备和教室空间,等等。研究发现,如果教师能安排多样的教学活动和材料,那么学生的捣乱行为会少一些,而且能提高学生的注意力。

三、任务导向

这一关键行为是指教师能明确教学任务,课堂教学与教学目标、课程要求相匹配,为学生提供了尽可能多的教学内容,并且在课堂上能尽量多地把时间用在与教学任务相关的内容上。这包括教师制定的课时计划能有效反映教学的难点和重点、采取最适合完成教学目标的教学模式、有效率地处理非教学事务等。教师用于教授相关教学任务的时间越多,教学内容覆盖面越大,学生的学习机会就越多,学生越有可能取得更高的成就。

四、引导学生投入学习过程

这一关键行为是指教师能采取有效措施限制学生分散注意力的机会,致力于促进学生投入学习,使学生就教学内容进行操作、思考和探询等。

学生实际投入学习的时间称为投入率,是指学生真正用于学习的时间。在这段时间里学生真的在学习,积极思考、操作并从教师提供的活动中受益。如果教师一方面能以任务为导向进行教学,为学生提供尽可能多的教学内容,一方面能引导学生投入学习,那么这个课堂上的学生就能取得很高的成就。

五、确保学生成功率

这一关键行为是指教师能组织和安排使学生产生中高水平成功率的教学。根据学生理解和准确完成练习的比率,把教学材料的难度分为三个水平:高成功率——指学生理解教学任务,只是偶尔因粗心而犯错;中等成功率——指学生不完全理解任务,犯一些实质性的错误;低成功率——指学生根本不理解任务。

研究表明,教师的教学时间和学生对学习的投入与学生成功率密切相关。中高水平成功率的教学能提高学生的成就,有助于提高学生的自尊心,增强学生对学科内容和学习的积极态度。研究表明,在典型的课堂上,教师应该安排60%~70%的时间,用在能给学生带来中高水平的成功率的任务上,尤其是在讲解式和传授式教学中。

表 13-2　有效教师教学的关键行为举例

关键行为	有效教师的教学行为表现
清晰授课	1. 告诉学生学习目标(比如叙述哪些行为将会作为学习成果,出现在考试或今后的作业中)。 2. 为学习者提供先行组织者(把当堂内容放在过去或将来教学的背景下)。 3. 在上课开始时,检查与学习任务相关的先前学习内容(比如弄清学生对于必备事实或概念的理解水平,如有必要就重新教授先前内容)。 4. 缓慢而明确地给出指令(比如在需要时重复指令,或者把指令划分成若干小指令)。 5. 知道学生的能力水平,教学适应学生的当前水平或略高于当前水平(比如知道学生的注意力保持期)。 6. 用举例、图解和示范等方法来解释和澄清(比如利用视觉材料辅助解释和强化重点)。 7. 在每一节课的结束时进行回顾总结。
多样化教学	1. 使用吸引注意的技巧(比如用挑战性问题、视觉刺激或举例来开始一节课)。 2. 通过变化目光接触、语音和手势来展示热情和活力(比如改变音高或音量、在转向新活动时四处走动)。 3. 变化呈现方式[比如讲演、提问、提供独立练习时间等(每天的)]。 4. 混合使用奖励和强化物[比如额外的学分,口头表扬,独立练习等(每周的、每月的)]。 5. 把学生的想法和参与纳入教学的某些方面[比如使用间接指导或发散性问题等(每周的、每月的)]。 6. 变化提问类型[比如发散性的、聚合性的问题(每周的)]和试探性的问题[比如澄清、探询、调整(每天的)]。
任务导向	1. 制订的单元和课时计划,能反映课程指南或所选课文的最重要特征(比如每个单元和课时目标都能在课程指南或所选课文中找到依据)。 2. 有效率地处理行政事务性干扰(比如参观者、通告、捐钱、材料和物资分配等),方法是提前预见这些干扰并安排一些任务,把别的任务推迟到非教学时间。 3. 以最小的扰乱课堂的代价,制止或阻止不当行为(比如事前制定学术和工作条例,从而"保护"教学时间不受侵扰)。 4. 为教学目标选择最合适的教学模式(比如对于知识和理解目标主要使用直接教学,而对于咨询和解决问题的目标主要使用间接教学)。 5. 用明确限定的事件逐步准备单元成果(比如每月一次或每周一次的总结、反馈和考试等)。
引导学生投入学习过程	1. 在教学刺激之后立即诱发理想行为(比如提供练习题或练习册上的问题,通过它们使学生的理想行为得到操练)。 2. 在一种非评价性的气氛中提供反馈机会(比如第一次可以让学生不受约束地集体回答,或者悄悄地回答)。 3. 必要时使用个人活动和小组活动(比如成就契约、程序性教学、游戏和模仿、作为引起学习动机的学习中心等)。 4. 使用有意义的口头表扬,引导学生积极投入学习过程并保持积极性。 5. 监督课堂作业,在独立练习期间频繁地检查进展情况。

续表

关键行为	有效教师的教学行为表现
确保学生成功率	1. 所建立的单元和课时内容反映先前学习内容(比如安排课时序列时考虑与任务相关的先前信息)。 2. 在最初的回答之后立即给予纠正(比如当第一次有人给出粗略的回答后,示范正确回答,并告诉学生如何达到正确回答)。 3. 把教学刺激划分为小块,使学习者在当前水平上轻易消化学习内容。 4. 应该以容易掌握的步骤安排向新材料的过渡(比如根据先前的主题模式改变教学刺激,使每一节课看起来都像是先前课时的延伸)。 5. 变换刺激的呈现节奏,并持续不断地为教学高潮或者关键事件做准备。

(引自 Borich,2002)

要成功地在课堂上实施这五种关键行为,必须同时使用许多辅助行为,包括:利用学生的思想和力量、组织、提问、探询、教师情感(Borich,2002)。利用学生的思想和力量是指教师善于引导学生的问答来促成教学目标,让学生使用自己的想法、经验和思维模式等,详细阐述和扩展所学内容。组织是指教师在教学中善于运用组织者强化所学内容,并在所教内容和已教内容之间建立恰当的联系。提问指教师善于运用提问这种教学方式来传达事实,并鼓励学生探询和解决问题。探询是指教师善于鼓励学生详细阐述自己或别人的答案,引导学生澄清答案,探询某一答案的额外信息,调整学生的回答使它沿着更有利的方向发展。热情是教师情感的一个重要方面。有效的教师在课堂上善于通过语言的抑扬、手势、目光接触以及活力等展示生气、投入、兴奋和兴趣,从而有效影响学生投入学习,提高学生的成就。

有效教师能根据课程特点、学习目标、教学材料以及学习者特点等,把教学的关键行为和辅助行为精心安排和组合成有意义的模式,从而在课堂上达到教学目标。

第四节 教师专业发展

一、教师专业发展概述

教师专业发展(teacher professional development),是指教师的专业成长或教师内在专业结构不断更新、演进和丰富的过程。[①]

20世纪80年代以来,教师专业发展日趋成为人们关注的焦点。人们日益认识到,教师

---

① 叶澜等著.教师角色与教师发展新探[M].北京:教育科学出版社,2001:226.

是一门需要深奥知识和复杂技能的专业性职业(profession),专业发展有其自身规律。必须掌握教师自身的成长过程和规律,采取相应的措施,提高教师的个人专业素质,才能更好地促进教师专业发展。

目前,教师专业发展的研究内容主要集中在两个方面:一是对教师专业素质的构成及发展规律的研究,二是对教师专业发展的促进方式的研究。对前者的研究较为成熟,而且成果也较为丰富;对后者的研究还比较薄弱,但这方面更具有应用价值。

对教师专业素质构成的研究由来已久,研究者从多方面对教师的专业特质进行了探讨,包括教师应具备的专业知识、专业能力、教育理念和行为特征等,并进行了大量的专家型教师与新手型教师的对比研究。本章的第二、第三节对教师的专业素质进行了探讨。本节重点阐述教师专业发展的阶段和教师专业发展的途径。

二、教师专业发展阶段研究

教师的专业发展是一个漫长的、贯穿整个职业生涯的过程。在这过程的不同阶段,教师的专业素质结构表现出不同的特点。从20世纪50年代中后期以来,许多学者对教师的专业发展阶段进行了卓有成效的研究,提出了多种教师专业发展的阶段理论。依照研究角度和框架的不同,教师专业发展阶段的研究大致可归为职业/生命周期研究框架、心理发展研究框架、教师社会化框架、"关照"研究框架和综合研究框架。[①] 本节介绍职业/生命周期研究框架中的费斯勒的教师职业生涯周期模型。

教师职业生涯周期模型(Teacher Career Cycle Model)是费斯勒(Fessler,1985)等人在访谈160多位中小学教师的基础上,结合对成人发展和人类生命发展阶段等研究的文献分析,所提出的整体、动态的教师生涯循环论。该模型将教师的职业生涯分为8个阶段,即职前教育期、职初期、能力建构期、热情与成长期、职业挫折期、职业稳定期、职业消退期和职业离岗期。该模型阐明了各阶段的专业发展需求特征,并提出了相应的激励措施和支持体系。费斯勒还强调,在整个职业生涯过程中,教师既受到个人环境因素(包括家庭因素、积极的关键事件、生活中的危机因素、个人性格和爱好),又受到组织环境因素(包括规章制度、管理方式、公众信任、社会期望、专业组织、工会)的影响,因此,教师的专业发展并非完全按照模型的八个阶段顺序行进,而是动态的、可变的。该模型有助于理解和促进教师专业发展,并且为中小学教师和行政人员提供了一种制定个性化专业发展方案的可操作性策略。

---

① 叶澜等著.教师角色与教师发展新探[M].北京:教育科学出版社,2001:242.

表 13-3　教师职业生涯周期模型①

阶段	阶段特征	专业成长需求	激励措施	支持体系
职前期 (Pre-service)	大学的初始培养阶段	学习	学习的机会	高等教育 基础教育
职初期 (Induction)	新教师工作的最初几年	学习满足教学工作要求的思维方式和行为方式	精神回报、工作自主权和处理权、学习机会、工作有效性	新教师帮助计划：专业定向、带教教师、支持和分享课、观摩资深教师的机会
建构期 (Competency building)	努力提高教学技能和才能	学习机会，合作重新建构课程、行动研究，同行结对相互指导	个人环境中对安全需要的支持；组织环境中对专业发展的支持	研究生水平的学程、研讨会和工作坊、同行支持
热情与成长期 (Enthusiastic and growing)	充满热情和对工作的高度满足	对课程和教学的领导责，对教学材料的开发和评价，对校园风气的关注	研究与写作、深造机会、各种地位（包括领导身份、证书、专业组织的奖励和学生的表扬）	教学工作中的合作机会，各种专业协会以及学区会议
挫折期 (Career frustration)	受挫，职业满意度下降，出现职业倦怠	对教学有效性的证明	对个人有效性和专业有效性的认可，如各种机会和表扬	各种产生认可的活动，提供对所缺乏的教学技能和能力的支持
稳定期 (Stable and stagnant)	停滞不前，不追求优秀和成长	不需要别人的帮助，追求自己感兴趣的活动	退休保障及各种对教师效能感的认可	偏爱同行支持，喜欢课堂观摩和课堂交流
消退期 (Career wind down)	准备离开专业岗位	与他人分享他们已掌握的专业知识与技能	各种有形的激励、认可、提升和支持	大学、学区工作坊、各种委员会、专业写作
离岗期 (Career exit)	离开教学工作后的一段时间	在新工作岗位的成长需求	有可能吸引优秀的离职教师重回课堂的措施	重返教学的支持，包括社区、家庭、专业组织和学校的续聘

(引自 Fessler, 2005)

---

① 详细内容见：Fessler R. 等著. 董丽敏等译. 教师职业生涯周期[M]. 北京：中国轻工业出版社，2005.

> **阅读栏 13-6　正确应对教师职业发展中的"高原期"**
>
> 　　教师在从业一段时间后,职业发展速度会减缓,长时间保持原有水平停滞不前甚至倒退,进入了职业发展的"高原期"。教师应对高原期,可从以下几方面入手:
>
> 　　1. 面对现实调整心态。面对"高原期",教师首先要面对现实,接受职业发展停滞这一现实,努力克服自己的不良情绪,调整心态,主动适应。
>
> 　　2. 探寻产生问题的原因。从知识、努力、工作动力、缺乏反思等角度寻找原因。
>
> 　　3. 明确所应达到的目标。找出问题之后,根据自身的实际情况,制定解决问题的方案,注重长远目标与短期目标、物质目标与精神目标的结合,不要人云亦云。
>
> 　　4. 寻找工作中的增长点。改革、创新教学与科研内容,努力寻找新的发展方向,通过工作内容丰富化和多样化、变换工作环境或工作类型等,保持工作的新鲜感。
>
> 　　5. 发现自己的职业生涯亮点。强化自主实践活动,记录自己教学中得意之作,分析它对自己专业成长的影响。增强解决问题的信心,寻找自我存在的价值。
>
> 　　6. 积极改善人际间的关系。在教研组活动中,主动表达自己的思想,参加与他人的辩论活动,不断暗示自己,保持积极的情绪和心境,努力为自己营造一个轻松的人际关系氛围。
>
> 　　7. 激发持续学习的动力。利用进修、培训的机会提高自己的教学和科研水平,不断开发自己的智力潜能。始终保持旺盛的求知欲,好学上进,勤于进取,如善于运用网络来汲取新知识、新观念。
>
> 　　8. 保持一颗永远年轻的心。积极参与学校举行的各项竞赛,比如公开课、教研活动等。让自己在活动中展示风采、显露才华,获得动力。通过参与,在其中体验快乐。
>
> 　　　　　　　　　　　　　　　　　　　　　　　　　　　　(引自胡谊,2009)

三、教师专业发展的途径

　　长期以来,对于培训教师、促进教师的专业成长,有着不同的理念和模式,可大致分为传统工匠模式、现代科学模式和后现代反思模式。工匠模式即"学徒式"模式,新教师跟随经验丰富的带教教师,观察和模仿带教教师的教学活动,遵循带教教师的指导和建议。现代科学模式是一种以能力为主的模式,学生主要通过师范学院或大学的教学掌握所教学科的专业知识以及诸如心理学、教育学等教育理论与知识。反思模式强调教师参与教学实践,并对实践中出现的问题进行思考,寻求问题的答案,再用思考的结论指导实践活动。

三种教师专业发展模式各有优缺点。综合三种发展模式的特点,可归纳出促进教师专业发展的四条途径:理论学习、研究其他教师的经验、行动研究和教学反思。[①]

(一) 理论学习

教师应该采取多种多样的方式,如专业书籍、网络、大学课程、假期培训班以及多种形式的校本培训,不断进行理论学习。通过学习,可以了解教学的新近发展动态,掌握最新的研究成果,从而摒弃陈旧和落后的知识及观点,更新与重构自己的专业结构,提升专业能力。

(二) 研究其他教师的经验

借鉴其他教师的经验,尤其是对优秀教师的课堂教学活动进行观摩和分析,是一条有效的专业发展途径。观摩可以是现场观摩、听课,也可以是观看优秀教师的教学录像。另外还可以对某一个具体的教学案例进行分析,探讨案例中所涉及的问题以及解决策略。观摩其他教师的经验,重在思考分析,思考其他教师所采用的教学模式、教学策略和自己所采用的教学模式、教学策略的差异,分析原因,总结经验。

(三) 行动研究

行动研究是指教师独自或与专业研究人员合作,运用教育理论对教学实践情境中的具体问题所进行的创造性的研究。行动研究是中小学教师以科学的方法研究自己在教学实践中所遇到的问题,目标直接指向发现现实问题和解决现实问题,具有鲜明的现实性和重要的实际意义。通过行动研究,一方面帮助教师解决了教学实际问题,另一方面可极大地促进教师的专业发展。

(四) 教学反思

教学反思是教师着眼于自己的教学活动,对自己的行动、决策以及所产生的结果进行的审视和分析。林崇德曾提出"优秀教师=教学过程+反思"。反思不仅是一种能力,更是一种态度和行动方式。这种态度和方式能够提高教师的自我觉察水平,促进教师的专业发展。

反思的内容可包括两个方面:一方面是对教师自己的专业行为与活动的反思,内容包括教师平时的教学知识、技能、风格及教育理念等;另一方面是对专业成长过程进行反思,反思自己目前的专业发展状况、水平及所处阶段,使教师更清楚自己的专业发展方向。

反思方法是多种多样的,包括分析文献、写传记、写教学日记、记录关键事件。反思时可借助一定的工具,如教学录像、教师教学经历和自传、教学日记等。还可使用测验量表或调

---

① 张大均主编. 教育心理学[M]. 北京:人民教育出版社,2005年,485—491.

查问卷,了解自己目前专业发展状况。

行动研究和教学反思是当前教师心理研究中的新课题,两者都强调将教师作为主体,在实际教学经验的基础上,建构对教学和学习的理解,从而提高教学能力,促进专业发展。

思考与练习

1. 教师在教学活动中主要扮演哪几种角色?
2. 什么是教师威信?影响教师威信的主要因素是什么?
3. 你认为合格教师的心理品质应包括哪几个方面?
4. 怎样才能提高教师的教学效能感?
5. 有效教师教学的行为特征主要包括哪几个方面?
6. 你怎样看待教师专业发展阶段及途径?

参 考 文 献

Aminch, R. J. & Asl, H. D. Review of Constructivism and Social Constructivism[J]. Journal of Social Sciences, Literature and Languages. 2015, 1(1): 9-16.

Anderson, J. R. The Architecture of Cognition[M]. Harvard University Press, 1996.

Anderson, J. R. Farrell R., Sauers R. Learning to Program in LIPS[J]. Cognitive Science A. Multidisciplinary Journal, 1984, 8(2):87-129.

Ausubel D. P. In Defense of Advance Organizers: A Reply to the Critics[J]. Review of Educational Research, 1978, 48(2): 251-257.

ASHAWeb. Individuals with Disabilities Education Improvement Act of 2004[J]. Intervention in School & Clinic, 2004, 44(1): 45-51.

Bailin S., Case R., Coombs J. R., et al. Conceptualizing Critical Thinking[J]. Journal of Curricalum Studies, 1999, 31(3): 285-302.

Bloom-Feshbach J., Bloom-Feshbach S. Psychodynamic Psychotherapy and Research on Early Childhood Development[M]. From Research to Clinical Practice, 1985.

Byrnes J. P., Wasik B. A. Role of Conceptual Knowledge in Mathematical Procedural Learning[J]. Developmental Psychology, 1991, 27(5):777-786.

Brown, P., & Levinson, S. University in Language Usage: Politeness Phenomena[M]. Cambridge: Cambridge University Press, 1978.

Bruner J. S. Toward a Theory of Instruction[J]. Studies in Philosophy & Education, 1966, 7(4): 280-290.

Bruin A. B. H. D., Jeroen J. G. van Merriënboer. Bridging Cognitive Load and Self-Regulated Learning Research: A Complementary Approach to Contemporary Issues in Educational Research[J]. Learning & Instruction, 2017, 51:1-9.

Bruner J. S., Goodnow J. J., Austin G. A. A Study of Thinking[J]. Philosophy & Phenomenological Research, 1956, 7(1): 215-221.

Gagne E. D., Yekovich, C. W., & Yekovich, K. R. The Cognitive Psychology of School Learning(2nd ed). [M]New York, NY: Harper Collins College Publishers, 1993.

Carroll J. B. A Model of School Learning[J]. Teachers College Record, 1963, 64(8): 723-733.

Chase W. G. Simon H. A. The Mind's Eye in Chess[M]. Visual Information Processing. 1973.

Chamot A. U. O'Malley J. M. The Cognitive Academic Language Learning Approach: A Bridge to the Mainstream[J]. TESOL Quarterly, 1987, 21.

Chinn, C. A. Educational Psychology: Understanding Students' Thinking[M]. Rutgers University, 2011.

Cobb, Jeanne B. Investigating Reading Metacognitive Strategy Awareness of Elementary Children: A Developmental Continuum Emerges[J]. Journal of Research in Childhood Education, 2017, 31(3): 1-18.

Covington M. V. Making the Grade: A Self-Worth Perspective on Motivation and School Reform[M]. NEW YORK: CAMBRIDGE UNIVERSITY PRESS, 1993.

Danièle Coquin-Viennot, Stéphanie Moreau. Highlighting the Role of the Episodic Situation Model in the Solving of Arithmetical Problems[J]. European Journal of Psychology of Education, 2003, 18(3):267-279.

Danièle CoquinViennot, Stéphanie Moreau. Arithmetic Problems at School: When There Is an Apparent Contradiction between the Situation Model and the Problem Model[J]. Br. J. Educ. Psychol., 2007, 77(1):

69-80.

Deci E. L., Ryan R. M. Intrinsic Motivation and Self-Determination in Human Behaviour[M]. Now York: Plenum, 1985.

Deci E. L., Vallerand R. J., Pelletier L. G. & Ryan R. M. Motivation and Education: The Self-Determination Perspective[J]. Educational Psychologist, 1991, 26(3-4): 325.

Devine, T. G. Teaching Study Skills: A Guide for Teachers (2nd ed.)[M]. Boston: Allyn & Bacon, 1987.

Dick, W. Carey, L. The Systmeatic Design of Instruction (2nd ed.). Glenvien[M]. IL: Scott, Foresman, 1985.

Domjan, M. The Pinciples of Learning and Behavior[M]. Belmont. CA: Wadsworth, 2010.

Duncker, K. On Problem Solving[J]. Psychological Monographs, 1945, 58(5).

Dreyfus H. L. Intuitive, Deliberative, and Calculative Modesls of Expert Perfomance[M]. Naturalistic Decision Making. Psychology Press, 2014.

Dweck C., Leggett E. A Social-Cognitive Approach to Motivation and Personality[J]. Psychological Review, 1988, 95(2): 256-273.

Dweck C. What Having a "Growth Mindset" Actually Means[J]. Harvard Business Review Digital Articles, 2016, 13: 213-226.

Ehrman M., Oxford R. Audult Longuage Learning Styles and Strategies in an Intensive Training Setting[J]. Model Language Journal, 1990, 74(3): 311-327.

Elliot A. J., Harackiewicz J. M. Approach and Avoidance Achievement Goals and Intrinsic Motivation: A Mediational Analysis[J]. Journal of Personality & Social Psychology, 1996, 70(3): 461-475.

Epstein, J. L. Family Structure and Student Motivation[M]. In R. E. Ames & C. Ames (Eds.), Research on Motivation in Education: Vol 3. Goals and Cognitions. New York: Academic Press, 1989.

Eylon B. S., Reif F. Effects of Knowledge Organization on Task Performance[J]. Cognition and Instruction, 1984, 1(1)5: 5-44.

Evertson C. M. & Weinstein C. S. Classroom Management as a Field of Inquiry, In C. M. Evertson & C. S. Weinstein(Eds), Handbook of Classroom Management: Research, Practice, and Contemporary Issues (pp. 3-15)[M]. Mahwah, NJ: Lawrence Erlbaum Associates, 2006.

Fessler, R. A Model for Teacher Professional Growth and Development[M]. in P. Burke & R. Heideman(Eds) Career Long Teacher Education. Springfield: Charles C. Thomas, 1985.

Gagne E. D. Yekovich K R. The Cognitive Psychology of School Learning(2nd ed.)[M]. New York: Harpe Collins College Publishers, 1993.

Gall N. L., Glor-Scheib S. Help Seeking in Elementary Classrooms: an Observational Study[J]. Contemporary Educational Psychology, 1985, 10(1): 58-71.

Gagne, R. M. The Conditions of Learning and Theory of Instruction[M]. New York: Holt, Rinehart and Winston, 1985.

Gagne, R. M. The Conditions of Learning[M]. New York: Holt, Rinehart and Winston, 1977.

Gardner H. Frames of Mind: The Theory of Multiple Intelligence[M]. Hachette UK, 1983.

Gardner H. Multiple Intelligences: New Horizons[J]. Circulation, 2006, 96(10): 3647-3654.

Gazda G. M. Development Education: A Conceptual Framework for a Comprehensive Counselling and Guidance Program[J]. Canadian Counsellor, 1977, 12(1): 36-40.

Glasser W. Roles, Goals, and Failure[J]. Todays Education, 1971: N/A.

Ginott H. Teacher and Child: A Book for Parents and Teachers[M]. New York: Glasser, W. The Quality School. Harper and Row: New York, 1990.

Good T. L., Brophy J. E. Looking in Classroom[M]. New York: Longman, 2000.

Good T. L., Brophy J. E. Teacher Expectations:Talks to Teachers[M]. New York Random House, 1987.

Greeno J. G. Natures of Problem-solving Abilities [C]//Handbook of Learning & Cognitive Processes, 5, Hllsdale, Nj: Lawrence Erlbaum Associates, 1978.

Groot A. D. D. Thought and Choice in Chess[M]//Thought and Choice in Chess, 1965.

Hallett D., Nunes T., Bryant P. Individual Differences in Conceptual and Procedural Knowledge When Learning Fractions[J]. Journal of Educational Psychology, 2010, 102(102):395-406.

Harter, Susan. A New Self-Report Scale of Intrinsic Versus Extrinsic Orientation in the Classroom: Motivational and Informational Components[J]. Developmental Psychology, 1981, 17(3):300-312.

Hudson T. Correspondences and Numerical Differences between Disjoint Sets[J]. Child Development, 1983, 54(1):84-90.

Houdé O., Borst G. Evidence For an Inhibitory-Control Theory of the Reasoning Brain[J]. Frontiers in Human Neuroscience, 2015, 9.

James B. The Nature of Creativity[J]. Studies in Art Education, 2006, 18(1):87-98.

Jiang R., Li X., FernándezVerdú, Ceneida, et al. Students' Performance on Missing-Value Word Problems: a Cross-National Developmental Study[J]. European Journal of Psychology of Education, 2017:1-20.

Kahneman D. Thinking, Fast and Slow[M]. Macmillan, 2011.

Kagan J., Rosman B. L., Day D., et al. Information Processing in the Child: Significance of Analytic and Reflective Attitudes[J]. Psychological Monographs: General and Applied, 1964, 78(1):1-37.

Kounin, J. Discipline and Group Management in Classroom[M]. New York: Holt, Rinehart and Winston, 1970.

Kohlberg L. Moral Stages and Moralization: The Cognitive Development Approach[J]. Infancia Y Aprendizaje Journal for the Study of Education & Development,1976, 5(18):33-51.

Lai E. R. Critical Thinking: A Literature Review. Pearson's Research Report, 2011, http://images. pearsonassessments. com/images/tmrs/CriticalThinkingReviewFINAL. pdf.

Lesgold A. M. Human Skill in a Computerized Society: Complex Skills and Their Acquisition[J]. Behavior Research Methads and Instumentation,1984, 16(2):79-87.

MacMeeken A. M., B. Ed. The Intelligence of a Representative Group of Scottish Children[M]. University of London Press, 1939.

Mager, R. F. Preparing Instructional Objectives[M]. Belmont, CA: Fearon Publishers, 1975.

Mayer R. E. Thinking, Problem Solving Cognition[J]. A Series of Books in Psychology,1992: 154-157.

McCormick C. B., Pressley M. Educational Psychology: Learning, Instruction, Assessment[M]. Educational Psychology: Learning Instruction, Assessment, 1997.

Mehrabian A., Epstein N. A Measure of Emotional Empathy[J]. Journal of Personality, 1972, 40[4]: 525-543.

Midgley C., Kaplan A., Middleton M. Performance-Approach Goals: Good for What, for Whom, under What Circumstances, and at What Cost? [J]. Journal of Educational Psychology, 2001, 93(1): 77-86.

Nelson- Le Gall S. Help-seeking Behavior in Learning. In: Gordon E W ed. Review of Research in Education, Vol12[M]. Washington,DC: American Educational Research Association,1985. 290-311.

Ni Y., Zhou Y. D. Teaching and Learning Fraction and Rational Numbers: The Origins and Implications of Whole Number Bias[J]. Educational Psychologist,2005, 40(1):27-52.

Pask G., Scott B. C. E. Learning Strategies and Individual Competence[J]. International Journal of Man-Machine Studies, 1972, 4(3): 217-253.

Pekrun R.,Elliot A. J., Maier M. A. Achievement Goals and Discrete Achievement Emotions: A Theoretical Model and Prospective Test[J]. Journal of Educational Psychology,2006,98(3):583-597.

Pintrich, P. R., Schunk, D. H. The Role of Goals and Goal Orientation. In Motivation in Education: Theory Research, and Applications[J]. N. J.: Merrill, 2002(2): 190-242.

Pintrich P R, Smith D. A. F, Garcia T., Mckeachie W. J. A. A Manual for the Use of the Motivated Strategies for Learning Questionnaire NCRIPTAL-91-B-004[M]. Am Arbor: National Center for Research to Improve Postsecondary Teaching and Learning, 1991.

Reitman W. R. Cognition and Thought: An Information Processing Approach[M]. Cognition and Thought: an Information Processing Approach, 1965.

Reynolds J., Gerstein M, Learning Style Characteristics: An Introductory Workshop[J]. Clearning House, 1992, 66(2): 122-126.

Rittle-Johnson B., Schneider M. Developing Conceptual and Procedural Knowledge of Mathematics[M]. The Oxford Handbook of Numerical Cognition, 2015.

Riding R. Cheema I. Cognitive Styles: An Overview and Integration[J]. EducationalPsychology An International Journal of Experimental Educational Psychology, 1991, 11(3-4): 193-215.

Riding R. J., Rayner S. The Information Superhighway and Individualised Learning[J]. Educational Psychology, 1995, 15(4): 365-378.

Ross B. H. Distinguishing Types of Superficial Similarities: Different Effects on the Access and Use of Earlier Problems[J]. Journal of Experimental Psychology: Learning, Memory, and Cognition, 1989, 15(3): 456-468.

Rotter J. B. Generalized Expectation Expectancies for Internal Versus External Control of Reinforcement[J]. Psychological Monographs: General and Applied, 1966, 80(1): 1-28.

Schunk D. H., Pintrich P. R., Meece J. R. Motivation in Education: Theory, Research, and Applications[M]. Population Decline and Ageing in Japan: Routledge, 1996.

Sharon Bailin, Roland Case, Jerrold R. Coombs, et al. Conceptualizing Critical Thinking[J]. Journal of Curriculum Studies, 1999, 31(3): 285-302.

Simpson, E. J. The Classification of Educational Objectives in the Psycho Motor Domain[M]. Gryphon House, Washington DC, 1972.

Slavin, R. E. A Theory of School and Classroom Organization[J]. Educational Psychologist, 1987, 22, 89-108.

Sternberg R. J. Components of Human Intelligence[J]. Cognition, 1983, 15(1): 1-48.

Stipek D. J. Motivation to Learn: From Theory to Practice. Second Edition[J]. Medical Physics, 2002, 28(7): 1537-1538.

Suskie, L. Fair Assessment Practices: Giving Students Equitable Opportunities to Demonstrate Learning[J]. AAHE Bulletin, 2000(5).

Taber, K. S. Constructivism as Educational Theory: Contingency in Learning, and Optimally Guided Instruction. In: "Educational Theory", Hassaskhah, J. (ed.)[M]. Nova Science Publishers, Inc, Hauppauge, NY., 2011.

Vamvakoussi X., Vosniadou S. How Many Decimals Are There Between Two Fractions? Aspects of Secondary School Students' Understanding of Rational Numbers and Their Notation[J]. Cognition & Instruction, 2010, 28(2): 181-209.

Van Dooren, W., Van Hoof, J., Lijnen, T., & Verschaffel, L. Searching for a Whole Number Bias in Secondary School Students -a Reaction Time Study on Fraction Comparison[J]. Proceedings of the 36th Conference of the International Group for Psychology of Mathematics Education, Vol. 4: Opportunities to Learn in Mathematics Education, 2012: 187-194.

Weiner B. An Attributional Theory of Motivation and Emotion[M]. Springer U. S., 1986.

Weiner, B. Human Motivation: Metaphors, Theories and Research[M]. Newbury Park, CA: Sage, 1992.

Wechsler D. The Measurement and Appraisal of Adult Intelligence (4th ed.)[M]. Williams & Wilkins

Co., 1958.

Witkin H. A., Wapner S. Book Reviews: Personality Through Perception[J]. Scientific Monthly, 1954.

Witkin H. A., Moore C. A., Oltman P. K., Goodenough D. R., Friedman F., Owen D. R., & Raskin E. Role of the Field-Dependent and Field-Independent Cognitive Styles in Academic Evolution: A Longitudinal Study[J]. Journal of Educational Psychology, 1977, 69(3): 197-211.

Wood, Wood, & Boyd. The World of Psychology (5ed)[M]. New York: Allun & Bacon, 2005.

Zeitz C. M. Some Concrete Advantages of Abstraction: How Experts Representations Facilitate Reasoning[M]. Expertise in Context, 1997.

Zimmerman, B. J. & Schunk, D. H. Albert Bandura: The Man and his Contributions to Educational Psychology. In: "Educational Psychology: One-Hundred Years of Contributions. Zimmerman, B. J. & Schunk, D. H. (ed.)[M]. Malwah. N. J.: Lawrence Earlbaum, 2003.

Anderson L. W. 等著;蒋小平,张琴美,罗晶晶译. 布卢姆教育目标分类学:分类学视野下的学与教及其测评[M]. 北京:外语教学与研究出版社,2009.

Bandura A. 著;林颖,王小明,胡谊,庞维国 等译. 思想和行动的社会基础——社会认知论[M]. 上海:华东师范大学出版社,2001.

Bohlin L. 等著;连榕 等译. 教育心理学[M]. 北京:机械工业出版社,2012.

Borich J. D. 著;易东平译. 有效教学方法[M]. 南京:江苏教育出版社,2002.

Brophy J. 著;陆怡如译. 激发学习动机[M]. 上海:华东师范大学出版社,2005.

Brookfield S. D., PRESKILL S. 著;罗静 等译. 讨论式教学法[M]. 北京:中国轻工业出版社,2002.

Burke K. 著;郑莉译. 与问题学生"过招"[M]. 北京:中国轻工业出版社,2008.

C. M. 查理士著;金树人译. 教室里的春天:教室管理的科学与艺术[M]. 台北:张老师文化事业股份有限公司,1994.

Cruickshank D. R. 等著;时绮,梁玉华,姜勇 等译. 教学行为指导[M]. 北京:中国轻工业出版社,2003.

Dantionio M. 著;宋玲译. 课堂提问的艺术[M]. 北京:中国轻工业出版社,2006.

David F. 著;李彦 译. 课堂管理技巧[M]. 上海:华东师范大学出版社,2002.

Eggen P. 等著;郑日昌 主译. 教育心理学:课堂之窗(第6版)[M]. 北京:北京大学出版社,2009.

Feden P. D. 著;王锦 等译. 教学方法[M]. 上海:华东师范大学出版社,2006.

Fessler R., Christensen J. C. 著;董丽敏 等译. 教师职业生涯周期[M]. 北京:中国轻工业出版社,2005.

Fontana D. 著;王新超译. 教师心理学[M]. 北京:北京大学出版社,2000.

Good T. L., Brophy J. E. 著;陶志琼 等译. 透视课堂[M]. 北京:中国轻工业出版社,2001.

Hart D. 著;国家基础教育课程改革"促进教师发展与学生成长的评价研究"项目组 译. 真实性评价——教师指导手册[M]. 北京:中国轻工业出版社,2004.

Hoffman M. L. 著;杨韶刚 等译. 移情与道德发展[M]. 哈尔滨:黑龙江人民出版社,2003.

Jacobs G. M. 著;杨宁 等译. 合作学习的教师指南[M]. 北京:中国轻工业出版,2005.

Joyce B., Weil M. 著;荆建华 等译. 教学模式[M]. 北京:中国轻工业出版社,2002.

Joyce B., Weil M., Calhoun E. 教学模式(影印版)[M]. 北京:中国轻工业出版社,2002.

Kohlberg L. 著;郭本禹 等译. 道德发展心理学[M]. 上海:华东师范大学出版社,2004.

Linn R. L., Gronlund N. E. 著;国家基础教育课程改革"促进教师发展与学生成长的评价研究"项目组 译. 教学中的测验与评价[M]. 北京:中国轻工业出版社,2003.

Mccombs B. L., Pope J. E. 著;伍新春 等译. 学习动机的激发策略[M]. 北京:中国轻工业出版社,2002.

Ormrod J. E. 著;汪玲 等译. 学习心理学(第6版)[M]. 北京:中国人民大学出版社,2015.

Ormrod J. E. 著;彭运石 等译. 教育心理学(第四版)[M]. 西安:陕西师范大学出版社,2006.

Ormrod J. E. 著;雷雳 等译. 教育心理学精要:指导有效教学的主要理念(第3版)[M]. 北京:中国人民大学出版社,2013.

Piaget J. 著;傅统先,陆有铨 等译. 儿童的道德判断[M]. 济南:山东教育出版社,1984.
R. M. 加涅著;皮连生等译. 教学设计原理[M]. 上海:华东师大出版社,1999.
Ricci M. C. 著;林文静译. 可见的学习与思维教学[M]. 北京:中国青年出版社,2017
Richard H. 著;刘秋木,吕正雄译. 德育模式[M]. 台北:五南图书出版公司,1993.
Riding R. J. 著;庞维国译. 认知风格与学习策略[M]. 上海:华东师范大学出版社,2003.
Schunk D. H. 著;韦小满 等译. 学习理论:教育的视角(第三版)[M]. 南京:江苏教育出版社,2003.
Seligman M. 著;洪兰译. 学习乐观,乐观学习[M]. 北京:新华出版社,1998.
Slavin R. E. 著;姚梅林 等译. 教育心理学(第七版)[M]. 北京:人民邮电出版社,2004.
Slavin R. E. 著;吕红梅,姚梅林 等译. 教育心理学:理论与实践(第10版)[M]. 北京:人民邮电出版社,2016.
Sternberg R. J.,Williams W. M. 著;张厚粲译. 教育心理学[M]. 北京:中国轻工业出版社,2003.
Sternberg R. J. 著;杨炳钧,陈燕,邹枝玲 等译. 认知心理学[M]. 北京:中国轻工业出版社,2006.
Sternberg R. J.,LUBART T. L. 著;洪兰译. 不同凡响[M]. 香港:远流出版公司,1999.
Sternberg R. J. 著;洪阑译. 活用智慧[M]. 台湾:台湾远流出版事业股份有限公司,1999.
Tan Oon Seng, Parsons R. D., Hinson S. L. and Sardo-Brown D. "Educational Psychology-A practitioner-researcher approach", An Asian Edition [M]. Wadsworth: Belmont, CA. 2003.
Weinstein C. E. 著;伍新春,秦宪刚 等译. 终身受用的学习策略[M]. 北京:中国轻工业出版社,2003.
Woolfolk A. 著;伍新春 等译. 伍尔福克教育心理学(原书第11版)[M]. 北京:中国人民大学出版社,2012.
Woolfolk A. 教育心理学(影印版)[M]. 北京:中国轻工业出版社,2007.
Woolfolk A. 著;陈红兵 等译. 教育心理学(第八版)[M]. 南京:江苏教育出版社,2005.
Zimmerman B. J. 著;姚梅林 等译. 自我调节学习[M]. 北京:中国轻工业出版社,2001.
Zirroli T. J. 著;关丹丹 等译. 学生行为管理—教师应用指南(第四版)[M]. 北京:中国轻工业出版社,2004.
陈会昌. 道德发展心理学[M]. 合肥:安徽教育出版社,2004.
陈琦,刘儒德. 教育心理学[M]. 北京:高等教育出版社,2005.
陈琦,刘儒德. 当代教育心理学[M]. 北京:北京师范大学出版社,2007.
陈英和. 认知发展心理学[M]. 杭州:浙江人民出版社,1996.
陈振华. 批判性思维培养的模式之争及其启示[J]. 高等教育研究,2014,35(9):56-63.
博林,德温,里斯-韦伯著;连榕,缪佩君,陈坚译. 教育心理学[M]. 北京:机械工业出版社,2012.
付馨晨,李晓东. 认知抑制——问题解决研究的新视角[J]. 心理科学,2017,40(1):58-63.
杜晓新,冯震. 元认知与学习策略[M]. 北京:人民教育出版社,1999.
冯忠良. 教育心理学[M]. 北京:人民教育出版社,2000.
傅道春. 教学行为的原理与技术[M]. 北京:教育科学出版社,2001.
郭本禹. 道德认知发展与道德教育——科尔伯格的理论与实践[M]. 福州:福建教育出版社,1999.
胡谊. 教师心理学[M]. 北京:中国轻工业出版社,2009.
韩向前. 我国中小学校教师人格特征研究[J]. 心理学探新,1989,(3):20-24.
韩进之. 教育心理学纲要[M]. 北京:人民教育出版社,1989.
韩仁生. 归因理论在教育中的应用[J]. 教育理论与实践,2004(4):4-7.
黄政杰,多元社会课程取向[M]. 台北:师大书苑,1995.
黄政杰,林佩璇. 合作学习[M]. 台北:五南,1996.
教育部师范教育司. 教师专业化的理论与实践[M]. 北京:人民教育出版社,2001.
江荣焕,李晓东. 比例推理的过度使用及其认知机制:一项发展性的负启动研究[J]. 心理学报,2017,49(6):745-758.
加涅 R. M. 著;皮连生,庞维国译. 教学设计原理[M]. 上海:华东师范大学出版社,1999.
寇彧,张文新. 思想品德教学心理学[M]. 北京:北京教育出版社,2001.
李伯黍,燕国材. 教育心理学[M]. 上海:华东师范大学出版社,1993.

林崇德,申继亮.教师素质的构成及其培养途径[J].中国教育学刊,1996(6):16-22.
李晔,刘华山.教师效能感及其对教学行为的影响[J].教育研究与实验,2000(1):50-55.
路海东.学校教育心理学[M].长春:东北师范大学出版社,2005.
李晓东.发展心理学[M].北京:北京大学出版社,2013.
李晓东,张向葵,沃建中.小学三年级数学学优生与学困生解决比较问题的差异[J].心理学报,2002,34(4):70-76.
李晓东,付馨晨,鲁成.冲突情境对大学生解决简单应用题的影响:一项眼动研究[J].数学教育学报,2016,25(4):94—97.
李晓东,江荣焕,钱玉娟.中小学生对比例推理的过度使用[J].数学教育学报,2014,23(6):74-77.
李晓东.关于学业求助的研究综述[J].心理学动态,1999,17(1):60-64.
李晓东.自我效能、价值、课堂环境及学习成绩与学业求助的关系[J].心理学报,1999,31(4):435-443.
李晓东,冯晓杭.目标启动对类比问题解决策略迁移的影响[J].心理科学,2006,29(5):1137-1140.
李晓东.成就目标、自我效能、价值与学业求助[D].香港中文大学博士论文,2000.
李晓东,袁冬华.国外关于自我妨碍的研究进展[J].东北师范大学学报(哲社版),2004(4):131-136.
李晓东,林崇德.课堂目标结构、个人目标取向、自我效能及价值与学业自我妨碍[J].心理科学,2003,26(4):590-594.
李晓东.初中学生学业延迟满足[J].心理学报,2005,37(4):491-496.
李晓东,庞爱莲,林崇德.成就归因的社会功能:中小学生对教师及同伴价值信念的知觉及其对归因的影响[J].心理学探新,2003,23(4):34-38.
李晓东,李红霞.教育目标分类学在小学数学教学中的应用[M].北京:北京师范大学出版社,2013.
梁建宁.当代认知心理学[M].上海:上海教育出版社,2003.
林洪新,于洋.观察学习与样例学习[J].沈阳师范大学学报(社会科学版),2013,37(4):106-108.
刘电芝,傅玉蓉.课堂教学中的学习策略指导[J].西南师范大学学报(人文社会科学版),2003(6):36-39.
刘丽虹,张积家.动机的自我决定理论及其应用[J].华南师范大学学报(社会科学版),2010(4):53-59.
莫雷.教育心理学[M].广州:广东高等教育出版社,2002.
莫雷.教育心理学[M].广州:广东高等教育出版社,2005.
欧阳文珍.品德心理学[M].合肥:安徽大学出版社,2005.
彭聃龄,张必隐.认知心理学[M].杭州:浙江教育出版社,2004.
庞维国.自主学习——学与教的原理和策略[M].上海:华东师范大学出版社,2003.
皮连生.教学设计——心理学的理论和技术[M].北京:高等教育出版社,2000.
皮连生.学与教的心理学[M].上海:华东师范大学生出版社,1997.
皮连生.教育心理学[M].上海:上海教育出版社,2011.
乔建中.道德教育的情绪基础[M].南京:南京师范大学出版社,2006.
施良方.学习论——学习心理学的理论与原理[M].北京:人民教育出版社,1992.
施良方.学习论[M].北京:人民教育出版社,2001.
邵瑞珍.教育心理学[M].上海:上海教育出版社,1988.
邵瑞珍.教育心理学[M].上海:上海教育出版社,1997.
申继亮,陈英和.中国教育心理测评手册[M].北京:高等教育出版社,2014.
申继亮,辛涛.论教师教学的监控能力[J].北京师范大学学报(社会科学版),1995(1):67-75.
申继亮,辛涛.关于教师教学监控能力的培养研究[J].北京师范大学学报(社会科学版),1996(1):37-45.
唐劲松.教育机智漫谈[M].深圳:海天出版社,2002.
滕越.教师专业发展论[M].北京:海洋出版社,2003.
吴庆麟.教学心理学[M].上海:华东师范大学出版社,2003.
吴庆麟.认知教学心理学[M].上海:上海科学技术出版社,2000.

伍尔福克著;伍新春,张军,季娇译. 教育心理学(第12版)[M]. 北京:中国人民大学出版社,2015.
王蒙,杨宗凯,刘三妍,郑年亨,刘智. 中低成就低年级学生的错误样例学习研究[J]. 教育研究与实验,2015,6:28-33.
王美芳,庞维国. 艾森伯格的亲社会行为理论模式[J]. 心理学动态,1997,5(4):36-41.
魏超群. 数学教育评价[M]. 南宁:广西教育出版社,1995.
吴卫东. 教师专业发展与培训[M]. 杭州:浙江大学出版社,2005.
王小明. 教学论:心理学取向[M]. 上海:上海教育出版社,2005.
辛涛. 论教师的教学效能感[J]. 应用心理学,1996(2):42-48.
辛涛,林崇德. 教师教学监控能力发展:质与量的分析[J]. 中国教育学刊,1999(3):50-54.
姚梅林. 当代迁移研究的趋向[J]. 心理发展与教育,2003(3):55-58.
姚梅林,赵敏. 动机性迁移:困境与出路[J]. 北京师范大学学报(社会科学版),2004(3):33-37.
叶澜. 教师角色与教师发展新探[M]. 北京:教育科学出版社,2001.
杨国全. 课堂教学技能训练指导[M]. 北京:中国林业出版社,2001.
俞国良,罗晓路. 教师教学效能感及其相关因素研究[J]. 北京师范大学学报(人文社会科学版),2000(1):72-79.
俞国良,辛涛. 教师教学效能感:结构与影响因素的研究[J]. 心理学报,1995,27(2):159-166.
张大均. 教育心理学[M]. 北京:人民教育出版社,2004.
张春兴. 教育心理学——三化取向的理论与实践[M]. 杭州:浙江教育出版社,1998.
张春兴. 教育心理学[M]. 杭州:浙江教育出版社,1998.
郑毓信. 问题解决与数学教育[M]. 南京:江苏教育出版社,1994.
张承芬. 教育心理学[M]. 济南:山东教育出版社,2000.
周小宋,李美华. 美国课堂管理中的新方法:行为契约[J]. 比较教育研究,2004(5):76-80.
张建伟,孙燕青. 建构性学习:学习科学的整合性探索[M]. 上海:上海教育出版社,2005.

北京大学出版社
教育出版中心 精品图书

21世纪特殊教育创新教材·理论与基础系列

特殊教育的哲学基础	方俊明
特殊教育的医学基础	张婷
融合教育导论（第二版）	雷江华
特殊教育学（第二版）	雷江华 方俊明
特殊儿童心理学（第二版）	方俊明 雷江华
特殊教育史	朱宗顺
特殊教育研究方法（第二版）	杜晓新 宋永宁 等
特殊教育发展模式	任颂羔

21世纪特殊教育创新教材·康复与训练系列

特殊儿童应用行为分析（第二版）	李芳 李丹
特殊儿童的游戏治疗	周念丽
特殊儿童的美术治疗	孙霞
特殊儿童的音乐治疗	胡世红
特殊儿童的心理治疗（第二版）	杨广学
特殊教育的辅具与康复	蒋建荣
特殊儿童的感觉统合训练（第二版）	王和平
孤独症儿童课程与教学设计	王梅

21世纪特殊教育创新教材·融合教育系列

融合教育理论反思与本土化探索	邓猛
融合教育实践指南	邓猛
融合教育理论指南	邓猛
融合教育导论（第二版）	雷江华

21世纪特殊教育创新教材（第二辑）

特殊儿童心理与教育	杨广学 张巧明 王芳
教育康复学导论	杜晓新 黄昭明
特殊儿童病理学	王和平 杨长江
特殊学校教师教育技能	谷飞 马红英

自闭谱系障碍儿童早期干预丛书

如何发展自闭谱系障碍儿童的沟通能力	朱晓晨 苏雪云
如何理解自闭谱系障碍和早期干预	苏雪云
如何发展自闭谱系障碍儿童的社会交往能力	吕梦 杨广学
如何发展自闭谱系障碍儿童的自我照料能力	倪萍萍 周波
如何在游戏中干预自闭谱系障碍儿童	朱瑞 周念丽
如何发展自闭谱系障碍儿童的感知和运动能力	韩文娟 徐芳 王和平
如何发展自闭谱系障碍儿童的认知能力	潘前前 杨福义
自闭症谱系障碍儿童的发展与教育	周念丽
如何通过音乐干预自闭谱系障碍儿童	张正琴
如何通过画画干预自闭谱系障碍儿童	张正琴
如何运用ACC促进自闭谱系障碍儿童的发展	苏雪云
孤独症儿童的关键性技能训练法	李丹
自闭症儿童家长辅导手册	雷江华
孤独症儿童课程与教学设计	王梅
融合教育理论反思与本土化探索	邓猛
自闭症谱系障碍儿童家庭支持系统	孙玉梅
自闭症谱系障碍儿童团体社交游戏干预	李芳
孤独症儿童的教育与发展	王梅 梁松梅

特殊学校教育·康复·职业训练丛书（黄建行 雷江华 主编）

信息技术在特殊教育中的应用
智障学生职业教育模式
特殊教育学校学生康复与训练
特殊教育学校校本课程开发
特殊教育学校特奥运动项目建设

21世纪学前教育规划教材

学前教育概论	李生兰
学前教育管理学	王雯
幼儿园歌曲钢琴伴奏教程	果旭伟
幼儿园舞蹈教学活动设计与指导	董丽
实用乐理与视唱	代苗
学前儿童美术教育	冯婉贞
学前儿童科学教育	洪秀敏
学前儿童游戏	范明丽
学前教育研究方法	郑福明
外国学前教育史	郭法奇
学前教育政策与法规	魏真
学前心理学	涂艳国 蔡艳

学前教育理论与实践教程

王 维 王维娅 孙 岩

学前儿童数学教育　　　　　　　　　　　　赵振国

大学之道丛书精装版

美国高等教育通史	[美] 亚瑟·科恩
知识社会中的大学	[英] 杰勒德·德兰迪
大学之用（第五版）	[美] 克拉克·克尔
营利性大学的崛起	[美] 理查德·鲁克
学术部落与学术领地：知识探索与学科文化	[英] 托尼·比彻，保罗·特罗勒尔
美国现代大学的崛起	[美] 劳伦斯·维赛
教育的终结——大学何以放弃了对人生意义的追求	[美] 安东尼·T.克龙曼
世界一流大学的管理之道——大学管理研究导论	程 星
后现代大学来临？	[英] 安东尼·史密斯 弗兰克·韦伯斯特

大学之道丛书

市场化的底限	[美] 大卫·科伯
大学的理念	[英] 亨利·纽曼
哈佛：谁说了算	[美] 理查德·布瑞德利
麻省理工学院如何追求卓越	[美] 查尔斯·维斯特
大学与市场的悖论	[美] 罗杰·盖格
高等教育公司：营利性大学的崛起	[美] 理查德·鲁克
公司文化中的大学：大学如何应对市场化压力	[美] 埃里克·古尔德 40元
美国高等教育质量认证与评估	[美] 美国中部州高等教育委员会
现代大学及其图新	[美] 谢尔顿·罗斯布莱特
美国文理学院的兴衰——凯尼恩学院纪实	[美] P.F.克鲁格
教育的终结：大学何以放弃了对人生意义的追求	[美] 安东尼·T.克龙曼
大学的逻辑（第三版）	张维迎
我的科大十年（续集）	孔宪铎
高等教育理念	[英] 罗纳德·巴尼特
美国现代大学的崛起	[美] 劳伦斯·维赛
美国大学时代的学术自由	[美] 沃特·梅兹格
美国高等教育通史	[美] 亚瑟·科恩
美国高等教育史	[美] 约翰·塞林
哈佛通识教育红皮书	哈佛委员会
高等教育何以为"高"——牛津导师制教学反思	[英] 大卫·帕尔菲曼
印度理工学院的精英们	[印度] 桑迪潘·德布
知识社会中的大学	[英] 杰勒德·德兰迪
高等教育的未来：浮言、现实与市场风险	[美] 弗兰克·纽曼 等
后现代大学来临？	[英] 安东尼·史密斯 等
美国大学之魂	[美] 乔治·M.马斯登
大学理念重审：与纽曼对话	[美] 雅罗斯拉夫·帕利坎
学术部落及其领地——当代学术界生态揭秘（第二版）	[英] 托尼·比彻 保罗·特罗勒尔
德国古典大学观及其对中国大学的影响（第二版）	陈洪捷
转变中的大学：传统、议题与前景	郭为藩
学术资本主义：政治、政策和创业型大学	[美] 希拉·斯劳特 拉里·莱斯利
21世纪的大学	[美] 詹姆斯·杜德斯达
美国公立大学的未来	[美] 詹姆斯·杜德斯达 弗瑞斯·沃马克
东西象牙塔	孔宪铎
理性捍卫大学	眭依凡

学术规范与研究方法系列

社会科学研究方法100问	[美] 萨尔金德
如何利用互联网做研究	[爱尔兰] 杜恰泰
如何撰写与发表社会科学论文：国际刊物指南	蔡今忠
如何查找文献（第二版）	[英] 萨莉·拉姆齐
给研究生的学术建议	[英] 戈登·鲁格 等
社会科学研究的基本规则（第四版）	[英] 朱迪斯·贝尔
做好社会研究的10个关键	[英] 马丁·丹斯考姆
如何写好科研项目申请书	[美] 安德鲁·弗里德兰德 等
教育研究方法（第六版）	[美] 梅瑞迪斯·高尔 等
高等教育研究：进展与方法	[英] 马尔科姆·泰特
如何成为学术论文写作高手	[美] 华乐丝
参加国际学术会议必须要做的那些事	[美] 华乐丝
如何成为优秀的研究生	[美] 布卢姆

结构方程模型及其应用	易丹辉 李静萍

21世纪高校职业发展读本

如何成为卓越的大学教师	[美] 肯·贝恩
给大学新教员的建议	[美] 罗伯特·博伊斯
如何提高学生学习质量	[英] 迈克尔·普洛瑟 等
学术界的生存智慧	[美] 约翰·达利 等
给研究生导师的建议（第2版）	[英] 萨拉·德拉蒙特 等

21世纪教师教育系列教材·物理教育系列

中学物理微格教学教程（第二版）	张军朋 詹伟琴 王 恬
中学物理科学探究学习评价与案例	张军朋 许桂清
物理教学论	邢红军
中学物理教学法	邢红军
中学物理教学评价与案例分析	王建中 孟红娟

21世纪教育科学系列教材·学科学习心理学系列

数学学习心理学（第三版）	孔凡哲
语文学习心理学	董蓓菲

21世纪教师教育系列教材

教育心理学（第二版）	李晓东
教育学基础	庞守兴
教育学	余文森 王 晞
教育研究方法	刘淑杰
教育心理学	王晓明
心理学导论	杨凤云
教育心理学概论	连 榕 罗丽芳
课程与教学论	李 允
教师专业发展导论	于胜刚
学校教育概论	李清雁
现代教育评价教程（第二版）	吴 钢
教师礼仪实务	刘 霄
家庭教育新论	闫旭蕾 杨 萍
中学班级管理	张宝书
教育职业道德	刘亭亭
教师心理健康	张怀春
现代教育技术	冯玲玉
青少年发展与教育心理学	张 清
课程与教学论	李 允
课堂与教学艺术（第二版）	孙菊如 陈春荣

21世纪教师教育系列教材·初等教育系列

小学教育学	田友谊
小学教育学基础	张永明 曾 碧
小学班级管理	张永明 宋彩琴
初等教育课程与教学论	罗祖兵
小学教育研究方法	王红艳
新理念小学数学教学论	刘京莉
新理念小学音乐教学法（第二版）	吴跃跃

教师资格认定及师范类毕业生上岗考试辅导教材

教育学	余文森 王 晞
教育心理学概论	连 榕 罗丽芳

21世纪教师教育系列教材·学科教育心理学系列

语文教育心理学	董蓓菲
生物教育心理学	胡继飞

21世纪教师教育系列教材·学科教学论系列

新理念化学教学论（第二版）	王后雄
新理念科学教学论（第二版）	崔 鸿 张海珠
新理念生物教学论（第二版）	崔 鸿 郑晓慧
新理念地理教学论（第二版）	李家清
新理念历史教学论（第二版）	杜 芳
新理念思想政治（品德）教学论（第二版）	胡田庚
新理念信息技术教学论（第二版）	吴军其
新理念数学教学论	冯 虹

21世纪教师教育系列教材·语文课程与教学论系列

语文文本解读实用教程	荣维东
语文课程教师专业技能训练	张学凯 刘丽丽
语文课程与教学发展简史	武玉鹏 王从华 黄修志
语文课程学与教的心理学基础	韩雪屏 王朝霞
语文课程名师名课案例分析	武玉鹏 郭治锋
语用性质的语文课程与教学论	王元华

21世纪教师教育系列教材·学科教学技能训练系列

新理念生物教学技能训练（第二版）	崔 鸿
新理念思想政治（品德）教学技能训练（第二版）	胡田庚 赵海山
新理念地理教学技能训练	李家清
新理念化学教学技能训练（第二版）	王后雄
新理念数学教学技能训练	王光明

新理念小学音乐教学法（第二版）	吴跃跃

王后雄教师教育系列教材

教育考试的理论与方法	王后雄
化学教育测量与评价	王后雄
中学化学实验教学研究	王后雄
新理念化学教学诊断学	王后雄

西方心理学名著译丛

儿童的人格形成及其培养	[奥地利] 阿德勒
活出生命的意义	[奥地利] 阿德勒
生活的科学	[奥地利] 阿德勒
理解人生	[奥地利] 阿德勒
荣格心理学七讲	[美] 卡尔文·霍尔
系统心理学：绪论	[美] 爱德华·铁钦纳
社会心理学导论	[美] 威廉·麦独孤
思维与语言	[俄] 列夫·维果茨基
人类的学习	[美] 爱德华·桑代克
基础与应用心理学	[德] 雨果·闵斯特伯格
记忆	[德] 赫尔曼·艾宾浩斯
实验心理学（上下册）	[美] 伍德沃斯 施洛斯贝格
格式塔心理学原理	[美] 库尔特·考夫卡

21世纪教学活动设计案例精选丛书（禹明 主编）

初中语文教学活动设计案例精选	
初中数学教学活动设计案例精选	
初中科学教学活动设计案例精选	
初中历史与社会教学活动设计案例精选	
初中英语教学活动设计案例精选	
初中思想品德教学活动设计案例精选	
中小学音乐教学活动设计案例精选	
中小学体育（体育与健康）教学活动设计案例精选	
中小学美术教学活动设计案例精选	
中小学综合实践活动教学活动设计案例精选	
小学语文教学活动设计案例精选	
小学数学教学活动设计案例精选	
小学科学教学活动设计案例精选	
小学英语教学活动设计案例精选	
小学品德与生活（社会）教学活动设计案例精选	
幼儿教育教学活动设计案例精选	

全国高校网络与新媒体专业规划教材

文化产业概论	尹章池
网络文化教程	李文明
网络与新媒体评论	杨娟
新媒体概论	尹章池
新媒体视听节目制作（第二版）	周建青
融合新闻学导论	石长顺
新媒体网页设计与制作	惠悲荷
网络新媒体实务	张合斌
突发新闻教程	李军
视听新媒体节目制作	邓秀军
视听评论	何志武
出镜记者案例分析	刘静 邓秀军
视听新媒体导论	郭小平
网络与新媒体广告	尚恒志 张合斌
网络与新媒体文学	唐东堰 雷奕

全国高校广播电视专业规划教材

电视节目策划教程	项仲平
电视导播教程	程晋
电视文艺创作教程	王建辉
广播剧创作教程	王国臣

21世纪教育技术学精品教材（张景中 主编）

教育技术学导论（第二版）	李芒 金林
远程教育原理与技术	王继新 张屹
教学系统设计理论与实践	杨九民 梁林梅
信息技术教学论	雷体南 叶良明
网络教育资源设计与开发	刘清堂
学与教的理论与方式	刘雍潜
信息技术与课程整合（第二版）	赵呈领 杨琳 刘清堂
教育技术研究方法	张屹 黄磊
教育技术项目实践	潘克明

21世纪信息传播实验系列教材（徐福荫 黄慕雄 主编）

多媒体软件设计与开发	
电视照明·电视音乐音响	
播音与主持艺术（第二版）	
广告策划与创意	
摄影基础（第二版）	

21世纪教师教育系列教材·专业养成系列（赵国栋 主编）

微课与慕课设计初级教程	
微课与慕课设计高级教程	
微课、翻转课堂和慕课设计实操教程	
网络调查研究方法概论（第二版）	
PPT云课堂教学法	